U0529204

宋亚平 主编

湖北农业农村改革开放40年丛书
1978—2018

# 改革开放40年
## 湖北农业农村改革的光辉历程

GAIGE KAIFANG 40 NIAN:
HUBEI NONGYE NONGCUN GAIGE DE GUANGHUI LICHENG

宋亚平 毛铖 梁来成 ○ 主编

中国社会科学出版社

图书在版编目（CIP）数据

改革开放40年：湖北农业农村改革的光辉历程／宋亚平，毛铖，梁来成主编．—北京：中国社会科学出版社，2018.12
（湖北农业农村改革开放40年（1978—2018）丛书／宋亚平主编）
ISBN 978-7-5203-3402-0

Ⅰ.①改… Ⅱ.①宋…②毛…③梁… Ⅲ.①农业经济发展—研究—湖北②农村经济发展—研究—湖北 Ⅳ.①F327.63

中国版本图书馆 CIP 数据核字（2018）第252045号

| | |
|---|---|
| 出 版 人 | 赵剑英 |
| 责任编辑 | 赵　丽 |
| 责任校对 | 郝阳洋 |
| 责任印制 | 王　超 |

| | |
|---|---|
| 出　　版 | 中国社会科学出版社 |
| 社　　址 | 北京鼓楼西大街甲158号 |
| 邮　　编 | 100720 |
| 网　　址 | http://www.csspw.cn |
| 发 行 部 | 010-84083685 |
| 门 市 部 | 010-84029450 |
| 经　　销 | 新华书店及其他书店 |
| 印　　刷 | 北京明恒达印务有限公司 |
| 装　　订 | 廊坊市广阳区广增装订厂 |
| 版　　次 | 2018年12月第1版 |
| 印　　次 | 2018年12月第1次印刷 |
| 开　　本 | 710×1000　1/16 |
| 印　　张 | 25.25 |
| 字　　数 | 389千字 |
| 定　　价 | 99.00元 |

凡购买中国社会科学出版社图书，如有质量问题请与本社营销中心联系调换
电话：010-84083683
版权所有　侵权必究

# 湖北农业农村改革开放 40 年
# （1978—2018）丛书

**编委会**（按姓氏笔画为序）

孔祥智　杨述明　肖伏清　宋洪远　邹进泰
张忠家　张晓山　陈池波　郑风田　项继权
赵凌云　贺雪峰　袁北星　党国英　钱远坤
徐　勇　徐祥临　覃道明　潘　维　魏后凯

**主　编**　宋亚平
**学术秘书**　王金华

# 序

  2018年是中国改革开放40周年。40年前,党的十一届三中全会作出了把全党工作的重点转移到社会主义现代化建设上来,实行改革开放的伟大决策。40年来,我国农村一直昂首阔步地站在改革前列,承载着重大的历史使命。农业农村持续40年的变革和实践,激发了亿万农民群众的创新活力,带来了我国农村翻天覆地的巨大变化,为我国改革开放和社会主义现代化建设作出了重大贡献。

  湖北是全国重要的农业大省,资源丰富,自古就有"湖广熟、天下足"之美誉。改革开放40年来,在党中央、国务院的正确领导下,历届湖北省委、省政府高度重视"三农"工作,始终把"三农"工作放在重中之重的位置,坚定不移深化农村改革,坚定不移加快农村发展,坚定不移维护农村和谐稳定,带领全省人民发扬改革创新精神,不断开拓进取、大胆实践、求真务实、砥砺奋进,围绕"推进农业强省建设,加快推进农业农村现代化",作出了不懈探索与实践,取得了令人瞩目的成就。特别是党的十八大以来,农业农村发展更是取得了历史性的成就。

  2017年,湖北粮食再获丰收,属历史第三高产年,粮食总产连续五年稳定在500亿斤以上,为保障国家粮食安全作出了积极贡献。农村常住居民人均可支配收入达到13812元,高于全国平均水平。城乡居民收入差距比2.31∶1,明显低于全国的2.71∶1。全省村村通电话、有线电视、宽带比例分别达到100%、90%、95.5%。全省农村公路总里程达到23.6万公里。从无到有、从有到好,公办幼儿园实现乡镇全覆盖,义务教育"两免一补"政策实现城乡全覆盖,社会保障制度实现了由主要面向城市、面向职工,扩大到城乡、覆盖到全民。2012—2017年,全省541.7万人摘掉贫困帽子。

知史以明鉴，查古以知今。回顾过去40年湖北农业农村发展之所以能取得如此巨大的成就，最根本的是始终坚持了一面旗帜、一条道路，不断解放思想、实事求是、与时俱进，把中央各项大政方针和湖北的具体实际紧密结合起来，创造性开展各项"三农"工作的结果。改革开放40周年之际，《湖北农业农村改革开放40年（1978—2018）》这套丛书的编写出版，所形成的研究成果是对改革开放40年来湖北农业农村工作的全面展示。其从理论与实践相结合的高度，全景式展示了湖北农业农村发展所取得的辉煌成就与宝贵经验，真实客观记述了湖北农业农村改革开放40年走过的波澜壮阔的历程，深入分析了改革开放实践中出现的新问题、新情况，而且在一定的理论高度上进行了科学的概括和提炼，对今后湖北农业农村的改革和发展进行了前瞻性、战略性展望，并提出一些有益思路和政策建议，这对深入贯彻党的十八大、十九大精神，进一步深化农业农村改革，在新的起点开创农业农村发展新局面，谱写乡村振兴新篇章，朝着"建成支点、走在前列"的奋斗目标不断迈进，更加奋发有为地推进湖北省改革开放和社会主义现代化建设，都有着积极的作用。

作为长期关注农业农村问题，从事社会科学研究的学者，我认为这套丛书的编写出版很有意义，是一件值得庆贺的事。寄望这套丛书的编写出版能为湖北省各级决策者科学决策、精准施策，指导农业农村工作提供有益帮助，为广大理论与实践工作者共商荆楚"三农"发展大计，推动湖北农业全面升级、农村全面进步、农民全面发展提供借鉴。

2018.9.12

# 湖北农业农村改革开放 40 年（1978—2018）丛书简介

2016 年 8 月，经由当时分管农业的湖北省人民政府副省长任振鹤同志建议，湖北省委、省政府主要领导给湖北省社会科学院下达了组织湖北省"三农"学界力量，系统回顾和深入研究"湖北农业农村改革开放 40 年（1978—2018）"的重大任务，以向湖北省改革开放 40 年献上一份厚礼。

根据任务要求，湖北省社会科学院组织由张晓山、徐勇等全国"三农"著名专家组成的编委会，经过精心构思，确定了包括总论（光辉历程）、农业发展、农村社会治理、农民群体、城乡一体、公共服务、集体经济、土地制度、财税金融、扶贫攻坚、小康评估在内的 11 个专题，共同构成本丛书的主要内容。丛书作者分别来自湖北省社会科学院、武汉大学、华中科技大学、华中师范大学、华中农业大学、中南财经政法大学、湖北经济学院等高等院校。

本丛书立足现实、回望历史、展望未来，系统地回顾和总结了改革开放以来湖北省农业农村改革、创新与发展的历程，取得的成就、经验以及存在的不足，并从理论和实践相结合的高度，提出一系列切合湖北实际，具有前瞻性、指导性和可操作性的对策建议。所形成的研究成果兼具文献珍藏价值、学术价值和应用价值，是一幅全景展示湖北省农业农村改革 40 年光辉历程、伟大成就、宝贵经验的珍贵历史画卷。

# 目 录

## 第一部分 总论

一 引言 ……………………………………………………（3）
二 40年农业农村改革的发展历程 ………………………（7）
三 40年农业农村改革的主要成就 ………………………（10）
四 40年农业农村改革的基本经验 ………………………（46）
五 当前农业农村改革的任务与建议 ……………………（63）

## 第二部分 重要文件选编

1981年批转《省委农村工作会议关于进一步加强和完善
　　农业生产责任制的讨论纪要》的通知 ………………（79）
省委农村工作会议关于进一步加强和完善农业生产
　　责任制的讨论纪要 ……………………………………（79）
1982年省委批转《关于当前农村总结、完善、稳定农业
　　生产责任制问题的讨论纪要》 ………………………（85）
关于当前农村总结、完善、稳定农业生产责任制
　　问题的讨论纪要 ………………………………………（86）
1983年中共湖北省委关于贯彻执行中央〔1983〕1号文件
　　发展我省农村工作新局面的意见 ……………………（92）
1984年中共湖北省委湖北省人民政府关于贯彻落实
　　中央〔1984〕1号文件若干经济政策问题的决定 ……（107）

1985年中共湖北省委湖北省人民政府关于贯彻落实中央
　　一九八五年一号文件若干问题的意见 ……………………（117）
1986年中共湖北省委湖北省人民政府关于贯彻
　　落实中共中央一九八六年一号文件的意见 ………………（126）
2003年湖北省一号文件中共湖北省委湖北省人民政府
　　关于加快农业农村经济发展的决定 ………………………（136）
2004年湖北省一号文件中共湖北省委湖北省人民政府
　　关于进一步加强农业和农村工作促进
　　农民收入较快增长的意见 …………………………………（145）
2005年湖北省一号文件中共湖北省委湖北省
　　人民政府关于进一步加强农村工作
　　保持农业和农村发展良好势头的意见 ……………………（155）
2006年湖北省一号文件中共湖北省委湖北省
　　人民政府关于认真做好2006年
　　农业和农村工作扎实推进社会主义新农村建设的意见 …（164）
2007年湖北省一号文件中共湖北省委湖北省
　　人民政府关于2007年大力发展现代农业
　　扎实推进社会主义新农村建设的意见 ……………………（174）
2008年湖北省一号文件中共湖北省委湖北省
　　人民政府关于切实加强农业基础建设
　　促进农村经济社会又好又快发展的意见 …………………（183）
2009年湖北省一号文件中共湖北省委湖北省人民政府
　　关于认真贯彻党的十七届三中全会精神促进
　　2009年农业稳定发展农民持续增收的意见 ………………（193）
2010年湖北省一号文件中共湖北省委湖北省人民政府
　　关于加大统筹城乡发展力度促进农村经济社会
　　又好又快发展的意见 ………………………………………（206）
2011年湖北省一号文件中共湖北省委湖北省人民政府
　　关于加快水利改革发展的决定 ……………………………（219）

2012年湖北省一号文件中共湖北省委湖北省
　　人民政府关于加快农业科技创新推进
　　农业强省建设的意见 ………………………………………… (231)
2013年湖北省一号文件中共湖北省委湖北省
　　人民政府关于创新和完善农村体制机制
　　增强城乡发展一体化活力的若干意见 ………………………… (246)
2014年湖北省一号文件中共湖北省委湖北省人民政府
　　关于全面深化农村改革加快建设现代
　　农业的若干意见 ……………………………………………… (252)
2015年湖北省一号文件中共湖北省委湖北省
　　人民政府关于进一步深化农村改革加快推进
　　农业现代化的若干意见 ……………………………………… (262)
2016年湖北省一号文件中共湖北省委湖北省
　　人民政府关于以新理念引领现代农业
　　发展加快实现全面小康的若干意见 ………………………… (273)
2017年湖北省一号文件中共湖北省委湖北省人民政府
　　关于深入推进农业供给侧结构性改革
　　加快培育农业农村发展新动能的实施意见 ………………… (284)
2018年湖北省一号文件中共湖北省委湖北省
　　人民政府关于推进乡村振兴战略实施的意见 ……………… (293)
中共湖北省委、湖北省人民政府关于推进乡镇
　　综合配套改革的意见(试行) ………………………………… (301)
陈丕显同志在省委农村工作会议上的讲话(节选) ……………… (309)
湖北省人民政府关于加强农业社会化服务工作的通知 ………… (312)
俞正声在湖北省农村税费改革试点工作会议上的讲话 ………… (316)

## 第三部分　"三农"领域大事记

1978年 ……………………………………………………………… (327)
1979年 ……………………………………………………………… (327)
1980年 ……………………………………………………………… (329)

| | |
|---|---|
| 1981 年 | (330) |
| 1982 年 | (331) |
| 1983 年 | (334) |
| 1984 年 | (336) |
| 1985 年 | (338) |
| 1986 年 | (342) |
| 1987 年 | (344) |
| 1988 年 | (347) |
| 1989 年 | (347) |
| 1990 年 | (349) |
| 1991 年 | (350) |
| 1992 年 | (351) |
| 1993 年 | (353) |
| 1994 年 | (355) |
| 1995 年 | (357) |
| 1996 年 | (358) |
| 1997 年 | (359) |
| 1998 年 | (360) |
| 1999 年 | (361) |
| 2000 年 | (362) |
| 2001 年 | (363) |
| 2002 年 | (365) |
| 2003 年 | (366) |
| 2004 年 | (368) |
| 2005 年 | (370) |
| 2006 年 | (372) |
| 2007 年 | (377) |
| 2008 年 | (378) |
| 2009 年 | (380) |
| 2010 年 | (380) |
| 2011 年 | (381) |

2012 年 …………………………………………………………（382）
2013 年 …………………………………………………………（383）
2014 年 …………………………………………………………（384）
2015 年 …………………………………………………………（385）
2016 年 …………………………………………………………（387）
2017 年 …………………………………………………………（388）
2018 年 …………………………………………………………（389）

后　记 ……………………………………………………………（391）

# 第一部分

## 总　论

2018年正值中国改革开放40周年,是我们党和国家承前启后、继往开来,坚定不移地引领中华民族富起来、强起来的关键节点。在这个"新长征"的起跑线上,我们本着客观公正、实事求是的原则,系统回顾和认真梳理湖北省改革开放40年的历程、成就、经验和教训,并认为这对我们在党的十九大所开启的新一轮改革探索中不断创新、不断积累更多更好的经验,在理论和实践上不断丰富、不断发展中国特色社会主义,在思想认识上不断增强、不断深化我们的道路自信、理论自信、制度自信、文化自信,以踏石留印、抓铁有痕的作风决胜全面建成小康社会,实现中华民族伟大复兴的中国梦具有十分重要的现实意义和历史意义。

## 一 引言

湖北省既是中华民族灿烂文化的发祥地之一,也是我国农耕文明繁荣发展的主要起源地。出生于随县厉山的炎帝,不仅被炎黄子孙共同尊奉为中华民族的人文初祖,而且还被公认为中国农耕文明的创造者和奠基人。很多历史教科书都曾阐述:他所率领的由湖北"老乡"组成的氏族部落是中华民族第一个由渔猎生产方式转入农耕生产方式的农民群体。在湖北,有关炎帝神农氏的神奇传说与英雄故事可以说是家喻户晓、老幼皆知。

素有"九省通衢"之谓的湖北,位于华中腹地、长江中游。全省土地总面积18.59万平方公里,耕地总面积7867.91万亩,可养殖水面积1360万亩,总人口为6141.8万人,人均土地4.54亩,人均耕地不足1.4亩,人均可养殖水面积0.15亩。境内河流、湖泊、水库众多,素有"千湖之省"之称。国土总面积中,山地占56%,虽三面蜿蜒却四季披绿,生态秀美;丘陵占24%,虽跌宕起伏却土层厚实、宜林宜耕;平原湖区占20%,则风光旖旎、稻浪涟漪,尽为鱼米之乡。由于土壤与水热等自然条件优越,非常适宜发展农业,早在春秋战国时代,这方热土上先进的农业经济就成了强力支撑八百年楚国纵横天下、问鼎中原的物质"柱石"。秦汉之后特别是明清以来，湖北也一直是中国重要的粮食主产区和棉、油、麻、淡水鱼等大宗农产品生产基地。"湖广熟，天下足"的美誉便是深入人心最为形象的广告语与诠释词。

1949年，当五星红旗在天安门冉冉升起，中华人民共和国昂首步入崭新的历史时期。在广阔的荆楚大地上，往日受压迫受剥削的农民群众挣脱了千年封建社会的束缚而翻身得解放。先是以"打土豪、分田地"和"耕者有其田"为诉求目标的农村土地制度改革的"横空出世"，接着又是以建立农民初级、高级合作社，实现土地公有制为主要内涵的农业合作化运动的蓬勃兴起。在不到十年的工夫，农业生产资料公有制的迅速建立与集体经济的茁壮成长，极大地改变了旧中国生产关系与生产力的极端落后状态，农业生产与农村社会如同春风杨柳，呈现出了史无前例的繁荣昌盛景象。特别需要指出的是，1958年8月6日，毛主席视察河南省新乡县七里营人民公社并做出"人民公社好"的高度评价之后，同月31日，《湖北日报》发表"以建立人民公社为动力，推进生产大跃进"的社论，荆楚大地争相掀起人民公社建设高潮。9月，全省所有县域基本上实现了人民公社化。至此，湖北省的农业、农村、农民"三农"工作又翻开了新的一页。

但任何事物的发生与发展过程，都是"对立统一"的。因历史与现实的各种缘由，人民公社在彰显巨大积极性的同时，也带来了一些让后人说不清、道不明并且至今仍在激烈争议的问题。随着以"城乡分割"为主要特征的二元社会结构的逐渐生成和以"政社合一"为主要内涵的人民公社体制机制的不断强化，农业农村工作的许多负面效应开始"野蛮"滋长。从治理模式上看，人民公社是一个无所不包、无所不管、无所不能、无微不至的内卷化组织。这种组织体系以"一大二公"为标榜，以农林牧副渔综合经营和工农兵学商相互融合为结构，以自力更生、丰衣足食为追求，只与上级党委、政府按管理体制发生行政上的纵向联系，基本不与其他组织产生经济上的横向联系。这种对内具有"自给自足"的经济独立性，对外具有"万事不求人"的社会独立性，让人民公社在经济生活中基本上与市场的连接"一刀两断"。因此，它既是一个高度集中的计划经济模式，又是一个相当封闭的自然经济体系。所以，这套组织体系与体制机制自确立成型以来，总体上处于一种严重缺乏生机活力的状态。加上诸如生产"瞎指挥"、劳动"大呼隆"、分配"大锅饭"等典型意义上的"乌托邦"行为，严重地捆住了农民自主从事农业生产的积极性与创造性。

另一个值得我们高度重视的情况是，这一阶段国家经济建设的战略目标与主要任务是实施工业化。但中华人民共和国成立初期因为社会制度与意识形态遭受帝国主义联盟的极大仇视与严密封锁。在"一穷二白"的条件下，为解决原始资本投入以追求民族复兴与国家强盛，唯有眼睛朝内，走自力更生之路，忍痛牺牲农业与农民利益以促进工业发展乃为当时的必由路径。用一种无可奈何的说法来解释或许更加贴切，即"舍不得孩子套不住狼"。国家对农业生产剩余和农民劳动剩余的超规模、超负荷地汲取，主要通过三条路径：一是从重征收农业税费；二是广泛平调劳力财物；三是厉行工农业产品价格"剪刀差"。

按照《农业税条例》规定，农业税实行地区差别比例税率，以粮食作物的常年产量为基本计算标准，税率相当高，全国的平均税率为常年产量的15.5%。其中黑龙江19%为最高，新疆13%为最低，湖北则为16%。从湖北省的统计数据看，1950年至1978年的28年间，农业税占财政收入的比重一直都在两位数之上，成为地方财政收入的"顶梁柱"。直到1979年8月16日，湖北省革命委员会也觉得农业税负太沉重，需要做一些调整，于是发出《关于实行农业税起征点办法的通知》，要求各地根据本地的实际水平适当降低以前农业税赋的起征点：人均口粮水稻产区420斤，杂粮产区300斤以上；人均分配收入50元以上（按提价前不变价计算，包括纳入分配的柴草、土肥），作为湖北省农业税起征点的标准。当时的政策还允许县以上政府对所属地区农业税的税率进行浮动征收，只要不超过25%的最高规定就行。再以"剪刀差"为例，根据中央农村工作办公室原主任陈锡文同志的分析，若以1978年的不变价计，计划经济时期，仅工农业产品价格"剪刀差"一项，就让农业和农民大约贡献出了6000亿元的宝贵财富，转化成为国家每年高达30%—40%的积累率。

以上客观情形，导致这一阶段成了中华人民共和国农业经济发展历史上最为缓慢的时期，农业总产值年均增长率只有2.6%。统计数据还表明，1949年至1978年的29年间，农民人均纯收入仅增加了90元。湖北的"三农"形势与全国一样，基本上处在一种停滞不前的状态。由于国家长时期对农业缺乏有效投入，反过来又大量索取吸吮，加之越来越严密的城乡二元社会结构严重地破坏了中国农村内部自我积累、自我发展的机制与环境，农业不可能依靠自己的力量来实现生产要素的改造提升，也无法承担起推动农业生产方式从传统向现代转型的历史责任。"两袖清风"的农民亦只能在"老天爷"惠顾的年景里维持"温饱型"的最低生活水平和简单再生产活动。可以说，这既是广大农民群众长期贫困的根本缘由，也是中国"三农"问题得以"横空出世"而且久治不愈的真正因素。

对于绝大多数农民来说，"吃细粮、住瓦房、穿新衣"似乎是一种资产阶级奢侈生活的痴心妄想。这一时期，城乡之间的收入差距也相当大，一般都在两三倍之上。直到1978年，城乡居民收入比仍维系在2.57∶1的水平。如把城市居民享有的各种福利和津补贴加进去，再刨除农民收入中的生产经营支出等因素，城乡居民实际收入差距可能要达到6∶1。对此，1979年9月28日，党的十一届四中全会上通过的《中共中央关于加快农业发展若干问题的决定》中指出："1978年全国平均每人占有的粮食大体上还只相当于1957年的水平，全国农业人口平均每人全年的收入只有七十多元，有近四分之一的生产队社员收入在五十元以下，平均每个生产大队的集体积累不到一万元，有的地方甚至不能维持简单再生产活动。我国农业问题的这种严重性、紧迫性，必须引起全党同志的充分注意。"

从逻辑上讲，对现行体制机制进行任何一次重大意义上的改革都肯定是社会生存与发展危机的被动反映，不是受到严峻困难的逼迫，谁也不愿意去干这种并不比"革命"轻松多少的事儿。历史唯物主义原理告诉我们：人类社会总是在生产力与生产关系、经济基础与上层建筑的矛盾运动中向前突破与发展的。只有生产关系适应生产力的要求、上层建筑适应经济基础的要求，才能促进经济社会发展，否则就会阻碍经济社会发展。我国实行的社会主义毕竟属于前无古人的新生事物，在相当长的一段时间，什么是社会主义、怎样建设社会主义的问题，是摆在中华民族面前的一个历史性难题。因此，要使社会主义制度逐渐完善和成熟起来，以努力适应世界的发展潮流和中国的基本国情，就必须通过改革创新的路径去不断地实现自我完善，从而推动中国特色社会主义不断地克难奋进、跨越发展。

农业是中国的经济基础，农民是中国的政治基础，农村是中国的社会基础。"基础不牢，地动山摇。"农业一直处于一种停滞不前的状态，农民贫困、农村凋敝的现象长期得不到有效改观，必然严重地影响到国民经济，特别是国家发展战略重心——工业化、城市化建设的稳定、协调和可持续发展，也为国家的政治稳定、社会繁荣以及城乡关系、工农关系、党群关系的和谐"埋"下了巨大隐患。"文化大革命"结束之后，不仅是决策阶层，包括很多社会贤达都清楚地看到了"三农"工作在体制机制上的显著弊端，认识到改革的必要性、必然性、重要性，感觉到不改革就没有出路。正如邓小平同志一针见血地指出："如果现在再不实行改革，我们的现代化事业和社会主义事业就会被葬送。"可以说，就是在这样的背景下，改革开放成为历史的选择、人民的选择、时代的选择。

1978 年，安徽省凤阳县小岗村 18 户农民悲壮托孤、立誓为盟，在一张褶皱巴巴的薄纸片上，按下了一串串鲜红手印。从此，以"缴够国家的，留足集体的，剩下都是自己的"为主要内容的"大包干""横空出世"，成为农村大地上改革开放的一声春雷。也是自这一年起，厚重的历史亦把中国共产党领导亿万人民推行决定中国前途命运的改革开放，视为中国特色社会主义伟大实践的新纪元。这个充分反映中国群策群力、克难奋进，由贫穷到富裕、从屡弱到强盛的发展征程，可谓是潮起潮落、沧海桑田。到 2018 年，中国的改革开放事业已经昂首走过了 40 载艰辛与光辉的不朽岁月。

## 二 40 年农业农村改革的发展历程

就湖北省而言，农业农村领域 40 年来的改革和发展，与全国的整体态势和前进步伐大致相同，历史脉络基本上可以分为四个阶段。

**（一）第一阶段：1978—1984 年，探索突破时期**

1978—1984 年，传统的以"一大二公"为典型特征的人民公社体制在不断高涨的"大包干"声浪之中被终结。名为"家庭联产承包责任制",实为"分田单干"的农业基本经营制度逐步确立,加之国家大幅度提高农产品收购价格,极大地激发了农民从事农业生产的积极性,使得农业总产值超常规迅猛增长,粮食总产量持续攀升。这一期间,农村经济发展速度不仅是中华人民共和国成立以来最快最好的历史时期,也是农民收入增长幅度最快最好的历史时期。同1978年相比,1984年全国农业总产值增长218.5%,达到2815.6亿元;粮食总产量增加1亿多吨,增长133.6%,达到4.0731亿吨;农民人均纯收入增加221.8元,增长266%,达到355.33元。湖北省农业总产值年均增长率高达13.98%,粮、棉、油、糖等主要农产品的产量都超过了历史最高水平。农业的繁荣昌盛使得长期困扰我们的"温饱"难题迎刃而解。什么都必须凭票证供应的短缺经济时代,几乎在一夜之间成了人们的苦涩记忆。农民购买力的大幅提升,极大地刺激了国内的商品市场,使得城乡供销容量陡然之间膨胀了三分之二。欣欣向荣的生产形势、不断活跃的市场氛围、充满生机与活力的社会、五彩缤纷的城乡生活,一切均因"三农"问题的明显缓解而得以"满盘皆活"。

**(二)第二阶段:1985—2001年,艰难徘徊时期**

1978年以来,农业农村改革呈现出翻天覆地的巨大变化,麻痹了人们居安思危的警惕性,"三农"工作从此可以"刀枪入库,马放南山"的思想渐成弥漫之势。从1985年开始,伴随国家改革开放的战略重心由农村向城市的转移,并以各地农村陆续出现的"卖粮难"与"打白条"情况为表象,农业、农村、农民问题如"青萍之末"死灰复燃、卷土重来。这一时期湖北省所面临的新情况、新矛盾:一是改革之初出台的各项富农惠农的财税政策迅速弱化;二是国家对农业农村的财政投入持续减少;三是农民群众的各种税费负担越来越沉重。基层干部与农民群众的关系紧张,每年都有因农民负担沉重导致死人等恶性案件或群体性事件发生。由于农业比较效益差与农民增收难的情形日趋严峻,农村各种生产要素开始"一江春水"般地朝城镇单向性流淌。农业经济增长幅度逐年减缓,2002年的增长率比1996年下降了4.1个百分点,比1984年更是大幅下降了近10个百分点,增幅在全国的位次由第15位迅速下滑到第25位。农民收入增幅也呈递减态势，1985年至2002年，农民收入年均增长率仅为3.4%，尤其在1997年至1999年三年中，增长率仅为1.03%、0.98%、0.10%。倘若扣除物价上涨因素，实际上是负数。

（三）第三阶段：2003—2012年，统筹发展时期

2003年，党的十六届三中全会提出科学发展观，坚持"统筹城乡发展、统筹区域发展、统筹经济社会发展、统筹人与自然和谐发展、统筹国内发展和对外开放的要求"。湖北省各级地方党委、政府认真执行党中央的方针路线，把妥善解决好"三农"问题作为贯彻落实科学发展观的"抓手"，以保护农业生产、支持农民增收、减轻农民负担、促进农业发展、探索农村社会新型治理体系、统筹城乡一体化发展为重点，推动农业农村改革不断地向广度、深度进军，努力开创"三农"工作新局面。这一时期，湖北省农业农村领域的重大改革主要有三项：一是以减轻农民负担为基本内涵的农村税费改革；二是以提升乡镇基层政府运转效能为直接目标的农村综合配套改革；三是以构筑现代农村社会治理体系为根本任务的社会主义新农村建设。同时，包括"以工补农、以城带乡"实现路径、农村新型土地管理制度、农产品市场化体系、农业政策支持保护制度、农业经济产业化制度、农村金融制度、农村社会民主自治制度、农民工管理制度、城乡发展一体化制度、农村工作领导管理体制等多个领域的各项改革与探索，均在这一时期得到渐次展开，历史进入了城乡统筹发展的新阶段。

（四）第四阶段：2013—2018年，全面深化时期

党的十八大以来，湖北省以全面建成小康社会为目标，围绕"夯基础、抓关键、补短板"，全面推进农业农村综合改革和农业现代化建设步伐，特别注重改革创新的全局性、系统性、协同性。这一时期，湖北省委、省政府按照党中央的要求，先后出台了包括转变农业增长方式，促进农村经济、文化、治理、民生、生态等"三农"发展的一系列政策措施。如调整农业补贴政策，转变农业投入机制与方式，构建新形势下维护国家粮食安全的战略，建立以市场为导向的农产品价格形成机制，探索农村产权制度改革，实行农村土地确权登记颁证和承包地"三权分

置",发起以"精准扶贫、精准脱贫"为内涵的扶贫攻坚战役等。通过这些改革,长期困扰湖北省的许多"三农"问题得到有效破解,粮食生产能力登上新台阶,供给侧结构性改革开创新局面,现代农业建设迈出新步伐,绿色生态保护有了新进展,农民持续增收实现新提升。2017年之后,湖北省又以实施乡村振兴战略为"总抓手",统筹推进农村经济建设、政治建设、文化建设、社会建设、生态文明建设和党的建设。至此,以工促农、以城带乡、工农互惠、城乡一体的新型工农、城乡关系和农业农村现代化格局基本形成。

## 三 40年农业农村改革的主要成就

1978年至2018年的40年间,农业农村的改革与发展一直是湖北省面临的头等大事,也是亮点纷呈的"重头戏"。在党中央、国务院的正确领导下,湖北省委、省政府根据湖北农业农村的具体实际,率领全省广大人民群众从传统的计划经济的重重围困中大胆地突破、勇敢地改革、不断地创新,持续推出符合时代需求的制度,努力促进农业农村发展,切实保障农产品的有效供给,精心维护国家粮食安全,不断增强农业综合生产能力,快速提高农民收入和生活水平,为推动湖北由农业大省向农业强省转变和早日实现农业现代化,倾注了大量的心血与汗水,铸造出了有目共睹的巨大成就。

### (一)解放和发展农村社会的生产力

废除"政社合一"的人民公社旧体制,全面推行以家庭承包经营为基础、统分结合的双层经营新模式,赋予农民生产经营自主权,解放和发展农村社会生产力。

1978年,小岗村农民创造"家庭联产承包责任制"的时候,全国各地包括安徽省绝大多数农村的改革并未迅速地同步实行分田单干的模式,而是结合本地区农村社会生产力的实际水平采取了不同的政策措施去促进农业生产的发展。1979年6月,湖北省委召开常委扩大会议,专门讨论农业生产问题。多数人认为,严重挫伤农民生产积极性的"罪魁祸首"是"左"倾主义"吃大锅饭"的搞法,只要严格推行科学合理的劳动管理和分配制度，再加上提高农副产品的价格，放松国家统购统销的压力，就可以充分调动农民从事农业生产的积极性。同时，大家还认为，"包产到户"肯定会严重冲击集体经济，滑到"分田单干"的"悬崖"，从而背离农村正在行进中的社会主义道路。会议决定结合湖北的实际，把农业农村改革的着重点放在积极调整劳动分配关系，加强对农民的劳动生产的定额计酬管理上。同时，贯彻落实党中央、国务院关于农产品提价、放宽多种经营、自留地、家庭副业和集贸市场等方面的政策措施，加快农田水利基础设施建设，以及农业科学技术的推广。1980年10月，全省实行劳动定额计酬管理办法的生产队占63.9%，实行定额计酬到组的生产队占28%。

1980年，安徽、四川等省农村"包产到户""分田单干"等各种消息陆续传播到湖北，荆楚大地开始躁动起来。很多农民已经不满足在生产小队共同所有的传统体制下继续实施各尽所能、按劳分配的办法，而是越来越强烈地要求实行"包产到户""分田单干"的改革政策。咸宁、孝感、随州等地方已经出现个别生产队"闹"分队的现象，所谓"闹"分队，实质就是要搞"分田单干"。1979年4月，湖北省委常委韩宁夫在考察恩施农村之后给省委报告说：目前，恩施全区有3%左右的生产队在"闹"分队，要求把已经很小的队以"作业组"的形式分得再小和更小。有些队明分组暗分队，把作业组变成了一级核算单位；有的队甚至以搞责任制和种试验田为名，搞包产到户。恩施县4400个生产队，"闹"分队的有380个，占8.6%；利川县5800个生产队，"闹"分队的有134个，包产到户的有108个。

此时，中央决策层对"分田到户"的态度已逐步明朗。1980年4月，邓小平同志听取万里等人的汇报时指出，在农村地广人稀、经济落后、生活贫困的地区，政策要放宽，有的地方要实行"包产到户"。5月，邓小平同志又进一步肯定："包产到户""包干到户"的做法不会影响社会主义集体经济。1980年上半年，湖北省委组织了四个调查组对武昌、黄冈、钟祥、利川四个县的农村进行深入调查，发现"分田单干"的办法确实比传统的抓定额管理，搞按劳分配的办法优越，因为赋予了农民的生产经营自主权，能够更充分地调动和发挥农民从事农业生产的积极性。而且，"分田单干"之后，政府不需要对农民从事农业生产再进行具体的监督、管理、协调了，管理成本和责任风险大幅降低。同年8月，湖北省委三届十六次全体（扩大）会议召开，会上提出了关于"解放思想，放宽政策，积极改革，搞活经济"的12条政策措施。这次会议强调必须进一步解放思想，"绝不能继续株守大寨的框框"。决定农业生产很落后、群众生活很困难、集体经济很差的少数地方，可以在生产队统一领导下实行"包产到户"的政策。虽然这只是一个有限制条件的改革，但成了湖北农业农村改革进入全新格局的重要标志。

1981年9月，湖北省委召开的全省农村工作会议，与会领导在讨论中认为经过实践的检验，现行各类农业生产责任制中，联产承包责任制（即"分田到户"）对广大农民的吸引力最大。该会议的《讨论纪要》明确指出："经过实践的检验，在各类农业生产责任制中，联产责任制具有更多的优越性和更广泛的适应性，对广大农民产生了越来越大的吸引力。农村各级党组织热情支持群众的合理要求，积极加强领导，帮助解决实行过程中遇到的具体问题，使各种形式的联产责任制得到很大发展。"湖北省委决定放手让各地农村社队根据各自的生产水平、管理水平和群众意愿，选择不同形式的责任制，允许多种形式并存，克服和防止一律化、一刀切的错误做法。特别强调要妥善处理好宜统则统，宜分则分的问题。鼓励干部群众大胆探索，积极试验，在现有的基础上继续向前发展。所谓继续前进，就是不仅允许困难的生产队实行"大包干"，而且对于"那些生产比较正常、集体经济办得好的生产队，以及比较富裕的生产队，经过群众充分讨论，对各种形式的责任制进行全面的分析比较，要求实行统一'大包干'，应当允许，不要加以限制"。这个政策一出台，实际上是全面放开了"分田单干"的"闸门"。

1983年，中央发布第二个"一号文件"《当前农村经济政策的若干问题》。文件高度肯定联产承包责任制"是在党的领导下我国农民的伟大创造，是马克思主义农业合作化理论在我国实践中的新发展"。文件要求在全国广大农村全面推行联产承包责任制，以确立家庭联产承包责任制在农业经营领域的主导性地位。此时，湖北省的绝大多数农村实际上已经与全国同步前行。1982年初，全省实行"大包干"的生产队只占30.1%，到年底便已经发展到了75.3%，1983年春季更是上升到了96%。这年春节，沔阳县有一户农民贴出了一副春联，上联是"责任制符合民意",下联是"'大包干'尤其优越",横批:"党同民心"。时任湖北省委书记的陈丕显同志评价说:这副春联反映了农民群众对推行承包责任制的愿望。

以家庭承包经营为基础、统分结合的双层经营新模式,赋予农民生产经营自主权,极大地解放和发展农村社会生产力。全省粮食、棉花、油料、麻类、蚕茧、茶叶、烟叶、柑橘等产量你追我赶,纷纷创造历史纪录。1982年,全省粮食总产1995.9万吨,比1977年增长23.5%;油料总产57.47万吨,比1977年增长2倍;生猪出栏1048.7万头,淡水鱼产量16.9万吨,均比1977年增长2倍以上。社队企业总产值31.5亿元,比1977年增长78.5%。农、林、牧、副、渔业总产值(不包括社办工业)137.2亿元,比1977年增长28.2%。1984年全省农民人均纯收入达到392.3元,比1978年的110.5元增加了2.55倍。湖北省这一期间农业总产值年均增长率为13.98%。农业的繁荣昌盛使得长期无法解决的"温饱"难题迎刃而解。什么都必须凭票证供应的短缺经济时代,几乎在一夜之间成了人们的苦涩回忆。同时,农业的繁荣不仅极大地带动了全省经济社会的全面发展,并且为荆楚大地后来的全面改革形成了有效的突破和奠定了坚实的基础。

### (二) 培育开放的农产品市场体系

打破"统购统销"桎梏,放开农产品价格管制,实施流通体制改革,培育多元化市场主体,逐步形成面向全国统一、开放、平等、竞争的农产品市场体系。

改革开放给湖北省农业生产带来了翻天覆地的巨大变化,呈现出从自给自足经济向着较大规模的商品生产转化和从传统农业向着现代化农业转化的新形势。1983年初,湖北省委出台《关于贯彻执行中央〔1983〕1号文件发展湖北省农村工作新局面的意见》,提出"我们必须适应形势的发展,按照党中央确定的步骤,坚定而有秩序地把农村各项改革继续推向前进,使生产关系同生产力、上层建筑同经济基础协调地向前发展,走具有中国特色的社会主义农业的发展道路"。

建立社会主义市场经济的管理体制与运行机制,走具有中国特色的社会主义农业的发展道路,必须打破计划经济时代"统购统销"的桎梏,放开农产品价格管制，实施流通体制改革，培育多元化市场主体，逐步形成面向全国统一、开放、平等、竞争的农产品市场体系。这既是巩固现有农业农村改革成果的客观要求，也是进一步深化农业农村改革的重要条件。

计划经济时代的"统购统销"制度体系实际上包括三个方面：一是粮食及主要农产品完全由国家控制，按规定价格统一向农民收购；二是粮食及主要农产品按规定价格统一由国家销售，实行凭票证定量供应；三是粮食及主要农产品统一由国家指定机构垄断经营，不允许其他经营单位插手。"分田单干"之后，经济基础发生了质的变化，农民拥有了土地自主使用权、土地自主种植权、农产品自主销售权和劳动自主支配权，使之几乎在一夜之间成了农耕地和农产品真正的主人。想种什么、养什么，种多少、养多少，怎么卖、卖给谁，一概由农民自己做主，再依靠传统的行政手段去强制性征收农民农产品的办法无疑是一张"昨天的旧船票"。于是"统购统销"存在的制度基础开始分崩离析。

1985年4月8日，湖北按照中共中央、国务院发布《关于进一步活跃农村经济的十项政策》规定，宣布除麝香、杜仲、厚朴3种药材为保护资源继续实行派购外，其他农产品均取消统、派购。对粮、棉、油等少数重要大宗农产品则由国家分别采取计划合同收购和市场价格收购的新政策。对农民完成定购任务后的产品和非定购产品，允许农民自由上市，多渠道经营。允许农民或合作经济组织长途贩运销售农产品。1990年，"合同定购"正式改称"国家定购"，明确规定完成合同定购是农民应尽的义务。同时，国家还将农业税由实物税改为现金税，以积极探索新形势下市场机制的调节作用。1992年，国家又取消了定购任务和定销指标，实行购销放开，价格放开，产销直接见面，一切由市场"说了算"。但是，由于1993年粮食减产，粮食供求紧张，粮价大幅上涨，国家不得不于1994年重新恢复粮食定购制度，并对粮食品种的销售实行国家定价。

1998年6月，国务院颁布了《粮食收购条例》和《粮食购销违法行为处罚办法》，国家实行以"三项政策、一项改革"为主要内容的粮食流通体制改革，即国有粮食收储企业按保护价敞开收购农民余粮，实行顺价销售，农发行对收购资金实行封闭运行，加快国有粮食企业自身改革。

改革的初心是希望通过国有粮食企业垄断收购并控制粮源，实现粮食顺价销售，减轻财政负担，同时保护种粮农民利益，但由于顶层设计与基层情形有较大差距，导致实践操作十分艰难甚至不能执行到位。湖北从2002年开始，将保护价收购政策调整为按30亿斤中晚稻收购量，由国有粮食购销企业与农户签订保护价粮订单收购合同，与市场价的差额部分由政府给予补贴，其他则全部放开。2003年，全省将此调整为对种粮农民实行直接补贴政策。

湖北既是产粮大省，也是产棉大省，棉花种植面积常年为466.67—566.67千公顷，棉花总产量为40万—50万吨，在全国排第3—4位。1985年，湖北省取消棉花统购，改为合同定购。但是，1994年棉花出现供不应求的形势，国务院下发《关于切实做好1994年度棉花购销工作的通知》，决定不放开棉花经营、不放开棉花市场、不放开棉花价格，继续实行国家统一定价，由供销社统一经营。1995年，我国棉花购销形势发生颠覆性的变化，由供不应求变为供大于求，棉花政策也只好随之大幅调整。1998年，我国加入世贸组织已成定局，可以充分利用国内国际两个市场的棉花资源，深化流通体制改革的时机成熟。国务院决定从1999年度开始，深化棉花流通体制改革。国家在管好棉花储备、进出口和强化棉花质量监督的前提下，完善棉花价格形成机制，拓宽棉花经营渠道，转换棉花企业经营机制，降低流通费用，建立新型的棉花产销关系。从1999年9月1日起，棉花的收购价格、销售价格主要由市场形成，国家不再作统一规定。国家主要通过储备调节和进出口调节等经济手段调控棉花市场，防止棉花价格的大起大落。至此，作为主要农产品的棉花市场化格局形成。

具有强制性的"统购统销"制度退出历史舞台之后，为农产品价格体系的改革提供了条件，国家逐步放开农产品价格管制，除粮食、棉花、烟叶等极少数品种之外，基本上实行市场定价。湖北省由中央和省管价格的品种，收购价由1978年的191种减少到22种；销售价由84种减少到19种。在全省社会农产品收购总额中，固定价由1978年的92.4%下降为1986年的35.8%，指导价由0.1%上升为12.8%，市场价由7.5%上升到51.4%。至2007年底，市场调节价在湖北省社会消费品零售总额中占96.1%，在农产品收购总额中占99.3%；政府定价在湖北省社会消费品零售总额中只占3.9%，在农产品收购总额中仅占0.6%。这说明湖北省以市场形成为主的价格机制"瓜熟蒂落"。由于国家放宽管制，允许市场机制发生作用，长期被压抑的农产品价格开始得到合理提升，工农产品"剪刀差"明显缩小，农民收入大幅增加。更具重要性的是，不少农民紧紧跟随市场这个"指挥棒"，为追求更好的经济效益而迅速转向发展种植业以外的其他产业。农业产业结构开始出现自发调整的良好局面，经济作物种植面积增加，蔬菜、水果、药材生产大幅增长，养殖业蓬勃发展，品种结构不断优化。

为了培育市场主体，早在1983年3月，湖北省政府就批准开展对供销合作社体制进行改革，要求把基层供销社办成群众性的合作商业，真正恢复其组织上的群众性、管理上的民主性和经营上的灵活性。省、市、县联社要建成合作经济组织。主要采取经济办法进行经营管理。要努力搞活流通渠道，逐步把供销社办成供销、加工、贮藏、运输、技术等综合服务中心。1986年底，全省各级供销合作社基本完成"官办改民办""全民改集体"的重大改革任务。1996年，政府鼓励各类合作经济组织、协会以及农业实业化龙头企业、运销大户、农村经纪人队伍积极通过参股、控股、承包、兼并、收购、托管和特许经营等方式，引导农产品流通主体做大做强，实现规模扩张，逐步形成规模大、网络化、辐射广的农产品流通模式。

1998年，党的十五届三中全会提出要"进一步搞活农产品流通，尽快形成开放、统一、竞争、有序的农产品市场体系，为农民提供良好的市场环境"。2005年，商务部推出"万村千乡市场工程"。湖北以多元化、多层次、多类型、多渠道的城乡市场体系为目标的建设更是风生水起，各种消费品和生产资料综合市场、专业市场以及批发市场、期货市场陆续发展起来了。2007年，湖北省76家"万村千乡市场工程"承办企业在全省新建或改造规范化的农家已达到1.1万家，遍及全省80%以上的县（市、区），覆盖76%的乡镇和68%的行政村。党的十八大之后，湖北农业农村电商企业如雨后春笋般涌现出来，多达14480家。2017年，全省农产品"进城"和工业品"下乡"网销总金额在全国占比为3.9%，排名第8位。其中，钟祥市以"农产品进城"月成交总额突破800万元、大米单品网销750吨的业绩，问鼎全国县域电商农产品销售排行榜冠军。

进入21世纪以来，全球经济一体化进程越来越快。由于湖北省农村流通领域的改革比较顺畅，多元化、多层次、多类型市场主体建设比较完善，基本上形成了面向全国统一、开放、平等、竞争的农产品市场体系，故中国加入世贸组织之后，湖北省农产品流通企业能够较快地适应其内在规则与秩序，并在公开、公平、公正的环境里积极参与农产品国际市场的竞争。2016年，湖北省外贸出口额超过2亿美元的县有14个，相当部分是农产品。其中，随县香菇的生产、加工量和销售额均雄踞亚洲的"老大"，2017年实现外贸出口额突破5亿美元，市场拓展到134个国家和地区。

取消"统购统销"制度，逐步建立起在国家宏观调控下主要依靠市场机制实现资源合理配置的新型购销体制，这是湖北农村继实行家庭联产承包责任制之后的又一次重大改革。到2004年底，湖北省以市场形成价格为主的价格机制基本建立，农产品价格由市场"说了算"，多元化、多层次市场主体不断发育壮大，多类型、多渠道、统一、开放、平等、竞争的城乡市场体系逐渐形成，这些市场化重大要素的精心培育与不断完善，对发挥市场经济运行规律在配置资源、调节分配、平衡供求、促进农业发展，带动结构调整等领域的功能效应，具有极其重要的意义和现实作用，也为湖北省社会主义市场经济管理体制和运行机制的建设奠定了坚实的基础。

### （三）发掘农村集体所有制的有效形式

保障农民土地的合法权益，探索农村集体所有制的有效实现形式，实行土地集体所有权与农户承包经营权"两权分离"以及所有权、承包权、经营权"三权分置"。

家庭联产承包责任制的推行，使得农民摆脱了旧体制的桎梏，获得了空前的生产经营自主权。但当时极"左"思想尚比较深厚，农民对于"分田到户"的改革能不能稳定下来抱有深深的疑虑，不愿也不敢加大对承包土地的投资。针对这一问题，1984年元旦发出的中央"一号文件"《关于一九八四年农村工作的通知》提出了将土地承包期延长至15年以上的政策。这一政策给农民吃下了定心丸，使农民可以放心大胆地加大对土地的投资，有效地保障了农民的土地权益。湖北省农村土地第一轮承包基本从1983年开始，期限为15年。到1998年大部分承包地期满，各地按原计划于当年推行二轮延包。但是，自1985年以来日益严重的农民负担问题打断了农村土地改革的正常进程。湖北省农村的各种税费负担大部分以承包土地面积为计算单位，劳务负担则以农户人口为计算单位。有些地方特别是江汉平原地区的监利、洪湖等地农村，农民被摊派的各种负担总额高达每亩400—600元。沉重的劳务负担致使绝大多数农民面朝黄土背朝天，辛辛苦苦干一年的收入尚不足以完成国家、集体下达的征缴任务。于是，很多农户强烈要求把承包田退还给村集体，并且拒绝与村委会签订第二轮延包合同。不少农民则用脚"投票"，举家外迁，以躲避税费负担。因此，1998年全省农村土地的第二轮延包工作基本上走了过场。

2002年，湖北省按照党中央、国务院统一部署开展以减轻农民负担为主要目标的农村税费改革。2002年底，全省新的农业税、农业特产税及附加总额为32.75亿元，亩均70.63元，人均79.5元，比改革前的1999年政策内"六项"负担分别减少22.47亿元、50.44元和42.9元，减幅达40%。2004年，全省停征农业特产税，并且将农业税税率降低了3个百分点，农民承担的农业税及附加总额为18亿元，亩均40.33元，人均45.46元，比2002年又分别减少14.75亿元、30.3元和34.04元。2005年，全省取消农业税，农民减负18亿元，人均减负45元，亩均仅为40元。农村税费改革把农民从过去沉重的经济和劳务负担中解脱出来，生产积极性空前高涨，加之国家和省政府配套出台了一系列含金量很高的扶农惠农政策，农民从事农业生产的收入明显增加，很多外出躲避负担和进城打工的农民纷纷主动回村种田。针对改革之后农村经济出现了多年少有的好形势，湖北省委、省政府决定从2005年开始在全省统一开展农村土地第二轮延包的完善工作，全面落实《中华人民共和国农村土地承包法》。中共湖北省委办公厅、省人民政府办公厅发布《关于依法完善农村土地二轮延包工作的若干意见》，依法保障农民土地承包经营的各项权利，依法完善二轮延包，延包期仍从1998年算起，至2028年30年不变。

农村土地制度由"三级所有"到"两权分离"。1960年11月3日，中共中央发出《关于农村人民公社当前政策问题的紧急指示信》，指出

"三级所有，队为基础，是现阶段人民公社的根本制度"。1962年中共中央第十次全体会议通过了《农村人民公社工作条例修正草案》（后简称《六十条》），进一步明确了"生产队范围内的土地，都归生产队所有，生产队所有的土地，包括社员的自留地、自留山、宅基地等等，一律不准出租和买卖"。由此，土地的所有权和经营权统一归属于生产队被明确下来。这对于三年自然灾害后的调整、巩固、充实与提高起到重要作用。但是仍然没有很好地解决农村土地经营管理与激励的关系，农业仍然面临着徘徊的局面。而家庭联产承包责任制改革则探索了农村土地经营管理与激励的关系，开启了农村土地集体所有权与农户承包经营权"两权分离"，这是关于农村土地集体所有制实现形式的重要突破。土地所有权归集体，承包经营权归农民。改革保留了农村土地归集体所有的基本体制，同时确保了农民对土地的占有、使用、经营、受益和处分等一系列权利。农村土地产权的多种属性逐渐为政府和民众认识。两权分置改革一定程度上挖掘了土地的生产潜力，释放了农民追求幸福生活的积极性。不过，改革的不充分和措施不当致使很长一段时间内农村土地集体所有制呈现不充分，"分有余，统不足"，集体经济发展不活跃，土地流转受到诸多因素桎梏。同时，人地矛盾的主要方面也发生了很多具体的变化。

这一制度设计中就存在的矛盾问题随着城镇化加速、农民大量进城务工而不断凸显出来。农村中"有田无人种，有人无田种"现象变得相当普遍。同时，以"分田到户"为基本形式的农地耕种状态也开始无法承载起农业现代化、农村可持续发展的时代要求。农村土地"两权分离"改革后，随着绝大多数村集体经济组织的瓦解和消亡，集体所有权事实上存在严重虚置，流转主体的法律地位难以明晰，流转程序难以规范，土地管理相当混乱，个体农户的土地权益经常遭到侵犯。

在化解农村土地"两权分离"困境的实践中，湖北省农村基层干部群众发挥出了明显的积极性与创造性，使得农村土地"三权分置"的改革探索昂首走在全国前列。2007年，湖北省武汉市出台《关于引导农村土地承包经营权流转推进土地规模经营的意见》，率先在全省开展农村土地"三权分置"探索。2008年10月，中共中央发布《关于推进农村改革发展若干重大问题的决定》。文件指出，按照依法自愿有偿原则，允许农民以转包、出租、互换、转让、股份合作等形式流转土地承包经营权，发展多种形式的适度规模经营。2009年，武汉农村综合产权交易所应运而生，为农村土地流转交易出具鉴定证书，保障流转双方权益。这是行政改革上的"一小步"，却是农村土地产权改革创新的"一大步"。

2013年7月23日，习近平总书记视察武汉农村综合产权交易所时，称赞其为农村改革的"有益探索"。在习近平总书记的鼓励下，2015年5月，湖北省出台《湖北省农村土地承包经营权确权登记颁证工作方案》，全面推进农村土地承包经营权确权登记颁证工作。2017年，湖北省农村土地"三权分置"改革已全部完成，很多省、市、自治区纷纷派员来鄂学习取经，一些操作方法被推广到全国各地。这项改革坚持了农村土地集体所有的底线，保护了农户土地承包权，放活了农村土地经营权。2018年，集体土地产权确权工作在全省也迅速展开。这一举措意在坚持农村土地集体所有权，依法维护农民土地承包经营权，发展壮大集体经济。稳定农村土地承包关系并保持长久不变，在坚持和完善最严格的耕地保护制度前提下，赋予农民对承包地占有、使用、收益、流转等承包经营权，允许农民以承包经营权入股发展农业产业化经营。

改革开放40年来，湖北省农村土地制度改革以保障农民土地权益为核心，探索农村集体所有制的有效实现形式，实行土地集体所有权与农户承包经营权"两权分离"以及所有权、承包权、经营权"三权分置"取得了显著成果，探索了农村土地集体所有制的具体实现形式，重塑了农民与土地之间的关系，奠定了乡村振兴坚实的土地制度框架。构建了从农民集体到承包农户、从承包农户到新型农业经营主体之间的土地产权关系，提供了化解土地承包经营权所承载的社会保障功能与经济效用功能之间矛盾与冲突的现实制度安排。

（四）探索特色的工业化城镇化道路

支持兴办乡镇企业，促进第一、第二、第三产业融合，探索乡村工业化、城镇化发展道路，在"离土不离乡"的方针指导下有序转移农业剩余劳力，帮助农民持续增收。

改革开放之初，全国八亿多农民在土地里刨食，农业经济的比较效益差，农产品商品化率和城镇化率都非常低，农村地区非农产业特别是工业几乎一片空白。农民虽然拥有生产经营的自主权，但单纯地从事种植、养殖业，一年辛苦劳作只能赚个温饱。当时，城乡二元体制仍然具有"铜墙铁壁"效应，加之各类城市的人口承载力都比较弱、就业机会十分有限，兼之公共服务能力不足，很难将数以亿计的农民迅速转移到城市稳定就业和生活。毋庸讳言，几乎所有城市的管理层也非常担心农民大量涌入城市之后会使得城市的艰难运行雪上加霜而不愿意开放"城门"。然而，若不改变"八亿农民搞饭吃"的局面，农民富裕不起来，国家富强不起来，四个现代化也就无从实现。所以，党中央把深化和拓展农村改革，定位在实现农民富裕、国家富强和四个现代化这样一个关系党和国家前途、命运的宏伟目标上。

如何实现这一目标成了摆在全党全国人民面前的重大课题。土地承载不了农民的富裕，城市容纳不了海量的农业人口。所以在乡镇范围内就地实行工业化和城镇化，推动农民"洗脚上岸"与"离土不离乡"式的就业方式，便成了帮助农民持续增收重要的甚至是唯一妥善的选项。著名社会学家费孝通先生认为中国发展的根本出路是将农民从土地的束缚中解放出来，具体途径就是实行乡村工业化。使农村从纯粹的种植、养殖产业里突围，通过农村工业化来带动城镇化，借此增加农业附加值，提升比较效益。

这一思路在20世纪80—90年代的中国农村获得了空前成功。乡镇企业因为属于新生事物，没有城市国有国营工商企业那么多的体制束缚与行为禁区，实行开放经营，直面市场竞争，呈现了前所未有的生机与活力，从而出人意料地如雨后春笋般快速发展起来。1984年，邓小平同志对乡镇企业的异军突起给予了高度肯定之后，乡镇企业更是如虎添翼，乘势迅猛发展。1992年，全国有2000多万家乡镇企业，从业人员1.2亿人，所创造的产值占到整个农村社会总产值的2/3，其中的工业产值要占到整个国家工业产值的1/3。所以，当时就有人说过：乡镇企业成了中国经济的半壁江山。

在乡镇企业发展大潮之中，湖北省的农民成了"弄潮儿"，走在中部地区的潮头之上。其实，早在改革开放之前，湖北许多县域农村已经出现了一批由人民公社和生产队投资兴办的"社队企业"。1984年11月，湖北省委四届十二次全体（扩大）会议决定统一把"社队企业"改称为"乡镇企业"，并将发展乡镇企业作为振兴湖北经济的一个主攻方向。

1993年，湖北省委、省政府出台《关于突破性发展乡镇企业的决定》。2014年，《湖北省实施〈中小企业促进法〉办法》颁布。"十一五"至"十二五"期间，湖北省政府一直在坚持组织实施乡镇企业、中小企业成长工程计划，目标是每年新创办县域城乡各类小企业2万家，优先扶持1000家成长性好、竞争力强的中小企业；支持百家民营排头兵特别是农业产业化"龙头"企业的发展。积极引导乡镇企业走高起点、集约型的发展道路。

湖北省乡镇企业的发展模式大致分为5种类型：一是资源型。即利用本地资源从事开采、加工、销售"一条龙"或者种、养、加"一条龙"，进而深加工、精加工，促使资源不断增值，这种类型最为普遍。二是协作配套型。即"大车带拖斗"，与城市工业配套，充当大企业的配角，拾遗补阙，与国有企业优势互补，协调发展。20世纪80年代和90年代，武汉市的"荷花"洗衣机、"大桥"童车、"红山花"电扇集团，十堰市的"东风"汽车集团，黄石市的华新水泥企业集团，沙市的"沙松"电冰箱、"鸳鸯"床单、"荆江"热水瓶企业集团，襄樊市的"松鹤"床单等这些当时湖北最为著名的工业企业集团中，不少重要厂家便是省内的乡镇企业。三是外向型。即积极开拓国际市场，大力发展外向型经济。如随县的香菇生产、加工量和销售额均雄踞亚洲的"老大"，2017年实现外贸出口额突破5亿美元，市场拓展到134个国家和地区。四是科技型。即与大专院校、科研单位挂钩，将科研人员的小型科研成果开发应用成新产品。五是企业集团型。即以乡镇骨干企业和名、优拳头产品为龙头，组建乡镇企业集团，形成群体优势，建立工业小区，带动区域经济的发展。像谷城骆驼蓄电池、远安东圣化工、枝江三宁化工、大冶劲牌、石首楚源化工、汉川福星科技、东宝新洋丰肥业等一批"明星企业"于山水之间脱颖而出，于无声之处做大做强。其中，骆驼集团、稻花香、金澳科技、福星集团、山河建设、天茂实业、枝江酒业等一批乡镇骨干企业，不仅在县域经济发展中成为演"主角"、唱"大戏"的主力，而且面对城市商界为代表的强大对手毫不畏惧，昂首跻入"中国民营500强"行列。

2003年4月，湖北省委、省政府利用国家全面推行农村税费改革，农业重现繁荣和农民恢复增收的大好机会，在宜昌召开全省县域经济发展现场会，并隆重推出《关于加快县域经济发展的若干意见》。这是一个在湖北省县域经济发展史上，同时也是农业农村经济发展史上具有重要地位并产生过巨大作用的"红头文件"。该文件开宗明义地指出：县域经济发展的指导思想是"按照全面建设小康社会的要求，坚持统筹城乡经济社会发展的思路，以改革总揽全局，进一步解放思想，振奋精神，求真务实，与时俱进，努力营造良好的创业发展环境；加大对内对外开放力度，加快经济结构的战略性调整，拓宽县域经济发展空间；坚持县域经济以民营经济为主体，加速推动工业化、农业产业化和城镇化进程，实现经济发展速度、质量、效益、后劲相统一，促进城乡经济社会协调发展"。此后，湖北省委、省政府每年以现场会形式召开全省县域经济工作会议，采取强力措施，对全省所有县（市）下放原本归市、州所有的经济管理权限，实行省直管县财政体制，对县市新增工商税收省、市级分成部分全部返还给县市，对830多个乡镇进行了精简机构人员、提高政府效率的综合配套改革，等等。这些政策措施的持续实施，进一步加快了农村第一、第二、第三产业融合发展的步伐，加快了县域工业化、城镇化的建设进程。

改革开放的40年里，湖北省大力优化内外部环境，极力支持兴办乡镇企业，千方百计发展县域经济，不断促进第一、第二、第三产业融合发展。农业部门积极搭建创新创业平台，引导和支持返乡下乡人员投身农村产业融合发展。农村新产业、新业态、新模式发展迅猛。2016年，全省线上休闲农业点达到4700家，综合收入达265亿元，从业农民人均收入达23500元，全省农产品电商蓬勃发展，农业众筹、线上线下营销配送、信息化平台服务等新业态不断涌现，农民收入多元化增长。凭借"离土不离乡"的乡镇企业和县域经济发展，有序转移了农业剩余劳力，实现了农民持续增收。通过大力发展乡镇企业、做大做强农产品加工业，湖北省探索出一条乡村工业化、城镇化发展道路，打造了优势工业、现代农业和特色生态产业的集群，推动县域经济社会全面发展。2011年，湖北省城镇化率达到50%，到2017年城镇化率达到59.3%，高于全国平均水平。

### （五）建立起较为完善农业支持体系

确立以"少取、多予、放活"为原则的惠农、富农、强农政策，实施农村税费改革，减轻农民负担，构建新型农村金融制度，逐步形成对农业的支持体系。

1978—1984年因改革给农业农村带来迅猛发展与巨大变化，让不少地方领导人产生了"三农"工作从此可以"刀枪入库，马放南山"的麻痹思想。从1985年开始，伴随着国家改革开放的战略重心由农村向城市转移，改革之初出台的各项富农惠农的财税政策迅速弱化，各级政府对农村农业的财政投入也持续减少。进入20世纪90年代后，国家又开始推行以"分灶吃饭"和"分税制"为主要内容的财税管理体制改革。县、乡基层政府本来就缺乏有效支撑本级管理职能正常运转的主体税种，分税的部分税基差、税源少，绝大多数地方都呈现出财权与事权不对称、能力与责任不对等，财政入不敷出的局面。这种情势下，县、乡基层政府往往只好对农村社会事务采取放任自流的办法以节省行政管理支出，或者巧立名目向农民"伸手"以筹集财力维持基本运转。当时，农民除了缴纳规定的农业税、特产税、屠宰税之外，还要上缴"三提留"和"五统筹"。据湖北省"农民减负办公室"统计，这一时期，由国家机关"红头文件"批准可以要求农民出钱、出物的活动有40多项，通过省级政府出台的允许向农民摊派费用的各种"达标升级"项目为30多项。农民群众的各种税费负担越来越沉重。

监利县棋盘乡农民朱建华曾保留有当年的种粮成本账：每亩产水稻800斤，每百斤按40元计算，收入为320元；扣除化肥83元，种子25元，农药4元，排水用油20元，脱粒和运输费13元，农忙请工22元等生产成本167元；再加上每亩规定上缴的农业税、屠宰税、特产税、"三提五统"和其他费用共185元，合计为352元。不包括自己的劳动付出，种一亩水稻净亏32元。侯王村则因农户抛荒过多难以按田亩摊派税费任务，村委会干脆把村里应该上缴的任务分摊到人头，人均上缴各种税费高达650元。越来越沉重的税费负担，使得基层干部与农民群众的关系越来越紧张。

与税费负担重叠发生的是这一时期湖北省农村先后出现三次"卖粮

难"。第一次是1984年至1986年，第二次是1991年至1995年，第三次是1997年至2002年。"卖粮难"现象在时间跨度上一次比一次长，冲击力则一次比一次大。"卖粮难"的实质是粮价太低。卖给国有国营粮食企业的粮食不仅经常被压级压价，而且往往领不到现款，只能拿到不知何时才能兑付的一张欠条，即多年间一直流行的向农民"打白条"的恶劣行为。"谷贱伤农"与税费负担重叠在一起的结果，便是大批农民不得不逃离农村，农地撂荒，生产衰退。刘守英教授调查指出："1999年，湖北耕地抛荒面积占耕地总面积的3.39%，到2000年上升到5.18%，其中常年抛荒59.2万亩，占总抛荒面积的31.9%，涉及42.47万农户。"其实，各地情况比刘守英教授的调查数据还要严重。在武汉近郊的黄陂区，抛荒土地约占全部耕地面积的20%。作为农业大县的监利县，2000年开春之后，正值农时贵如金的季节，棋盘乡无人翻耕下种的农地占全乡一半左右。

农民也会算账，当发现干农业不仅不赚钱，甚至还亏本的时候，生产积极性便必然一落千丈。1984年，湖北省粮、棉、油、猪、渔等农产品的生产产量创出了历史最高水平，粮食的商品化率达到30%以上，呈现了前所未有的历史性大突破。此后，农业生产很难再看到如此热火朝天的景象，粮食播种面积逐渐萎缩、生产总量不断下滑。据湖北省发改委提供的综合数据：这一时期，湖北经济增长幅度呈现出逐年减缓之势，2002年的增长率比1996年下降了4.1个百分点，增幅在全国的位次由第15位下降到第25位。湖北农民的收入增幅也呈递减态势。1985年至2002年，农民收入年均增长率仅为3.4%，尤其在1997年至1999年三年中，增长率仅为1.03%、0.98%、0.10%。扣除物价上涨因素，实际上是负数。

进入21世纪，推进农村税费改革已经到了刻不容缓的时刻。面对农产品价格持续下跌、乡镇企业效益普遍下降、农民增收渠道不多、地方财政不断困难的状况，这项改革变得前所未有的紧迫、艰巨和复杂。要深化改革就必须抓住农村税费改革问题的"牛鼻子"，也就是农民负担过重问题。只有坚持"多予、少取、放活"的方针，着力调整财政支出结构，加大对农业农村的投入，精简机构与人员和切实转变政府职能与工作方式，逐步消除城乡隔离的体制性障碍，才能从根本上减轻农民负担，进而为"三农"问题的解决找到出路。

中共中央、国务院2000年3月20日发出《关于进行农村税费改革试点工作的通知》，要求各地探索建立规范农村税费改革制度，从根本上减轻农民负担的有效办法，促进农业农村经济持续、健康、快速发展和全面建设小康社会，推进社会主义现代化建设进程。湖北省委、省政府坚决拥护党中央、国务院这一重大决策，召开专题会议进行研究，在京山、五峰两县进行农村税费改革试点。同时，成立了湖北省农村税费改革试点工作指导协调办公室，具体指导协调两县做好农村税费改革试点工作。2002年3月，湖北省被确定为国家农村税费改革试点省份。同年4月25日，全省召开农村税费改革动员大会，正式启动农村税费改革试点工作。开始实行"三个取消，一个逐步取消，两项调整，两项改革"。具体来讲就是取消乡统筹等专门面向农民征收的行政事业性收费和政府性基金、取消农村教育集资等涉及农民的政府性集资、取消屠宰税、逐步取消统一规定的劳动积累工和义务工、调整农业税税率、调整农业特产税、改革"村提留"征收使用办法、改革共同生产费征收使用办法。原乡统筹开支的农村义务教育、计划生育、优抚和民兵训练开支，由政府财政解决。五保户供养、村干部报酬、村级办公经费等凡由农民上缴村提留开支的，采取农业税附加方式统一收取。改革后的农业税税率，由2.5%提高到7%。尽管税率提高了，农业税费收取却规范了，堵住了"乱摊乱派"的口子，农民总体的税费负担大大降低了。按2002年农经年报全口径计算，全省农民实际承担税费总额35.89亿元（包括农业税及附加、特产税及附加、一事一议、集资、以资代劳），与2001年"政策性六项"相比，减少25.8%，农民负担人均94.34元，亩均负担81.78元，分别比2001年减少25.71元和25元。农民劳平负担的"两工"比2001年减少5.2个，代劳金减少0.5元。

农村税费改革效果显著，农民种田积极性明显回升，种田效益明显好于税改前。据襄阳区的基层干部反映，税费改革后，农民抢地种的多了，买化肥的多了，添置农机具的也多了。该区黄集镇，2001年抛荒2.5万亩，2002年亩均负担只有72元，原来外出打工的1300多个农户，全部跑回来抢地种，没有一亩抛荒；该镇陶家湾是个农业大村，2002年秋播1万亩，群众亩均施化肥150公斤，比往年化肥投入增加1/3；东津镇下洲村2002年秋播前后添置农机具47台，黄集镇水田村一组2002年70%的农户添置了小型拖拉机。这些案例只是湖北省农业税费改革后农村新面貌的一个缩影，但是却折射出农业税费改革的及时与必要。

从2004年起，湖北省继续降低农业税税率。农业税税率由7%降低到4%，取消了除烟叶税以外的农业特产税。2005年，湖北省在全国提前一年全面取消农业税，农民种田真正实现"零税赋"。这一年，全省农民减负18亿元，人均减负45元，亩均40元。取消农业税后，仍需农民承担的项目仅余三项，即一事一议筹资、排涝水费、投工投劳。但各地农村启动这三个负担项目，必须按照规定程序由县级政府严格审批方可进行。

为巩固农村税费改革成果，湖北省委、省政府充分发挥改革的主动性和创造性，又着手在全国率先推进以乡镇机构、农村义务教育和县乡财政管理体制为主要内容的乡镇综合配套改革，逐步将农村体制机制改革引向深入。随着农民负担监管工作的不断加强，各项惠农扶农政策的进一步落实，农村综合配套改革的逐步深化，促进了基层干部工作思路和工作作风的转变，促进了村务公开、基层民主，有效地缓解了干群矛盾。农村上下呈现出欣欣向荣的景象。

总体来看，农村税费改革不同于土地改革和实行家庭承包经营，前两次农村改革主要是调整生产关系，解放生产力，基本不涉及上层建筑。税费改革不仅涉及生产关系，而且涉及上层建筑，包括精简机构和压缩人员，调整支出结构，完善农村教育体制、财政体制改革等重要内容，是一项非常艰巨而复杂的综合性改革。从2002—2005年全省农村税费改革情况看，农村税费改革大大减轻了农民负担，也极其有效地缓解了高度紧张中的干群关系，推进了农村"上层建筑"的深刻革命，进一步规范了农村的分配关系，形成了新的农村制度框架，是对农村生产力的一次大解放，进一步调动了农民的生产积极性，使农村经济社会呈现出了改革开放以来少有的好形势。

当农村税费改革和乡镇综合配套改革捷报频传之时，湖北省农村金融制度改革和构建新型的农村金融体制等方面的深化改革又紧锣密鼓地展开。1978—1993年，湖北省农村金融体制改革形成了以农业银行为主体、农村信用社为基础、民间金融为补充基本态势。1994—2005年，湖北农村金融呈现"市场化"发展态势。1994—1996年湖北省建立起了符合社会主义市场经济体制、满足农村经济发展多层次要求，以服务工商企业的商业性金融机构、服务农户为主的合作性金融机构和支持整个农业发展、确保国家农副产品收购的政策性金融机构为一体的农村金融组织体系。使得湖北省农村金融机构逐渐从单一和无序转向多元化改革发展，形成为农业和农村经济提供及时有效服务的金融体系。1996年《国务院关于农村金融体制改革的决定》使得农村信用社银行与农业银行脱离行政隶属关系，加强了农村信用社的合作金融性质。

1997—2005年是农村信用社主体地位的形成和农村金融改革的深化阶段。《深化农村信用社改革试点方案》以"明晰产权关系，加强约束机制，强化服务功能，国家适度支持和地方政府责任"的总体标准，加快了农村信用社的信贷管理体制和产权制度改革，使得农村信用社真正成了自主经营、自我约束、自主发展、自主风险的市场主体。2006年，湖北省农村金融进入"普惠化"阶段。湖北省农村金融体系进一步完善，新型农村金融机构的设立与发展，使金融服务能够到达农村空白区域。此后，农村金融"普惠化"向纵深发展。

从2012年起，人行武汉分行营管部按照"科学规划、整体部署、分步推进"原则，以农村地区金融支付服务"三公里无空白"为首期目标，以"按图索骥"的方式科学地加快联系点布点进度，尽可能地优化布局效益。武汉农村地区提前两年实现了"户户有银行卡、村村有服务点、镇镇有'ATM'"的规划目标任务。除武汉外，宜昌市、荆门市、孝感市、荆州市、黄冈市、咸宁市、随州市，金融机构设立在农村的营业网点同样大幅增加。截至"十二五"末，6地农村银行网点总数较初期增加均超过30家。一些原已撤离县域的银行分支机构，又重新回归恢复设立，全省乡镇一级基本实现了银行类金融机构全覆盖，全省县域一级基本实现了村镇银行、小额贷款公司等新型金融机构和准金融机构的全覆盖。

近年来，湖北省金融改革创新更是加速推进。2016年，中国人民银行等9部委印发《武汉城市圈科技金融改革创新专项方案》，武汉城市圈成为全国第一个科技金融改革创新实验区。同年，湖北省发布《湖北省县域金融工程试点实施方案》，全省27个县市试点县域金融工程。这两个方案，一个通过创新寻找新的发展空间；一个补平农村金融短板，由此，湖北省农村金融发展的基础得到进一步夯实。从2016年4月起，湖北省选择枝江、大冶、仙桃等10个县市开展农村合作金融创新试点，构建"农合联+金融"服务体系，力争打通农村金融服务"最后一公里"。其中，枝江探索建立农村信用信息系统，推进"信用+农村合作金融创新"试点模式，先后被《农民日报》《湖北日报》、湖北电视台等主流媒体宣传报道。大冶市以"两权"抵押贷款试点为基础的农村金融改革创新工作获国务院督察组通报表扬。

同时，农村信用社产权改革也取得显著成效，湖北省在全国率先完成农村商业银行县域全覆盖。县域金融工程试点中，实施农村金融服务全覆盖、金融支持县域经济发展"五个一工程"和金融服务网格化。探索开展小额贷款保证保险，构建"政银保"合作贷款体系。探索建立财政与金融政策联动机制，成立了湖北省再担保集团，设立湖北省长江经济带产业基金。2016年，全省金融机构累计发放"两权"抵押贷款1674笔，金额9.2亿元。2016年，全省县域余额贷存比为45.25%，较2015年提高0.16个百分点。

税费改革后，农民负担大为减轻，农业支持体系建设加速进行，其中比较重要的一项即是对农业的补贴。从2004年开始，随着粮食流通体制改革的不断深入，对农民补贴从原来在流通环节（价格补贴）更多地转到农民收入环节（粮食直接补贴）。除了粮食直补外，还在粮食生产、生产资料、良种、农机应用等方面越来越多地补贴给农民。比如，2006年，全省"五项补贴"（粮食直补、良种补贴、农资综合补贴、退耕还林补贴、农机补贴）资金总额达到17.5亿元，农民人均44元。到2010年，湖北发放给农民的粮食直补、农资综合补贴、良种补贴和农机购置补贴"四项"补贴达54.12亿元，是2004年的6倍，年均增长34.8%。2016年以来，全省全面推开农业"三项补贴"改革，即将良种补贴、粮食直补和农资综合补贴合并为农业支持保护补贴，政策目标调整为支持耕地地力保护和粮食适度规模经营。

应当说，自2004年以来，农业补贴政策已成为湖北省重要的财政支农政策之一，取得了较好的成绩。随着种粮农户的直接补贴范围逐渐扩大，补贴水平不断提高，农民从中得到了切实的实惠，生产积极性进一步提高，收入明显增加，农村经济不断向好。同时，这也为湖北省农村稳定、农业发展、粮食安全奠定了基础。

农业支持体系中离不开农业保险制度。自2007年有财政补贴支持的政策性农业保险实施以来，湖北省农业保险取得了飞速发展。农业保险公司逐渐增多、农业保险密度逐年增加；保险收入飞速上涨；农业保险开始了一定层次上的突破。逐渐开办了水稻、能繁母猪、奶牛、油菜、棉花、森林等政策性补贴险种以及地区性特殊险种。2017年，水稻保险保障标准由每亩200元提高到400元，费率由7%降至6%；扩大油菜、棉花保险试点范围，将油菜种植面积在20万亩以上的35个县、棉花种植面积在10万亩以上的15个县纳入保障范围；能繁母猪、奶牛、森林、"两属两户"农房保险承保政策不变。截至2017年，湖北省开办中央、省财政补贴的农业保险，共有4类8个险种，覆盖全省86个县市区、804个乡镇、1.84万个村，惠及农户688.42万户（次），逐渐形成了"政府推动、市场运作、保险公司自办"的特色经营模式，并形成了"枝江模式"等特色发展模式与"潜江小龙虾"等特色险种。

农村税费改革，从"一税轻，二税重，三税是个无底洞"，到全面取消农业税。农村金融体制改革，从正规金融到民间金融再到市场化、普惠化改革发展。农业支持体系改革，从改革农业补贴，到探索农业保险。一系列重大改革措施无不昭示着湖北农业农村改革的光辉历程。

### （六）打破旧制度的桎梏形成新型工农城乡关系

拆除城乡分割的二元社会结构，推行户籍制度改革，促进生产要素双向流动，建立起"工农互促、城乡互补"的长效机制，逐渐形成全面融合、共同繁荣的新型工农城乡关系。

城乡二元的社会结构是中华人民共和国成立初期为保证原始资本积累，强化工业化建设，尽快打破帝国主义封锁，实现超英赶美的发展战略而实施城乡分离政策所形成的客观结果。虽然这一政策措施在一定程度上促进了工业的兴起，但同时也给国家的工农关系、城乡关系以及农民与居民的关系造成了许多严重的问题。并且随着时代的进步与发展，这种二元社会结构越发显现出其局限性。所以，改革开放以来湖北省对这项制度进行了持续的调整和改革。

二元社会结构下,城乡之间实行的是不同的户籍政策。户籍制度分为城市户口和农村户口,两类户籍之间转换非常困难。实施家庭联产承包责任制之后,农民的生产积极性得到充分发挥,原来长期隐藏在人民公社体制下的农村劳动力剩余和人口剩余的严重问题很快暴露无遗。1985年,全省绝大多数农村已经普遍出现转移农村剩余劳动力的强烈要求。但此时各级政府的政策尚局限于通过兴办乡镇企业来解决农民"洗脚上岸"与"离土不离乡"式的转移就业问题,对于外出进城入镇务工经商的诉求则明确表示不予鼓励和支持。农民外出进城入镇从事经济活动被视之"盲流",只能偷偷摸摸、躲躲藏藏,一旦发现即由公安部门与户籍所在地政府派人"劝导回家"。

1986年,中央"一号文件"规定:允许农民自理口粮进城务工经商。闸门一开,全国各地广大农民群众欢声雀跃,纷纷扛着塑料编织袋,携亲带故、背井离乡,涌向城镇打工。由于外出务工的收入明显高于务农收入,农民外出进城入镇从事非农领域的劳务活动便成了农民家庭持续增收甚至是脱贫致富的重要途径。所以,外出务工的农民越来越多,年限也逐年加长,形成了一股经久不衰的"民工潮"。2007年,湖北省农村劳动力中外出打工的人数为682.61万人,到整个"十二五"期间,全省农村人口年均外出已达1092.80万人。2016年,湖北省常住人口为5885万人,其中农村人口为2465.81万人,占比41.9%。而就在这一年,全省背井离乡谋生的农村人口总数为1112.81万人,几乎占到农村总人口的一半。这一年,外出农民工获得的劳务经济总收入超过3438亿元,人均年收入突破3万元,达到30713元。2017年全省农民人均可支配收入13812元,比2016年增长了8.5%。其中,人均工资性收入4390元,占可支配收入的31.8%。

根据湖北经济学院新农村发展研究院2016年的调查显示,湖北省农民工进城之后,制造业、建筑业、居民服务业与其他服务业、租赁与商务服务业、批发与零售业是农民工就业的主要行业,就业比重分别为23%、17%、17%、13%、12%;而在住宿与餐饮业、交通运输仓储和邮政等行业的比重相对偏低,都在6%左右。事情很清楚,城乡通开,相互融合,生产要素双向自由流动,大家各取所需,共同创业兴业,对于有效转移农村剩余劳力,改善农民收入结构,实现持续增收目标,促进农村发展，确实具有极其重要的意义和作用。

20世纪80年代后期出现的农村人口大规模地向城镇流动，即所谓"民工潮"，一直在汹涌澎湃、川流不息，既充分反映了对传统的工农分割、城乡分治的二元制度的拨乱反正，也是客观表达了对统筹城乡一体化发展，实现第一、第二、第三产业融合发展的强烈要求。但是，由于各种历史与现实的原因，绝大多数已经进入城镇的农民工很难享有与城市市民对等的社会保障与公共福利，也就不可能真正地融入所在的城市成为市民，而只能长期扮演着城乡之间的"候鸟"角色。2003年，湖北省决策层坚持实事求是的原则，解放思想，大胆探索，在中部地区率先发布《湖北省深化户籍管理制度改革的意见》，明确规定在全省取消农业、非农业户口性质和各种类别的户口，取消进城落户计划指标，这标志着湖北城乡一体化户籍管理制度改革进入正式实施阶段。2004年1月1日起，在湖北存在了46年之久的"农业"和"非农"户口终于成为历史。

2014年7月，国务院颁布《关于进一步推进户籍制度改革的意见》，明确提出统一城乡户口登记制度，取消农业与非农业户口的区分，全面实施居住证制度。2015年9月，《省人民政府关于进一步推进户籍制度改革的实施意见》（鄂政发〔2015〕57号）发布，提出了多项新政策。包括人口管理上取消暂住证，全面实行居住证制度。社会保障上从教育、社保、就业、住房等领域加快农业转移人口市民化，推进以人为核心的新型城镇化，进一步为农业人口这一城镇化的主力军进城"保驾护航"，全面放开建制镇和小城市落户政策。此外，还出台了一系列的配套措施。《省人民政府关于进一步做好为农民工服务工作的实施意见》（鄂政发〔2015〕67号），从农民工就业创业、劳动保障权益、城镇落户等方面提出了具体的意见。《湖北省教育厅关于推进户籍制度改革完善教育相关配套政策的实施意见》从农村转移人口子女的受教育权方面提出了详细的改革意见。这些配套措施的出台，为农业转移人口"进得来、住得下、融得进"，提供了坚实的制度保障。2016年底，湖北省人民政府出台《关于实施支持农业转移人口市民化若干政策的通知》，进一步破除城乡二元社会结构，逐步实现城乡居民基本权益平等化、城乡公共服务均等化、城乡要素配置合理化。

长期以来，城乡生产要素处于一种农村向城市单向流动的态势，不论是资金要素、人力要素还是资源无不如此。比如，国有商业银行、民营金融机构对"三农"抱有一种敬而远之的态度。贷款权限上收，网点成了储蓄所，多存少贷或干脆只存不贷。每年仅通过存贷差而从金融机构流出农村的资金就达到3000亿元。人力资源要素外流方面，整个"十二五"期间，湖北省农村人口年均外出1000万人以上，为城市贡献了青春和热血。生产要素的抽离加速了农村衰落，拉大了城乡差距，从长远来看城市偏向的城乡关系是不可持续的。城乡二元分割体制导致的生产要素流动梗阻，引起了湖北省决策层的高度重视，一直在不断地采取"拆墙、挖渠、疏梗"等措施，推动城乡生产要素自由流动。湖北省经历了较长时间的"以工补农、以城带乡"的发展阶段，在此基础上进一步探索工农互补方法，走向"城乡融合"道路。党的十八大以来，湖北省通过大力推进社会主义"新农村"和"美丽乡村"建设，坚决打赢精准扶贫攻坚战等战略举措，直接和间接地构成了资本、技术、人才、信息、产业链条等生产要素向农村有效延伸的多元化路径，也促进了农业生产经营方式的创新，提高了农业劳动生产率和经济效益。包括因地制宜地打造了乡村优势产业，促进了农村劳动力就业，推进了农产品和乡村旅游等电子商务新产业、新业态、新模式的发展，搭建起城乡一体化发展的框架。

城乡要素双向流动不仅体现为"以工促农、以城带乡"，还从根本上保障城乡基本公共服务和社会保障均等化发展和一体化发展，包括医疗卫生、公共文化、义务教育、养老等。仅以医疗卫生为例，从2015年开始，湖北省在鄂州市等7个地区陆续开展医疗保险城乡统筹，将城镇居民基本医疗保险和新型农村合作医疗制度进行整合，管理职能整合到人社部门，探索建立城乡一体的居民基本医疗保险制度，全面覆盖了城乡居民，打破了城乡"二元"分割，逐渐建立起城乡一体的医疗保障体系。与此同时，"三网合一"的运行机制，破解了村民、市民的身份难题，打造普惠、公平的制度体系，让农村居民和城市居民参保不再有区别。从2017年起，湖北省将城镇居民医保和新农合合二为一，实施统一的城乡居民医保制度。根据《湖北省整合城乡居民基本医疗保险制度工作方案》要求，此前由卫计部门承担的新农合管理职能与人社部门承担的城镇居民医保管理职能合并，统一交由人社部门承担。随着对农民工群体关注度的提高和城乡社会保障制度改革的推行，农民工的社会保险意识在逐渐增强，参与度也在逐步提高。

经过改革开放40年的发展，我国生产力水平大幅度提高，城镇经济实力不断提升。2009年，湖北省加入万亿GDP俱乐部。2017年，湖北省GDP总量更是达到3.65万亿元。可以说重塑城乡关系，走城乡融合发展之路，加快形成工农互促、城乡互补、全面融合、共同繁荣的新型工农城乡关系，已经具备坚实的物质基础。

### （七）转变发展理念改善农村的公共服务和民生

以创新、协调、绿色、开放、共享的理念引领农业农村发展，着力基本公共服务均等化，实施精准扶贫方略，培育壮大集体经济，切实保障和改善民生。

改革开放以来，随着工业化、城镇化进程的迅猛发展，以粮、棉、油、肉类为主的农产品需求呈现刚性扩张的态势。虽然农业生产为保障国家农产品的有效供给和农民的持续增收做出了巨大贡献，如湖北省除棉花等少数几个品种之外，大宗主要农产品和许多特色经济作物一直在增产，而且不断地通过结构性调整使供给形势有明显改善。但是，我们也为此付出了巨大代价。一是化肥的年均施用总量由1990年的148万吨，增加到2017年的近300万吨，远远超过国家规定的施用标准。二是农药使用量居高不下。自2010年以来，湖北省农药年均使用量一直在4.6万吨左右，全省遭受农药污染的农田面积达到500万亩。三是农膜用量大、残留高。湖北省1990年使用农膜2.30万吨，2000年增至5.14万吨，目前大约维持在每年5万吨左右的水平，约有30%残留在土壤中，受污染面积已达300多万亩，"白色革命"正逐渐成为"白色污染"。四是水产养殖污染普遍。湖北省现有水产养殖水面达1000多万亩，年均饵料投入量达600多万吨。用化肥养鱼的现象较为普遍，这些以化肥为主要成分的饵料使水域环境质量逐渐下降。五是规模化畜禽养殖形成污染。湖北省是生猪养殖大省，畜禽养殖不断规模化，但大多数缺乏无害化处理设施，导致畜禽粪便随意排放，造成土壤、水体及大气环境污染。由于农业资源的日趋紧张与环境约束的不断强化,农地面积在不断减少、劳动力素质急剧下降、淡水资源严重不足、生态环境极其脆弱、各种污染持续加剧,不仅使得保障农产品有效供给的难度变得越来越大,而且食品安全也随之成为人们心惊胆战的恐怖话题。

同时,为了快速推进工业化与城镇化,与全国绝大多数地方一样,湖北省曾经普遍奉行以 GDP 增长速度为核心的发展主义,拼资源、拼消耗,造成水源、大气、土壤等大面积污染,自然界的自我修复与平衡体系遭到严重破坏,无论农业农村或者各类城镇,人们的居住环境与生态安全均面临巨大威胁。还有一些地方采取了让农民"迁村腾地"和"并村建镇"的极端做法,人为地加速了很多原本正在或已经是"空心村、老人村"局面的农村社会瓦解过程。有统计显示,从 2000 年到 2010 年的 10 年期间,全国平均每天有将近 250 个自然村落消失。荆楚大地当然也不例外,不少祖祖辈辈生活在农村的农民,每天处在一种惶惶不可终日之中。一方面,承载着中国数亿农民生计和中国五千年文明的农业农村要进步发展;另一方面,传统的农业农村却又不可避免地走到了何去何从的十字路口。

针对这种严峻的形势与难堪的局面,湖北省委、省政府坚决贯彻落实党中央关于以创新、协调、绿色、开放、共享的理念,积极引领荆楚大地农业农村的繁荣发展。2003 年,湖北省委就提出经济发展应该尽快从"高投入、高能耗、高污染、低产出"的模式,向"低投入、低能耗、低污染、高产出"的模式转变。2007 年,国家确定湖北武汉城市圈和湖南长株潭城市群为资源节约型、环境友好型"两型"社会实验区,并赋予其先行先试的政策创新权。建设资源节约型社会的核心内涵是节约资源,建设环境友好型社会的核心内涵是人与自然的和谐共生。"两型"社会建设追求的最终目标,就是要保持人类的生产、消费活动与自然生态系统的协调和永续发展。在"两型"社会建设的"东风"劲吹之下,湖北省逐渐加大污染治理和环境整治力度,"低碳""循环经济"等发展模式开始得到全社会的高度认同。

党的十八大以来,"绿水青山就是金山银山"的"绿色"理念日益深入人心,而且不断地强化为具体的政策措施。2014 年,湖北省出台县域经济考核新办法,在主体功能区规划基础上,将发展目标按总量、人均、结构、绿色等分成七大类36项考核指标。淡化了GDP的"块头"作用和工业建设的刚性要求，新增了一系列充分体现绿色发展的环保"风向标"，如高新技术产业增加值占GDP比重、主要污染物排放量削减指数、单位GDP地耗下降率、万元GDP能耗降低率、森林覆盖率和森林蓄积量等。绿色发展已不再是理念层面上可以伸缩的"软条条"，而成了实际操作中完全能够具体量化的"硬杠杠"。2017年，全省森林覆盖率达到41.6%，万元GDP能耗下降23.7%。很多县域立足于本地山水生态资源，大力发展优势产业和旅游业，走出了一条绿色增长与绿色发展的新路，涌现出一批生态新城、美丽乡村和特色小镇。

在公共服务方面，2007年，湖北省委、省政府出台《关于大力发展现代农业扎实推进社会主义新农村建设的意见》。2010年，积极贯彻党的十七届五中全会提出的要逐步完善符合国情、比较完整、覆盖城乡、可持续的基本公共服务体系，提高政府保障能力，推进基本公共服务均等化的精神。2011年，湖北省政府又出台了《关于进一步加强社区建设的意见》，首次提出了要规范农村社区在内的公共服务站建设，围绕"扩大公共服务""促进社会公平正义""逐步实现基本公共服务均等化发展"来增强社区服务能力建设。目前，湖北省建成的社区服务设施达7981个，其中社区服务中心552个，社区服务站2027个，其他社区服务设施5402个。完善了村"两委"办公、村民议事、文化教育、图书资料、广播和远程教育、社保救助等基础设施。同时，将村民委员会自治管理服务与社区服务职能合一，以村"两委"干部为主体，依托服务大厅或邻里中心，为社区成员提供生产生活的基本公共服务和市场化服务。

改革开放以来，尤其是税费改革以后，湖北省大力推进基本公共服务均等化，通过不断加大转移支付和政府投资力度，强化对口支援和帮扶，追加村级民生和公益事业的投入力度，推进新增教育、医疗卫生等社会事业经费优先向农村倾斜，推动社会保障制度城乡统筹并轨，在农村居民幼有所育、学有所教、劳有所得、病有所医、老有所养、住有所居、弱有所扶等方面持续取得新进展。"十三五"以来，湖北省继续以民众普遍关心的就业、教育、社保、住房、医疗等民生为指向，实施就业优先战略，千方百计缩小收入差距，不断改革完善社会保障制度，积极应对人口老龄化。

摆脱贫困是乡村振兴的前提。改革开放 40 年湖北省的发展就是在农村不断脱贫的基础上实现的突破。湖北省是一个集"老、少、山、穷、库"于一体的中部大省，贫困发生呈现大分散、小集中的特点。贫困地区自然资源普遍匮乏、交通不便、信息闭塞、生态脆弱、灾害频繁，基础设施条件比较差。湖北省扶贫任务相当繁重，扎实开展扶贫工作也成了湖北省的重点任务之一。

1983 年 6 月，湖北省政府颁发了《关于扶持老革命根据地建设的几个具体问题的通知》（鄂政办发〔1983〕36 号文件），明确加快老革命根据地经济发展步伐，促进农村经济的增长和农民增收，进而缓解贫困问题。1984 年 10 月，湖北省委办公厅发布了《贯彻落实党中央、国务院〈关于帮助贫困地区尽快改变面貌的通知〉的具体意见（讨论稿）》，针对湖北省贫困地区的分布特点拟定了政策集中连片（鄂西片、鄂东片以及鄂东南片）的贫困乡村拟由省统一掌握，组织帮助；其他分散插花的贫困乡村，由有关地市县掌握，给予帮助。1985 年 12 月，湖北省召开了第一次全省山区工作会议制定了《关于加强山区建设和扶贫工作的决定》（即后来的鄂发〔1986〕1 号文件）部署山区建设与扶贫工作，指出"要在两三年内基本解决山区六百万多人的温饱问题"。这一阶段的扶贫主要带有"救济式"的特点，扶贫措施取得了很大成效。1978 年至 1985 年，湖北省贫困人口由 1172 万人下降到 718 万人，年均减少 51.75 万人，全省贫困发生率从 30% 下降到 18%。

1986 年，转入大规模开发式扶贫阶段。当年，湖北省共有 25 个县（区）被纳入国家重点贫困县。1991 年，湖北省政府印发《省人民政府关于将插花重点贫困乡镇列入贫困地区范围的通知》（鄂政函〔1981〕52 号），将六十个插花重点贫困乡镇，列入湖北省贫困地区范围，比照省定贫困县对待。这一时期在湖北省展开大规模、有组织、有计划的开发式扶贫工作，设立专项扶贫资金，并制定针对贫困地区及贫困人口的优惠政策；重点关注"老少边穷地区"，改善贫困地区的基础设施，组织劳务输出，推进开发式移民，等等。1994 年，《国家八七扶贫攻坚计划》指出要继续坚持开发式扶贫的方针，使得贫困群众从"被动输血"转变为可从根本上脱离贫困的"自主造血"。

2000 年至 2010 年，湖北省贫困县农村人均收入从 1000 元区间上升至3000—4000元区间，扶贫效果显著。10年间解决了400多万贫困人口的温饱和脱贫问题，农村贫困状况得到明显缓解，人民生活水平显著提高，老、少、山、库等贫困地区面貌发生深刻变化。随着湖北省构建中部崛起重要战略支点，武汉市成为中部崛起"龙头城市"，全省建设步伐加快，贫困地区迎来了前所未有的发展机遇。

由大水漫灌到精准滴灌，不断深化扶贫机制改革与创新，转变扶贫开发的思路与办法。湖北结合实际，相继出台了《湖北省农村扶贫开发纲要（2011—2020）》（鄂发〔2011〕23号）和《湖北省农村扶贫开发"十二五"规划》（鄂政发〔2011〕61号），把扶贫开发摆在更加突出位置，确立了更高层次的减贫战略目标。

2015年9月24日，湖北省委十届六次全体（扩大）会议审议通过了《中共湖北省委 湖北省人民政府关于全力推进精准扶贫精准脱贫的决定》对湖北省的扶贫攻坚工作提出了更为明确性、更加精准化的任务与方向，对湖北省做好精准扶贫脱贫工作作出总体部署，形成了精准扶贫为宗旨的"六项机制"和"十项重点工作"等具体内容。"六项机制"是指改进贫困县考核机制、建立精准扶贫工作机制、健全驻村帮扶机制、改革财政专项扶贫资金管理机制、完善金融支持机制、创新社会参与机制，"十项重点工作"包含村级道路畅通、饮水安全、农村电力保障、危房改造、特色产业增收、乡村旅游扶贫、教育扶贫、卫生和计划生育、文化建设、贫困村信息化。

扎实推进"六个精准""五个一批"，确保精准扶贫精准脱贫。实施扶持对象、项目安排、资金使用、措施到户、因村派人、脱贫成效"六个精准"；大力实施产业发展、易地搬迁、教育扶贫、生态补偿、社会保障"五个一批"计划；湖北省在全国范围内率先建立的扶贫军事化作战体系，倒排工期、挂图作战。继续推进"千企帮千村"，提高驻村帮扶实效；以产业扶贫构筑脱贫长效机制，以健康扶贫减少因病致贫，以教育扶贫阻断贫困代际传递。

同时，40年改革的实践证明，发展壮大集体经济乃是推进农村社会转型，实施现代化治理的重要物质基础。湖北省农村微观领域的公共生产生活设施不健全，与民生相关的基本公共服务及设施（如公共交通）、环境卫生及社会保障落后的现象是客观存在的。这其中既有县、乡政府的责任，也有作为基层自治组织的行政村的责任。因为县、乡两级政府不可能对于微观领域的公共服务无所不管、无所不包，而很多事情还得依靠农村集体组织去自己解决。但是，长期以来，湖北省绝大多数行政村没有集体资产，甚至债台高筑。根据湖北省经管局和湖北省委组织部的统计资料，截至2007年底，全省有26292个行政村，负债的有25503个，占97%。村级净债务总额为55亿元，村均20.8万元。由于集体经济普遍长期缺失，大事小事都得"等、靠、要"上级政府的支持方可解决，便必然导致统一经营和公益服务的能力不断弱化。村委会与党支部的战斗力以及在广大农民群众心目中的向心力、凝聚力也自然随之不断下降，从而进一步加剧农村的失衡、失范和失控，并引发出一系列新的矛盾：一部分农户由于天灾人祸又重新陷入穷苦之中；鳏、寡、孤、独等弱势群体的困难得不到有效帮扶；贫富两极分化的现象如同脱缰之马；甚至在一些地方，封建迷信活动、宗族房头派系和黑恶邪歪势力又死灰复燃。

为改变这种窘境，湖北省积极培育村级集体经济组织、合作组织。逐步提高农民生产经营规模化和农村经济发展组织化，提升农村内生发展动力。充分利用农村土地制度、集体产权制度等方面的改革成果，完善产权交易制度，推进农村土地适度规模化经营，培育新型农业经营主体。把握好土地经营权流转、集中和规模经营的度，切实尊重农民意愿和维护小农户权益。

经济基础决定上层建筑，农村社会治理现代化物质基础离不开集体经济支撑。通过"三产"融合，打通第一、第二、第三产业之间的壁垒，实现农业、工业、服务业有机融合，挖掘潜力，不断延伸产业链，实现三个产业的综合发展，提高农产品附加值。改变了农业弱势产业的地位，农业发展成为高效益的产业。实现了农村集体经济的自我积累、自我发展，催生出农村现代化的内生动力，增强了农村党支部和村委会战斗力，提高了农民的凝聚力和向心力。

改革开放40年来，湖北省不断以新的发展理念引领农业农村发展，促进基本公共服务均等化，狠抓脱贫攻坚，培育壮大集体经济，奠定了农村发展的基石，保障和改善了民生，使乡村振兴战略的实施获得前所未有的动能。

### (八) 完善和创新农村社会治理的方式与路径

建立村民自治制度，尊重和保障农民的民主权利，推行以转变乡镇政府职能为核心内涵的农村综合改革，建设新农村，促进农村社会治理由传统向现代化转型。

村民自治，就是广大农民群众以《宪法》为行为指南，以村为建制单位，直接行使民主权利，依法办理自己的事情，创造自己的幸福生活，进行自我管理、自我教育、自我服务的一项基本政治制度。其核心内容是民主选举、民主决策、民主管理和民主监督。农村实施分田到户改革和终结人民公社体制之后，尽快建立与农村经济发展相适应的新型管理体制，已成为农村改革发展的内在要求和农民群众的共同心愿。1982年12月，《中华人民共和国宪法》（修订稿）确定在农村设立村民委员会，并规定村民委员会是基层群众性自治组织。村民委员会的主要任务是组织群众完成上级下达的各项任务、协助维护社会治安、调解民事纠纷、依靠群众管好本村的公益事项。1983年1月，湖北省民政局出台了《关于全省农村基层政权和基层组织建设的意见》（讨论稿）和《关于做好建立村民委员会工作的意见》（讨论稿），提出村民委员会的规模原则上以现有生产大队为基础建立，并针对村民委员会的性质、地位、规模、组成人员和组成机构做出了具体规定。1985年底，全省共建立村民委员会32303个。1987年11月，全国人大颁布了《中华人民共和国村民委员会组织法（试行）》，规定村民委员会每届任期三年。村民委员会成员不脱离生产，实行补贴制报酬，补贴经费主要是从乡、镇、村所办企业的收益中及农民的"三提五统"中提取。1998年11月，第九届全国人民代表大会常委会第五次会议正式修订颁布《中华人民共和国村民委员会组织法》，村民自治正式步入法制化、规范化、程序化轨道。2007年10月，党的十七大报告史无前例地把"基层群众自治制度"确立为我国社会主义政治的四项制度之一和中国特色社会主义政治发展道路的重要内容，村民自治的地位得到重大提升。党的十八大报告亦明确指出：要完善基层民主制度，"在城乡社区治理、基层公共事务和公益事业中实行群众自我管理、自我服务、自我教育、自我监督，是人民依法直接行使民主权利的重要方式。要健全基层党组织领导的充满活力的基层群众自治机制，以扩大有序参与、推进信息公开、加强议事协商、强化权力监督为重点，拓宽范围和途径，丰富内容和形式，保障人民享有更多更切实的民主权利"。

遵循党中央的精神和第九届全国人民代表大会常委会第五次会议通过的《中华人民共和国村民委员会组织法》，湖北省不断增强村民自治中的民主选举、民主决策、民主管理、民主监督等制度体系的建设，使得农村社会的村民自治有了明确的法律依据和可靠的行为依傍，也给农民群众提供了参与农村社会治理行动合法性基础与合适途径，农民群众的参政议政能力在村民自治实践中得到提高。改革开放40年来，湖北省先后进行了9次村民委员会换届选举，一些地方村民自治流于形式的现状得到明显改观，绝大多数农村建立起了多层次、立体式的村民自治体系，村民自治落实得更加具体、有效，保障了村民的民主权利。

村务公开不断深化。全省村务公开和民主管理体制不断完善，县级以上均成立了村务公开和民主管理工作领导小组，形成了以村委会组织法为核心、以法规政策为支撑、以村规民约和村民自治章程为基础的村务公开民主管理制度体系。创新实践成果丰硕：例如，秭归县"幸福村落"创建、通山县村干部岗位及工资"票决制"、恩施市"1+4+X"村务公开模式等一批先进典型，发挥了很好的示范带动作用。规范了村务公开内容、形式、时间、监督等程序，村务公开率达到100%。

各项改革发展措施的推出进一步丰富了村民自治实践，完善了村民自治制度，落实了农民的知情权、参与权和监督权，提高了村民自我管理、自我教育、自我服务的能力。进一步保障了农民群众的民主权利，初步形成了公平、正义、有序、法制的农村社会治理局面，为社会主义基层民主发展开拓了新的路径。

农村实现家庭联产承包责任制之后，如何适应新形势下党和政府对于农业农村工作的领导，怎样改善和强化对农业农村工作的领导，是摆在各地党委、政府决策层面前的一道难题。特别是2002年农村税费改革之后，县、乡两级政府的财政十分困难，多数地方入不敷出，更让基层领导干部非常窘迫，度日如年。此时，湖北省咸安区在全国率先展开以转变行政管理体制和服务方式为特点的改革。包括"五保合一""以钱养事""精兵简政""党政干部交叉任职"等在内的一系列改革风生水起，震动全国。"咸安政改"改变了基层政府传统的行政理念，可以说是对长期以来乡镇管理制度的一次艰难突围和大胆探索，其基本理念和具体做法随后在湖北全省进行了全面推广。

2003年11月4日，湖北省省委、省政府联合下发《关于推进乡镇综合配套改革的意见》（鄂发〔2003〕17号），随后又印发了《乡镇综合配套改革财政政策和资金筹措意见》《乡镇综合配套改革加强乡镇领导班子和干部队伍建设意见》等四项配套文件，在监利、老河口、安陆、麻城、洪湖、天门、京山七个地方进行试点。

2005年，湖北全省展开乡镇综合配套改革。坚持精简、统一和效能的原则，压缩机构编制，降低行政成本，提高行政效率；坚持市场取向、开拓创新原则，遵循市场规律，引入竞争机制，办好社会事业，变"养人"为"养事"；坚持民主、法制原则，健全政务公开制度，加强群众监督，实现机构编制法定化。改革内容主要集中在规范乡镇机构设置；建立刚性约束机制，严格乡镇编制管理；探索社会保障办法，妥善分流富余人员；完善乡镇财政管理体制；大力推进乡镇民主政治建设；进一步规范乡镇干部的职务消费行为。

在如火如荼的乡镇综合配套改革进程中，湖北省有70%的县市参与其中。从深度、广度和力度上看，皆远超中国其他省份和地区的同类型改革。湖北省作为传统的农业大省，在税费改革后推行乡镇综合配套改革，深刻地改变了乡镇政府的结构和布局。初步理顺了政府、市场与社会的关系，建立了精干高效的基层行政管理体制，将乡镇政府职能转移到服务上，培育了各类社会化服务机构，改变了延续几十年的公共服务供给方式、公共事务管理办法陈旧的状况，全面提升了湖北省乡镇社会管理和公共服务水平，促进农村社会治理由传统向现代化转型。某种程度而言，湖北省乡镇综合配套改革不仅为湖北省农村现代化开拓了道路，也为国家农村社会治理现代化提供了可供借鉴的经验。

扎实推进新农村建设。党的十六届五中全会正式提出要"建设社会主义新农村"。湖北省也已经进入了"工业反哺农业、城市支持农村"的新阶段。从农业支持工业，到工业反哺农业；从农村服务城市，到城市带动农村。工与农、城和乡，这两大关系正在实现从未有过的历史性转变。2006年，湖北省出资21亿元用于新农村建设。全省1000个示范村当年即完成村庄整治规划的编制。农村逐步实现村办企业、集贸市场、医疗卫生、文体娱乐、学校等生产性、公共性、公益性建设项目落地。设施改善、村容整洁、乡风文明的新农村环境逐渐形成。2016年8月，湖北省政府办公厅发布《关于美丽乡村建设的指导意见》，明确从2016年起，每年重点支持300—500个村开展美丽宜居乡村建设试点。到2020年底，全省建成2000个左右美丽宜居示范村，形成一批各具特色的美丽宜居乡村发展模式，加快推进全省新农村建设。2016年，美丽乡村建设试点村达到199个，2017年达到261个。示范村的建设为其他地方提供了很好的借鉴。

表1—1 1978—2017年湖北省粮食产量及农村居民人均纯收入情况

| 年份 | 粮食产量（万吨） | 增长率（%） | 农村居民人均纯收入（元） | 增长率（%） | 财政支农（亿元） |
| --- | --- | --- | --- | --- | --- |
| 1978 | 1725.50 | — | 111.00 | — | 4.72 |
| 1979 | 1849.55 | 7.19 | 160.00 | 44.14 | 4.26 |
| 1980 | 1536.45 | -16.93 | 170.00 | 6.25 | 4.23 |
| 1981 | 1706.76 | 11.08 | 217.00 | 27.65 | 2.55 |
| 1982 | 1995.92 | 16.94 | 286.00 | 31.80 | 2.60 |
| 1983 | 1987.89 | -0.40 | 299.00 | 4.55 | 3.91 |
| 1984 | 2263.01 | 13.84 | 392.00 | 31.10 | 3.96 |
| 1985 | 2216.13 | -2.07 | 421.00 | 7.40 | 3.80 |
| 1986 | 2304.51 | 3.99 | 445.00 | 5.70 | 4.93 |
| 1987 | 2320.66 | 0.70 | 461.00 | 3.60 | 5.09 |
| 1988 | 2252.65 | -2.93 | 498.00 | 8.03 | 6.08 |
| 1989 | 2370.39 | 5.23 | 572.00 | 14.86 | 7.15 |
| 1990 | 2475.00 | 4.41 | 671.00 | 17.31 | 4.92 |
| 1991 | 2244.10 | -9.33 | 627.00 | -6.56 | 5.20 |
| 1992 | 2426.60 | 8.13 | 678.00 | 8.13 | 5.57 |
| 1993 | 2325.70 | -4.16 | 783.00 | 15.49 | 6.09 |
| 1994 | 2422.10 | 4.14 | 1170.00 | 49.43 | 5.92 |
| 1995 | 2463.84 | 1.72 | 1511.00 | 29.15 | 4.93 |
| 1996 | 2484.40 | 0.83 | 1864.00 | 23.36 | 5.68 |

续表

| 年份 | 粮食产量（万吨） | 增长率（％） | 农村居民人均纯收入（元） | 增长率（％） | 财政支农（亿元） |
| --- | --- | --- | --- | --- | --- |
| 1997 | 2634.40 | 6.04 | 2102.00 | 12.77 | 5.96 |
| 1998 | 2475.79 | -6.02 | 2172.00 | 3.33 | 6.28 |
| 1999 | 2451.88 | -0.97 | 2217.00 | 2.07 | 6.87 |
| 2000 | 2218.49 | -9.52 | 2269.00 | 2.35 | 11.25 |
| 2001 | 2138.49 | -3.61 | 2352.00 | 3.66 | 13.42 |
| 2002 | 2047.00 | -4.28 | 2444.00 | 3.91 | 22.31 |
| 2003 | 1921.02 | -6.15 | 2567.00 | 5.03 | 6.47 |
| 2004 | 2100.12 | 9.32 | 2890.00 | 12.58 | 6.95 |
| 2005 | 2177.38 | 3.68 | 3099.00 | 7.23 | 9.31 |
| 2006 | 2099.10 | -3.6 | 3419.00 | 10.33 | 14.54 |
| 2007 | 2139.07 | 1.90 | 3998.00 | 16.93 | 124.78 |
| 2008 | 2145.47 | 0.30 | 4656.00 | 16.46 | 176.70 |
| 2009 | 2291.05 | 6.79 | 5035.00 | 8.14 | 254.92 |
| 2010 | 2304.26 | 0.58 | 5832.00 | 15.83 | 305.44 |
| 2011 | 2407.45 | 4.48 | 6898.00 | 18.28 | 376.23 |
| 2012 | 2485.14 | 3.23 | 7852.00 | 13.83 | 419.02 |
| 2013 | 2586.21 | 4.07 | 8867.00 | 12.93 | 465.34 |
| 2014 | 2658.26 | 2.79 | 10849.00 | 22.35 | 483.80 |
| 2015 | 2914.75 | 9.65 | 11844.00 | 9.17 | 616.57 |
| 2016 | 2796.35 | -4.06 | 12725.00 | 7.44 | 704.59 |
| 2017 | 2846.12 | 1.78 | 13812.00 | 8.54 | 650.95 |

注：财政支农指标，1978—1989年数据统计的内容仅包括农垦支出、农业支出、林业支出、水产支出和水利支出。1990—2017年数据统计的内容仅包括农业支出、林业支出、水利支出、南水北调支出、扶贫支出、农业综合开发支出和其他农林水事务支出等。

资料来源：根据《湖北农村经济（1949—1989）》（中国统计出版社1990年版）整理得出1978—1989年数据；根据各年度《湖北统计年鉴》整理得出1900—2017年数据。

表1—2　　　　湖北省1980—2017年农业总产值及相关投入要素

| 年份 | 农业总产值（万元） | 年末耕地面积（千公顷） | 农林牧渔业劳动力（万人） | 农业机械总动力（万千瓦） | 化肥（折纯量）（万吨） |
|---|---|---|---|---|---|
| 1978 | 844600 | 3768.07 | 1354.92 | 616.07 | — |
| 1979 | 1098500 | 3754.51 | 1378.80 | 717.15 | 44.04 |
| 1980 | 949500 | 3738.51 | 1393.69 | 772.53 | 55.90 |
| 1981 | 1116800 | 3730.20 | 1432.80 | 797.36 | 57.42 |
| 1982 | 1283500 | 3718.20 | 1454.60 | 813.21 | 69.72 |
| 1983 | 1340900 | 3698.74 | 1457.20 | 829.58 | 79.74 |
| 1984 | 1692000 | 3643.68 | 1429.30 | 859.37 | 88.94 |
| 1985 | 1923200 | 3584.61 | 1324.44 | 910.94 | 91.69 |
| 1986 | 2191000 | 3545.00 | 1335.50 | 1001.51 | 104.13 |
| 1987 | 2496800 | 3517.99 | 1356.00 | 1064.89 | 115.74 |
| 1988 | 2975100 | 3498.47 | 1381.77 | 1153.72 | 124.03 |
| 1989 | 3350400 | 3486.57 | 1419.39 | 1118.77 | 131.67 |
| 1990 | 4022300 | 3476.77 | 1453.96 | 1099.62 | 148.61 |
| 1991 | 4050400 | 3458.46 | 1486.40 | 1120.92 | 155.30 |
| 1992 | 4354200 | 3421.57 | 1452.20 | 1120.90 | 165.10 |
| 1993 | 5011700 | 3392.74 | 1422.00 | 1108.99 | 183.00 |
| 1994 | 7868400 | 3375.60 | 1379.50 | 1136.13 | 200.20 |
| 1995 | 9885300 | 3358.01 | 1329.18 | 1174.34 | 228.41 |
| 1996 | 11407600 | 3349.25 | 1296.50 | 1222.20 | 240.00 |
| 1997 | 12436800 | 3342.45 | 1266.04 | 1276.04 | 262.20 |
| 1998 | 12225800 | 3327.16 | 1232.90 | 1325.90 | 270.59 |
| 1999 | 11261000 | 3310.40 | 1210.91 | 1363.70 | 251.53 |
| 2000 | 11256400 | 3282.96 | 1159.13 | 1414.00 | 247.08 |
| 2001 | 11728200 | 3242.85 | 1143.72 | 1469.24 | 245.27 |
| 2002 | 12033000 | 3094.03 | 1130.97 | 1557.40 | 256.97 |
| 2003 | 13420900 | 3033.45 | 1110.71 | 1661.70 | 302.04 |
| 2004 | 16954400 | 3091.75 | 1105.71 | 1768.60 | 281.92 |
| 2005 | 17755800 | 3131.17 | 1101.29 | 2057.37 | 285.83 |
| 2006 | 18422000 | 3201.66 | 1085.81 | 2263.15 | 292.48 |
| 2007 | 22968400 | 3226.62 | 1047.67 | 2551.08 | 299.90 |

续表

| 年份 | 农业总产值（万元） | 年末耕地面积（千公顷） | 农林牧渔业劳动力（万人） | 农业机械总动力（万千瓦） | 化肥（折纯量）（万吨） |
|---|---|---|---|---|---|
| 2008 | 29404700 | 3289.33 | 995.76 | 2796.99 | 327.66 |
| 2009 | 29851900 | 3308.35 | 965.73 | 3057.24 | 340.26 |
| 2010 | 35020000 | 3323.92 | 900.14 | 3371.00 | 350.77 |
| 2011 | 42529000 | 3361.86 | 885.63 | 3571.23 | 354.89 |
| 2012 | 47321200 | 3390.06 | 863.49 | 3842.16 | 357.66 |
| 2013 | 51605600 | 3409.91 | 869.79 | 4081.05 | 351.93 |
| 2014 | 54528400 | 3420.51 | 865.21 | 4292.90 | 348.27 |
| 2015 | 57285600 | 3436.24 | 869.32 | 4468.12 | 333.87 |
| 2016 | 62783500 | 3444.31 | 863.64 | 4187.75 | 327.96 |
| 2017 | 61297200 | 5235.91 | 869.98 | 4335.47 | 317.93 |

资料来源：根据《湖北农村经济（1949—1989）》（中国统计出版社1990年版），各年度《湖北统计年鉴》以及国家统计局官网公布数据整理得出。

## 四 40年农业农村改革的基本经验

习近平总书记指出："改革开放是当代中国发展进步的活力之源，是决定当代中国命运的关键一招。"自1978年党的十一届三中全会吹响中国改革开放的"集结号"与"冲锋号"以来，40年间一轮又一轮、一茬接一茬且不断深入拓展的各项改革，使得湖北农业农村呈现出了翻天覆地的巨大变化，实现了有目共睹的跨越发展。

表1—3　　　　　　　湖北农村经济社会相关数据

| 指标 | 单位 | 年份 1978 | 年份 2017 |
|---|---|---|---|
| 一、农林牧渔总产值 | 亿元 | 84.46 | 6129.72 |
| 二、农民人均纯收入 | 元 | 110.52 | 13812 |
| 三、主要农作物产量 | | | |
| 粮食 | 万吨 | 1725.50 | 2846.12 |
| 棉花 | 万吨 | 36.67 | 18.40 |

续表

| 指标 | 单位 | 1978 | 2017 |
|---|---|---|---|
| 油料 | 万吨 | 23.71 | 307.69 |
| 油菜籽 | 万吨 | 10.72 | 213.17 |
| 四、畜牧业生产 | | | |
| 生猪出栏 | 万头 | 919.33 | 4448.02 |
| 牛出栏 | 万头 | 5.99 | 107.90 |
| 羊出栏 | 万只 | 39.14 | 604.40 |
| 家禽出栏 | 万只 | — | 51946.17 |
| 肉类产量 | 万吨 | — | 435.35 |
| 五、水产品产量 | 万吨 | 10.99 | 465.42 |
| 六、林业生产 | | | |
| 造林面积 | 千公顷 | 288.36 | 199.83 |
| 木材采伐量 | 万立方米 | 97.92 | 348.60 |
| 七、农业机械化 | | | |
| 农业机械总动力 | 万千瓦 | 616.07 | 4335.47 |
| 农用大中型拖拉机 | 台 | 28155 | 189700 |
| 农用小型及手扶拖拉机 | 台 | 77491 | 1151200 |
| 机耕面积 | 千公顷 | 1200.26 | 5929.27 |
| 机播面积 | 千公顷 | 216.85 | 2685.04 |
| 八、有效灌溉面积 | 千公顷 | 2554.93 | 2384.14 |
| 九、农村用电量 | 亿千瓦时 | 6.59 | 156.57 |
| 十、地方财政一般公共服务支出 | 亿元 | 1.97 | 726.84 |

资料来源：根据《湖北农村经济（1949—1989）》（中国统计出版社1990年版）整理得出1978年数据；根据《湖北统计年鉴2018年》整理得出2017年数据。

荆楚大地上40年农业农村改革的伟大业绩来之不易，靠的是中国特色社会主义理论的实践指导，靠的是党中央、国务院方针路线政策的正确引领，靠的是湖北省委、省政府和各级党政组织的团结拼搏，靠的是湖北省广大干部群众的艰苦努力。同时，40年农业农村改革也属于极其不平凡的历史过程，可以说是碰到了无数的险阻、遭遇了很多的挫折、付出了不菲的代价，常常被层出不穷的一系列复杂矛盾问题所困扰。几乎没有一项改革曾经"风调雨顺"过,而必须通过精诚一心、克难奋进和前赴后继式的不懈探索,才能让改革从"山重水复"之中突围,进至"柳暗花明"的崭新境界。

40年的改革积累了许多弥足珍贵的经验与教训。其中,诸如必须牢固坚持解放思想,实事求是,一切从实际出发,理论联系实际的思想路线;必须牢固坚持大胆改革、勇于创新、与时俱进的工作作风;必须牢固坚持科技为"第一生产力",高度重视农业科技支撑;必须牢固坚持城乡统筹,大力推进农村基础设施建设和公共服务供给;必须牢固坚持正确处理改革、发展和稳定的相互关系;必须牢固坚持党的强农富民政策,不断加强和改善党对农业农村改革发展的领导;等等。这些都为人们所普遍熟知。除此之外,还有以下几条基本经验也值得我们今天高度重视、认真总结与努力弘扬。

### (一) 始终把握住生产力与生产关系的辩证统一

辩证唯物主义和历史唯物主义基本原理告诉我们,生产力和生产关系的相互作用,构成了生产方式的矛盾运动,体现了两者之间本质上的必然联系:一方面,生产力决定生产关系,生产力的发展水平决定生产关系的性质与变革;另一方面,生产关系反作用于生产力,能够促进或阻碍生产力的发展。

实事求是地讲,人民公社制度是中国共产党为彻底摆脱农村贫穷落后面貌与小农经济生产方式的一次重大制度创新,也是前无古人的伟大实践探索。在人民公社体制下,广大农民群众不再是"一盘散沙"而被高度组织化,并按照"三级所有,队为基础"的原则形成了集体统一生产经营的局面,这对于传统农村社会结构的改造,陈旧小农经济模式的根除,反动的土地私有制以及阶级压迫、阶级剥削现象的消灭,均提供了革命性的历史契机。同时,也为中国农业农村的现代化发展奠定了坚实的政治、经济、文化基础。

但是,人民公社制度在设计和操作过程中,没有解决好生产力与生产关系的辩证统一问题。管理过分集中、经营方式过于单一,分配上的平均主义等缺陷一直得不到有效改变,明显地超越了农村生产力的现实发展水平,捆住了农民自主从事农业生产的积极性与创造性。1978年开启的"分田单干"改革,就是生产力强烈要求突破生产关系束缚的逻辑产物。当时"交够国家的,留足集体的,剩下都是自己的"这一口号之所以受到农民的衷心拥护,核心的内涵就在"大包干"给予的生产经营自主权。1983年春节,湖北省沔阳县某农民贴出一副对联,上联为"责任制符合民意,"下联为"大包干尤其优越",所向往的也正好是自主生产经营的愿景。虽然不能简单地认定农民的愿望等于生产力的发展水平,但适应生产力发展水平的生产关系一定能够充分调动农民群众的生产积极性。

回首湖北省40年改革的实践历程,凡是农业经济和农村社会出现繁荣昌盛、快速发展的时候,无一不是生产力与生产关系两者和谐相处的时期。同样道理,凡是农业生产出现衰退,农民群体怨声高涨,农村进步停滞的时候,则无一不是生产力与生产关系两者掣肘"内讧"的时期。经验与教训亦证明:政治、文化、教育、科技、社会等各个领域改革要很好地保持一种循序渐进、不断深化、与时俱进的波澜壮阔局面,也必须准确把握好生产力与生产关系的辩证统一,使之相互适应、相互促进、相得益彰。

农业农村的改革并走向现代化将是长期的历史过程。2018年的中央"一号文件"指出,当前,我国发展不平衡不充分问题在乡村最为突出,主要表现在:农产品阶段性供过于求和供给不足并存,农业供给质量亟待提高;农民适应生产力发展和市场竞争的能力不足,新型职业农民队伍建设亟须加强;农村基础设施和民生领域欠账较多,农村环境和生态问题比较突出,乡村发展整体水平亟待提升;国家支农体系相对薄弱,农村金融改革任务繁重,城乡之间要素合理流动机制亟待健全;农村基层党建存在薄弱环节,乡村治理体系和治理能力亟待强化等方面。毋庸讳言,湖北省各地农村也不同程度地存在这些严峻的问题。究其原因,说法很多,但归根结底还是生产关系不适应甚至束缚生产力发展所必然导致的客观结果。

实事求是地讲,当初国家对农村基本经营制度的设计安排应该说是富有理性和科学严谨的,目标是建立一个以家庭承包经营为基础、由集体统一经营为支撑、"有统有分""统分结合"的双层经营体制机制。但是,由于操作中过于迁就农民"宜分不宜合"的落后性,加之"一刀切",很快便演化为"分有余统不足",甚至"只有分,没有统"的尴尬格局。更为严重的是,"分田单干"之后,农户日趋原子化,彼此之间几乎没有合理的社会分工和社会合作,生产与生活基本上处在一种"万事不求人"的封闭境界,国家观念的消失、集体主义的沉沦、极端自私自利行为的肆无忌惮,家庭承包责任制向小农经济模式回归便成为难以阻挡的趋势。在这种传统的生产方式制约下,因土地细碎化,耕地不能连片,致使品种改良、技术推广、防虫治病、机械操作、农田水利基础设施建设等一系列直接关系到农业繁荣、农民富裕的各项工作根本无法有效进行,"最后一公里"始终打不通。

由于生产力总是不断地向前发展,而生产关系则处于相对静止状态,故生产关系由先进到落后,再到阻碍生产力成为改革和革命的对象,也是不以人的意志为转移的社会发展规律。因此,我们注重生产力要素的培养与发育,使之不断地茁壮成长固然正确,但也必须尊重社会发展规律,牢固树立改革创新意识,积极主动地不断调整生产关系中不适应生产力发展的方面和环节,始终注意准确把握住生产力与生产关系的辩证统一。

实事求是地讲,40年来,我们出台的绝大多数政策是以推动和促进生产力发展为"靶标"的,精准针对生产关系调整改革的内容不多、分量不够、思路不清、方向不明、力度不足。例如,过去针对生产资料细碎化,要素配置差,经营规模小,投入成本高,生产效益低,抵御自然灾害和市场风险能力弱等问题,我们很少从农村基本经营制度这一主要矛盾和核心"病灶"着手发力加快调整完善,而老是集中在延长承包期限、发放各种补贴、鼓励土地流转、培育新型主体、调整产业结构、促进农业科学技术推广等这些方面向生产力发展制定出台倾斜性政策措施。从宏观上看,这些办法都是枝叶末节,虽然也产生了一定的积极成果,但往往"按下葫芦又浮起瓢",整体上仍然难以突破。

现在,湖北省农业农村正在向广度进军,朝纵深发展,面临的很多严峻挑战已经充分显现出主要矛盾或矛盾的主要方面已经不是生产力的问题而是生产关系的问题了。因此,我们必须采取有效措施加快完善现行的"分有余统不足",甚至"只有分,没有统"的农村基本经营制度的步伐,同时在城乡二元结构、乡村社会治理、农业支持保护、农村市场体系、农村金融组织以及领导农村工作方式方法等领域不断地深化改革、推陈出新，让生产关系通过自我调整及时而有效地适应正在变化发展中的生产力需求，充分发挥生产关系反作用于生产力的正面效应，从而促进湖北省农业农村的现代化进程。

### （二）充分发挥好市场机制与政府干预正能量

在社会主义市场经济管理体制与国家治理体系、治理能力现代化的建设过程中，如何避免市场机制的失灵与行政干预的错误，充分发挥市场机制和行政干预的积极效应，这是我们推进农业农村改革发展时面临的重大理论课题和重大实践课题。

湖北农业农村改革40年的历程，实际上就是市场机制与政府调控两大力量相互碰撞、相互适应、取长补短、相互融合的渐进过程。改革自实行"家庭联产承包责任制"起，广大农民群众逐步成为自主经营、自负盈亏的市场主体，开始脱离计划经济的藩篱而进入市场经济的轨道。不久，"统购统销"制度的退出，市场体系特别是流通组织、流通渠道多元化等农产品流通体制的改革为市场机制发育创造了条件。进入21世纪特别是国家实施农村税费改革之后，农村土地、劳动力、资金等要素市场的蓬勃兴起，民营经济和个体私营经济茁壮成长，农村分工分业和农民转移就业的速度越来越快，城市资本和社会资本向农业农村流动的情形越来越多，使得农业农村经济由过去单纯地依靠计划指令配置资源的状况，转变成为在国家宏观调控下亦可以通过市场机制来优化配置资源的多元化、多层次、多样性局面，从而大大提高了农业农村经济的活力和效率。可以说，湖北农业农村之所以能够取得史无前例的跨越发展，市场经济机制作用的积极引入和充分发挥是功不可没的。因此一直有人振臂高呼：农业农村的改革必须坚持市场化的价值取向，遵循市场经济的运行规律，坚决反对政府实施任何形式的行政干预。

党的十四大提出我国改革开放的奋斗目标是建立社会主义市场经济的管理体制与运行机制。党的十八届三中全会又提出："使市场在资源配置中起决定性作用和更好发挥政府的作用。"因此，我们当然要更加重视和充分发挥市场机制对农业农村经济发展所产生的积极效应。但是，能否把坚持市场化取向作为农业农村改革的基本原则，而且坚决反对政府实施任何形式的行政干预呢？恐怕要认真研究与科学判断。因为湖北省40年改革开放的历史实践证明，市场机制也好，行政干预也罢，都不是一剂包治百病的灵丹妙药，在很多方面经常出现力不从心甚至严重失灵的情况。

1985年，湖北省开始进行价格"闯关"改革，探索农产品定价由市场机制"说了算"的路子，结果粮食、棉花、生猪、油菜等大宗农产品市场价格周期性涨跌明显加剧，一会儿"多了"，一会儿"少了"；一会儿"买难"，一会儿"卖难"，广大农民无所适从，导致农业生产大起大落。十堰的黄姜、宜昌的柑橘、黄冈的茶叶、咸宁的苎麻、襄阳的油桃等产业均出现过农民因盲目地响应市场一些非对称信息，大量种植同一农产品而最后供过于求，价格暴跌，导致利益严重受损的情况。

农业是一个关系到国计民生的重要产业，也是一个弱质低效的风险产业，将其兴衰存亡的命运完全交给市场力量来掌控，任其在市场的风浪中随波逐流、自我沉浮，显然是一个错误的认识，必须充分利用政府这只"看得见的手"来进行调控，才能有效地保护农业的产业安全，维系国民经济的繁荣和农村社会的稳定。这也是包括美国在内的西方市场经济发达国家至今仍然对农业领域保持各种行政干预的基本缘由。但是，政府的行政干预如何择机而出、中庸而行、适可而止，既不缺位，也不越位，却是一个很艰难的行为。

湖北省农产品命运多舛，尤以生猪境况最为典型，从1986年开始，大约平均4年为一个周期，先是生猪存栏与出栏数不断增加，然后"风起青萍之末"，价格一路狂跌、直线下降。2006年5月，湖北生猪生产跌入谷底，每市斤猪肉仅售人民币2.7元，竟比一支雪糕还便宜，每养一头猪净亏损200多元。农户和养殖企业"扛"不住，只好宰杀母猪，贱卖仔猪，导致生猪存栏与出栏数量锐减。2006年秋，湖北省政府决定采取行政干预措施以扭转生猪生产与猪肉市场的被动局面。大力扶持社会资本兴办规模养猪企业，凡建一个万头养猪场，政府给予100万元财政补贴；只要推行农业部门高度肯定的"150"标准化养猪模式，养殖户便可从政府直接领取15000元奖金。同时，政府还给养猪企业与大户发放诸如能繁母猪饲养补贴、生猪良种补贴、生猪防疫补贴、能繁母猪保险金补贴等。政府的产业政策大大地刺激了社会资本养猪的积极性，从2007年

5月起,猪肉行情终现"拐点",价格一路飙升。至2008年8月,每公斤毛猪价格高达16.33元,为2006年5月的3倍多,市场供求关系又走向另一极端。

猪肉价格一路高歌,几乎到了令人不敢问津的程度,造成了广大城镇低收入阶层的心理恐慌。人们都对高价猪肉退避三舍,敬而远之,致使生猪生产2009年重新跌入"地狱"。2011年,各地政府再次"照葫芦画瓢",推出2006年曾经"立竿见影"的行政干预办法。但是,行政干预手段不仅没有从根本上扭转局势,反而为生猪市场下一轮更猛烈的动荡埋下了祸种。果然,从2015年开始,生猪生产又开启了充满"血腥"味的魔鬼周期。

改革以来的40年间,我们在上述诸多走极端的实践中逐渐深刻地认识到了市场机制和行政干预的两面性,这是我们下决心从高度集中的计划经济体制的行为束缚中,从"政府万能主义"的思维牢笼中解脱出来的主要动能。但是,我们通过认真总结基本经验仍坚定地认为发展农业农村主要有"三靠",即一靠政策,二靠科技,三靠投入的"药方"是"对症"的。我们觉得,政府必要的行政干预就是通过深化改革和扩大开放,积极构建一个符合湖北农业农村发展需求的支持和保护体系。例如免除农民负担的农业税费、发放农业综合补贴、实施国土整治和农田改造,支持农田水利基础设施建设,探索农村小额贷款制度、建立农业避灾减灾保险、加强农业科研与技术推广体系,等等。我们不否认,到目前为止的这些工作尚处在逐步构建与不断完善之中,离农业农村现代化的目标要求还有很大差距,甚至还暴露出不少深层次的矛盾问题。我们认为,这些问题既有市场不足的缘由,也有改革不够的因素。其中,尤以政府和市场的关系没有摆正,"越位""缺位""错位"并存现象最为社会各界所诟病。

尽快建立起一个保护力度更大、支持效率更高的由中央政府到地方政府为实施主体的政策体系,以加快推进我国农业农村现代化进程,既是40年改革开放基本经验的重要启示,也是我们当前和今后农业农村改革发展的客观要求。政府的行政干预应该紧密围绕农业产业结构、农产品市场、农民持续收入这三大领域进行精准发力,主要目标与重点"靶向",一是提高农业生产率,改善农业经济效益;二是稳定农产品市场,保障农产品有效供应；三是持续增加农民收入，帮助农民发财致富；四是强化农业科技，提高农业现代化集约水平；五是发展农业避灾减灾保险，稳定农民生产生活；六是融合城乡发展，促进生产要素科学重组；七是制定行政法规体系，规范农业市场竞争行为。

既要充分发挥好市场机制和行政干预的正效应，又要努力抑制住市场机制和行政干预的负能量，这是摆在我们面前不能回避而必须妥善解决的一个重大命题。40年改革的经验告诫我们，两者的负能量都具有极大破坏性，高度警惕与严防死守自不待言。就两者的正效应来说，核心问题是处理好政府和市场的关系。需要我们通过理论和实践相结合，科学认识，准确把握，强调辩证法和两点论，"看不见的手"和"看得见的手"都要切实运用好，努力形成市场机制和政府作用有机统一、相互补充、相互协调、相互促进的格局，从而推动湖北省农业农村经济社会的持续健康发展。

### （三）牢固坚持顶层设计与基层创新的有机结合

既要牢固坚持顶层设计，又要高度重视基层创新，这是40年湖北省农业农村改革实践形成的基本经验之一。

改革为什么需要顶层设计？因为任何改革都不可能在一个独立的自我封闭运行的内部环境中展开，而必须通过外部条件的配合与支持，才能有效地推进并顺利地完成。1978年开始的湖北省农业农村领域的许多改革，如废除统购统销、搞活农产品流通、价格形成机制"闯关"、农村剩余劳动力与剩余人口向城镇转移、三次产业融合发展、统筹城乡一体化发展、农村社会化服务体系、农村普及九年义务制教育等，都不单纯的是个农业、农村、农民的问题，而是广泛涉及政治、经济、教育、文化、科技、法制等各个领域，属于省域乃至国家层面治理体系与治理能力现代化建设的重要组成部分。最典型的是，农村土地制度作为国家的基础性制度之一，不仅与农村基本经营制度、集体经济组织制度、村民自治制度等一系列重要制度息息相关，而且与工业化、城镇化、农业现代化发展进程紧密联系在一起。再比如包括基本养老、基本医疗、工伤、失业、生育等在内的城乡社会保障体系建设，是一项保障人民生活、调节社会分配的基本制度，十分讲究公平性、流动性、可持续性，要求覆盖全国广大城乡居民。这些都必须通过国家的顶层设计与统筹安排，才能在具体的改革操作中坚持"一盘棋"，防止政策碎片化、规则紊乱化、行为短期化。

同时，随着改革的逐渐深入，各方面利益的博弈越来越激烈。必须冲破思想观念的"牢笼"和突破利益固化的"藩篱"，才能将改革不断推向深入。我国属于中央高度集权体制的国家，"举国体制"一直是克服困难、实现跨越发展的有效手段。尤其以事关国计民生和民主法治的制度性改革和事关社会政治经济的全局性改革，只能由中央站在顶层进行谋篇布局，统一规划，统一推动。只有凭借中央所具备的强大权威性和纪律约束，才能避免在改革的实践操作中出现"你吹你的号，我唱我的调"和"踢皮球"、不作为、乱作为的混乱局面，使各项重大改革活动提纲挈领，事半功倍。顶层设计承担着谋全局、管根本、图长久的重大历史责任，核心目标在于通过全面推进经济体制、政治体制、文化体制、社会体制和生态文明体制等领域的改革，从而为国家治理体系与治理能力的现代化建设做出基本的制度安排。

作为一种制度改革的方式方法，顶层设计非常重要，在很多时候也非常有效，为湖北省40年来农业农村改革的顺利推进并将继续对今后的发展产生出积极作用。但是，按照辩证的观点来分析，任何事物都是"一分为二"的。顶层设计只是针对全局性、方向性、战略性的重大事项，以体制设计为着力点，以宏观指导为目的性，强调制度与政策的系统性、有机性。但是，它不可能考量到甚至解决好各地方、各部门、各层面在具体操作过程中的所有问题。需要着重强调的是，农业农村是一个比较特殊的领域，分布广阔、人口众多，由于地理位置、资源禀赋、生产要素、文化传统和生活方式各有千秋，相互之间便呈现出很多不同甚至有天壤之别。湖北省国土总面积约18.59万平方公里，共有26085个行政村。从类型看，城郊村、山区村、丘陵村、平原村和湖区村星罗棋布。从产业讲，工业、农业、林业、牧业和渔业交相辉映，各地农村发展不充分与发展不平衡的情况普遍存在。这种状态决定了无论是党中央、国务院，还是湖北省委、省政府的任何一项统一的制度安排在不同的地方都有可能会出现不同的实施结果。

过去，人们经常看到有些地方出现"上有政策、下有对策"的不正常现象。这种被称为"变通"的现象当然不符合我们的政治纪律和组织原则，但在正常情况下基层之所以胆敢冒此风险，或许有其"难言之隐"而需要我们作客观冷静的分析。一般来说，"变通"是基层组织在上级政策出现不合时宜的时候所采取的实事求是的态度和因地制宜的探索。如1998年实行的以"三项政策、一项改革"为主要内容的粮食流通体制改革，初心是希望通过国有粮食企业垄断收购并控制粮源，实现粮食顺价销售，减轻财政负担，同时保护种粮农民利益。但是，此项改革要求与基层情形有较大差距，导致实践操作十分艰难甚至不能执行到位，很多地方为了让这项改革能够继续向前推进，只好采取"变通"之法。湖北省当时的搞法是按照实事求是和因地制宜的原则，将保护价收购政策调整为按30亿斤中晚稻收购量，由国有粮食购销企业与粮食主产区农户签订收购合同，与市场价的差额部分由政府补贴，其他则全部放开。实践证明，这个办法既有利于国有粮食流通企业加快市场转型，也有利于保护农民从事粮食生产的积极性。

回顾40年的历程，湖北省很多重大的变革和调整，最初并非来自顶层设计，而是来自基层干部和农民群众的自发探索。当年，农村土地经营制度从"两权分离"到"三权分置"，湖北省曾经走在全国前面，并对农业农村的改革产生过巨大影响。然而，无论是"两权分离"还是"三权分置"，或者是农村税费改革之后湖北省率先在全国推行的乡镇综合配套改革，没有哪一项是由顶层设计出来的，而是基层的县乡干部与农民群众创造出来的。正是基层的大胆探索，大胆实践，创造出了不少顺应历史发展潮流的成功经验，再被党和国家及时发现、总结、试点并推开，逐步完善建立了一整套成熟的政策体系。所以，习近平总书记指出："改革戏必须大家唱，依靠群众是搞好改革的基本方法。"2014年12月2日，习近平总书记在主持召开中央全面深化改革领导小组第七次会议上又强调："改革开放在认识和实践上的每一次突破和发展，无不来自人民群众的实践和智慧。要鼓励地方、基层、群众解放思想、积极探索，鼓励不同区域进行差别化试点，善于从群众关注的焦点、百姓生活的难点中寻找改革切入点，推动顶层设计和基层探索良性互动、有机结合。"

改革本来就是前无古人的创新活动，缺乏可资借鉴的成功经验，也很难有事先规划好了的完美蓝图。从逻辑上讲，改革创新最直接的需求、最根本的动力和最终的"客户"几乎都是在基层,基层也是最为灵敏、最为关键的信息源泉。相信群众、依靠群众,尊重群众的首创精神,始终是我们党坚持的"从群众中来,到群众中去"的思想路线。因此,我们必须在努力运用好顶层设计的同时,充分调动好基层的积极性和创造性,使之发育成强大的内在活力。只要有利于农业繁荣、农村发展、农民富裕,就应该放手各地方的干部群众根据本地实际"摸着石头过河",大胆地试、大胆地闯。只有当顶层设计和基层探索紧密结合成一个有机整体,农业农村内部的各种活力才能如涌泉一般,各种矛盾与困难才会被不断地突破,改革、发展才能形成良性循环的局面。

### (四)高度尊重农民群众对农村事务的主体地位

1979年至1981年,湖北省决策层曾经坚持把农业农村改革的重点放到调整生产队内部的劳动分配关系上,即强调对农业生产进行定额计酬管理,认为这符合省情,可以纠正人民公社体制中平均主义的弊端,以充分调动农民从事农业生产的积极性。但是,全省很多农村的群众此时已不满足于"按劳分配、多劳多得"的传统办法,普遍要求"分队"甚至"分田单干",于是出现了一种"上面放,下面望,中间有个顶门杠"的牢骚与埋怨。后来,湖北省委经过调查研究发现,广大农民群众向往的"大包干"确实具有更多的优越性和更广泛的适应性,决定高度尊重农民在改革中的主体地位,放手让各地农村社队根据各自的生产水平、管理水平和群众意愿,选择不同形式的责任制,允许多种形式并存,特别要妥善处理好宜统则统,宜分则分的问题。鼓励干部群众大胆探索,积极试验。

但是,湖北省也一直不同程度地存在有蔑视农民的主体地位,不信任、不放心农民对很多农村事务发挥主体作用的现象。20世纪90年代,出于促进农业繁荣和维护农村稳定的迫切需要,湖北省派遣党政机关、事业单位到农村去"包村",再由包村单位选派干部到基层任"第一支部书记"或村委会"第一副主任"职务,以加强对农村工作的领导。后来,又比照北京市委创造的经验,选调大学毕业生到农村当"村干部",十分期待这些"外来和尚"能够弥补基层干部队伍建设的"短板",激发村级组织的活力,给农村注入新思维与新动力,从而尽快实现农业农村的现代化。然而，选派党政机关和事业单位的干部到基层任"第一支部书记"或村委会"第一副主任"，选调大学毕业生到农村当"村干部"等这种搞法，并不符合农村社会治理的内在规律。因为农村社会严重的"原子化"导致了农村经济和行政管理事务的多样性、复杂性，以及监督、服务成本的无穷大，有限的国家力量一般很难"一竿子"插到底，需要设置一个弹性空间，并通过合理的体制机制让农民实现自我约束、自我管理、自我服务、自我发展。这既是中国历史上之所以"皇权不下县"的根本原因，也是当前乡村治理中之所以选择村民自治制度的逻辑缘故。

从2011年3月开始，湖北省以"送政策、访民情、办实事、促发展"为主题，组织省、市、县三级11万名干部、8000个工作组，对全省25000多个行政村连续开展了每年一轮的"三万"活动。第一轮曰"入万户"，第二轮曰"挖万塘"，第三轮曰"洁万家"，第四轮曰"通万车"，第五轮曰"惠万民"。"三万"活动对于加强群众工作、密切党群关系、改进机关作风、培养锻炼干部、促进农业农村发展等方面也产生了一定的积极作用，但也存在农民在农业农村改革与发展中的主体作用发挥不够，忽视了从制度上解决农业增效慢、农村公共服务薄弱、农民增收难这些核心、关键问题。

党的十八大以来，湖北省按照中央统一部署开展了轰轰烈烈的扶贫攻坚战，为确保扶贫开发工作快速推进，各地领导尤其是党政"一把手"亲自挂帅，逐级设立"作战室"，制订时间表、线路图，站位一线、靠前指挥，不断加大政策、项目和资金倾斜力度。在一些移民搬迁工地上，白天热火朝天、黑夜灯火通明。很多基层领导人对如期脱贫充满了必胜的信心，普遍认为凭党和政府强大的组织手段，高度集中人力、物力、财力来一场战术式突击，扶贫开发即可传檄而定、大功告成。由于时限紧、任务重、压力大，一些地方政府秉承"替民做主"的逻辑，扛着"为人民服务"的旗帜，大包大揽、自操自办、一厢情愿的情况时有发生。这种越俎代庖的结局，大多是政府花了钱、费了神，项目却无法"落地生根"和"开花结果"，或经济效益缺乏可持续性。不少本该得民心的好事最后办成了伤民心的坏事，让群众既不认同更不感恩。

实现好、维护好、发展好农民的根本利益，这是农业农村改革的出发点和落脚点。同时，农民高兴不高兴、满意不满意、答应不答应，则是检验农业农村改革成功不成功的重要标准。可以说，推进农业农村改革、实现乡村振兴战略，无论哪一项工作都离不开农民。而且，农业是农民自己养家活口的产业，农村是农民自己安身立命的家园。农业领域如何改革，农村社会怎样发展，通过何种路径去建设一个什么样的美好家园，农民自己心里最明白，也最有发言权。习近平总书记曾经强调："农村经济社会发展，说到底，关键在人。要通过富裕农民、提高农民、扶持农民，让农业经营有效益，让农业成为有奔头的产业，让农民成为体面的职业。"湖北省农业农村改革40年实践形成的经验与教训也反复证明，如果不能确保农民的主体性地位，任何关于农业农村改革与发展的战略目标都很难获得农民的认同，也就不可能充分地调动和发挥广大农民群众的积极性与创造性，再好的宏伟蓝图最终只能是"镜花水月"。

因此，必须切实改变政府"替民做主"的传统思维惯性，不要"一厢情愿"地给农民去设计农业繁荣的理想路径，也不要自以为是地给农民描绘农村发展的宏伟蓝图。正确的原则与科学的态度是：必须始终尊重农民的主体地位，具备历史耐心，倾听农民呼声，守望农民愿景，相信农民智慧，依靠农民力量，切实保障农民的物质利益和民主权利，努力为农民提供表达利益诉求的良好环境，培养农民话语表达的自觉意识，鼓励和支持农民选择、探索、创造美好生活模式的实践路径，通过典型示范积极引领农民广泛参与农业农村改革与发展。这也是我们党思想路线中的"从群众中来，到群众中去"，"集中起来，坚持下去"的优良传统。

我们也必须冷静地看到，由于各种历史与现实的原因，"分田到户"之后，组织体系和教育体制分崩离析，相当部分农民群众表现出了小农经济条件局限之下的落后性。国家意识不断淡漠，集体主义渐行渐远，极端自私自利行为泛滥。40年改革极大地提高了农民的物质生活水平，但自力更生、守望相助、团结奋斗、不断进取的主人翁精神却没有同步得到升华，反而有逐步沉沦的危险。在很多农村，基础设施老化、道路交通不畅、水利工程失修、安全饮水缺乏、环境脏乱差等直接关系到农户切身利益而需要大家团结起来做的事情，现在却十分困难。不少基层干部反映当前农村工作是"老办法不能用，新办法不会用，硬办法不敢用，软办法不顶用"。这说明围绕社会主义核心价值观对农民开展思想教育和文化建设,已经成为促进农业农村深化改革和全面发展的紧迫任务。因此,40年历程所凝聚的基本经验告诫我们,必须采取有效措施不断提升农民的综合素质,促进农民全面发展,特别是强化对农民的文化与法制教育,帮助农民深化对农业农村改革的认识。只有这样,才能更好地确立农民的主体地位,才能更好地发挥农民在农村社会事务中的主体作用。

**(五)努力追求改革的系统性、整体性、协同性**

农业农村改革不是孤立于"三农"领域的内部活动,而是一个广泛涉及工业与农业、城市与乡村、农民群众与其他公民,以及同国家政治、经济、文化、教育、卫生医疗、社会保障等几乎所有重大领域的管理体制与运行机制都具有"打断骨头连着筋"的关联性。1978年以家庭"大包干"为"第一枪"的改革,看起来只不过是一次内部的农业经营模式的创新,却很快把国家一系列的经济、政治、社会制度的"弹药库"引爆了。先是人民公社体制被终结,乡镇政府取而代之;后是"统购统销"消亡,统一的市场体系确立;接着是乡镇企业"横空出世",剩余农村劳动力"洗脚上岸"进城务工经商;再又到财税体制脱胎换骨,农业产业化、新型城镇化的快速兴起,统筹城乡一体化发展进程与实施乡村振兴战略,无一不是牵一发而动全身的重大壮举。更重要的是,农业农村改革的巨大成功,不仅使得长期困扰我们的"温饱"难题迎刃而解,而且有效地带动和促进了传统的城市管理体制的改革,让整个国家充满了生机与活力。实践证明,包括农业农村在内任何领域的一项具体的改革活动,都不能简单地看作是一个孤立存在的事物,而必然会和周围其他事物产生联系。

湖北省40年的农业农村改革历程中,在此方面也有很多值得人们认真总结的经验与教训。最为典型而深刻的教训,就是"头痛医头,脚痛医脚",结果往往是"按下葫芦又浮起了瓢"。例如,面对农业增效慢、农民增收难的问题,很多地方决策层所采取的办法就是动员农村通过土地流转实现土地向少数种养大户和龙头企业集中,以追求规模经营的格局。但是,在自古以来就存在人地矛盾高度尖锐化的情况下,这种规模经营的方法实质上属于减人增效的模式。我国的工业化与城镇化到底能够容纳多少农村人口？当前谁也说不清楚。生产资料集中到少数种养大户和社会资本手里之后，绝大多数失地农民怎么办？

选拔大学毕业生到农村去当"村干部"的良好动机不容置疑，但多数大学生并非立志当个好"村干部"，而是应对严峻的就业形势抱着实践锻炼、丰富阅历之目的为以后报考公务员积累资本，往往对工作缺少热情，不思进取，仅把自己当成农村的匆匆过客。更重要的是，大学生"村干部"的户籍大都留在毕业学校所在城市或生源地，按照村民自治的有关法律并无选举权和被选举权，只能担任村总支书助理、村委会主任助理等这些"名不正言不顺"的职务，造成了大学生"村干部"既不是学生，更不是农民，也不是合法干部的混乱格局。

为了提高土生土长村干部的责任感和积极性，湖北省2015年出台"红头文件"，按照乡镇干部副职的级别给行政村党支部书记和村委会主任大幅度提高政治待遇与经济报酬，以推动"村干部"脱产化、专业化、正规化进程。文件规定，党支部书记和村委会主任每年的工资总额为47780元，由省财政掏60%，县财政配套40%。党支部和村委会"副手"则由各县（市、区）根据自己的财力权宜解决。结果多数县（市、区）无钱配套，只好允许各村从农村税费改革之后的一般性财政转移支付中"腾挪"。让"村干部"脱产化、专业化、正规化的搞法作为改革探索本可以理解，但在操作过程中如何避免同国家的《村民自治法》发生冲突，却缺乏精心安排。更糟糕的是，这种只提高村干部"一把手"待遇而其他副手们"干瞪眼"的结果，无疑是给村级领导班子团结奋斗、和谐相处注入了一剂"离心药"。

扶贫开发是全社会的共同责任，必须广泛动员社会各界有效参与，并充分调动"八仙过海，各显其能"的积极性，构建政府、社会、市场协同推进的大扶贫开发格局，形成跨地区、跨部门、跨单位、全社会齐抓共管的多元化主体的扶贫工作体系。但多年来，多元化主体的扶贫工作体系久唤不出，全社会的主动参与度很低，几乎只有各级党政机关、事业单位、高等院校、科研院所、国有企业等"体制内部"的机构在孤军奋战，由他们抽调干部职工脱产组建专门的扶贫工作队"驻村入户"实施帮扶。但是，上述单位都有自己的专业职责与运行秩序，可谓"一个萝卜一个坑"。专业人员被长期抽调，势必影响正常的工作节奏和服务质量，最后使得各项工作成了"一地鸡毛"。

以上诸多事与愿违的现象之所以产生并且长期得不到有效解决，其中一个非常重要的原因就是我们的改革在设计与操作过程中缺乏系统性、整体性、协同性。

所谓系统性、整体性、协同性，就是要求我们在进行决策和执行决策之时，注重以系统化防止分散化，以整体化防止碎片化，以规范化防止失范化，以协调化防止紊乱化，以长期规划、长远目标正确引导当前的行为，以遏制心浮气躁和急功近利，从而让各个领域的改革或某个领域的各项改革能够形成相互支撑、相互促进、相得益彰、行稳致远的良性局面。这一经验无论对于省级决策层来说，还是对于基层领导干部而言都具有极其重要的现实意义。设计和推行任何一项改革，我们务必都要努力做到高瞻远瞩、总揽全局，抓住重点、统筹兼顾，立足当前、放眼长远，防止和克服孤立化、碎片化、短期化。

习近平总书记 2017 年 6 月在中央全面深化改革领导小组第三十六次会议发表重要讲话时强调：注重系统性、整体性、协同性是全面深化改革的内在要求，也是推进改革的重要方法。改革越深入，越要注意协同，既抓改革方案协同，也抓改革落实协同，更抓改革效果协同，促进各项改革举措在政策取向上相互配合、在实施过程中相互促进、在改革成效上相得益彰，朝着全面深化改革总目标聚焦发力。

当前，湖北省农业农村的改革与发展正处在关键时期，呈现出一系列新的阶段性特征。许多"老毛病"尚未得到有效解决，又出现了一系列新情况、新矛盾、新问题。这些新旧问题的叠加，既构成了十分严峻的困难挑战，也提供了转型升级的突破机会。各地领导干部要适应新形势、新任务、新要求，贯彻落实党的十九大精神和严格按照系统性、整体性、协同性原则，以全面建成小康社会为目标，紧密围绕抓关键、补短板、促农业不断增效、保农民持续增收，不失时机地深化农业农村领域的各项改革，努力开创湖北省"三农"工作新局面。

## 五 当前农业农村改革的任务与建议

### (一) 以健全社会化服务体系为突破口，不断完善农村基本经营制度

改革开放40年来，以家庭承包经营为基础，统分结合的双层经营体制，从根本制度上保障了我国"三农"的基本稳定，也促进了"三农"的发展。然而，这种经营体制在40年的改革开放历程中，尤其是改革开放不断深化的今天，越来越难以适应当前"三农"发展的实际，也正在遭遇越来越多的发展困境。这其中很多的实际与问题，是改革开放初期，农村基本经营制度改革所不曾预见和遭遇的。因此，当前农业农村改革迫切需要随着"三农"发展的实际变化，针对当前亟待克服的现实困境，在不动摇以家庭承包经营为基础，统分结合的双层经营体制的基础前提下，审时度势地推进相关领域和相关制度的改革创新。通过对制度的不断调整和完善，来破解制度本身所存在的一些不适应性问题和潜在的矛盾性缺陷。

改革开放初期，农村基本经营体制之所以被称为以家庭承包经营为基础，统分结合的双层经营体制，有其历史的原因和基于当时"三农"发展实际而蕴含的制度设计初衷。在土地这一农业生产根本性资源的分配问题上，坚持和实行的是农村集体所有，家庭分户承包，即所谓所有权和承包权的分离。在初始的制度设计上，不仅仅将农村集体所有的大多数土地的承包权合理分配给了千家万户的农民，同时也在制度设计上规定村集体一定土地的保有量——当时湖北省的做法是3%—5%的保有量。在农业生产和经营的基本形式上，坚持和实行的是以家庭为单位的分户生产与经营和以农村集体（包括行政村村集体、生产队村集体）为单位的合作生产与经营。这既是为了充分保障和调动农民的农业生产积极性、主动性和创造性，也是出于对维护社会主义根本制度的谨慎考量，即社会主义集体经济的发展道路。同时，更是为了应对一家一户的分散生产与经营无法解决农业生产产业链服务需求这一客观现实，这也即是"统分结合"四字的根源与实质所在。

然而，随着改革开放的深入推进和"三农"发展实际的不断变化，在逐渐的制度调整与完善中，"分"的内涵与实质得到了充分的实现和强

调,"统"的需求与精要却逐渐被忽略,最突出的表现即是在二轮承包时期,将3%—5%的村集体保有土地连并其他山林、堰塘等集体经营资源再次分配给了农民,可谓是"分干吃尽",以至于当前广大的农村,除极少数如南街村、周家庄、官桥八组等村庄外,基本只有以家庭为单位的分户"小农"生产与经营,而不再有村集体生产与经营。因此,当前以家庭承包经营为基础,统分结合的双层经营体制的最大实际是"分有余统不足","统分结合"可谓荡然无存。

许多"三农"专家指出,中国的农业与西方发达国家的农业相比,最大的区别在于我们是一家一户、一亩三分地的小农生产与经营,他们是规模化、集约化的大农业生产。因而,进入国际市场竞争,我们必然要败在综合成本和比较效益上,也必然无法与之相抗衡。多数人认为,长期以来我们这种"一盘散沙式"的小农经济模式,必然衍生出生产资料细碎化、技术推广难、投入成本高、产出效益低、农民增收慢等一系列"疑难杂症"。因此,治疗"顽疾"的药方便是通过土地流转达到规模化经营。只有实现了规模化,降低综合经营成本、提高劳动生产率、强化产品市场竞争、增加农民经济收入包括价格"天花板"等一系列烦恼与纠结皆随之烟消云散。也因此,通过几十亩、几百亩乃至几千亩的大规模土地流转,以期实现农业的大规模化、大集约化,已经成为比较主流的"三农"发展思路与想法。不少人也将这种"简单粗暴"的方式,视为是破解"分有余统不足"制度缺陷的有效路径。当前,许多地方的土地流转如火如荼,正是基于这样的现实与背景。

且不论这种思路与想法没有充分认识到中国"三农"最根本的实际,即人多地少,与西方发达国家相类同的规模化、集约化发展道路在可以预见的时期内,根本无法实现,也不论是否存在"土地私有化"这种背离社会主义根本制度的"阴谋诡计"在其中。单从我们可以参考和借鉴的经验而言,当前许多"三农"专家和与"三农"有关的实际工作者,没有认识到或者说忽略了一个至关重要的客观现实,即是农业社会化服务体系的关键地位和作用。无论是西方发达国家,还是韩国、日本以及我国台湾这些发达地区,都将农业社会化服务体系视为是保障农业繁荣、稳定与发展的关键。据不完全统计,美国每一个农业生产者背后,有7—8个农业社会化服务体系服务者在为其提供全产业链的各项服务。

而当前还有一个更为重要的现实，必须得到理论界和实践界的高度重视，那就是农业社会化服务体系是当前调整和完善农村基本经营体制，有效破解"分有余统不足"制度困境的关键。从提高农业综合效益的角度而言，"统分结合"的目的在于降低生产成本、提高生产效益、促进农民增收，而规模生产将一定程度上降低规模成本，进而带来规模效益，这是基本的经济学常识。也就是说，农业效益的提高，不仅仅只是农产品市场价格提高带来直接效益，也必须包括在市场价格稳定的前提下，通过农业生产成本的降低所带来的间接或相对效益。农业社会化服务体系的着力点正在于此。从农业规模效益的角度而言，农业生产的规模化不能简单且狭隘地理解为，仅仅只是种植面积的规模化。在农业生产过程中，围绕着农业生产所需的各项服务的规模化，也是农业生产规模化的关键组成部分，也必然能带来立竿见影的规模化效益。

可以说，农业社会化服务体系是当前有效破解我国以家庭承包经营为基础，统分结合的双层经营体制同农业应当规模化、集约化之间矛盾的"一把金钥匙"。这既抓住了农业规模化、集约化的精髓，也在很大程度上解决了降成本和提效益的难题。我们不需要违背中国最大的"三农"实际，盲目地崇拜和效仿西方发达国家的大农场、大庄园农业。农业社会化服务体系能够有效促进农业经济活动的专业化分工，能够有效搭建通往社会化大生产的桥梁，能够有效提升农业生产的资本积累与科技含量，最终能够有效解决千家万户小生产和千变万化大市场之间的矛盾。这也是党的十九大突出强调"健全农业社会化服务体系，实现小农户和现代农业发展有机衔接"的意义与价值所在。

通过农业社会化服务体系的纽带效应，使以家庭承包经营为主要内涵的"分"的优势与以社会化服务体系为主要内涵的"统"的优势耦合在一起，真正形成"统分结合"，从而焕发成为一种相互依存、相互支撑、相互促进、相得益彰的内生型发展模式。只要把"统"与"分"的关系整合好了，一定能积极引导和大力推动小农经济主体脱胎换骨式的改造，重建农村社会的组织结构，科学配置农业生产的资源要素，不断促进农村社会生产力的解放与进一步发展。

当然，抓住了农业社会化服务体系这一调整和完善农村基本经营体制的牛鼻子，只是抓住了关键，并不意味着高枕无忧，还有许多其他工作亟待推进。不仅要强化农业内部生产要素的聚集与转化效率，还要放手让第一、第二、第三产业遵循其内在联系彼此融合，不断开拓新领域、新业态，打造出风险共担、利益共享的新型产业链与价值链，促进一体化向纵深发展。

**（二）以发展壮大集体经济为突破口，推进农村社会治理体系现代化**

推进农村社会治理体系的现代化，维护农村社会的基本稳定，是"三农"繁荣与发展的基石。国家治理现代化最关键的部分、最繁重的任务在于农村社会治理体系的现代化。而农村社会治理体系现代化的突破口并不在于治理体系本身的体制机制与制度建设，而在于农村集体经济的发展壮大。

推进农村社会治理体系现代化是一个系统的工程，涉及加强党对农村工作的领导、农村基层党组织的建设、村民自治体系的健全、农村公共服务体系的完善等。当前，尽管党对农村工作的领导、农村基层党组织的建设、村民自治体系的健全、农村公共服务体系的完善等一系列工作都取得了显著的进步与发展，但实现农村社会治理体系现代化的任务仍然十分艰巨。

农村社会治理体系现代化关键靠村"两委"。农村社会治理体系现代化需要农村基层党委和政府、市场主体和社会主体的共建共治与共享，需要充分调动并发挥广大农民群众的积极性、主动性与创造性，最终构建起自治、法治与德治相结合的治理体系与格局。而这些历史重任最终的落脚点都在村一级，都落在了村"两委"的肩上。应当说，各项推进农村社会治理体系现代化的工程最终都要靠村"两委"在村这一级具体贯彻和落实。

村"两委"能否承担起推进农村社会治理体系现代化这一重要历史使命的关键在于村集体经济能否发展壮大。相应地，农村社会治理体系能否实现现代化的重要突破口也在于村集体经济能否发展壮大。党的十八大以来，各级党委和政府在村"两委"建设上，做出了很多有益的尝试和探索，各项体制机制与各项制度不断建立健全。然而，当前绝大多数的村"两委"仍然未能达到农村社会治理体系现代化的要求，尚不足以完成推进农村社会治理体系现代化的历史使命，这其中最关键的问题在于，村"两委"缺乏一个行之有效的抓手，无法在市场主体、社会主体以及村民之间建立起紧密的权利义务关系，无法团结和带领广大村民谋求村集体经济的发展，更加无法在村"两委"、市场主体、社会主体与村民之间形成和谐的治理格局与相一致的治理合力。结果只能是增加了农村社会治理体系现代化的难度，加重了农村社会治理体系现代化的任务。

以家庭承包经营为基础，统分结合的双层经营体制，很大程度上加强了农村社会以家庭为单位的分化程度，而"分有余统不足"的客观实际则进一步助长了农村社会的"原子化"程度，直接消解了合作化时代村集体与家庭农户之间建立的紧密互嵌的关系。如果说农村税费改革前，村"两委"与村民之间还有着或多或少的关联，体现在"需要与被需要"的权利义务互联上，那么农村税费改革之后，这种仅存的关联也失去了其存在的基础。

2003年农村税费改革以前，尽管村"两委"与村民之间的关系因为农村税费而一度较为紧张，但不可否认的是其背后的村"两委"同村民之间的权利义务关系却相对较为明晰，"需要与被需要"有其存在的合理性。一方面，村民需要按时按规缴纳农业税费，遵守村集体劳动、计划生育等基本制度，而相应地能够从村"两委"获得一定的公共服务权利，也与村"两委"保持着较为紧密的联系。另一方面，村"两委"迫于治理责任与使命的约束，必须为村民提供某些公共服务，也需要与村民保持较为紧密的联系，以便于保障税费的收缴、计划生育政策的贯彻落实以及一些旨在维持农村基本生产、生活，靠村民自己参与的集体劳动，即所谓的村集体义务劳动。然而，随着农村税费改革的推行和农业税费的全面取消，这种较为清晰和明确的权利义务关系被打破，并逐渐消亡。"需要与被需要"逐渐变得可有可无。村"两委"不再因为治理责任与义务的约束而必须与村民保持紧密的联系，村民也失去了可以向村"两委"提出诉求的"理由"。因此，在较长的一段时期内，村"两委"与村民成了不相干的内部组织与个人，可以说农村社会的治理岌岌可危。

庆幸的是，党的十八大以来，随着国家治理现代化战略的提出，党和国家开始不断地突出和强调加强农村社会治理体系现代化的重要性，并开始了一系列的改革创新探索，在加强村"两委"与村民之间的联系，强化村"两委"为农服务，带领村民致富的责任与使命上出台了一系列政策、法规，也采取了一系列的举措。可以说，一定程度上强化了村"两委"与村民的联系，推动着村"两委"在农村社会治理与农村集体经济发展上主动作为。但村"两委"与村民之间消亡已久的权利义务关系并没有得到根本性的恢复，更加没有得到增强，过去村"两委"与村民之间形成的不相干的内部组织与个人局面，也并没有得到根本性的扭转。这其中最为核心的一个原因在于，现如今绝大多数村的村"两委"已经有心无力。一方面，村"两委"服务村民，带领农村发展农业、建设家园的意识在不断被强调中得以逐渐增强；另一方面，现如今的村"两委"失去了村集体经济发展收益的支撑，也失去了"三提五统"税费征缴提留的支撑，可谓是颗粒无收、分文无留，拿什么去给村民服务，靠什么去带领村民发家致富？如同空壳的村"两委"已经是"唤鸡都还缺把米"，又怎么能够调动广大村民的生产积极性、主动性与创造性，怎么能够得到广大村民的积极支持和响应？

因此，当前推进农村社会治理体系现代化，必须突出强调和高度重视发展壮大农村集体经济，让空壳的村"两委"再充盈起来，让有心无力的村"两委"干部自信起来、作为起来。发展壮大村集体经济并非易事，不仅需要各级党委和政府的大力扶持，更加需要政府、市场主体、社会主体与广大农民的共同参与协同推进。首先要将发展壮大村集体经济视为各级党委和政府，尤其是县乡党委和政府以及村"两委"农村社会治理的核心责任与关键使命。要广泛动员和号召村"两委"干部带领广大农民大力发展农村集体经济；鼓励和支持村"两委"大胆开展"党建+农村集体经济""党建+乡村振兴"等各种形式的创新探索。其次，各级党委和政府应当在政策、财政资金、干部任用等方面给予村"两委"更多的扶持。在村集体内部的土地资源整合与使用上，在村"两委"转移支付财政资金的拨付和使用上，在以村民自治为基础的村"两委"干部任用、提拔、福利待遇保障上给予更多、更优先、更优惠的政策与财政支持。最后，通过更加有吸引力的政策与财政支持，鼓励、支持和引导市场主体、社会主体参与到农村集体经济发展中，探索村"两委"、市场主体、社会主体与农民之间的村集体经济发展利益联结机制。在确立村集体在经济发展中的主导地位和农民在村集体经济收益中的优先地位的基础上,构建起村"两委"、市场主体、社会主体与农民共同参与、共谋发展村集体经济的发展模式。从而既能够有效吸引有实力的市场主体和社会主体参与到村集体经济的发展中,弥补村"两委"和农民驾驭市场的能力不足和原始发展资本的不足,也能够有效保证村集体、市场主体、社会主体与农民的正当合法利益,有效保障村集体、市场主体、社会主体与农民的参与积极性和主动性。更为重要的是,村集体的核心地位得到了加强,村集体与农民之间紧密的权利义务关系得到加强,并不断被夯实。如此一来,农村社会治理体系现代化的各项历史任务有了实现的根本基础,各项工作的开展也将顺理成章。

### (三) 以整肃负外部性环境为突破口,提升农业效益和帮助农民增收

负外部性环境的阻碍是影响农业效益和农民增收的重要原因,如何在体制机制改革与创新过程中,寻找到有效的路径,从而打破国际与国内两个市场的制约,消弭负外部性的环境阻碍,是当前农业农村改革的重要任务。

首先,在国际竞争中打造具有鲜明中国特色的农业比较优势。过去在国际市场问题上,着重强调的是独立自主、自给自足,"以粮为纲"具有压倒性的战略地位。也正是在"以粮为纲"的旗帜下,我国才集中有限的农业要素,开足马力抓粮食生产。但到了改革开放40年的今天,"粮食安全"战略与"以粮为纲"已经不可同日而语。保证粮食安全,纵然是"三农"的重大使命,但"三农"的使命绝不仅仅如此,推动工商业发展、提供劳动就业、环境保护、旅游观光、文化传承等,这些都是"三农"所承担的重大责任。在粮食安全这一问题上,应当从时代发展的实际出发,从长计议、统筹兼顾,既要算"政治账",也要算"经济账",更要算"生态账",需要通过规划科学的区域布局和富有弹性的产能张力、均衡的市场供求和合理的经济效益来重新构筑我国的农业安全体系。

与此同时,我国当前农业资源与生态环境的瓶颈约束越来越紧,亦很难依靠自己的力量来完全满足经济建设与社会发展对农产品不断增长的需求。当前,防止国外大宗农产品对我国进行倾销从而保护我国的农业安全,是当前的主要任务。但伴随着全球化的不断深入,我国的大宗农产品终究要化被动为主动,参与世界竞争。虽然国际农产品贸易活动

确实存在许多政治元素的干扰特别是意识形态的影响,但根本上还是由供求关系与价值规律"当家做主",谁的比较优势大、经济效益优,谁就能够掌握主动权并且"笑"到最后。因此,在这一问题上,需要解放思想、与时俱进,不与别人争一日之短长,而是紧密围绕"两型社会"建设的实际,积极调整我们的农业发展战略。主动融入世界农业一体化进程,实事求是地评估"粮食安全"的目标体系与可行路径,机动灵活地利用好国内国外两个市场两种资源,科学规划主要农产品的自给水平,坚持按因地制宜、扬长避短、安全环保的原则来优化产业产品结构,努力拓展具有鲜明中国特色的农业比较优势,并不断在市场搏击中"攻城略地"。

其次,斩断掠夺农业效益的毒手,堵塞侵蚀农民剩余的黑洞。实践证明,我国当前农业综合生产成本的节节走高,很大程度上就是工业资本、金融资本和不良社会资本"沆瀣一气"恣意侵占、挤压农业与农民利益的恶劣后果。必须在正本清源的基础上坚决斩断毒手,堵塞黑洞,惩治恶行,还利于农。从顶层设计上要尽快推出专门为农业特别是为广大家庭农户生产生活服务的农村金融制度安排,让农民不再因缺钱而受高利贷的残酷剥削。要尽快制定出完善的涉农工业品销售补贴办法,科学设置"防火墙",即使农业生产资料出现合理涨价,也不能任意转嫁到农民头上。坚守环境保护的底线和生态农业的方向,不提倡、不鼓励、不支持为追求增产增收而无节制地使用地力、化肥、农药等。政府有关职能部门要有严格的分类监管手段,在充分发挥正能量的同时,及时而有效地制止社会资本下乡恶意掠夺农业经济和侵犯农民权益。

最后,必须随着经济发展水平的不断提升而切实加大财政支农的力度。变"四面出击"为"重点进攻",遵循差异化发展的战略思路,按照因地制宜、环保高效原则突出重点,不再将有限财政资金集中补贴到关键区域与核心品种,以促进经济效益的显著提升和中国特色农业比较优势的显著提升。变"南郭吹竽"为"见兔撒鹰",针对省际核定的粮食风险基金包干基数的明显不同与应补贴的粮食种植面积的巨大差异,在"黄箱补贴"上应实行全国统一标准。探索每年制定主要农产品收购目录与价格补贴标准,在流通环节按实际销售量给予补贴,原则是谁销补谁、多销多补、少销少补、不销不补。变"自操自办"为"外包竞购",一般性农业生产服务，如农技推广、人员培训、病虫害预防、国土整治、基础设施建设和土地休耕等"绿箱补贴"，都应该遵循公开、公平、竞争、择优的原则通过外包方式向社会开放。更多地利用市场的手段和因循法制的途径去履行农村公共产品建设的职责，最大限度地把钱用到农业繁荣与农民增收的项目上。

**（四）以工农和城乡融合发展为突破口，彻底改变城乡二元社会结构**

当前，农业农村改革进入深水区，改革正在遭遇深层次的体制机制阻力，而这些深层次的体制机制阻力根源于由来已久的城乡二元社会结构。城乡二元体制机制有力地保障了城市与工业的优先发展，极大地促进了我国社会主义现代化建设与发展，但这种体制机制客观上使得"三农"做出了巨大的牺牲，当然这其中有客观的历史原因。由于城市与工业的优先发展和对"三农"的"有意"牺牲，造成了现如今工业与农业、城市与农村、市民与农民之间难以跨越的体制机制鸿沟，也造成了城乡之间的巨大发展差距。尽管多年来党和国家已经开始不断加大对"三农"的投入，试图探索出城市支援农村、工业反哺农业的保障性支撑战略。但长期以来的二元结构所造成的巨大差距，仅仅依靠有限的投入支持，寄希望于"三农"自身的努力根本无法消解，且现如今这种城乡二元体制机制仍然存在，仍然在加速城乡二元社会结构的固化与深化，仍然在进一步拉大城乡差距。

城乡二元社会结构的根本性问题在一系列与之相伴而生的体制机制构造、制度设计和政策安排。现如今最为突出的当属城乡二元户籍制度、治理机制以及与之相伴的城乡投入机制与资源分配方式。破解城乡二元社会结构难题，倘若不在这些根本性的体制机制与制度层面上谋求全面破题，所谓的城市支援农村、工业反哺农业只能是一句口号，即便再多的财政投入，也都会因为体制机制与制度的负面影响而无法消解已然形成的巨大城乡差距。因此，彻底改变城乡二元社会结构，需要按照市场化的取向深化改革，需要大量的制度安排、政策牵引，改革不适应社会主义市场经济体制要求、不利于城乡一体化发展的各项制度和政策，从根本上消除阻碍城乡一体化的体制机制、制度和政策障碍。

首先，必须加快户籍制度改革，力争在有限的时期内，彻底消除户籍制度阻碍。这是最根本也是最基础性的工作，必须摆在优先的位置。户籍制度改革已经讨论多年，相关的工作也在逐年推进中，但相较于改革与发展的需求而言，进程不快，力度不强，因而也耽误了城乡二元体制机制改革的总体进程。而户籍制度改革的关键在于彻底消除城乡户籍差别，实行城乡居民户籍同制、同权，核心在于保障进城农民能够与城市居民一样，尽同等义务、享同等权利。因此，以同制、同权、同等义务为原则的一些新的户籍制度安排亟待建立健全。

其次，必须推进农村公共基础设施、农村公共服务等一些倾斜性的制度与政策安排，加快"补短板""弥欠账"的力度。长期以来的城乡二元体制机制，留下了农村公共基础设施、公共服务等方面太多的欠账。必须大力实施党的十九大所提出的乡村振兴战略，始终把解决好"三农"问题作为全党工作重中之重。以工农和城乡融合发展为突破口，坚持农业农村优先发展，在农村公共基础设施建设和农村公共服务体系建设上给予农村更多的倾斜和照顾，促进城乡饮水、交通、通信、物流、信息网络等公共基础设施建设的一体化发展，城乡教育、医疗、卫生、养老等公共服务的均等化发展。

最后，应当按照"兜底线、织密网、建机制"的要求，全面建成覆盖全民、城乡统筹、权责清晰、保障适度、可持续的多层次社会保障体系，建立健全系列制度与政策体系。尽快制定和实施全国统筹、城乡统筹的养老保险制度与政策。建立全国统一、城乡同质的社会保险公共服务平台。统筹城乡社会救助体系，完善最低生活保障制度。坚持男女平等基本国策，保障妇女儿童合法权益。完善社会救助、社会福利、慈善事业、优抚安置等制度，健全农村留守儿童和妇女、老年人关爱服务体系。加快城乡义务教育一体化发展进程，加大农村义务教育的支持力度，加大财政投入比重，多措并举，办好农村学前教育、特殊教育和网络教育，普及农村高中阶段教育。加快农村生态环保的制度与政策制定，加快农村生态环保基础设施建设力度，加大农村清洁能源的推广力度和农村环境污染、生产生活污水的整治力度。

（五）以改革传统领导方式为突破口，不断开创"三农"工作新局面

新时代"三农"工作将面临新的形势、承担新的使命、迎接新的任

务、遭遇新的挑战。党的十九大确立了实施乡村振兴战略,对新时代的"三农"工作提出了新的更高要求。新形势、新使命、新任务、新挑战和新要求都预示着传统的领导方式方法已不合时宜,迫切需要推进改革创新。

长期以来,在"农村支援城市、农业服务工业"的发展思路引领下,对"三农"工作的领导,强调的是以"稳定"为中心,突出的是压倒性的行政管理方式。改革开放40年来,从人民公社到乡政村治的跨越,乡镇管理体制始终实行的是"条块分割"的管理体制,许多个纵向上自上而下对应设置的垂直职能部门和许多个横向上趋同设置的职能部门共同在乡镇一级党委和政府层面交织,可谓是"一针挑万线"。这种"条块分治"管理体制的实质与核心是自上而下的行政命令输出、贯彻与执行;自下而上的请示、汇报与争取。其管理的结果导致乡镇一级党委和政府只有行政执行权,而基本没有行政决策权和自由裁量权。纷至沓来的各项"条条"和"块块"行政事务以及无数与之相配套的行政检查、评估与考核,使得乡镇一级党委和政府几乎无法应付如此繁重的行政工作,且还要承担着巨大的工作压力。而与此同时,在经历改革开放40年来的几轮财税改革的洗礼之后,乡镇一级逐渐失去了独立的财政核算权,遵从乡财县管的财税体制,面临的是"入不敷出"的局面和"举债度日"的窘境。繁重的行政工作、巨大的工作压力与微薄的工资待遇形成巨大反差,不仅极大地削弱了乡镇党委和政府工作人员的积极性、主动性与创造性,也极大地削减了他们工作的动力。以至于当前乡镇党委和政府不得不面临一个极为现实的难题,即"无人可用"。有能力的年轻乡镇干部总在想方设法逃离,一意谋求向上进步的渠道。能力不足的年老乡镇干部,进步无望,大多已是日复一日,"当一天和尚撞一天钟"。

改革开放以来,我国逐步建立起了村民自治管理体制,并逐渐建立起了村民民主选举、协商、决策、管理和监督相配套的制度体系。实行村"两委"领导下的村民自治,遵从民事民提、民事民议、民事民决、民事民评的民主管理原则。然而,在"稳定压倒一切"的行政管理体制约束下,村"两委"几乎沦为乡镇党委和政府的派出机构,承担着繁重的行政事务和各级各类纷至沓来的检查、评估与考核。本身只是以服务为中心的自治组织,只能"眼睛朝上",疲于应付自上而下的摊派,成为以"维稳"为中心的派出组织。以村支部书记和村委会主任为代表的村"两委"干部，要么疲于应付各项检查、评估与考核，要么只能在各级职能部门中穿梭，跑项目、跑资金，既没有为老百姓服务的时间与精力，也没有领导广大村民一心一意谋求村集体经济发展、谋求乡村振兴的能力与动力。

正是乡镇党委和政府与村"两委"这种几近僵化的管理体制，乡镇工作人员和村"两委"干部这种无言的辛酸和无奈，导致我们长期以来对"三农"工作的领导只是停留在"维稳"的基础层面，既缺乏谋求创新与发展的基础与条件，也缺乏适应新形势、新变化、新挑战的动力与能力。

因此，改革开放40年的今天，迫切需要一场激烈的改革，去破除旧体制、旧机制的藩篱，在领导方式上为"三农"工作注入新的活力、输入新的生机。第一，深化乡镇行政治理体制改革，推动乡镇治理能力与治理体系的现代化。必须彻底改革现有的"条块分割"的治理体制，理顺乡镇一级党委和政府同上级党委和政府以及垂直管理部门之间的行政隶属关系，大力推进行政权力下放和"放管服"改革，给予乡镇一级党委和政府更多的决策权、行政自由裁量权。推进乡镇行政事务以及与之相关的检查、评估、考核的"减负"工作，大量减轻乡镇一级党委和政府的行政事务负担和"综治维稳"压力，引导乡镇一级党委和政府"眼睛向下"，聚焦以"服务"为中心的治理使命与职责。

第二，深化村民自治建设，全面加强农村基层党组织建设。着力在村"两委"的组织建设、领导能力建设以及各种新型农村党组织的建设上寻求更大的改革创新与发展。尽可能地减轻村"两委"的行政事务负担，将有效的考核与监督聚焦在"为农服务"、村集体经济发展以及美丽乡村建设等真正有利于农业农村繁荣，有利于乡村振兴、农民富裕的发展使命与担当上。

第三，推动"乡财县管"财税体制的改革，增加乡镇政府的财政与税收，化解乡镇政府的财政负债，减轻乡镇政府的财政负担。加大对村"两委"的财政转移支付力度，探索建立与完善"农村集体经济发展专项财政基金""乡村振兴战略实施专项财政基金""农村基层党组织建设专项财政基金""美丽乡村建设专项财政基金"等财政专项扶持政策。适当提高乡镇党委和政府工作人员的工资与待遇，提高村"两委"干部的工资和待遇，畅通更加科学合理的乡镇工作人员晋升渠道和上派、下派挂职、锻炼渠道，探索更加科学合理的村"两委"干部遴选、提拔任用机制。

第四，大力培养和造就一批"一懂两爱"的农村工作队伍。大力开展乡镇年轻干部培养工程和村"两委"干部培养工程。创新以"能人第一书记＋书记""能人书记＋专职副书记"为代表的村支部书记与村委会干部任用模式。鼓励和支持在政治性、组织性、纪律性强的退伍军人、致富能手、离退休干部、返乡企业家中选拔、任用村支部书记和村委会主任。注重从返乡优秀青年人才中发展年轻党员，选拔和培育素质过硬的后备干部，并有针对性地开展"传帮带"培育。围绕新时代乡村振兴战略，全面开展农村工作队伍的领导能力、服务能力、经济发展能力、履职尽责能力提升工程。重点围绕"三资"管理、村集体经济发展、农村第一、第二、第三产业融合发展、农村土地制度改革、农村集体产权制度改革、村湾生态环境保护与修复、乡村优秀传统文化传承、农业社会化服务体系的建立健全等乡村振兴战略的重要内容，有针对性地开展一系列提升干部能力的教育与培训活动。

第五，强化"三农"领导工作的自治、法治与德治建设，加快构建起自治、法治与德治有机结合，共建、共治与共享的乡村治理格局。进一步建立健全与"三农"工作有关的各项法律法规与制度，加强法治的监管与巡查。进一步完善村民自治制度与法规，深入推进村民自治下沉，探索村民小组和自然村湾的村民自治实践，创新在以农民合作社为代表的农村新型经济、社会组织中开展农村自治实践。加强农村思想道德阵地建设，强化道德教化的引领。重视村规民约的德治示范，大力实施村规民约建设工程。大力开展陈规陋习革除行动，破除各种封建迷信、邪教崇拜，倡导移风易俗新风尚。建立健全政府、市场与社会主体协同参与、互利共赢的合作机制，鼓励和引导各类市场主体与社会主体一同参与到"三农"工作中来，共同谋求乡村经济与社会的发展，共享乡村繁荣与发展的成果。

宋亚平

# 第二部分

## 重要文件选编

# 1981年批转《省委农村工作会议关于进一步加强和完善农业生产责任制的讨论纪要》的通知

各地、市、县委,省军区党委,省委各部委,省级国家机关各委办局党组,各人民团体党组:

省委同意《省委农村工作会议关于进一步加强和完善农业生产责任制的讨论纪要》,批转各地试行。各地在试行中遇到什么问题、如何解决的,有什么经验和建议,请经常告诉我们(可径报省农委),以便更进一步加强和完善我省农业生产责任制。

中共湖北省委

一九八一年九月十六日

# 省委农村工作会议关于进一步加强和完善农业生产责任制的讨论纪要

省委一九八一年九月二日至九日召开的全省农村工作会议,认真讨论了进一步加强和完善农业生产责任制的问题,纪要如下:

我省各级党委和政府近一年来在加强和完善农业生产责任制方面,

做了大量的工作，取得了显著的成绩。省委一九八〇年十月召开的地、市委书记座谈会和一九八一年二月召开的农村工作会议关于农业生产责任制的两个纪要，符合中央75号文件精神和我省实际情况，指导思想是正确的，采取的步骤是稳妥的，对各项农业生产责任制的建立和改进提高，起了重要的作用，有力地促进了农业生产的发展。各级领导同志在思想上和工作上积极清除"左"的影响，恢复和发扬党的实事求是、群众路线的优良传统，深入调查研究，切实办好试点，认真学习和总结群众创造的经验，经过不断地实践、认识，再实践、再认识，思想逐步解放，对工作的指导比较符合客观实际。各地放手让社队根据各自的生产水平、管理水平和群众意愿，选择不同形式的责任制，允许多种形式并存，克服和防止一律化、一刀切的错误做法。鼓励干部群众大胆探索，积极试验，在现有的基础上继续向前发展。

经过实践的检验，在各类农业生产责任制中，联产责任制具有更多的优越性和更广泛的适应性，对广大农民产生了越来越大的吸引力。农村各级党组织热情支持群众的合理要求，积极加强领导，帮助解决实行过程中遇到的具体问题，使各种形式的联产责任制得到很大发展。全省农村，多种经营、工副业和小宗作物普遍实行了承包到组、到劳、到户，联系产量（产值）计算报酬。大田生产实行联产责任制的生产队越来越多，占总队数的比例，已由去年底的百分之二十九增加到现在的百分之六十六点八。实行小段包工定额计酬等其他责任制形式的生产队占总队数的比例，则由去年底的百分之七十一减少到现在的百分之三十三点二。在各种联产的责任制中，统一经营联产到劳的责任制发展更为迅速，实行这种责任制的生产队占总队数的比例，已由去年底的百分之五点六增加到现在的百分之三十六点九；实行包干到户和包产到户的生产队也由原来的百分之零点三增加到现在的百分之十六点一。

农业生产责任制的逐步加强和完善，使农村广大干部群众的精神面貌以及人民公社经营管理的各个方面，发生了深刻的变化，对农业生产的发展，集体经济的巩固，产生了巨大的推动作用。事实充分证明，加强和完善生产责任制，对生产关系作适当的调整，使之适应生产力发展的水平，是加快农业发展所必须解决的重大课题。在这方面，我们已经走上了正确的轨道，并且取得了显著的进展，但是，今后的任务还很艰巨，还有许多工作要做。在坚持基本生产资料集体所有和按劳分配的前提下，各项生产责任制的改进，要着眼于更加充分地发挥统一经营、分工协作的优越性和社员个人的生产积极性，使生产者的责任更加明确，利益更加直接，自主权得到切实的保障。要进一步消除群众怕政策多变的顾虑，各种承包合同，应根据群众的意见由分季承包发展到全年承包，由承包一年发展到一定几年不变，鼓励农民更好地保护和利用自然资源，实行种地和养地相结合，以利于农业生产的持续发展。在基本克服劳动计酬上的平均主义之后，群众对减轻和解除不合理负担的要求日益迫切。对此，应当引起高度重视，提到重要的议事日程上来，拿出切实可行的解决办法。这就促进了这种责任制由点到面，由小宗作物到大宗作物，由旱地到水田逐步地发展起来。在具体做法上，关键是要处理好宜统则统，宜分则分的问题。实践的结果表明，生产过程中的各项作业，有些必须由生产队统一经营；有些可以灵活掌握，有统有分；适宜个人操作的，必须坚持责任到劳。生产队宜统的有以下几项：统一安排种植计划，加强技术指导，不断提高科学种田水平；统一管水用水，组织抗旱排涝和抗御其他自然灾害；统一使用农业机械，更好发挥农业机械的作用；统一调配集体用工，以适应集体经营部分用工和开展农业基本建设的需要。有些作业项目是统好还是分好，不必强求一律，应当由生产队根据实际情况确定。比如育秧，可以由队统一进行；可以由队统一浸种催芽，由社员个人负责播种、培育；也可以全部责任到劳。防治病虫害，可以由队组织专班统一进行；也可以由生产队统一查虫查病，统一购买、保管和配制农药，加强技术指导，田间防治则由社员负责。由于对产量负责的主要是承包的社员，因此凡是各户劳力能够单独操作完成的农活，应当责任到劳，以充分调动社员个人的生产积极性。

实行统一经营联产到劳之后，生产队的任务并没有减轻。要搞好统一经营，要对社员责任田的生产情况及时监督检查。特别要注意工作中的落后面，有少数社员由于劳力弱或生产技术水平低，种不好责任田的，生产队要按照自愿互利的原则，组织必要的协作，加强对他们的帮助，促进生产平衡发展。生产队原来举办的多种经营和工副业，应按照因地制宜、经济合理的原则，把应当保留的保留下来，继续办好；同时积极开展新的多种经营，并鼓励和扶持社员搞好家庭副业，努力创造条件，逐步向专业分工、专业承包的方向发展。

目前，各地都有一些生产比较正常、集体经济办得较好的生产队，已经实行或要求实行，群众称之为由生产队实行统一的"大包干"，就是由生产队统一种植计划和生产技术指导，统一管水、用水和抗灾，统一使用农业机械，统一调配集体用工；国家任务、集体提留（包括公益金、公积金、行管费、部分生产费以及集体用粮）包干到劳、到户。这种形式的"大包干"，不同于"三靠队"实行的那种统一经营的办法，也不同于集体提留很少的包干到户，而在某些方面类似统一经营联产到劳，在相当大的程度上保持了集体经济统一经营、分工协作的优越性。它的明显好处是：简化了管理工作，去掉了烦琐程序；生产过程中，社员的责、权、利明确具体，紧密结合，生产积极性更高；有利于进一步克服平均主义，有效地抵制和减轻加之于群众的不合理负担。另一方面，由于这一办法刚开始实行，经验还不完整，有些问题还需要认真研究解决。主要在正确处理国家、集体和社员个人三者利益之间的关系上，怎样保证完成包干的国家任务和集体提留，如果不加强领导，采取必要的管理措施，可能会发生一些问题。比如国家的粮食统购任务，由于年成有好有坏，各户丰歉不一，实行包干到户之后，怎样做到以丰补歉？搞不好，很可能会影响国家任务的完成；在生产过程中，遇到较大的自然灾害，需要牺牲局部保住大局的情况下，会给生产队统一组织抗灾造成一些不便和困难。此外，实行大包干，对发展集体举办的多种经营方面，也产生了一些新的矛盾和问题。

那些生产上比较正常、集体经济办得比较好的生产队，以及比较富裕的生产队，经过群众充分讨论、对各种形式的责任制进行全面的分析比较，要求实行生产队统一的大包干，应当允许，不要加以限制。要像对待其他责任制形式一样，切实加强领导，不能放任不管。要热情地帮助这些生产队认真总结经验，解决存在的问题。在目前经验不足的情况下，要注意防止一哄而起。

在我省恢复和发展农业生产责任制的过程中，实行小段包工定额计酬，对于纠正平均主义，促进农业生产的发展，曾经起了积极的作用。目前的发展趋势是，实行联产责任制的生产队越来越多。实行小段包工定额计酬的生产队尽管逐渐减少，但仍占有相当的比重，决不能放松领导。有些生产队，实行小段包工定额计酬，效果较好，群众满意，不愿改为联产计酬的，可以继续实行下去，领导上不要勉强他们改变。但不能满足现状，停留在现有水平上。要积极帮助他们总结经验，改进提高。比如：根据各种农作物生长发育的不同阶段，综合计算田间管理农活的定额，包给社员连续操作，简化管理办法；建立必要的检查验收制度，并加强对社员的教育，提高农活质量；根据农活质量或联系产量进行奖惩，提高社员的责任心。

各地都有一批长期困难落后的"三靠队"实行了包产到户或包干到户，促进了农业生产，改善了农民生活，减轻了国家负担，效果是好的。要继续支持和帮助这些生产队，切实按照中央 75 号文件有关的六条规定，把包产到户或包干到户作为集体经济的一种责任制形式，进一步办好，并在一个较长的时间内保持稳定，逐步增加统一经营的因素。

要进一步加强党对完善农业生产责任制工作的领导。对完善农业生产责任制的工作，我们的指导方针应当是：方向要明确，态度要积极，工作要做细，步骤要稳妥。各级领导同志要进一步提高认识，解放思想，适应新的形势。要改进领导方法和领导作风，深入实际，调查研究，倾听农民群众的呼声，虚心学习、认真总结广大干部群众的实践经验，满腔热忱地支持改革，大胆探索，积极试验，站在群众的前头，带领他们前进。具体工作要扎扎实实，稳步前进，通过试点取得经验，做好典型示范，引导群众逐步推行。

今年秋冬，要发动群众对各种形式的责任制开展一次群众性的总结。领导上要注意总结典型经验，拿出样板，让各个生产队分析比较，民主选择、确定明年各自的生产责任制形式。责任制一经落实，就要相对地稳定下来，不要再变来变去。当然，保持相对稳定，并不排斥在具体做法上逐步改进，不断提高，责任制的发展，总是由不完善到逐步完善，由不健全到比较健全，每前进一步都会促进生产更大发展，集体经济更加巩固，群众也更加满意。特别要注意的是，我省各地情况千差万别，要敢于实事求是，按照实际情况办事；要相信群众，切实尊重生产队和社员的自主权，决不能再犯强迫命令，瞎指挥的错误。

农村各项工作，都要同农业生产责任制不断发展的新情况相适应。青年、妇女、民兵、农会工作，文教卫生、计划生育工作，以及农副产品的统购、派购、收购,农贷的发放,生产资料的供应,都要破除老框框,适应形势的发展,做出新的更大的成绩。

要关心群众生活,减轻农民的不合理负担。目前,一平二调的情况,许多地方仍时有发生;集体负担的干部和事业人员过多,报酬补贴数额过大;社队财务管理混乱,贪污盗窃、铺张浪费普遍存在,超支挪用相当严重。社员的劳动成果被七折八扣,无偿占有,严重影响了社员的分配收入,挫伤了群众的积极性,在一定程度上限制了各项生产责任制作用的充分发挥。因此,要把整顿和加强社队财务管理,减轻农民不合理负担,作为巩固集体经济的一件大事认真抓好。政府各部门各单位和公社、大队平调生产队的人力、物力、财力的错误做法,要坚决纠正;要按照实行各种不同责任制的需要,本着精简的原则,调整大队、生产队干部和事业人员的人数,合理确定报酬补贴办法;坚决打击贪污盗窃等违法活动,刹住请客送礼的歪风;社员超支欠款也要区别情况,抓紧收回。要建立健全财务管理的各项规章制度,财务收支要定期向群众公布,财务计划和重大开支必须经过社员群众和社员代表审查通过,切实做到民主理财、民主管理。

要加强对干部社员的思想政治工作,保证各项生产责任制的顺利实施。要组织农村基层干部认真学习党的六中全会《关于建国以来党的若干历史问题的决议》,结合总结合作化以来的经验教训,提高执行党的方针、政策的自觉性。要组织党员、干部认真开展批评与自我批评,改进作风,克服各种不良倾向,树立全心全意为人民服务的思想,增强基层党组织和干部队伍的战斗力。要鼓励和支持基层干部敢于负责、积极工作,对广大社员群众深入进行坚持四项基本原则的教育,正确处理国家、集体、社员个人三者关系的教育,建设社会主义精神文明的教育,社会主义法制教育等,同时努力按照自然规律和经济规律办事,提高文化水平、科学技术水平和管理水平,发展农业生产,巩固集体经济,不断地改善社员生活,为加速农业现代化的进程做出贡献。

(鄂发〔1981〕73号)

# 1982年省委批转《关于当前农村总结、完善、稳定农业生产责任制问题的讨论纪要》

各地、市、县委，省军区党委，省委各部委，省级国家机关各委办局党组，各人民团体党组：

省委原则同意《关于当前农村总结、完善、稳定农业生产责任制问题的讨论纪要》，现发给你们，望在深入贯彻落实中共中央转发的《全国农村工作会议纪要》（即中发〔1982〕1号文件）的过程中，结合本地的实际情况研究执行。

《全国农村工作会议纪要》，是三中全会以来党对农村工作的又一个十分重要的文件。最近，党中央已将这个文件在报上公开发表，直接同广大群众见面，让广大群众直接了解和掌握文件精神，这是推动全国农村更好地贯彻这一重要文件的有力步骤。全省各级党委和广大农村干部，一定要通过进一步认真学习中央文件，提高认识，把过去那些不符合中央文件精神的错误认识和做法，切实纠正过来。要具体帮助基层领导班子解决好软弱涣散，瘫痪或半瘫痪的问题。同时应向广大社员群众宣讲文件精神，组织群众学习讨论，真正做到家喻户晓，人人皆知，使全省总结完善、稳定农业生产责任制的工作做得更好。尤其要认真做好签订合同的工作，并逐步建立、健全干部的岗位责任制，扎扎实实抓好当前春耕生产，经过多方面的艰苦努力，争取今年农业有一个更大的发展。

中共湖北省委
一九八二年四月十二日

# 关于当前农村总结、完善、稳定农业生产责任制问题的讨论纪要

一九八二年三月八日至十五日，省农委召开了地、市农委和地委办公室主管经营管理工作负责同志参加的座谈会，会议检查我省农村加强和完善生产责任制的情况，分析形势，交流经验，并根据中央〔1982〕1号文件精神，研究了总结、完善、稳定农业生产责任制问题。黄知真同志到会讲了话。现纪要如下：

（一）我省实行农业生产责任制的情况

中央〔1980〕75号文件下发以来，各地按照省委提出的"方向要明确，态度要积极，步子要稳妥，工作要做细"的指导方针，大力推行各种形式的生产责任制。今年元月省委三级干部会议以后，全省农村认真贯彻中央〔1982〕1号文件精神，在总结、完善、稳定生产责任制方面，做了大量的工作。到目前为止，实行各种生产责任制的生产队已占生产队总数的百分之九十九点一，其中实行联产责任制的百分之九十五点九。在联产责任制中，统一经营联产到劳占百分之四十六点七，统一的大包干占百分之三十九点一。

实践充分证明，农业生产责任制的建立，对于克服集体经济中"吃大锅饭"的弊病，落实"各尽所能、按劳分配"原则，调动社员生产积极性，提高经济效益，转变干部作风，密切干部群众关系，促进生产发展，改善社员生活等方面，都起了极为重要的作用。虽然在建立生产责任制的过程中，一些地方出现过这样或那样的问题，比如有的田块包得过散，有的拆散集体企业，有的甚至平分或破坏集体财产，但这些都是暂时的现象，是前进中的问题，只要引起重视是不难纠正的，决不能由此影响对生产责任制重大意义的足够估计。

（二）把工作重点转到总结、完善、稳定上来

目前，我省农村社队的生产责任制形式已经普遍确定下来，大规模变动已经过去，这是很大的成绩。但是，由于时间短、任务重、经验不足，生产责任制健全起来，还有个过程。现在，应该按照中央一号文件精神，毫不犹豫地把工作重点转到总结、完善、稳定上来。

我省实行的各种生产责任制，无论是专业承包联产计酬，联产到组、到劳，包产到户，包干到户，还是小段包工定额计酬，都是社会主义集体经济的生产责任制。不论实行哪种形式，只要是群众民主选定又不要求改变的，就不要变动。在这个基础上，发动群众总结经验，研究新情况，解决新矛盾，使各种形式的生产责任制进一步完善和健全。

当前春耕大忙已经到来，总结、完善、稳定生产责任制，必须紧密结合生产，更好地为生产服务。对关系春耕生产的紧迫问题，首先要抓紧解决，以利于组织春耕生产高潮，夺取今年农业丰收。

（三）在广大干部、社员群众中深入进行"两不变"的教育

农业生产责任制的建立，冲破了多年来形成的一套管理模式。由于长期"左"倾错误的影响，加上我们的宣传工作做得不够，在部分干部群众中还存在着不少误解。有的把承包责任制看成是"分田单干""土地还家"，有的还认为"分田到了户，何必要干部"，部分群众中还有怕"变"思想。不消除这些误解，总结、完善、稳定责任制的工作就很难顺利进行。因此，我们应当以中央一号文件精神，统一干部群众的思想认识，深入细致地向干部和群众进行宣传解释，说明：我国农业必须坚持社会主义集体化道路，土地等基本生产资料公有制是长期不变的。通过学习和宣传，使他们认识到生产责任制是建立在社会主义公有制基础之上的，坚持"两不变"就是在农村坚持社会主义道路。同时，用实行责任制所出现的生动事例，向干部、群众进行对比教育，帮助他们深刻认识实行生产责任制的现实意义。通过宣传教育，做到消除顾虑，澄清误解，提高认识，统一思想，为完善生产责任制奠定可靠的思想基础。

（四）处理好统与分的关系

统与分是互相制约的。正确地解决统与分的关系，就是既要发挥集

体统一经营的优越性，又要发挥劳动者自主经营的积极性，把两者有机地结合起来，这是完善生产责任制的中心环节，是巩固集体经济的核心问题。

实行统和分，各地情况不同，不能强求一律。一般应当按照生产力的发展水平、干部的管理水平和群众的觉悟程度，实行因地制宜。应当是宜统则统，宜分则分，统得适当，分得合理，着重在"宜"字上下功夫。从当前情况看，无论实行包工包产统一分配的责任制，还是实行包干分配的责任制，一般应该注意统的方面是：（1）种植计划；（2）集体用工；（3）宜于集体经营的多种经营和工副业生产；（4）大中型农机具的管理和使用；（5）管水、用水、组织抗灾；（6）农业技术指导；（7）烈军属、五保户、困难户的照顾；（8）国家征购、派购和集体提留。当然，凡是适合分散经营的项目和个人操作的农活，可以包到劳、包到户，以便更好地调动社员的积极性，有利于生产的发展。

统和分确定后，要通过承包把这两方面协调起来，承包的结果，用合同的形式确定下来，共同遵守。为了组织合同实施，每年应当在夏秋两季进行检查，结合年终分配，组织合同兑现。

（五）树立大农业的观点，健全多种经营的生产责任制

许多地方重点抓了大田生产的责任制，多种经营和工副业生产出现了下降现象。这当然是暂时的，但必须引起注意，认真加以解决。

现在的情况，一方面是剩余劳动力多了，另一方面是大量的山、水资源没有充分利用。这就是说，发展多种经营的劳力资源和自然资源条件是充分的，关键是要树立大农业的思想，在抓好大田生产责任制的同时，进一步把多种经营的生产责任制建立、健全起来，实行农工商综合经营，促进农村经济的全面发展。多种经营，项目复杂，经营形式可以多种多样。提倡专业经营；专业不多的，也可以兼业经营。要有计划地发展一些专业户。有的能工巧匠，可以不承包责任田，按照他们的技术特长，进行单项承包。有条件的队，还要特别注意抓好生产周期长的经营项目的承包，合理解决他们的吃粮和劳动报酬问题。随着生产力的提高和生产项目的增多，专业分工将会越来越细，各地应注意总结研究专业承包联产计酬这种形式的责任制，逐步改变按人口平均包地、"全部劳力归田"的做法，以利于多种经营的发展。

（六）抓技术推广，逐步发展技术联产承包

随着联产责任制的建立和农业生产的发展，出现了广大群众学科学、用科学的热潮。这是生产力发展的重要动力，必须认清形势，加强领导，推动这一形势的深入发展。各地应当通过办训练班、设技术询问处、建立科技联系户、举办科学技术讲座等形式，用新的科学技术知识武装广大干部和社员群众，加快农业生产技术的推广工作。

去年，我省一些地方，试行了技术承包联产合同制，收到较好的效果。今年对技术联产承包，应继续加强领导，认真总结经验，有计划、有步骤地扩大试点，为今后更大的发展创造条件。

（七）认真整顿社队财务

近几年来，财务整顿工作已完成的社队约占三分之一，总的看财务管理有所改善，但是，制度松弛、财务混乱、损失浪费的现象，在一些社队仍然是严重的。各地一定要把整顿社队财务、提高经济效益作为完善责任制的一项重要任务来抓。按照统一的部署，分期分批进行，争取在明年春季基本完成。通过整顿，要坚决打击经济领域的犯罪活动，堵塞各种漏洞，保护社员的劳动果实；要按照各种不同形式责任制的特点，建立、健全各项财务管理制度；要加强成本核算，以少量的投入，获得更多的产品，不断提高财会管理工作的水平。为了把财务工作搞好，每年要结合分配系统地抓两次。注重财会队伍建设，加强财会人员的培训，不断提高政治水平和业务能力。

（八）正确处理国家、集体、个人三者关系，逐步改进分配办法

要对广大农民群众进行爱国家、爱集体的教育，进行正确处理国家、集体和社员三者利益关系的教育。应当向他们讲清楚，几年来国家在照顾农民利益方面，已做了很大努力。今后增加收入，主要靠发展生产在这个基础上增加商品，增加贡献，增加积累，增加收入。

不论实行哪种形式的生产责任制，都必须坚持正确处理三者关系。应根据不同的责任制形式的特点去做好工作，比如，实行包干到户的队，要注意保证完成国家的各项征购任务，保证留够集体的各项提留；实行联产到劳的队，要注意简化分配手续，改进分配方法。各种承包责任制都要认真签订好经济合同，使国家的计划、按劳分配的原则和正确处理三者利益的要求能真正得到落实。目前，有的地方实行"统一经

营,三包到劳,计划分配,全奖全赔"的办法,即生产队对社员在包工、包产、包成本的基础上,包国家统购派购任务,包集体提留,完成承包任务后,实行全奖全赔。这样做的好处是,包产以内的产品,卖给国家多少,集体提留多少,个人分得多少,年初社员就心中有底,比较放心。同时,在分配中有一个共同的计算标准,能够实现劳动的等量交换,合理平衡各类从业人员的报酬。实行这种办法,问题是在遇到灾年严重减产减收的情况下,将会影响计划分配。对这种情况,一些队的做法是,经社员代表大会讨论,按照实际情况调减承包任务。这个办法可以供各地参考。

(九)教育提高基层干部

基层干部担负着繁重的工作任务。同其他工作一样,完善责任制也要依靠他们去做。但是,现在一部分基层干部精神不振作,有的干部埋头种责任田,不愿工作;有的干部遇到问题不敢管,有的干部敢管,但不会管。这说明我们的干部在责任制建立后,思想作风和新的形势还很不适应或不完全适应。为了教育提高干部,必须采取分批轮训的办法,向社队干部进行马列主义、毛泽东思想教育,党的路线、方针、政策教育,全心全意为人民服务的思想教育。使他们了解,生产责任制建立以后,干部的担子不是轻了,而是重了。要帮助他们分析责任制的形势,从思想上弄清为什么要抓好完善工作;帮助他们研究当地的情况,研究从哪些方面着手做好完善工作。如果能从思想认识上、政策水平上、工作方法上都得到提高,那么,进行这项工作就可以取得主动权了。要建立干部的岗位责任制。应当按照公社、大队、生产队的职能,明确规定干部的职责范围和所担负的任务,对干部定期检查考核。对那些履行职责、执行政策成绩显著的,给予表扬;对那些精神不振、作风不正的,进行批评教育;由于工作不负责任造成损失的,要根据情节,给予必要的纪律处分。

(十)加强党对完善责任制工作的领导

总结、完善、稳定生产责任制,是当前农村一项重要任务,各级都要把它纳入自己的议事日程,认真加强领导。当前值得注意的是,少数地方的某些负责同志和基层干部,对如何正确认识农业生产责任制的问题,思想上还没有完全解决。有的是由于对坚持社会主义集体化道路缺乏正确的理解，思想上只承认"三级所有、队为基础、集体劳动、统一分配"这样一种模式的社会主义集体经济，因而不能正确认识和对待中央文件已经明确肯定也是"社会主义农业经济的组成部分"的包产到户、包干到户等责任制；有的甚至对联产到劳这种形式思想上都还没真正弄通。这样，在指导工作中，就不可能真正做到实事求是，因地制宜，尊重客观实践，尊重群众意愿，往往凭自己的主观臆断去区分"高级""低级"，按照自己的好恶取舍去"引导"群众（实际上是强加于人），有的甚至公开下令强推、硬扭。这些违背中央文件精神的错误做法，必须坚决纠正。一定要通过进一步认真学习中央文件，把大家的思想统一到中央文件上来，真正自觉地同中央保持一致，各级党委的负责同志首先要做到这一点。同时，要亲自深入基层，调查研究，不断研究新情况，解决新问题。要认真发现和总结群众的创造，满腔热忱地支持群众的改革精神，站在群众的前头，带领群众前进。在具体工作上，要坚持因地制宜，分类指导。对不同形式的生产责任制，特别是对本地比重大的责任制形式，要组织力量，办好重点，不断积累实践经验，使工作指导更加切合实际，更有成效。

要重视抓好农村基层组织的建设。目前有一部分基层领导班子软弱无力，有的甚至处于瘫痪、半瘫痪状态，许多事情无人负责，不良现象滋长蔓延。在总结、完善、稳定生产责任制的过程中，一定要首先把这个问题解决好。现在，各地都组织了大批干部下乡帮助工作。下去的同志要把更多的精力放在加强农村基层组织的建设上，首先帮助那些问题大的单位把领导班子健全起来，尽快落实生产责任制，建立起生产秩序，做到不误农时，抓好春耕，为夺取今年的农业丰收打好基础。

（鄂发〔1982〕27号）

# 1983年中共湖北省委关于贯彻执行中央〔1983〕1号文件发展我省农村工作新局面的意见

各地、市、县委,省军区党委,省委各部委,省级国家机关各委办局党组,各人民团体党组:

中共中央〔1983〕一号文件,是当前和今后一个时期农村工作的纲领性文件,必须认真学习,并结合我省实际情况坚决贯彻执行。为此,提出以下意见。

## 努力实现农业全面发展

**一 认清新形势,发展新局面**

我省农业,从党的十一届三中全会以来,在政策、体制和经营管理上进行了巨大改革,开创了新的局面,出现了前所未有的大好形势。各种形式的联产承包责任制,特别是包干到户的广泛实行和不断完善,使生产关系逐步适应生产力的水平,激发了农民群众发展生产的积极性。农业科学技术工作和经营管理的不断加强,农业布局的初步调整,使自然资源和劳动资源进一步得到了开发利用,促进了农林牧副渔的全面发展,提高了经济效益。十一届三中全会以来的四年间,战胜了频繁的自然灾害,实现了农业生产的较大发展。一九八二年同一九七八年比较,除棉花减产百分之七点二,产量下降到六百八十一万担以外,主要农作物和其他多种经营项目都有不同程度的增长。粮食总产量增长百分之十五点六,达到三百九十九亿斤;油料总产量增长百分之一百四十二,达到一千一百四十九万担;生猪出栏头数增长百分之十四,达到一千零四十八万头；水产品产量增长百分之五十九，达到三亿五千万斤；社队企业产值增长百分之六十三，达到三十一亿五千万元；农业总产值（一九八〇）增长百分之二十三点四，达到一百三十七亿元。农民收入大幅度增长，人均从集体分配的收入和家庭副业收入由一百一十五元增加到二百二十二元，增长百分之九十三。城乡人民对农村欣欣向荣、蒸蒸日上的大好局面感到欢欣鼓舞，对社会主义的光明前途充满了信心。

我省农村的各项改革，正在向纵深发展，开始出现了从自给半自给经济向着较大规模的商品生产转化，从传统农业向着现代化农业转化的新形势。我们必须适应形势的发展，按照党中央确定的步骤，坚定而有秩序地把农村各项改革继续推向前进，使生产关系同生产力、上层建筑同经济基础协调地向前发展，走具有中国特色的社会主义农业的发展道路。要按照党的十二大确定的战略目标，切实把农业摆在战略重点的位置上，加快农业的发展，为到20世纪末实现工农业年总产值翻两番的宏伟目标而努力奋斗。当前，首先要努力夺取一九八三年农业丰收，并为今后若干年继续健康发展做好必要的准备。一九八二年，我省农业获得了大丰收。但是仍存在着不少薄弱环节，多种经营发展的速度不快，林牧副渔所占的比重还比较小，棉花生产近几年徘徊不前，晚稻和秋旱粮的单产和总产低而不稳，农业生产同整个国民经济的发展和人民生活的需要还很不适应，同先进的兄弟省市还存在着较大的差距。在新的一年里，我们要学江苏，赶江苏，发扬革命精神，狠抓薄弱环节，力争农业生产有一个较大的增长。要求农业产值达到一百四十四亿元以上，比上一年增长百分之五以上，以新的成就为全省工农业总产值增长百分之七以上做出应有的贡献。

## 二 继续抓紧粮食生产，同时发展棉花、油料和其他经济作物的生产

全省粮食总产，一九八三年要求增产十亿斤。全省粮食播种面积，要稳定在八千万亩的水平上，努力挖掘潜力，提高单产，增加总产。

全省棉花总产，一九八三年要求达到八百二十万担，比上一年增长百分之二十点四。棉花实际种植面积，全省要求保持八百五十万亩，种足面积，提高单产。要教育棉农，从发展生产来增加收入。要保证集中棉产区人均口粮最低不得少于五百斤，在此基数上实行多产棉多吃粮。

油料和麻类、烟叶等其他经济作物,都要坚持稳定面积,主攻单产,提高总产,改进质量。

**三 积极大力发展多种经营,大幅度提高农业产值**

湖北地处中原,条件很好,资源丰富。要充分利用有利条件,积极发挥各地的优势,上山下水,大力发展林牧副渔和社队企业。

林业的发展,应以保护和发展森林资源,提高森林覆盖率,发挥综合效益为主要目标。一九八三年,要求成片造林四百万亩,四旁植树一亿七千万株,封山育林一千万亩。要坚持以营林为基础,同时加强现有林木的培育管理。实行造管并重、采育结合,逐步做到生长量超过采伐量。要按照适地适树的原则,大力营造速生丰产的用材林、经济林,发展油桐、油茶、生漆、水果、桑、茶,以及药材、木耳等林产品,发展水源涵养林和薪炭林。认真执行《森林法》,坚决制止乱砍滥伐,毁林开荒。

畜牧业应大力发展养猪养禽业,同时积极发展草食牲畜。一九八三年,生猪出栏要求达到一千一百万头,比上一年增长百分之六点八;牛羊存栏头数争取有所回升。要坚持公养私养并举,以私养为主。积极发展饲料加工,推广配合饲料,提高饲料的报酬率。要搞好分布在全省各地的小片草山草坡的建设,人工种植高产优质饲草,提高载畜量。要抓好畜禽品种的改良,在全省范围内逐步实现牲畜"四化",抓紧牛的大面积选优去劣,积极发展役、乳、肉兼用的优良品种。

要大大加快水产业的发展。全省水产品总产,一九八三年要求达到三亿八千万斤,比上一年增长百分之八点六;"六五"期末达到五亿斤。要实行以养为主,养殖、种植、增殖相结合的方针,坚持国家、集体、个人多渠道养殖的体制。既要抓好小水面精养高产的生产,又要搞好大水面的管理和增殖。省内跨界湖泊、水库的管理体制,目前没有解决的,要在一九八三年内解决。水库养鱼,提倡库、队联营。要抓紧塘堰改造,努力发展社队塘堰养鱼。积极鼓励和扶持社员家庭养鱼,到一九八五年要求发展到二百万户以上。

农业产值翻番,社队企业要挑重担。社队企业产值,一九八三年要求达到三十四亿六千五百万元,比上一年增长百分之十。各地要根据资源优势和国内外、省内外市场的需要，进一步充实发展社队企业。一方面要继续抓好现有社队企业的调整整顿，因地制宜地举办新的企业，积极发展企业之间的联合，加强同生产队、新的经济联合体、专业户的联合，积极支持和带动社员家庭副业的发展。要积极开展供销工作，努力做到以供促产、以销定产，并巩固和发展贸易货栈、联供联销等供销经营形式。社队企业主要产品的产供销，要纳入各级和有关部门的计划，列上户头，给予方便。

**四 建设商品粮基地**

确定荆门、京山、江陵、监利、洪湖、沔阳六县为商品粮基地县，国家连续三年拨给基本建设投资，主要用于与发展粮食生产直接有关的项目。为了保证投资效果，要同基地县签订协议，根据计划上调给国家的商品粮数量确定投资款，多上调商品粮多投资。增调的商品粮，以一九八五年至一九九一年六年的总额计算，年际间可以以丰补歉。

国营农、林、牧、渔场是国家重要的商品生产基地，要搞好经营管理，层层建立切实可行的经济责任制，在发展专业化、社会化商品生产方面起示范作用。

用材林和木本油料林基地，从一九八三年起，每年营造一百二十万亩，到一九九〇年共新造一千万亩。已经确定的畜牧基地和渔业基地都要进一步加强建设，提供更多的商品。大中城市郊区，要坚持为城市人民生活服务的方针，建设成为副食品生产基地。

**五 加强山区建设**

要在努力争取粮食自给的同时，大力发展以林业为中心的多种经营生产。山区的平坝等适宜种粮的地方，要继续发展粮食生产。缓坡地要逐步改造为梯田梯地，扩大当家田面积。陡坡地要有计划地停耕还林，以保持水土。山区的农业基本建设要为发展多种经营服务。以多种经营生产为主的社队，粮食不能自给的问题，近几年来已解决不少，现在确实还有困难的，要根据他们的不同情况，分别研究采取适当措施帮助他们逐步解决，以鼓励他们放手发展多种经营。一些地方人畜饮水困难的问题，要争取在三五年内解决，难度大的地方，最迟也要在一九九〇年以前解决。要大力发展水陆交通,特别要加强公路建设,促进山区经济繁荣。

### 六 严格控制占用耕地农村建房用地

只能在现有的宅基地和空地内调剂解决,不准再占用耕地。机关、企业、团体、部队占用耕地也要从严控制。对非法占用耕地,情节严重的,必须严肃处理。农村(包括城市郊区)的土地管理,由农业部门设立土地管理局负责。要认真做好村镇建设规划,对山水田林电路村统筹安排,使农村的住房同各种生产、生活设施相结合,做到布局合理,环境优美。

## 坚定不移地把农村各项改革推向前进

### 七 稳定和完善农业生产责任制,是当前农村工作的主要任务

以农户或小组为承包单位的联产承包责任制,已在我省农村广泛实行。其中实行包干到户的生产队已占到总队数的百分之九十七。从我省的实际情况出发,当前完善农业生产责任制的重点应放在包干到户上。要通过承包继续处理好统一经营和分散经营的关系,既要适应现有生产力水平,又要考虑进一步发展生产的需要;既要实行国家计划指导,又要切实尊重社员生产、经营、分配的自主权;既要有利于充分调动个人的积极性,又要发挥集体的优越性。至于哪些该统,哪些该分,应根据千差万别的情况,具体地确定。要正确处理国家、集体、个人三者利益的关系,合同规定的国家任务必须完成,集体提留必须交足,分配合同必须兑现。要教育农民树立发展生产的长远观点,管好用好现有生产设施,合理开发利用自然资源,巩固和发展集体多种经营基地,并且逐步增加集体的劳动积累和资金积累,防止拆毁平分集体财产,破坏森林,对土地实行掠夺式经营等不良现象的发生。要采取换工互助、优先贷款、加强技术指导等措施,扶持困难户发展生产。

林牧副渔各业,都要根据不同的特点加强和完善生产责任制。林业,要在坚持统一计划采伐、销售和有利于防止乱砍滥伐的前提下,积极研究实行各种形式的联产承包制,充分调动社员营林、护林的积极性。要

因山因树制宜，分别合理划分生产队和承包户的权、责、利，承包期限可延续三十年至五十年，承包权可以继承，并据此签订合同。不仅荒山要迅速推行联产承包制，就是有林山的营林也可以实行。实行封山的山林，可以采取固定护林员、组的办法。现有社队林场，要建立和健全场内的营林责任制。有条件的地方，可以适当增加社员自留山面积。集体的大牲畜，提倡作价归户，也可以实行"作价到户，保本保值，增值归己，减值照赔"。集体养猪、养禽、养鱼等应根据不同情况分户或联产承包。社队企业，要普遍实行经济承包责任制。适合分散生产的产品和分散操作的工序，甚至整个企业都可以承包到劳、到户或包给联户经营。有的企业可以试行经理（厂长）承包责任制，取得经验后，再逐步推广。

八 积极促进专业户（重点户）和新的经济联合的蓬勃发展

目前，从事商品性生产的专业户（重点户）以及自愿组织起来的新的经济联合成批涌现，这是农村经济新的发展趋向，对于利用剩余劳力，发挥农民技术专长，集中分散资金，发展商品性生产，具有日益重要的作用。各地必须以极大的热情给予鼓励，打消他们的各种顾虑，帮助他们解决前进中遇到的各种问题，促其健康蓬勃发展；同时要注意不要超越生产力发展水平，违背群众意愿，拔苗助长。各有关部门要从贷款发放、物资供应、产品销售和技术指导以及通报市场信息等方面，为专业户和新的经济联合搞好产前产后和生产过程中的经济技术服务。新的经济联合，可以实行按劳分配，也可以按劳分配为主，同时有一定比例的股金分红。要教育专业户和新的经济联合组织，积极完成国家任务，承担应有的社会义务；同时，要保护他们的正当权益不受侵犯，坚决制止和处理那种四面八方向他们伸手的错误做法。有些专业户要求减少或者全部退出承包土地，离土不离乡，从事专业生产，应当给予支持，并采取多种办法帮助解决口粮问题。

新的经济联合，不限于生产合作，可以采取多种形式逐步向供销、储运、技术服务等方面扩展。可以通过各种经济技术服务公司，把专业户和新的经济联合在更大的范围内联合起来。要积极开展农工商综合经营，使原料生产、农产品加工、运销各个环节互相衔接，促进商品生产的更快发展。要总结茶工商、林工商和国有农场工商的经验，扩大试点。

一九八三年，要在嘉鱼县、沔阳县、阳新县和武湖分别举办渔工商，在罗田县举办蚕工商，在宜昌地区举办果工商。各有关地委、行署和业务部门要尽快提出方案，经省人民政府批准实施。

对于专业户和合作经济雇请帮工的问题，要认真执行中央一号文件的规定，同时深入调查研究，了解和掌握执行过程中提出的各种具体问题，探索解决办法。

### 九　要进一步建立和健全合同制

社员生产承包合同，要明确具体地规定集体和社员的责、权、利，使双方的经济关系更加协调。购销经济合同，不仅要规定农民交售各项农副产品的任务，还必须规定国家向农民提供哪些生产资料和经济技术服务。干部岗位责任制合同，要明确规定干部的职责、考核标准、奖惩办法。要把三种合同制同时抓好，使之相互紧密结合。

### 十　切实加强和改进社队财务管理

各地要抓紧社队财务整顿，争取在一九八三年夏收预分以前全部结束。经过整顿的地方，要及时地把经常性的工作抓起来。要管好用好承包户上交的集体提留，重大开支应经群众民主讨论决定。集体所必需的各项费用开支，要合理安排，逐项落实。集体的资金，有的地方实行队有社管，效果较好，各地可以仿行。社队积欠国家的贷款，一般由集体统筹偿还，也可以分摊到户。国营、集体企事业单位欠生产队的款项，要限期收回。社员超支欠款，要订出分期偿还的计划，列入合同兑现。要加强集体固定资产的管理，提高利用率和完好率。要继续抓好财会队伍的建设，提倡设立专业联队会计，并加强培训，提高财会人员的业务水平。

### 十一　搞活农村商品流通

疏通流通渠道，适应商品经济的发展，是当前农村工作的一项紧迫任务。商业体制必须坚决进行改革，实现多渠道、少环节，打破城乡分割和地区封锁，跟上农业专业化、社会化生产的前进步伐，并努力争取走在前面。对农副产品要调整购销政策，放宽运销政策。要加快供销社体制改革的进程，恢复其合作商业的性质。改革国营商业，放手发展合作商业，适当发展农村个体商业，实现以国营商业为主导，多种商业经济形式并存。要增设农村商业网点，抓紧仓库、冷库、加工设施的建设。要搞好市场管理工作，做到活而不乱，管而不死。

### 十二　有准备有步骤地实行政社分设

要按照宪法的规定实行政社分设，使人民公社成为单纯的合作经济管理机构，同时加强乡人民代表大会和乡政府基层政权的建设。这项体制改革，今年秋季以前，只在武昌县试点。今年冬季在全省铺开，按照省委的统一部署进行。乡的设立，应尽可能利用现有公社、管理区的房屋和设施，规模要适当。现有公社的事业机构一般不要变动，公社、大队企业要切实保护好，继续搞好生产。政社分设以前，现有社队干部要认真负起责任，保证各项工作的顺利进行。

## 继续进行农业技术改造

### 十三　抓好农业资源调查和农业区划

已经完成土壤普查或提交区划报告的县，要积极开展成果应用，搞好土壤改良和科学施肥，调整农业结构和布局，制定农业中长期的发展规划。目前正在进行土壤普查的四十三个县，要按国家统一规程要求，在一九八三年完成；正在开展县级区划的五十四个县，要求保证质量，争取在一九八四年前基本结束。省直农口各部门的区划，要求在一九八五年前全部完成。今后在建设各类商品基地、进行大型农田基本建设、推行重大生产改革措施等方面，都要运用农业资源调查和农业区划的成果，组织有关单位和技术人员做好前期可行性的论证，力求避免盲目性。

### 十四　坚持不懈地开展农田基本建设，提高抗御自然灾害的能力

水利建设，当前和今后一个时期应重点抓好现有工程的成龙配套，继续加强堤防建设，并兴办必要的骨干工程。今年汛期前，要按计划完成国家投资建设的六十七处大中型水利配套工程。少数水利死角，要通过采用合理的耕作制度和耐旱耐涝的作物品种，提高抗御自然灾害的能

力。要把低产田的改造作为农业持续增产的一项重大措施进一步抓紧抓好，一九八三年要求改造一百五十万亩。全省经过五至八年的努力，做到在遭遇一九七八年那样的大旱和一九八〇年那样的大涝的情况下，主要农作物不致有大的减产。

一九八三年，要继续立足于抗灾夺丰收。要抓紧现有水利设施和机电设备的检修，疏通渠道，确保需要时开得动，用得上，充分发挥效益。防汛物资要早作安排，运往集结地点，以应急需。抗灾所需要的油、电要保证及时供应。

**十五　加强农村能源建设**

有计划地开发利用丰富的水能资源，继续大搞小水电。一九八三年全省小水电要求新增装机三万千瓦，总装机达到五十四万千瓦。谁建谁有，谁管谁受益，以电养电，不断发展。所需的设备和建筑材料，有关部门要积极安排供应。继续搞好沼气的推广应用。首先把已建的三十四万口沼气池管好用好改造好，充分发挥作用。在此基础上，根据群众财力，实事求是地有步骤地新建沼气池，保证质量，努力做到建一口、成一口、用一口。一九八三年计划兴建九万口。

**十六　加速现有农业科技成果的推广应用**

要大力推广鄂沙二八棉、杂交水稻等经过区域试验证明适合我省条件的突破性的新品种，切实解决推广中存在的各种问题。要求一九八三年全省鄂沙二八棉推广种植面积三百五十万亩到四百万亩，杂交稻面积二百万亩。积极推广氮磷钾配方施肥，普及碳氨全层基施，按照需要施用硼、锌、钼等微量元素。一九八三年全省配方施肥面积，要求由上年的两千万亩扩大到四千万亩。一九八三年化肥施用量，要争取比上一年有所增加。稳定冬季绿肥种植面积，扩大套种绿肥，增施农家肥，提高土壤有机质含量。有条件的地方，要适当提高复种指数。加强农作物病虫害的预测预报，推广综合防治技术，有效地控制危害严重的农作物病虫害。畜禽疫病防治，要把重点放在预防上，控制危害大的猪、鸡流行病的发生和蔓延。巩固发展科学种田的示范户、带头户、联系户，充实壮大农民技术员队伍。继续办好公社农技站、农科站、种子站，实行统一领导，分工协作。县一级的农业科技机构，要切实做到把主要精力用于搞好农业科技推广、试验示范和基层技术人员的培训。县社队都要采取多种多样的形式，大力普及农业科技知识。公社要成立科普协会。

普遍开展农业技术承包和技术服务。以县为单位建立农业技术服务公司，把种子、植保、土肥、畜牧兽医等方面的技术服务工作更好地开展起来。技术服务可以按单项技术指标承包，也可以联产承包，同农民签订合同。达到规定指标和增加产量的，提取技术指导费；否则，由技术服务公司部分承担经济损失。

### 十七　加强农业科研和农业教育

围绕农业科技的重大课题，开展科学研究。要求在近期内拿出以下成果：选育出比现有推广品种增产百分之十至十五的粮棉油豆果茶麻药等新品种，以及增产百分之二十以上的农作物杂种优势组合；育成高产低芥酸、低硫代葡萄糖甙油菜新品种；试验成功几种增产增收、用地养地的耕作改制方式；几种主要农作物的大面积丰产栽培技术；优质速生丰产用材林木和高产经济林木的栽培技术；淡水养殖的高产技术；育成瘦肉型湖北白猪新品种。加速气象科学技术的现代化。尽快建成以武汉、郧阳、恩施气象台为骨干的天气雷达监测网和武汉通信气象计算机系统。全面运用气象情报、预报、气候资料等多种手段，增强对灾害性天气的监测预报能力，开展作物产量及作物灾害的农业气象性预报服务，不断提高服务的经济效果。切实办好现有各类中等农业专业学校，积极发展农业广播学校。农业中专招生和毕业分配，除继续实行现行办法外，还可以按规定要求招收在职人员和农村社员，结业后回原单位工作。

### 十八　加强农用化学工业、饲料工业的建设以及中、小型农机具的生产

要继续增加氮肥生产，积极发展磷、钾肥和复合肥生产。当前要千方百计解决小氮肥厂的煤电供应问题，保证正常生产，使一九八三年碳氨产量比上一年有一定幅度的增长。要抓紧搞好小氮肥厂的技术改造，降低能源和原材料消耗，提高质量。

要大力发展磷肥生产，不断提高产品质量，努力搞好推广应用。要

建立生产钾肥的工业，从无到有，逐年提高产量。要在近期内，迅速扩大高效、低毒、低残留农药的生产。"六六六""滴滴涕"这类农药要按国家规定限期禁止使用。在一九九〇年前，集中力量开发新品种、新剂型，搞好中间体的配套，建立起合理的产品结构和布局。

随着畜牧业的发展，饲料工业的建设必须加快。一九八五年前，使饲料年产能力由现在的十八万四千吨增加到五十万吨。发展饲料工业，要发挥各方面的积极性，粮食部门、畜牧部门、地方和社队都可以办。省、地、县饲料公司，要搞好统筹协调，计划指导。农机生产，主要是发展中小型、多用、节能、廉价的动力机械、作业机械、加工机械。要继续搞好农机产品的供应、维修、技术推广等技术服务，有计划地发展农机租赁业务和植保、饲料加工等专项服务。

### 十九　采取群众集资国家扶助的办法，千方百计增加农村建设的资金来源

国家、地方财政和有关业务部门已经实行的对农村各项建设的扶持经费和民办事业各类人员的补助，要切实管好用好。今后，地方财政还应当尽可能多挤出一点钱，用于扶持农村各项建设事业的发展。国家投资建设的小水电，受益后不论隶属关系，都应按规定逐年提取一定比例的利润，作为继续兴办小水电的周转资金。国家和地方财政对有些建设项目的投资，可以实行有偿使用制度，使资金能够回收和周转。扶持农业生产的各项贷款，要根据讲求经济效益的原则，择优发放。

在国家投资不可能大量增加的情况下，农村建设所需投资应当主要依靠农业本身的资金积累和劳动积累。要发动群众，自力更生，开展小型农田基本建设。要采取各种办法，把农村集体和个人分散的资金集中起来，用于多种经营基地、仓库、公路、小型电站和输变电等各项建设。合作经济内的农业科技、文教卫生、畜牧兽医等方面事业人员的报酬，主要从集体提留或技术服务、技术承包的收入中解决。

## 加强农村精神文明建设

### 二十　广泛深入地开展农村思想政治工作

农村思想政治工作的根本任务，是保证党的路线、方针、政策的贯彻执行，保证农村各项改革的健康发展，保证生产建设的顺利进行。其主要内容是加强共产主义思想教育、现行政策教育和形势任务教育。就当前来说，要更加广泛深入地宣传、学习党的十二大和全国五届人大五次会议精神。要把宣传共产主义思想与执行现行政策很好地统一起来，既要提倡共产主义的思想风格和劳动态度，增强农民的爱国主义、集体主义观念，又要坚定不移地执行现行政策，坚持按劳分配。要引导干部群众冲破小农经济狭隘眼界和自给自足经营方式的束缚，树立建设社会主义现代化农业的思想，不断提高生产的专业化社会化程度，更快地富裕起来。要教育农民抵制资本主义、封建主义的思想侵蚀，不断清除买卖婚姻、封建迷信、抹牌赌博等歪风邪气。与此同时，积极开展健康的文化体育活动，占领农村思想文化阵地。要把农村思想政治工作的重点放在基层干部身上，通过他们去做好群众的工作，特别是加强对青年一代的教育。要在党组织的统一领导下，充分发挥群众组织的作用，依靠党团员和积极分子，建立一支有战斗力的农村思想政治工作的宏大队伍。要坚持说服教育、正面引导的方法，采取干部党员联系户，开展"五讲四美"活动，表彰先进队、五好家庭、五好社员等多种多样的形式，把思想政治工作做得更加广泛深入，生动活泼。要订立乡规民约，加强治安保卫，使农村有一个良好的社会秩序和生产秩序。

### 二十一　改革农村普通教育，开展农民业余教育

全省绝大部分县要争取用五年左右的时间普及或基本普及小学教育。农村中等教育要采取多种形式办学。普通高中应开设农（职）业技术课程或附设职业班，并把部分普通高中逐步改为农（职）业高中。普通初中应设置农业技术课程，有条件的还可以增加一年的职业教育。

要加快农村扫盲的进度。一般地区要求用三五年时间基本完成扫盲任务，条件好的地方要尽量提前；条件差文化落后的地方最迟不能超过

一九九〇年。扫盲工作的重点是青少年和基层干部。要积极举办业余小学和各种形式的文化班，组织脱盲青年和不到小学毕业程度的青年农民，学习文化基础知识和必要的农业技术知识。

**二十二 开展农村爱国卫生运动，健全农村医疗卫生机构**

农村爱国卫生运动的重点是搞好水改粪管，努力改变农村卫生面貌。目前我省农村大部分人口饮水不符合卫生要求，各地要采取民办公助的办法，积极改善饮水条件，争取经过十年左右的努力，使绝大部分地区的农村能够饮用合乎卫生条件的水。要加强粪管工作，消除和防止粪便对环境和水源的污染。要坚持预防为主，普及卫生科学知识，定期开展卫生活动，努力做到经常化、制度化。农村合作医疗要按照自愿的原则，采取灵活形式坚持办好，社员看病的药费可以全部由合作基金解决，也可以部分由合作基金解决。少数暂时办不起合作医疗的地方，应设保健室或医疗点，按国家规定收取医疗费。个体开业行医，只要经过审查符合条件应当允许。

**二十三 农村计划生育工作要长期坚持抓紧抓好**

计划生育工作的重点在农村。各地要广泛深入开展宣传教育，提高农民实行计划生育的自觉性，切实按照人口规划的要求，控制农村人口的增长。提倡晚婚晚育，一对夫妇只生育一个孩子。对二胎一定要掌握从严批准。不论哪种情况，都不能多胎。对育龄夫妇可以实行生产、生育双包合同制，健全奖惩制度，按期检查总结。要破除"重男轻女""多子多福"的旧思想，切实保护女婴和女婴母亲。要完善政策，改进工作方法，提高节育技术水平，防止强迫命令。

## 改善和加强对农村工作的领导

**二十四 领导思想要进一步解放，领导方法要进一步改进**

改革是一场极其深刻的革命，是破旧创新，为夺取现代化建设的胜利提供可靠的保证。对于这个关系到我们事业全局成败的重大问题，各级领导要有足够的认识。对于"左"的思想影响和"老框框""老习惯"的束缚，对于我们的知识和经验不适应建设现代化农业的要求，都要有充分的估计。各级领导要认真系统地总结正反两方面的历史经验，坚持正确的，纠正错误的。要进一步解放思想，加强学习，勇于进取，钻研新情况，解决新问题，总结新经验，创立新章法，坚定不移地走具有中国特色的社会主义现代化道路。各项改革，要有利于人民生活的改善，有利于国家的兴旺发达。根据这个标准，对经过试验看准了的事就要及时做出决策，果断执行，不能议而不决，决而不行，贻误工作。

要尊重群众的首创精神，满腔热忱地支持群众在实践中积极探索，及时集中群众的智慧和经验，加以总结推广。要坚持两手抓，一手抓物质文明建设，一手抓精神文明建设，使二者相互促进，相辅相成。要发扬务实精神，到农业现代化建设的第一线去，掌握第一手材料，取得直接经验，切实解决实际问题，力戒空谈，多干实事。

### 二十五　要重视知识和知识分子

各级领导都要刻苦学习农业技术和管理知识，钻进去，真正成为内行。要坚持系统地培训干部，提高干部素质。对党政领导干部、管理干部和技术干部，都要加强业务培训。省、地、县各级要按照统一的培训计划，依托各级各类农业学校以及党校，完成各自的培训任务。要把具有高中以上特别是大专文化程度的优秀的中青年干部选拔到领导岗位上来，逐步实现领导班子的革命化、年轻化、知识化、专业化。各级领导要重视发挥农业科技和农业经济方面的专门人员的作用，充分听取他们的意见。省、地、县都要组织各有关学科的专门人员，成立各级农业经济技术顾问小组或委员会，开展农村发展战略的研究，当前生产建设重大措施的可行性研究和农业经济问题的研究，为领导机关的重大决策提供咨询性意见。

### 二十六　组织各行各业做好支农工作

各行各业各个部门的同志，任何时候都不能忘记农业是国民经济的基础，必须牢固树立为农民为农业服务的思想。要从保护和发挥农民的积极性、创造性出发，适应农村各项改革的需要，改进自己的工作，加强对农业的支援。各级计划、财政、金融、工业、交通、邮电、商业、外贸、文教、卫生、科学等部门，都要做出本部门为农村服务的规划，采取相应的措施，促进农业现代化建设不断向前发展。

### 二十七　搞好农村基层组织建设

首先要把农村党支部真正建设成为战斗堡垒。要在春耕大忙之前搞好党员集训，组织他们认真学习党章，学习党的基本知识和党的方针、政策，确立为共产主义事业奋斗终生的人生观，增强党的观念，保持和发扬全心全意为人民服务的精神。要健全组织生活，开展批评与自我批评，努力克服各种非无产阶级思想和各种不良倾向。要按照党章的规定，定期选举党的支部委员会，把优秀党员选进领导班子，增强党组织的战斗力。每一个党员都要在党组织的领导下担负一定的工作，发挥模范带头作用。农村整党要在试点取得经验后，逐步展开。要做好大队、生产队干部的精简工作，以提高工作效率，减轻农民负担，共青团组织要积极开展活动，真正成为党在农村的助手。农会、妇联、民兵等群众组织也要积极开展工作，成为党密切联系群众的桥梁。要认真贯彻执行中央宣传部和中央农村政策研究室联合下发的《农村思想政治工作条例（试行草案）》，切实加强农村思想政治工作。

（鄂发〔1983〕120号）

# 1984年中共湖北省委湖北省人民政府关于贯彻落实中央〔1984〕1号文件若干经济政策问题的决定

1984年5月11日

"在稳定和完善生产责任制的基础上,提高生产力水平,疏理流通渠道,发展商品生产。"这是中央今年一号文件的中心思想。它不但是农村工作的重点,也是关系全局的大事。全省各级党组织、各级政府和各个部门,都要本着议大事、懂全局、管本行的要求,把思想认识真正统一到中央一号文件精神上来,大力发展商品生产,坚定不移地贯彻执行党的富民政策,农林牧副渔全面发展,农工商综合经营,使农民尽快地富裕起来,以此作为农村工作的基本指导思想。要进一步清除"左"的思想影响,坚决改变湖北农业腿短、生产门路太少、各种限制太多的状况,坚决制止至今仍时有发生的那种"怕富""卡富""限富",打击勤劳致富户的错误做法,要在全省城乡造成勤劳致富光荣的社会风尚。要克服自给自足的自然经济思想,不要满足于或停留在解决温饱问题上,要大胆引导群众继续前进。要以知难而进的改革精神突破那些过时的、束缚生产和流通的、不合理的条条框框,为发展商品生产创造性地做好各方面的服务工作。要采取切实可行的有力措施,层层建立责任制,尽快解决"湖北农业腿短"的问题,积极探索解决前进中的新问题,使我省今年的农村工作和农业生产都有一个新的突破。为此,现就进一步贯彻落实中央一号文件的有关经济政策问题,做出如下决定:

## 一 继续稳定和完善联产承包责任制

延长土地承包期，一般应在十五年以上。开发荒山、荒坡、荒岗、荒滩，承包期可以延长到三十年、四十年以上，有的还可继承农村经济承包合同的期限，一般可与国家征购任务时段或"五年计划"同步，一定几年不变。有的地区实行分解的办法，承包合同中有一部分内容、项目与土地承包期同步，这个办法，可以试行。集体提留的公积金、公益金、管理费，按人口、劳力、收入合理负担，不宜单纯按田亩或人口分排。集体提留固定之后，就不再增加，今后应主要靠发展工副业、多种经营的收入来补农业。农村教育、计划生育、民兵训练、优抚、交通等项民办公助事业费用，应与集体提留分开，由乡人民代表大会定项定额，一年一议，人均负担一般应控制在三至四元，最多不得超过五元。鼓励土地逐步向种田能手集中，提倡由社员自找对象协商转包，也可以由集体统一安排转包。转包条件由双方商定。

## 二 加快调整农业布局

要继续对不宜耕种的陡坡地和低湖田实行停耕还林还牧和退田还湖。力争在二三年内基本上把这个问题解决好，改善生态环境，制止恶性循环。退耕还林还牧还湖，发展林牧土特产或渔业、水产，要一处一处地规划落实。解决停耕后的粮食问题，需要上下共同努力。主要靠山区和湖区群众自力更生，以短养长，弥补粮食的不足，同时省地县各级都要尽力给予扶持。需要省里减购加销的粮食指标，由省政府负责同志带领专班，一个一个地方调查落实。

粮食生产仍要继续抓紧。适合种稻麦的地方还是要种稻麦。今后粮食要在提高单产和提高品质上下功夫。为适应饲料工业和饮料工业的发展，可适当增加苞谷、大麦和薯类作物的种植面积。山区要以林为主，放手发展多种经营。但山区有些当家田地，有些大的坪坝子，还是要进一步搞好粮食生产，力求山区不要过多地依赖从外面调进粮食。

棉花的布局要基本稳定，适当调整。不宜植棉的山地和低洼地，可以改种其他适宜的作物；适宜植棉的地方可以适当增加棉花种植面积。

包括粮、棉、油在内的各种农作物，今后只下达产量计划和收购计划，不硬性规定种植面积。

### 三　放宽林业政策

扩大落实自留山。自留山划多大面积为宜，应放手让各地从实际出发，和群众商量，实事求是，因地制宜，不必强求一律。目的是充分调动群众植树造林的积极性，尽快绿化荒山荒岗，发展林业。现有的宜林荒山，可以部分或全部划给社员作自留山。有些地方没有荒山或荒山很少，可以把荒岗划给社员作自留山，也可以把有稀疏林的山场划一部分给社员作自留山，还可以把一部分责任山转为自留山。自留山一经划定，不要再变动。

划自留山以后多余的荒山、荒岗、荒滩，放手包给群众种树种草，承包面积不限，收益全部归己。对高远荒山，应鼓励支持承包大户去搞开发性生产。

集体现有的成林山，要实行联产承包责任制，可以承包到户，也可以承包到队、到组；现有的社队林场可以实行场长承包，也可以承包到户办家庭林场，还可以将山林折股，办多种形式的林业合作社。无论实行哪种承包形式，都要使农民得到较多的好处。有的地方，根据责任山林木生长情况，确定比例分成，现有成材林集体得大头，中幼林和新造林承包者得大头。有的地方，将某些责任山上的成材林一次作价到户，收益后分期偿还，增值部分全部归承包者。还有的地方把部分责任山划作自留山以后，将山上原有的成材树作价到户，等等。所有这些办法，都是可行的。今后，国家可以通过合同办法支持承包者在自留山和责任山上进行商品木材基地建设。

国有林场要放手让林场职工个人或家庭承包，林场的营林投资要相应安排给承包者支配使用，允许承包者邀伙完成承包任务，其报酬由双方商定，林场不必干涉。

实行木材采伐"一本账"，主要是为了控制采伐量，使其不超过生长量，而且要保证生长量超过采伐量，这也是拨乱反正，变恶性循环为良性循环。根据国家有关规定，林区（指有木材统配任务的产区）的木材采伐要纳入"一本账"。非林区社队和社员生产的木材，国家不实行统购，采伐也不纳入"一本账"。但是，凡属把成林山划作自留山的，木材采伐应当纳入"一本账",其他的自留山实行自栽、自管、自采、自营、自受益,采伐无须经过批准。

关于木材经营,集中产区的统配材由林业部门经营,交售到集并点运费过低的,要合理调整,予以补贴。留成材、抚育间伐材、困山材、小径材及其制成品、半成品,可以通过县林业部门或其委托经营的单位实行代销,所得利益的绝大部分应归林农;也可以由生产单位直接同外地换粮换物或自主处理。林业部门要积极推行林工商联合经营。育林基金、林业更新改造资金以及蚕桑改进费等,要专款专用,不能挪作他用。

育林基金重点用于扶持林业专业户在放宽林业政策的同时,要教育山区群众爱山、管山、养山,要依靠群众护林,以法治林,严禁乱砍滥伐。

### 四 大力发展水产业

集体塘堰和小水库提倡专人承包。承包期可以延长到十年、二十年以上。要合理确定提留标准,集体提留部分按平价折鱼上交,以照顾所属单位的群众吃鱼。提倡把养鱼同管水结合起来,妥善处理养殖同农业灌溉、防洪的矛盾。

村前屋后的小型零星分散水面,应划给社员养鱼、种藕和发展其他水产品生产,自产自受益。在湖区、渔区,要像划自留山、自留地那样,划出一定数量的水面,给社员进行自营性生产,使用权长期不变。

精养鱼池的兴建和其他渔业基本建设的投资,应以有偿的周转金形式,由水产部门与生产单位和专业户签订合同,在规定期内,按投资额平价提供鱼产品,等值偿还。对过去用于开挖精养鱼池的补充资金,一般仍按原定合同执行。对提供平价鱼的数量和年限未作规定的,要明确规定,不得一次投资,无限期地平价调鱼。

待开发的各类水域,要打破"国有国营、社有社营、队有队营"的框框,积极鼓励生产能手进行开发性承包。可以以户承包,也可以一人或数人牵头,邀伙承包,按水面提取产品和积累。国营渔场要积极推行联产承包责任制。各类鱼池和其他小水面可以承包到户,建立家庭渔场;湖库养殖水面可以在自愿组合的基础上,实行经理承包责任制。

提倡城市工矿企业、机关、部队、学校和其他社会团体同渔业生产单位或个人挂钩，签订合同，共同投资开发水域，受益分成，产供直达。

大、中型水库养殖由水利部门负责投苗、管理。允许库区群众按捕捞设施和能力向水库管理部门缴纳适当费用，凭证进库捕鱼。允许库区群众进库发展网箱养鱼。自己投资的，收益全部归己，水库管理部门给予了扶持的，实行比例分成，群众得大头。

跨界湖泊、水库的管理体制问题，要继续调查研究，坚持从全局利益出发，从有利于发展水产和充分照顾当地群众利益出发，及时做出决断，力求在今年内解决。跨地市和跨省界的湖泊、水库由省委、省政府指定专人组成专班负责解决。跨县湖泊，各地市县要本着"跨界湖泊水面的管理体制问题由上级负责解决"的原则，自上而下，各负其责，由党政领导同志亲自动手，协商解决。跨界湖泊水面的管理体制可以多种多样，可以组织各种形式的联合经营，也可以组成管理委员会，实行共同放养、共同管理、共同受益的办法，还可以通过调整行政区划，实行对湖泊的统一管理。

**五　切实办好国有农场**

切实办好国有农场，对发展商品生产具有重要意义。现有的每个国营农场，都是基础强、规模大的现成的商品生产基地。省国有农场农工商联合总公司，要行使原农垦管理局的职能，切实加强和改善对国营农场的领导。要建立岗位责任制，把所有国有农场办好。现在省属的国有农场，大都不如地市县属的办得好，应加以整顿，把政策搞活，把农业科技搞好，起示范作用。各有关部门要为农垦系统开展农工商综合经营做好服务工作，使国有农场比农业合作经济组织效益好，贡献大，农工收入比农民多。

国有农场要认真推行联产承包责任制，普遍建立家庭农场。农场的荒水、荒山、荒地可以承包给本场的职工，也可以承包给场外有专长的农民，让他们从事开发性生产。

要从我省农场的特点和在全省农业中所处的地位出发，进一步调整农场的生产方针，安排好粮棉油生产任务，大力发展畜牧、水产、林果等其他农副产品的生产和加工，大力发展农工商综合经营，把多数农场逐步办成为城市人民生活服务、为出口服务的副食品商品生产基地。

### 六　积极鼓励、支持、发展、保护各种专业户

对各种专业户，都要正确对待，积极支持。要为他们提供信息、技术和其他各种服务，保护他们的合法权益，公平合理地确定他们对国家和集体应承担的义务。各地可根据自愿互利的原则，由专业户自行组织各种专业的专业户协会，各级党委、政府和农会要积极支持，加强指导。

对粮食专业户，除了耕地承包长期不变之外，还应采取如下优惠措施：第一，只承担农业税和集体的三项提留以及按人口、劳力分摊的其他社会负担，工副业发展得好、收入高的地方，对他们承担的集体三项提留可以适当减免，有的还可考虑从集体兴办的工副业收入中拿出适当的份额对卖粮户给予补贴。第二，接包别人转出的承包土地，可以只负责交售征购粮，集体的三项提留仍由转出户承担。第三，优先提供良种、化肥和技术服务，有机械的优先供应平价机油、柴油。第四，对出售大批量商品粮的专业户，粮食部门尽可能登门收购，供销部门尽可能将他们所需的生产资料送上门。

对于农林牧渔等各业开发性承包专业户，除给予一定的物资和资金的扶持外，还应给予定期减免税收的照顾以及其他的优惠待遇。对于目前农村中出现的各种形式的经济联合体，要妥善引导，积极支持。联合，一定要遵循自愿互利原则，上面不要去搞那种违背群众意愿的硬性"捏合"。

要大力宣传和表彰带头勤劳致富、带头发展商品生产、带头搞活商品流通的专业户。各地要积极向省推荐一批先进典型，经省评定后，在报纸、广播、电视上广为宣传，以教育鼓舞群众，振奋革命精神。

### 七　做好扶持贫困地区和扶持农村困难户的工作

要采取特殊措施，帮助大山区和库区发展生产，增加收入，尽快改变至今生产、生活都还十分困难的状况。

对财政入不敷出的县，省将采取与县签订合同的办法，提前预拨补贴款，让他们有计划地发展生产，增加财政收入，限期改变吃补贴的状况。省财政厅要根据财政收入的情况，做出分期分批实施计划。

大中水库，要从收取的水费、电费中按比例提取专项基金，扶持库区群众发展生产。省水利厅要会同有关部门提出方案，逐库落实。

在积极支持专业户发展生产、鼓励一部分人先富起来的同时，要认真做好扶持贫困户的工作，主要是帮助他们发展生产，使他们能在致富的道路上迈开步，赶上去。

## 八　大力发展乡镇企业，因地制宜地设置地区性合作经济组织

要放开手脚，广辟门路，大力发展乡镇企业，大胆放手地兴办家庭工厂、联户工厂。提倡发展饲料、食品、小水电、建材、建筑、交通运输和采矿业以及传统手工艺、商业服务和各种行业。

政社分设、建立乡镇（包括县辖镇）政府之后，要认真解决政企不分的问题。原有的社办企业不能瓜分，不能变更集体所有制性质，要继续抓好整顿和改革，完善生产责任制，办成真正的合作企业，其利润绝大部分要用于扩大再生产和返还给农民。各地政府和乡镇企业管理部门，要在方针政策和经营管理上加强对企业的指导和服务，不能向企业平调物资和提取利润。

各级计划、物资、财政、银行、交通等有关部门，都要积极扶持乡镇企业的发展。乡镇企业和县属集体所有制企业的基本建设，凡不需要省里负责平衡产供销的，不用报省审批。对乡镇企业征税，要看得远一点，首先考虑把企业发展起来，为今后广开税源创造条件。当前具体执行国家税法，要从实际出发，区别情况，依法从宽。乡镇企业工商所得税的减免范围，由县一级人民政府按照国家税法规定精神确定。乡镇企业之间联办的企业和家庭工厂，应与乡镇企业一样享受减免税的照顾。对革命老根据地和大山区的乡镇企业减征和免征工商所得税的规定，可继续执行到一九八五年。

武汉、黄石、十堰、襄樊、沙市、宜昌等大中城市，要发挥中心城市作用，通过协作、联营、委托加工、扩散产品等方式，积极把周围农村的工业带起来。今后我省新增加的农产品加工企业，都要尽可能接近原料产地，尽可能让农村加工。

允许和支持农村建筑队等进城搞建筑、搞搬运，人数不受限制。发展乡镇企业和加强集镇建设要结合起来，使集镇逐步建设成为农村区域性的经济文化中心。各地都要对集镇建设及早作好规划。要坚决按照中央文件精神办事，允许农民自理口粮到集镇务工、经商、办服务业。要

允许落户，但安家建房一定要按照统一规划办，并尽量做到不要占用耕地。

政社分开后，农村地区性合作经济组织的设置问题，各地应提到议事日程上来。要根据中央今年一号文件精神，从本地实际出发，抓紧试点，取得经验，然后再作出具体安排，逐步铺开。地区性合作经济组织一般以行政村（大队或联队）的范围设置；居住分散的地方也可以生产队为单位设置。合作经济组织的名称，由群众自定。

九 改进农副产品统派购办法，坚持实行多渠道经营。

农副产品的经营必须进一步搞活。要改进统派购办法，打破城乡分割和地区封锁，积极进行改革，发展各种形式的农工商，实行多渠道经营。生猪、鲜蛋的购销必须总揽全局，兼顾国家、生产者和消费者的利益，兼顾出口、上调和城乡市场的需要，既要继续实行派购政策，落实派购任务，又要从有利于发展生产着眼，采取切实可行的措施，逐步改进现行的购销办法。

今年的生猪派购任务定为五百五十万头。除原定奖售标准不变外，每头猪由国家增加奖售中价粮一百斤（米杂），由集体提供平价饲料粮一百斤。集体饲料粮是由生产队统筹，还是由粮食部门代征代管（不加收费用），由各县、市自定。饲料地政策未落实的，要认真落实。

为保证和改善城市居民的肉食供应，要在大中城市的郊区和邻近县重点扶持专业户发展生猪生产，在饲料供应、贷款、防疫、保险等方面都要积极扶持。在食品收购部门与养猪专业户双方自愿的原则下，签订以粮换肉的合同，即平价供粮，平价购猪，按毛重每斤肉猪供应两斤原粮（也可按粮食含量计算供应配合饲料或混合饲料），另外每头猪奖售尿素二十五斤。

农民以户为单位完成派购任务和合同规定任务后，多余的肥猪可以自宰自食或上市交易；食品部门应积极开展议购议销，参加市场调节。山区的生猪收购，原则上应当是农民愿意交多少就收多少，不要限购、限调，运价要给予补贴。

省辖市的猪肉实行计划供应，定额补贴，亏损包干。具体办法由省财政厅、商业厅与各市商定。

鲜蛋，今年的派购任务减为一亿五千万斤。今后要争取在发展生产的基础上取消派购。

鲜鱼，除对国营渔场继续实行定额派购外，其余的一律不派购，实行产销直线流通。省定计划收购调给武汉市的五百万斤鲜鱼，按上调给北京的奖售标准对待，一斤鱼奖售一斤粮、半斤标准化肥，补贴五分钱，一万斤鱼奖售一立方米木材。所需奖售物资和价格补贴，由省包干给武汉市。武汉市要保证居民的鲜鱼计划供应。

大中城市都要千方百计地建立猪、蛋、鱼、菜的生产基地圈，努力提高城市自给率。

粮食，要继续坚持以户为单位结算，完成任务后即可上市。绿豆、饭豆等小杂粮可以退出统购，实行议购议销。

茧丝集中产区，地方可以兴办茧工商联合公司，实行收购、加工、销售综合经营。蚕茧可以多家收购，产供直达。丝绸除按计划供应出口外，多余部分可以自销，外贸部门要积极提供方便。

**十 加强社会服务工作，更好地支持农村商品生产**

商品生产是一个具有多方面广泛联系的社会经济过程，在生产、流通、分配、消费各个环节上，必然要广泛涉及能源、交通、机械、运输、加工、储藏、资金、信贷、技术、信息等各个方面。哪一个方面出了问题，商品生产都无法正常进行。因此，必须加紧动员和组织社会各方面的力量，逐步建立起比较完备的商品生产服务体系。

各个部门、各个行业都要认真学习、领会中央一号文件精神，为支援农业、发展商品生产做好各项服务工作。农业各部门和所属企事业单位，更要把工作重点转到为农户服务上来，千方百计地做好种子、种苗、防疫、灌溉、农机管理使用技术指导和技术培训等项服务工作。要坚持自愿互利原则，既要有偿服务，又要防止乱收费、高收费，额外增加农民负担。

要大力发展运销专业户，开通民间运输渠道，允许民车上路、民船进江、民办车站码头。民间运输不受运输"三统"限制。

供销社的体制改革要抓紧进行。要改"官办"为"民办"，成为独立的农民集体经济组织，实行独立核算，自负盈亏，征税按乡镇企业对待。各地市州要组织力量，先搞好一个县的试点，再逐步展开。要充分发挥供销社在农村的主渠道作用,把供销社办成农村的综合服务中心。供销社的改革,必须有新的突破。在劳动人事制度和工资奖励制度上,要按集体所有制的办法,实行干部民主选举制,浮动工资制,新增职工实行劳动合同制;担任领导职务的,在任职期间发给职务津贴。在经营范围和服务领域上,不受行业分工的限制,积极开展多种形式、多层次、少环节的农商、工商、商商的联营,走生产、加工、供销、运输一条龙的路子,促进农村商品生产的发展。在吸收入股上,不应受金额多少的限制。要争取在一两年内,农民股金占到供销社自有资金的百分之三十到五十。在价格管理上,要允许有一定的灵活性,允许根据市场供求情况,在一定幅度内浮动。三类农副产品和完成统派购任务后的一、二类农副产品,可以依质论价,随行就市,议购议销;不列于国家计划的三类工业品可按合理的购销差率,由基层供销社自行定价。还可根据"两户一联"的要求,为其代销农工副产品,代购某些生产资料和日用工业品,收取合理的手续费。为了有利于基层供销社的自主经营,上缴调剂基金不超过税后盈利的10%。

在撤社建区、乡的过程中,供销社的机构要按经济区划以集镇为中心进行调整,不能按行政区划以乡建供销社。

农业银行要扩大贷款范围,除支持粮棉油生产外,还要积极支持开发性生产,支持乡镇企业。在今后五年内,农业银行每年要拿出三千万元贷款用于开发荒山、荒水资源,其中用于水产一千万元,利息由水产部门承担;用于林业两千万元,利息由省财政负担三分之一,县和使用单位各负担三分之一。社会服务工作涉及许多部门,需要各方面努力才能办好。安陆县组织各部门的力量,建立了工业、商业、种子、植保、会计、水利灌溉、畜禽疫病防治等专业服务公司和农工商综合服务公司,协调一致地做好商品生产服务工作。这个经验可以在全省推广。解决我省农业腿短的问题,要一手抓经济政策,一手抓农业科技。本决定只就经济政策方面的若干问题,作了规定。各地、各部门在执行时,还要结合贯彻省科技工作会议的精神,切实加强农业科技工作,全面促进我省农业的发展。

(鄂发〔1984〕120号)

# 1985年中共湖北省委湖北省人民政府关于贯彻落实中央一九八五年一号文件若干问题的意见

1985年4月8日

中共中央、国务院《关于进一步活跃农村经济的十项政策》（即中发〔1985〕1号文件）下达后，全省各地认真组织学习，广泛宣传，层层培训干部，加强调查研究，结合本地实际贯彻执行，总的情况是好的。改革农产品统派购制度，调整农村产业结构，实行有计划的商品经济，是农村中继实行家庭联产承包责任制之后又一次大的改革。这次改革，给农村经济注入了新的活力，也带来了若干新的难点。因此，全省各级领导应当清醒头脑，统筹全局，在指导思想上坚定不移地放开、搞活，在具体工作上努力克服难点，发挥活力，保证今年我省农村经济的新高涨。

现就各地在前段传达、贯彻中央今年一号文件的工作中所反映出的若干问题，提出如下意见。

## 一 改革农产品统派购制度问题

从现在起，除麝香、杜仲、厚朴三种药材为保护资源继续实行派购、并指定专门部门负责收购、不准自由上市外，其他农产品均取消统派购。今后，各地各级任何部门和单位都不得以任何借口向农民下达农副产品派购任务，要按照不同情况，分别实行合同定购和市场收购。

按国家计划分配的粮食、棉花合同定购数额，应本着有利于农村产业结构的调整，并注意保护粮棉集中产区生产者利益的原则合理安排，不能简单地比照上年收购量按比例向下分解；不能层层扣留机动数；不能用统派统购的方式摊派到户。签订粮棉定购合同，要做到因地制宜，因户制宜，上下结合，反复协商，并同时将粮棉预购定金一起落实到户。农户按合同定购数交售的稻谷、小麦、玉米，收购时在品种上一般不应加以限制（桂潮稻过多的，可经过协商，适当控制），价格档次可以拉开，实行优质高价，劣质低价。若出现有丰有歉的情况，各县可在粮棉定购计划数内自行调剂；农户完不成定购合同的不罚款。山区有些地方因调整需要而完不成粮食定购合同的应当允许。对贫困山区的口粮补助，如本地库存不足，需要从外地调入的，所需运费由省里补贴。

油脂油料取消统购以后，实行合同定购。对油菜籽、芝麻、棉籽、油茶四种油脂油料均按"倒四六"比例计价收购。农村食油销售实行购销同价；城镇非农业人口的定量口油和补供的半斤菜油仍按原统销价供应。为了保障城镇非农业人口的食油供应，各地应按国家分配的定购数额，通过民主协商，与农民订好定购合同，任务不准加码。完成合同定购任务后多余的油脂油料，由农民自主处理，愿意卖给国家的，仍按"倒四六"比例计价收购。

取消生猪派购、放开猪价以后，要注意保护消费者和生产者的利益。对城镇居民补贴的标准和办法，由各市、县自行确定。补贴资金，省里按城镇非农业人口每人每月一元的标准包干给市、县，不足部分，由市、县财政从食品经营包干的费用中分担一部分，企业从税后留利中分担一部分。国营食品公司要充分利用现有的设备和条件，积极参与市场调节，充分发挥主渠道的作用，特别是在旺季要切实搞好生猪收购。旺季收猪要实行保护价格，最低时也不能低于调价前的收购价，以保护生产；淡季要积极组织调入，增加供应，以平抑物价。全年平均销售价不能高于现行价格加补贴，收购价最高不得超过现行价的30%。山区畜牧业要从实际出发适当调整内部结构，注意发展牛、羊；关于生猪，要努力走就地加工增值的路子，但考虑到目前的实际困难，对二十三个大山区县生猪收购外调的运费继续补贴一年。

改革农产品统派购制度后，各地应积极采取措施，实行多渠道经营，防止出现流通受阻的情况。要进一步放手让农民开商店、办货栈、搞运输，鼓励自产自销，深购远销。商业、供销等有关部门，都要充分发挥主渠道的作用，搞好购销服务，解决农民买难卖难的问题。凡是农民要求出售的产品和要求供应的生产生活资料，都要千方百计组织收购、帮助推销和保障供应。

### 二　调整农村产业结构问题

调整的方针是：远近结合，逐步趋向合理；因地制宜，发挥优势；面向市场需求，讲求综合效益；尊重群众意愿，实行分类指导。要围绕"拳头"农产品，发展系列产品，联结一、二、三产业，形成辐射型的良性循环的产业结构。各地都要从自己的实际情况出发，发挥当地资源优势和"拳头"农产品优势，逐步建立本地产业结构的最佳格局。

从全省来讲，要继续发挥我省粮棉生产的优势，调整好农村产业结构。粮食是调整、转化的基础，应保持稳步增长。适宜种粮的耕地（包括山区平坝），要优先发展粮食生产，在提高单产、提高质量上多下功夫。要根据市场需求和发展饲料、饮料及食品工业的需要，扩大粳稻、大麦、玉米、高粱、豆类的种植面积，大力发展优质品种。对粮食集中产区和粮食专业户，要采取鼓励性的保护措施。

对棉花要又调又保，基本稳定。棉田面积要适当调减，但不宜减得过多，主要是调减那些不宜植棉的耕地。集中高产棉区如果一时找不到效益更好的转产门路，就不要轻易调减棉花面积。要帮助棉农改良品种，提高产量、质量，降低生产成本，搞好综合利用，加工增值，提高经济效益，努力增加收入。要发挥我省棉花品质好的优势，采取多种渠道，发展省内市场，开拓省外市场，积极打开销路。

畜牧业，要猪、牛、羊、兔，鸡、鸭、鹅，肉、蛋、奶一起上。当前重点是发展生猪；同时充分利用丘陵、山区的草场，发展牛、羊等食草牲畜。养牛要逐步向役、乳、肉兼用的方向发展。要改革农村基层畜牧兽医管理体制，提倡和推广兽医承包；农民可以选医承包。鼓励户办家庭诊所和联办兽医站。凡经考试、考核合格者，均可行医。

要认真贯彻落实中共中央、国务院最近做出的《关于放宽政策、加速发展水产业的指示》，重视水域的开发利用。在继续抓好小水面精养高产、积极推广稻田养鱼的同时，今年要采取分级负责（跨县的由地区负责，跨地区的由省里负责）的办法，抓紧解决跨界湖泊和水库的管理体制问题，力争在大水面的开发利用上，尽快有所突破。新的管理体制要兼顾各方面的利益，特别是湖区库区群众的利益，加强统一领导，实行联合经营、共同放养、共同管理、共同受益。要建立良种、鱼苗供应体系，力争在近期内把我省建成全国重要的商品成鱼和鱼苗基地，以及长江鱼类原种、淡水养殖良种的供应基地。

在调整农业内部结构的同时，大力发展乡镇企业，协调发展第三产业，走农工商运综合经营的道路。兴办乡镇企业，要家庭办、联户办和乡、镇、村办多层次发展，"几个轮子一起转"。家庭办、联户办的企业投资少、见效快、效益高，应变能力强，要放手让其发展。原社队企业要坚决整顿改革，巩固提高，真正办成农民集体所有的合作企业。对国营农、林、牧、渔场职工户办或联办的企业要与乡镇企业一视同仁，在税收减免等方面予以优惠。要大力发展饲料工业、食品工业，促进粮食转化。同时，要发展其他农副土特产品加工业。国家在技术、设备、贷款、外汇上优先照顾，对有困难的项目可以在税收上给予优惠。

中央和省拿出的按统购价销售的二十一亿斤粮食，应当用于支持发展畜牧、水产、林业等产业和解决贫困山区口粮以及退耕还林的困难。棉农口粮，三月份仍按原统购价供应，四五两月按统购价加费用供应，从六月一日起按比例价供应。今年人民银行总行分配我省地方经济开发性贷款五千万元，要划拨一部分用于扶持从事开发性生产的专业户和联合体。统配化肥换购、奖售的范围和标准，大不变，小调整，要安排一定数量的化肥用于奖励优质品种和短缺品种的生产。

### 三 进一步放宽林业政策问题

集体山林尽可能地实行家庭或联产承包，要进一步稳定林权，继续总结推广"两山合一山"（即自留山、责任山合为家庭经营山）的经验。

林业生产要发展，森林资源要保护，竹木经营要搞活，真正做到"砍伐管严，经营放开"。要坚决遵守《森林法》的各项规定，严格按照采伐量不超过生长量的原则，实行合理采伐，凭证采伐，凭证运输。集体林区的木材采伐，由县根据国家审查批准的年采伐限额控制砍伐量，下达到乡，由乡政府审核发放砍伐许可证，严禁乱砍滥伐。育林基金由木材收购单位（或个人）交纳，不准向生产者收取育林基金。放开竹木市场和加强管理应当统一起来。确有必要设立木材出境检查站的地方，报经省人民政府批准，可以设立。木材检查站的任务是验证放行，不准收取费用。

国有林场生产的木材，实行三七分成，百分之七十交国家，百分之三十留场自主处理，参与市场经营。省财政原对省内木材的运费补贴和森工基本建设投资，今后实行钱材挂钩，合同定购；同时，拿出一定数量的汽车、钢材或其他物资换购木材；拿出部分外汇进口一定数量的木材。这些木材作为统配材平价供应。

### 四　积极兴办交通事业问题

继续采取民工建勤、民办公助的办法，修建公路和整治支流小河航道。

在经济比较发达地区，提倡社会集资修建公路和其他交通基础设施，谁投资，谁受益。收费标准由省交通主管部门核定。

积极帮助交通闭塞的山区和困难地区加快公路和桥梁建设，争取用几年时间实现乡乡通公路。除国家补助外，省里安排配套资金四千五百万元，从养路费中列支三千万元，能源、交通基金超收部分中安排一千五百万元，分三年拨付，每年一千五百万元。

增加农村汽车销售量的比重。今后销往农村的汽车，主要售给运输合作组织。国家安排的售车指标，由省统一分配到县，经县核查批准，发给购车许可证，凭证购车。发证只收制证工本费，不得收取其他任何费用。购车许可证不得转让，严禁倒卖。

交通部门经营的车站、仓储、港口、码头、修理厂等各类设施，对国家、集体、个体运输都要提供服务，一视同仁。

### 五　放活农村金融政策问题

各专业银行的存贷业务，既要有基本分工，又允许适当交叉，有些项目还可通过协商由专业银行联合贷款。

在继续抓紧信用合作社改革的同时，适当发展民间信用。对于信用承包或户办、联办自营信贷业务，可在一定范围进行试点，应按规定履行批准手续，取得"经营金融业务许可证"后才能开业。民间的个人借贷，只要有利于促进资源、人才、技术和劳力等生产要素的流动和组合，有利于农村生产力的发展，应当允许。只要不是乘人之危的生活借款，即使利率略高，也不可视为"高利贷"。农业银行、信用社要通过增强自身的业务活动能力，平抑市场利率水平，调节农村资金供求关系。

农贷投放要适应和支持农村产业结构的调整。今年，对牧业、林业、渔业和乡镇企业的贷款应有较多的增加，为帮助粮棉集中高产地区搞好调整转化，应发放必要的贴息贷款。当前，首先要千方百计设法解决春耕生产的贷款。人民银行总行分配我省支持老少边穷地区的三千万元贷款要安排用好。

**六 积极发展和完善农村合作制问题**

近几年农村出现的各种生产要素自由结合的新的经济联合体，大都不同程度地具有一定的合作经济因素，有的已经比较符合于合作经济的基本原则，如完全自愿结合，实行民主管理，共负盈亏，留有一定公共积累，基本上按劳分配或辅之以股金分红。这种新的合作经济，打破了原来集体经济的"左"的模式，克服了它的种种弊端，显示了强大的生命力。各地要很好地总结这方面的经验，积极扶持，正确引导，使其在农村商品经济发展过程中，通过自身的实践而不断完善。

要引导农民建立植保、种子、农机、灌溉、加工、运销等专业性或综合性的服务组织，搞好产前、产中、产后的服务。服务工作的专业化、社会化、现代化，是发展和完善农村合作制的重要一环，各地务必给予足够重视，积极探索，总结经验。

提倡股份合作。对于采取各种不同办法将资金、技术、生产资料和投入基建的劳动等生产诸要素结合起来的合股经济，要积极总结完善，热情扶持发展，但决不许可采用行政强制手段搞摊派入股。

地区性合作经济组织的建立，各地都在试点、摸索，目前形式多样，认识不一。应允许多种形式并存，以利群众选择。在完善和发展农村合作制的过程中，要在继续支持专业户，鼓励一部分人先富裕起来的同时，高度重视扶贫工作，积极帮助贫困户发展生产，使之尽快脱贫，走共同富裕的道路。

随着农村分工分业的发展，土地向种田能手集中是一种趋势，但集中的速度和规模一定要从实际出发，因势利导，不能操之过急。要做好转包和接包的衔接工作，避免抛荒。要根据农民的要求，继续引导搞好土地小调整，逐步改变承包地块过分零散的现象。

### 七　减轻农民负担问题

为兴办社会公益事业，向农民筹集民办公助费用，只限于农村教育、计划生育、民兵训练、优抚、交通五项，并经乡人民代表大会讨论，确定限额，按照省委鄂发〔1984〕20号文件有关规定严格控制。"定项限额"以外的任何摊派，农民有权拒绝。联产承包合同中确定的集体提留，用于村干部的报酬和五保户的补贴数额，应由群众民主商定。统筹费用和集体提留，应按人口、土地、收入合理分担，不能只按土地承包面积负担。具体办法，应由群众民主商定。

要坚决刹住乱涨价、乱收费的歪风。农业生产资料，凡国家统配部分，要严格执行国家规定的价格。农业用水，要按规定的标准收费，不准再搞"议价水"。

### 八　扩大城乡经济交往和加强小城镇建设问题

要充分发挥城市的优势，进一步扩大城乡经济交往，大力配合和支援农村搞好产业结构的调整，促进城乡经济共同繁荣。

城市要积极帮助农民搞好农产品的加工转化工作；因地制宜地将适宜于分散生产或需要密集劳动的产品、产业，向农村扩散，并积极提供技术、设备，开展平等互利的协作或联营，大力扶助乡镇工业发展；努力创造条件，为农民进城务工经商办服务业提供方便。继续提倡城市与农村对口支援，形成不同特色的经济协作区。

小城镇建设必须科学规划，根据财力、物力的可能，积极而又稳步地发展。近期内主要是抓好现有建制镇的建设。各地在建设小城镇中都应严格控制占地规模，尽量少占或不占良田好地，多利用荒岗荒坡和改造原有街道；提倡盖楼房，不准征而不用。任何单位、个人占用耕地都必须由规划部门和土地管理局审批。城镇规划区内的土地，允许农村地区性合作经济组织以土地入股方式参与建设，分享收益，或者建成店房及服务设施自主经营或出租；也可以在办理征用手续后，设立土地开发公司进行经营。不准个人经营房地产业务。严禁以"开发"为名倒卖土地牟取暴利。

### 九 扩大农副产品出口问题

取消统派购以后的农副产品,允许省、地、县外贸公司在农村市场上收购,价格随行就市。在继续加强现有出口渠道的同时,允许各地方、各部门自找客户,直接洽谈对外出口业务,但对外签约应按规定办理。从实际需要出发,顾国情讲效益,积极引进良种、先进技术。近期要争取引进一些食品加工、饲料加工的先进设备和先进技术,以加快农村产业结构的调整。

要从我省地方留成外汇中拨出一定数额,用于进口部分物资以换购出口农副产品,增强我省农村出口商品的竞争能力,保住名牌,稳定销路,开拓市场。

### 十 完善财政包干制度问题

继续搞好县级财政递增包干的试点。递增比例要合理适度,既要保证国家财政收入稳步增长,又要使县的机动财力有所增加。要抓紧建立乡、镇级财政。九个综合改革试点县(市)应先行一步,取得经验,以利推广。

### 十一 搞好农业科技教育和技术推广问题

按照中央最近关于科技体制改革的决定的要求,改革农业科学技术体制,使之有利于农村经济结构的调整,推动农村经济向专业化、商品化、现代化转变。要认真调整农业科技的内部结构,在继续抓紧粮棉油等种植业科研工作和科技推广工作的同时,大力加强林牧渔业和农副产品加工业方面的科研工作和科技推广工作,改变过去忽视多种经营方面科技工作的状况。

积极创造条件,打通智力、人才通向农村的渠道。各级科研单位、科研人员,向农村提供技术咨询,实行技术承包,转让科研成果,可以领取适当报酬。鼓励教育、科研单位和各有关部门组织志愿服务队到农村,特别是到鄂西山区,提供科技、教育、医疗等方面的服务,有突出贡献的，应给予重奖。

积极发展农村成人教育，对农村基层干部、专业户和初、高中毕业生，采取多种形式、多种途径，进行对口适用的科技培训，尽快改变我省农业科技人才数量少、质量差、结构不合理的状况。鼓励大专院校、中等专业学校和各种职业技术学校为农村定向培养专业人才。各有关部门应根据农村需要，组织力量，积极举办各种短期的技术培训班。提倡农民技术员搞技术承包。

## 十二 加强农村党的基层组织建设问题

要按照"四化"的要求，在农村中把一批有一定文化科学知识，有理想、有抱负，又有一定的组织能力，富有开拓精神的年轻人选拔到基层领导岗位上来。要注意在农村知识青年和专业户的优秀青年中发展党员，给基层党组织增添新的活力。

要在改革的实践中加强对党员的教育，加强党的思想政治工作。要教育农村党员和干部做敢于带头勤劳致富，又积极带领和帮助群众致富的模范。

贯彻落实中央今年的一号文件，进行农产品统派购制度的改革和农村产业结构的调整，全省各级党委和政府要清醒头脑，精心指导，措施得当。要面向基层，面向群众，深入调查研究，不断发现新情况，不断解决新问题，不断总结新经验，切实加强具体领导。各个部门和大中城市，要充分认识农村当前进行的改革迫切要求部门加强服务和城市大力协同的特点，自觉地把部门工作转到以服务为主的轨道上来，自觉地加强城市与农村经济的联系与协作，共同为巩固和发展农村经济的大好形势而努力。

（鄂发〔1985〕8号）

# 1986年中共湖北省委湖北省人民政府关于贯彻落实中共中央一九八六年一号文件的意见

1986年3月20日

根据中共中央今年一号文件对农村工作的部署和要求，我省今年的农村工作，要在总结经验、坚持改革的思想指导下，狠抓各项经济政策的落实，大力推广科学技术，努力改善生产条件，加强服务体系。省委、省人民政府要求各级领导和各有关部门，牢固树立以农业为基础的思想，增强群众观念，切实做好为农村服务、为农业服务、为农民服务的工作，推动农村经济持续稳定协调的发展。

**一 提高农民增产粮食的积极性，保持粮食生产的稳定增长**

我省粮食生产近几年有较大发展。一九八五年在调减播种面积、遭受自然灾害的情况下，粮食总产量仍然稳定在较高的水平上，为整个经济的发展和社会安定提供了重要物质保证。今年在调整农村产业结构中，必须继续抓紧粮食生产，稳定种植面积，提高单产和质量，保持粮食稳定增长，使全省粮食总产量超过一九八四年的水平。

第一，减少粮食定购数量，扩大议价收购比重，使粮农从多产多卖中得到好处。全省今年粮食合同定购任务，由一九八五年的九十八亿斤减为七十亿斤，议购已订二十八亿斤，收购时粮食部门要多议购十二亿斤，达到国家计划分配的一百一十亿斤。定购粮食执行"倒三七"比例价，议购粮食今年在比例价的基础上每斤加价二分。在调整定购、议购数量时，适当照顾粮食集中产区和粮食专业户。

第二，逐步完善定购合同。每百斤定购粮供应尿素五斤（标肥十斤），发放周转金一元六角（最高数）。周转金利息由粮食部门支付。

第三，严格控制并适当降低农业生产资料价格。地产小氮肥、小磷肥按国家规定降低销售价格。尿素销售价降至每吨五百六十元。碳铵、磷肥按国务院规定降低价格，其中碳铵零售价每吨最高限价一百七十五元，降低二十三元。其他农用生产资料价格应稳中有降。农用水、农用电、农用柴油（指供销社销售部分）执行国家规定的收费标准和价格，不搞议价。对农用电收费要进行整顿，健全管理制度，不得将经营亏损转嫁给农民。物价、工商部门要加强农用生产资料价格管理，制止随意涨价，严禁将平价物资转为议价销售。

第四，合理确定粮食定购品种及其价差。粮食定购品种比例，要从实际出发，同农民协商确定。积极收购杂交稻。从今年夏粮入库起，红麦收购价格提高1%。收购小麦的含水量执行南方标准。

第五，进一步搞活粮食流通。农户分季完成定购、议购合同以后的粮食，可以卖给国家，粮食部门按不低于"倒三七"比例价的价格积极收购；也可以上市交易，粮价随行就市。继续鼓励、支持合作经济组织和专业户经销粮食，可以批量经销，可以深购远销。对粮食调入调出的地市县实行调拨包干。粮食调出县（市），在分季完成定购、议购合同和上调任务后可以外销粮食。要继续落实扶持粮食集中产区和粮食专业户的各项优惠措施。

第六，积极搞好粮食转化。坚持国家、集体、农户一齐上的方针，发展食品加工和饲料工业。积极帮助农户和联合体发展畜牧业，实行种、养、加配套经营，综合经营，提高经济效益。

## 二 合理调整经济作物布局，稳定棉花生产

调整经济作物布局，要注意发挥优势，适应市场需要，发展"拳头"产品。特别是大宗经济作物，要在国家计划指导下稳步调整，防止大起大落。

棉花生产也是我省的一个优势，对农民收益关系极大。去年对棉花生产进行了有计划的调整，产量达到了预期要求，基本做到了产、供、

销平衡。今年的棉花生产，从全省来说，要十分注意稳定棉花种植面积（全省不少于750万亩），积极推广地膜覆盖和育苗移栽技术，主攻单产，提高质量。全省棉花合同定购任务由去年的八百七十万担增加到八百八十八万担。棉花优质高产、转产门路不多的老集中产区，适当恢复棉田面积，同时适当增加定购数量。继续执行棉肥挂钩办法，按定购合同，每百斤皮棉供应尿素三十五斤（标肥七十斤），发放周转金十元。周转金利息由供销部门支付。收购棉花要依质论价，不准压级压价。超过合同定购以外的棉花，省里负责收起来。在棉花收购季节，各级要组织价格检查小组巡回检查，发现问题，及时严肃处理。收购棉花时，在不突破定购任务的前提下，各地可对棉花任务调欠补超，把加价的好处给农民。要努力搞活棉花流通，增加出口量，减少棉花的库存和积压。出口的棉花可以统一收购籽棉。内销的棉花是交售籽棉还是交售皮棉，由农民自主选定。对交售籽棉的，必须按规定标准返籽或返油返饼。

油料生产要进一步发展。一九八六年全省油脂合同定购任务定为二百四十万担，中价油供应不变。粮食部门分品种下达计划时，要从各地实际出发，协商确定。农民交售油脂，各品种可以互抵。完成定购合同以后的油脂可以自由上市。油脂油料的批量出省，应经有关部门批准。

其他经济作物都要根据市场需要安排生产。适当发展苎麻，调减黄红麻。控制烟叶种植面积，提高烟叶质量。抓好蔬菜生产，城市近郊区要按计划种足种好，远郊区适当扩大种植面积，保证市场供应。桑蚕茧产量近几年连续下降，要认真研究解决生产经营中存在的问题，使其恢复到一九八三年的水平。各级各有关部门要加强市场研究，做好预测工作，及时准确地传递市场信息，引导农民生产适销对路的产品。

### 三 积极开发山水资源，加快林牧特渔业基地建设和基础设施建设

我省林牧特渔业在持续发展的基础上，一九八五年又迈了一大步，要巩固和发展已有成果，继续前进。林业要积极发展速生丰产林和各种经济林，实行多种经营，长短结合，以短养长；搞好林特产品综合利用，提高经济效益。畜牧业要抓好良种繁育、疫病防治和饲料加工，提高猪禽蛋等畜产品的产量和质量；积极开发草山草坡，发展草食牲畜。水产业要抓好小水面大面积平衡增产，积极开发利用湖泊、水库养鱼，推广

稻田养鱼，做好鱼种、饲料、工程设施等配套工作，建立健全技术推广、渔政管理、供销服务体系。林牧特渔业都要适应商品生产发展的新形势，进一步抓好商品基地建设，切实做好规划，实行资金配套，增加必要的基础设施，不断提高生产率和商品率。

开发大山远山和大湖大库资源，是发展林牧渔业的一个难点，也是一个重点。全省尚未绿化的大山远山约一千二百万亩，要采取飞机直播、人工造林和封山育林相结合的办法，争取尽快绿化。计划、财政、林业部门要安排一定数额的专项经费，用于飞播造林，每年飞播面积保持二百万亩以上。要在大山远山建立各种形式的联办林场，加强林木抚育管理，提高造林成效。全省大湖大库水面约四百万亩，目前利用率不高，单产很低。近年来有些湖区库区实行拦网、围网和网箱养鱼，有利于建立生产责任制，调动各方面的积极性，有利于采用新技术精养高产，是大水面利用的一个突破，要总结经验，积极推广。今后三年内增拨三千万元水产贷款，主要用于大水面的开发。要采取多种联营方式，协调大湖大库所有者和经营者之间的利益，不断提高大水面的利用率和生产率。

国营农林牧渔场，潜力很大，要抓紧进行改革，进一步改善管理，开展综合经营，加快建设步伐，尽早建设成为先进技术的试验示范基地和商品基地，并通过辐射作用，把周围农村带动起来。

四　巩固发展乡镇企业，努力提高产品质量

近几年，我省乡镇企业发展较快，对促进农村产业结构调整，增加农民收入，繁荣城乡经济发挥了重要作用。但由于起步较晚，发展不平衡，与农村经济发展的要求还不适应，今后仍要有大的发展。

兴办乡镇企业要坚持多种形式，"五个轮子"一齐转，重点放在村、联、户办企业上。要积极发展村办企业，逐步壮大村级集体经济，更好地发挥以工补农的作用。乡镇企业发展的方向，要着重于农副产品的加工、本地优势资源的开发利用、与城市工业的协作和联合、第三产业，同时要广开门路，发展有条件兴办的其他企业。

乡镇企业要改善和加强经营管理，进一步完善经营承包责任制，发展横向经济联系，开展经济技术协作和联合，积极引进新技术新工艺，不断进行技术改造，开发新产品，在提高产品质量上下功夫，努力创造优质名牌产品，增强竞争能力。

"半拉子"工程项目，经过清理排查，分别对待。有些项目投入少，产出高，耗能低，产品有销路，只差"一口气"的，要积极扶持，争取尽快投产；有的项目一次性投资大，但产品销路好，增加一些投入就可获得效益，不增加投入就造成很大经济损失的，要分轻重缓急，逐步安排扶持；有的项目已经基本建成，产品适销对路，因缺少流动资金而不能正常投产的，要积极帮助解决；有的项目缺原料、缺资金，经济效益又不高，要下决心停建转产。经过审查筛选，全省今年需扶持上马、投产的"半拉子"项目尚缺资金约五千多万元，由省农行专门安排解决。今后上新的项目，要做好规划，量力而行。今后乡镇企业发展的资金，主要靠自身积累和入股合作来解决。

在乡镇企业已有一定基础，集体经济比较发达的地方，要搞好以工补农，每年从集体企业提取一定利润，用于改善农业生产条件，推广新技术，减轻种田农民的负担，特别是鼓励粮农增产粮食的积极性。提取补农资金的比例要合理，保证企业有必要的积累，不能影响企业自身的发展。在乡镇企业刚刚起步的地方，企业利润则应主要用于扩大再生产。

从一九八六年起，国家征收的乡镇企业所得税和工商税的增长部分，按国家规定拿出一部分用于扶持农业。

计划物资部门今年增拨五千吨钢材用于乡镇企业生产中小农具。

发展农村工业要统筹规划，合理布局。新工厂要尽可能建在集镇上，把工业发展同小集镇建设结合起来。要搞好"三废"处理，严格控制对环境污染严重的行业的发展。

### 五　完善流通体制，进一步搞活商品流通

去年我省适时地放开农产品价格，改革统派购制度，进一步搞活了农村经济，成绩是主要的。对改革中出现的新问题，要正确对待，用改革的方法去解决，不能走回头路。

中央和省委已经明确规定退出统派购的品种，除粮食、棉花、油料实行合同定购外，其余一律放开，议价购销。有些地方对集体林区的木材，对生猪、柑橘实行变相派购，这些做法不符合中央政策规定，应该予以纠正。

供销社要适应农村发展商品经济的要求，加快改革步伐，真正办成农民集体所有的合作商业，要把工作重点转到服务的轨道上来，在扶持农副产品生产发展，促进农村经济联合，沟通城乡物资交流，满足农民生产生活需要等方面，发挥更大的作用。对各级供销社在财政、税收、信贷、人事制度等方面，要按集体所有制的合作商业对待，并给予必要的优惠。商业、粮食等部门，也要抓紧内部改革。要从实际出发，实行划小核算单位，精简行政人员，打破"大锅饭"，减少中间环节等措施，增强企业活力，积极参与农副产品经营，掌握必要货源，平衡市场供求，发挥主渠道作用。

收购农副产品要保证现金支付。

要进一步扩展流通渠道，实行多渠道经营。继续鼓励农民经销运销，进入流通领域。进一步搞好城乡通开，发展农商联营、农工商联营，加强横向联系。大中城市要积极建立农产品批发市场和贸易中心，为农产品进城提供方便。国营商业部门要提高现有设施的利用率，开展仓储货栈租赁业务，帮助民间运销渠道解决储运困难。农村集镇要统筹规划，搞好交易场地建设，发展集市贸易。

## 六　从服务入手，进一步完善合作制

随着产业结构的调整，商品生产和专业分工日益发展，农村经济活动越来越复杂，迫切需要完善合作体制，加强服务工作。必须明确，家庭经营是基础，要长期实行，决不可随意改变。各业承包特别是山林水面承包不落实的，要尽快落实。要切实尊重农民生产经营的自主权。同时，地区性合作经济组织，要对那些一家一户办不好和不好办的事，切实加强服务，统筹组织，联合经营，逐步办好。要特别注意把抗旱排涝、小型农田基本建设、大中型机械的使用、农作物病虫害和畜禽疫病预防以及农副产品销售组织好，努力帮助农民解决生产经营中的困难。对于农民不希望统筹办理、联合经营的，切不可硬统。

各地情况千差万别，合作的内容和形式可以多种多样，可以是长期的，也可以是短期的；可以是固定的，也可以是松散的；可以是综合的，也可以是某一环节的合作；可以是村、组范围内的联合，也可以是跨地区的联合。许多地方出现的各种专业性服务组织，创造了灌溉服务、植保服务、代耕服务、供电服务、产品代销服务等多种为农民乐于接受的好形式,在产前、产中、产后服务,促进农村经济协调发展上发挥了积极作用,要总结经验,逐步完善。

各类合作经济组织都要认真搞好财务清理,健全管理制度。对集体原有的固定资产,要研究切实可行的办法加强管理,可以用于发展集体企事业,也可以包给农户管理使用,使其充分发挥作用,避免损失浪费。

农村专业户正处于发展过程中,要充分肯定它的作用,继续积极给予鼓励和支持。专业户中出现的问题,大多数是前进中的问题,要给予正确引导,促使其更加健康地发展。今后千万不可人为地垒大户。

### 七 积极推广应用先进技术,加速农村各业技术改造

实现农村经济的新发展,必须在提高农民积极性的基础上,不断推广先进的科学技术,科学技术要下乡上山,为发展农村经济服务。

农村推广科学技术,当前要把重点放在农业急需、效益显著、关系全局的适用技术上。对于大面积试验示范已见成效的技术,如杂交稻、杂交苞谷、地膜覆盖、瘦肉型猪、网箱养鱼、稻田养鱼、配方施肥、配方饲料,及农、林、牧、特、渔各业的优质高产良种,都要因地制宜地积极推广。对于具有重大开发价值的技术,如棉秆、棉籽壳、棉短绒、棉油和黄红麻等农副土特产品的综合利用,以及食品、饲料加工新技术等,要组织科研、教学和生产单位攻关研究。今年配合"星火计划",在全省建立大面积良种良法配套技术试验示范点十四个,大水面高产养殖基地十二个,畜禽繁殖配套体系基地十六个,农副产品深度加工示范生产基地十五个,技术示范性乡镇企业十一个。有关部门要积极配合,做好良种、物资的供应和资金的扶持工作。要建立健全县区乡农业技术推广体系,加强农业第一线的技术推广工作。今年全省培训一百万名在乡知识青年,使之掌握一两门适用技术,并使其中一万名达到农民技术员和乡镇企业技术骨干的水平。鼓励农民组织专业研究会,开展技术交流活动,普及技术知识。

### 八 抓紧农田基本建设，不断改善生产条件

我省农田水利建设有一定基础。但近几年来，一些地方水利失修，设备设施老化，保养不善，降低了抗灾能力，应引起高度重视。各地要组织力量，由领导同志负责，对现有水利工程和设施普遍进行检查，制止人为损坏，抓紧维修配套，做好抗大灾的准备。各区乡村要建立健全水利设施的管理制度，制定乡规民约把辖区内的各类水利设施切实管好。要在着重搞好现有工程配套、增加排灌效益的同时，有计划地安排兴建骨干工程项目。省地县都要逐年增加水利投资。

"七五"期间，从省基建总投资中，拿出百分之三十以上用于农业基本建设。要坚持依靠农民群众自力更生，集资集劳，兴办小型农田水利。继续鼓励支持小水电的发展。在管理体制上，凡小水电发电量超过供电量一半以上的县，原则上水电实行建管统一，发、供、用统一。小水电上大电网的电价，一律按每度七分执行。

要加强土地管理，严禁乱占耕地。各项建设和农村建房用地，要严格履行审批手续。各县市要组织力量对近年来占用的耕地进行清理。多征少用、征而不用的耕地，要及时退还农民耕种；对非法乱占耕地的，要从严处理。

### 九 搞活资金融通，提高资金营运效率

去年在紧缩银根的情况下，各级政府和金融部门采取多种办法融通资金，支援农业，取得了很好的效果。今年要继续正确处理宏观控制与微观搞活的关系，积累和用好农村建设资金，保证生产经营活动的正常进行。要用好现有贷款，清收不合理贷款，严禁以贷谋私；扩大社会储蓄存款，发展农村各项保险事业，清收干部和群众的超支欠款；各家银行要继续加强资金融通，加快资金周转，提高资金使用效益；严格控制非生产性建设，压缩基建规模；发展横向联系，吸收外地资金。

在主要靠农村自身积累，用好用活现有资金的同时，财政要适当增加农业投资。今年各级财政安排的农业投资和事业费在去年的基础上增加百分之五左右。农业银行累放的贷款在去年的基础上增加四亿至五

亿元。

**十　加强督促检查，认真落实扶持山区建设的各项措施**

去年全省山区工作会议确定的关于加强山区建设和扶贫工作的各项政策措施，有的已经落实，有的正在落实，有的还未落实。各级各部门要抓紧研究，一般应在四月上旬落实到基层，落实到项目上。特别是带季节性、时机性的措施，更应抓紧一些，保证不违农时，不误生产。省直有关部门要派出调查组，深入基层，深入群众，了解情况，帮助贯彻落实，并将落实情况写出专题报告。山区各级党委和政府，要按规定用好各项扶持资金和物资，充分发挥其效益，对挪作他用而影响扶贫工作的，或因不负责任而造成经济损失的，要追究有关领导人的责任。

**十一　扩大县一级自主权，增强经济活力**

县一级是城市与乡村的联结点，是宏观指导和微观调节的结合部。必须逐步扩大县一级的自主权，使之更好地发挥总揽全局的作用。县级综合改革试点继续进行，今年要在改革经济体制，完善服务体系等方面取得新的进展。在粮棉油合同定购数额和农副产品价格管理上，要给县一级留有机动余地，允许各县从实际出发，采取变通办法，实行微观调节。省地各业务主管部门，对县要搞好业务指导，不要滥用行政干预。省级各业务部门下发的文件，凡与中央和省委文件精神不符的，各县有权拒绝执行。

**十二　切实改进领导作风，加强对农村工作的具体领导**

大力提倡说实话，办实事的作风，反对形式主义和搞花架子的恶劣作风。县和县以上领导干部和有关部门负责人，每年至少要有三分之一的时间深入农村调查研究。各级和各有关部门都要经常组织机关干部下乡，了解实际情况，总结汲取新鲜经验，不断端正业务方针，强化服务工作，切实帮助解决农村经济发展中的具体问题。要有计划地选派青年干部到农村基层从事实际工作，经受锻炼，增长才干。各级农业工业、财贸、科技等部门和群团组织，要切实办好农村联系点，适应农村需要，不断改进自己的工作。

　　进一步加强思想政治工作。农村各级党组织要按照中央和省委的部署，抓好农村整党工作，切实解决基层党组织在思想、作风、组织、纪律方面存在的问题。教育广大党员严格要求自己，端正作风，带领广大群众勤劳致富，共同致富。同时要依靠群众，组织动员各方面力量，采取多种形式，向广大干部群众进行形势教育、理想教育、政策教育、法制教育，理直气壮地表扬好人好事，批评和制止不良倾向，树立良好的社会风气，搞好农村两个文明建设。

　　要维护党的政策的严肃性。对党中央近几年连续发出的关于农村工作的五个一号文件，要连贯起来学习，连贯起来贯彻落实。对中央和省委关于减轻农民负担、扶持贫困山区改变面貌等文件的执行情况，今年上半年要普遍进行一次检查，狠抓落实。

　　加强农村工作的综合职能机构，进一步做好组织协调工作。

（鄂发〔1986〕11号）

# 2003 年湖北省一号文件中共湖北省委湖北省人民政府关于加快农业农村经济发展的决定

2003 年 1 月 30 日

为了增加农民收入，全面繁荣农村经济，推进农村小康建设，特作如下决定：

一、强化农业的战略地位，明确目标任务。农业是国民经济和社会发展的基础，必须放在全党工作的重中之重。今后五年，农业农村经济发展，要以党的十六大精神为指导，以农业农村经济战略性调整为主线，以工业化、产业化、城镇化为方向，以全面建设小康社会为目标，坚持党在农村的基本政策，统筹城乡经济社会发展，加快现代农业建设步伐。要通过五年努力，使全省农业农村经济更加活跃，各具特色的优势农产品产业带和加工区初步形成，农业产业化经营有大的发展，农业抗灾能力和综合生产能力有明显增强，农民收入年增长幅度力争达到5%左右，到 2007 年农民人均纯收入达到 3000 元以上。

二、大力调整优化农业区域布局，建设优势农产品产业带。按照市场导向、效益优先、整体开发、以质取胜、突出重点、尊重农民意愿的原则，构建优质、高产、高效、生态、安全的农产品产业带，在江汉平原、沪蓉、京珠沿线、鄂中鄂东、三峡库区、武陵山、秦巴山、大别山等区域分别建设中国香稻、优质棉、双低油菜、畜禽水产、优质菜、优质果和速生林产业带。通过五年的努力，把上述优势产品建成我省主导产业。同时，加快发展魔芋、芝麻、板栗、蚕茧、蜂产品、食用菌、奶类、茶叶、中药材、苎麻等十大地方特色产品。产业带建设要科学规划，分步实施，做到有规模、有龙头、有品牌、有技术支撑体系、有社会化服务网络，提高综合竞争能力。各地各有关部门，要抓紧项目论证，做好年度实施方案，加强组织推动，集中资金，加快建设优势农产品产业带步伐。

三、突破性发展农产品加工业，大力推进农业产业化经营。积极兴办加工园区，重点发展食品、饲料、精细化工、森工、中药材、纺织、皮革等加工业，集中力量培植一批规模大、机制活、工艺水平高、竞争能力强、带动辐射面广的龙头企业。通过3—5年的努力，使我省重点龙头企业的发展水平跨入国家先进行列，并着力培植1—2家在国内有很强的竞争力、在国际上也有一定影响的企业集团。通过龙头企业的带动，努力把我省建成中部地区重要的农产品生产加工区。各级要筹措和集中资金，重点支持农产品加工企业的基地建设、科研开发、技术服务、质量标准和信息网络体系建设。外贸金融部门要加强对农产品加工企业的支持和协调服务。按照国发〔2002〕62号文件的要求，对农产品出口实行与法定退税率一致的退税政策，出口退税率尚未达到法定征税率的农产品，优先考虑适当提高出口退税率。企业研究开发新产品、新技术、新工艺所发生的各项费用，在缴纳企业所得税前扣除。农产品加工企业引进技术和进口农产品加工设备，符合国家有关税收政策规定的，免征关税和进口环节增值税。对从事种养业和农产品初级加工的重点加工企业，免征3年的企业所得税。

四、实施无公害食品行动计划，推进标准化生产。按照与国际标准接轨的要求，制定农业生产资料、产品质量、食品卫生、产品加工等农业标准和操作规程。加强种子、化肥、农药、兽药、鱼药、饲料添加剂等重点农业投入品的监管，对违禁产品，厂家不准生产，商家不准经营，农民不准使用。在生产、加工、流通领域全面实施农业标准，确保5年内基本实现农产品无害化。突出抓好水稻、双低油菜、蔬菜、茶叶、果品、畜产品、水产品、蜂产品、魔芋等优势特色农产品的安全生产，大力开发绿色食品和有机食品品牌，建设一批符合国际标准的绿色食品乡镇和农产品加工企业。整合现有农产品质量检验检测机构，组建省级农产品质量检验检测中心，强化对上市农产品的监测检测，让城乡居民吃上放心食品。在中等以上城市、无公害示范县市及出口农产品生产基地，建立农产品质量安全例行检测制度，实行定点监测和抽查。

五、培植壮大市场主体，搞活农产品流通。利用我省承东启西、南北交汇的优势，建设以武汉为龙头、内连市县、辐射全国、外通世界的农产品物流中心。鼓励支持多主体参与流通，按照民建、民营、民管的原则，积极发展农贸公司和购销联合体等农产品流通经济实体，培植各类农产品经销专业大户。推动社区合作经济组织从事运销，千方百计搞活农产品流通。国合商业部门要深化改革，转变机制，利用信息、人才、仓储、网点等方面的优势，在搞活农产品流通中发挥积极作用。引导各类经营主体积极开拓市场，充分运用连锁超市经营、配送销售、网上交易等现代营销方式和手段，促进产销直挂。对从事农产品营销的业主，经营品种不受限制；外地客商在产地和产地市场收购农产品，免征一切税费；对进入市场销售自产农产品的，工商部门收取的管理费不得超过1.2％。开通农产品"绿色通道"，对整车运输本省生产的西瓜、柑橘、梨、桃、活鱼、大宗新鲜蔬菜和持有绿色食品证书的农产品的车辆，凭"绿色通道通行证"，降低一个收费档次（减40％）。对本省国有粮食购销企业整车运销顺价销售粮食的车辆，跨区作业的大型联合收割机，整车运输农药、农膜、化肥等农用物资的车辆，凭有效证件在核定的时间和路段免费通行。开辟"绿色通道"的具体操作办法由省农业厅和省交通厅制定。

六、扩大对外开放，发展外向型农业。大力引进外商资本、民营资本、工商资本，建设外向型的农业商品生产加工基地，实施"农产品出口创汇促进计划"。重点抓好优质大米、畜禽产品、水产品、蜂产品、蔬菜、山野菜、茶叶、芝麻、中药材、蚕丝绸、板栗、魔芋等有比较优势的出口产品生产和加工，使农副产品出口有较大的发展。积极引进国外先进的新技术、新品种、新工艺、新设备，提高农业综合素质和出口创汇能力。优化招商环境，减少审批事项，规范办事程序，推行一站式服务，依法保护引进企业和人员合法权益。改革外贸体制，推进外贸主体多元化。凡注册资金在200万元人民币以上的农业企业及注册100万元人民币的高新技术生产企业，由省外经贸厅办理自营进出口经营权登记，并在配额申报上给予支持。凡成立一年以上，且注册资金300万元人民币以上的农产品流通企业,由省外经贸厅向国家外经贸部申报流通进出口权。

七、加快乡镇企业调整改革,推进农村工业化。引导乡镇企业加快结构调整、体制创新和技术进步,走新型工业化道路。继续实施"星火计划",引导企业采用先进技术、设备和工艺,促进产品更新换代和优化升级。积极发展乡村民营企业,扩大农民就业,增加农民收入。对农村个体私营等非公有制企业的发展,要给予积极的支持,为乡镇企业创造更为宽松有利的发展环境。

八、加强农村基础设施建设,提高农业综合生产能力。继续搞好长江、汉江堤防等重点骨干水利工程建设,抓紧水库除险整险和中小河流整治,抓好南水北调配套工程建设,大力开展农田基本建设,包括灌区配套工程、水保工程、中低产田改造等。对国家重点倾斜支持的节水灌溉、人畜饮水、乡村道路、农村沼气、农村水电等工程,要做好规划,集中力量,重点建设。要加快县乡公路的改造,使县(市)到乡(镇)公路尽快实现"黑色化",县、乡、村公路联成网;武汉和江汉平原公路达到二级公路标准。农村中小型基础设施建设,要尽量多使用农民工,让农民从中多得实惠。

九、高标准搞好退耕还林,优化生态环境。抢抓国家政策机遇,保质保量完成800万亩退耕还林任务。因地制宜地营造经济林、生态林、形象林,加大天然林保护和长江防护林等重点生态工程的实施力度,推进平原绿化、低丘开发和绿色通道建设。在农村大搞"五改三建",即改水、改路、改厨、改厕、改圈,建沼气池、建生态家园、建庭院经济,力争五年内全省有半数的农户达到建设标准。加强基本农田保护,控制和减少农业污染,保护农业生态环境,严格控制农村人口增长,实现人口、资源、环境的协调发展。

十、继续推进扶贫开发,加快老少边穷地区脱贫致富步伐。实行集中力量扶持与艰苦奋斗、自力更生相结合,重点帮扶与分级负责相结合,尽快解决剩余贫困人口的温饱问题。进一步改善贫困地区的生产生活条件,着力提高低收入人口的生活质量和收入水平。大力发展特色产业,增强自我积累、自我发展能力。扶贫资金要专款专用,相对集中,分批扶持贫困村。建立挂钩帮扶责任制,继续组织党政机关和社会各界对口帮扶。通过全省上下共同努力，使老少边穷地区的国内生产总值、农民人均纯收入、财政收入的增幅赶上或超过全省平均水平。

十一、统筹城乡经济社会发展，加快小城镇建设。按照农业农村现代化的要求和城乡一体化的目标，加快编制县（市）域城镇体系规划，构建"县城（市区）—重点镇—一般镇—中心村"相配套的城镇建设格局，整体规划城镇、乡村住宅区、工业区、商业区和农田区，对农村实行山、水、林、田、电、路、村综合治理，改变村镇建设散乱状况。要以现有的县城和有条件的建制镇为基础，加快小城镇建设进程。根据谁投资、谁所有、谁经营、谁受益的原则，推动城镇公用设施和公益事业建设市场化。鼓励和扶持乡镇企业向小城镇集中，按照国家的要求，合理解决企业进镇的用地问题，降低搬迁成本。省里抓好100个重点镇的建设，使之尽快建设成为布局合理、设施完备、功能齐全、产业发达、经济繁荣、环境优美、各具特色、示范作用强的小城镇。小城镇建设要以产业为支撑，发展一批有特色的乡镇工业园区、商贸园区，形成聚集效应。

十二、加强引导、服务和管理，推进农村劳动力和农业人口的转移。切实消除不利于城镇化发展的体制和政策障碍，有序引导农民向非农产业和城镇转移。改革户籍管理制度，在全省取消农业、非农业及其他类型的户口性质，建立城乡统一的户口登记制度，实行城乡户口登记管理一体化，统称为"湖北居民户口"。具体操作办法，由省公安厅会同省有关部门发文明确。对进城入镇落户的农民，在就业、住房、子女入学、参军、社会保障等方面与城镇居民一视同仁。实行城乡统一的就业政策，建立统一、开放、规范、有序的城乡劳动力市场。有关部门要通过多种渠道发布劳动供求信息，为转移农村剩余劳力、发展打工经济服务。大力推行投资入户、智力入户、就业性入户、照顾性入户等做法，支持农民到城镇落户。鼓励农民到城镇购房或按规划建房，其建房用地与城镇居民同等对待。为支持农民进城入镇建房，省里单列部分农地转用计划指标。对进城打工的农民，按照"公平对待、合理引导、完善管理、搞好服务"的原则，切实维护农民工的合法权益。取消暂住费、计划生育管理费、城市增容费、劳动力调节费、外地务工经商人员管理服务费、外地建筑企业管理费等行政事业性收费，有关部门只能按规定收取工商登记费，不允许搭车收费。农民外出打工所需证件，有关部门要及时办理，一律只收工本费。

十三、改革完善农业科技体制，推进技术进步。大力推进农业技术创新和科技体制创新，重点扶持和装备具有一定优势的科技创新主体，建设一批高水平的农业科技园区和科技示范场。加速推广优良种子种苗应用、无公害农产品生产、设施农业、新型农业生产资料科学应用、动植物病虫草害综合防治、农产品加工、农业生态环境保护、特种动植物高效种养、农业新机械新设备新材料的应用、农业信息等十大类先进实用技术。继续推进农业科研体制改革，支持和鼓励应用型农业科研机构改制为科技型企业或进入龙头企业，提高科技成果转化率和科技进步贡献率。实行产学研、农科教结合。鼓励产业化龙头企业、大专院校、科研机构、民营企业以多种形式联合进行农业科技开发。继续推进农技推广体制改革，逐步建立起承担经营性服务和公益性职能的农业技术推广体系，对重大和关键技术的引进、试验、示范，动植物病虫害及灾情的监测、预报和防治等公益性服务，所需经费由财政供给。认真开展农民科技培训，扩大培训规模，讲求培训实效，尽快使每个农民掌握一门或多门专业实用技术。巩固"普九"教育成果，扫除农村文盲，大力提高农民的科技文化素质。鼓励科技人员通过技术服务、技术承包、技术入股、技术转让等形式，参与农业开发，获取合法收入，在带动农民致富的同时也使自己富起来。鼓励党政机关干部和财政全额拨款事业单位工作人员从事农业开发，辞职的可一次性发给本人5—8年的基本工资；离岗的身份保持不变，三年基本工资照发，三年后可回原机关工作，也可与原单位脱钩，脱钩后继续从事农业开发的，可一次性发给本人5年的基本工资。

十四、积极稳妥推进土地流转，优化资源配置。要认真贯彻落实《农村土地承包法》，维护农民合法权益。在稳定家庭承包经营制度的前提下，进行土地承包经营权的合理流转，促进适度规模经营和土地资源的有效利用。土地承包经营权的流转，要按照"依法、自愿、有偿"的原则进行，不能刮风，不能下指标，不能强制推行。鼓励科技人员、机关干部、工商业主、城市下岗职工到农村投资，开发利用"四荒"资源，发展林果业、养殖业。对开发难度较大的荒山，可通过招标的方式，以优惠的条件转让给有能力的单位或个人经营。对于合理流转土地的使用，要依法保护使用者的权益，任何单位或个人不得干预，更不得随意侵占其使用权。

十五、努力增加投入，增强农业发展后劲。充分利用世贸组织规则，加大对农业的投入力度。要按照《农业法》的要求，逐年增加农业基本建设、农业综合开发、财政支农、农业事业费支出，稳定提高农业支出在财政支出中的比重，确保财政支农资金的增长速度高于财政经常性收入的增长速度。从2003年起，省级原有农业投入项目继续执行，新增的农业投入主要用于抗灾救灾、无公害食品行动计划、种子工程建设、植保工程、畜禽防疫检疫、产业化经营等方面的公益性事业。鼓励农民多投工、多投劳，在坚持农民自愿的前提下，建设自己直接受益的工程项目。要充分发挥各项涉农资金的使用效益，按照统一规划，集中使用，渠道不变，提高效益的原则，向重点产业、重点项目倾斜。计划、财政、科技、教育、交通、国土、金融、农业、水利、林业、扶贫、气象等部门要相互配合，搞好协作。

十六、落实税费改革政策，保护调动农民积极性。按照"减轻、规范、稳定"的要求和"三个确保"的目标，继续抓好农村税费改革，今年重点做好"考核、评估、完善、落实"工作。要建立新的农税征收体制，规范征管办法。要认真做好县乡机构改革，精简机构和人员，巩固税费改革成果。要全面执行减轻负担的各项政策措施，深入开展专项治理，规范涉农收费，坚决堵住"三乱"。从严把握好"一事一议"、过渡期的"两工"、特产税征收。加强农民负担监督管理，继续执行一票否决的"笼子"管理，切实保护农民利益。

十七、大力发展农产品行业协会和专业合作组织，提高农民组织化程度。行业协会是农民自主决策、民主管理、自我服务的好形式。要积极发展生产型、加工型、流通型、技术服务型的各类行业协会，按民办、民管、民受益的原则，发展新型的农民专业合作组织。各级政府要积极引导，大力支持，并赋予其必要的职能和手段。今年尤其要在组建出口农产品行业协会上实现新的突破。

十八、加强农村社会事业建设，促进农村全面发展。各级政府要把农村社会事业纳入公共财政投入范围，切实加强农村社会事业建设。国家新增的文化、教育、卫生事业的投入主要用于农村。省直各有关部门要加强农村的文化、教育、卫生等事业建设，为逐步缩小城乡社会事业发展的差距做贡献。动员和鼓励社会各方面的力量参与农村社会事业建设，做好城乡互助、对口支援的工作，进一步开展"三下乡"活动。帮助农村贫困地区发展社会事业。

十九、加强农村精神文明建设，推进农村社会稳定。健全农村村民自治和民主管理制度，实行村务公开、财务公开，切实保障农民群众的民主权利和经济利益。加强法制宣传教育，增强农民知法、守法、用法意识；积极探索新形势下化解农村各类矛盾的好形式、好办法；加强农村社会治安综合治理，破除封建迷信，消除黄赌毒和偷盗等社会丑恶现象，促进农村社会稳定。

二十、加强和改善党对农村工作的领导，发挥基层党组织领导核心作用。要把农业、农村、农民问题作为全党工作的重中之重，放在更加突出的位置，努力开创农业和农村工作的新局面。要创新工作思路，摆脱"官本位"、小农意识、权大于法及其他封闭落后的封建思想束缚，大胆探索农村发展的新路子，实现农村改革有新突破，农业开放有新局面，各项工作有新举措。要高度重视并切实搞好农业和农村工作的领导力量配备，把政治上强、懂业务、熟悉农村工作、有开拓创新能力的优秀干部充实到农业和农村工作的领导部门。要转变工作作风，各级干部尤其是领导干部要增强对农民的感情，增强宗旨观念和群众观念，保持与群众的密切联系。各县（市）主要领导一定要把主要精力放在农村工作上，建立领导干部农村工作联系点，经常性地开展调查研究，了解民情，体察民意，帮助解决农业农村发展中遇到的各种矛盾和农民关心的热点、难点问题。要关心和支持农村基层干部的工作和生活，采取补贴的形式适当提高乡镇主要领导的待遇。要发扬求真务实的工作作风，讲真话、报实情、办实事、求实效，反对形式主义、官僚主义，反对弄虚作假，一心一意谋发展、奔小康。要创新工作方法，把着力点放在提供服务、信息指导、典型示范、创造良好发展环境上来，坚持实干兴农、服务兴农、依法兴农。各有关部门要结合本职工作，每年为农民、农村办一到几件实事。继续组派工作队帮助基层工作。加强农村基层组织建设，深入开展以创建"五好"村支部、"六好"乡镇党委和农村基层组织建设先进县为内容的三级联创活动，充分发挥基层组织在繁荣农村经济，全面建设小康社会事业中的领导核心作用。

（鄂发〔2003〕2 号）

# 2004年湖北省一号文件中共湖北省委湖北省人民政府关于进一步加强农业和农村工作促进农民收入较快增长的意见

2004年2月12日

湖北是个农业大省，切实解决好"三农"问题，对于促进协调发展和全面建设小康社会具有特殊重要的意义。各级党委、政府务必始终把"三农"工作放在各项工作的首位，把增加农民收入作为统筹城乡发展的关键举措来抓，努力维护农民的经济利益、合法权益，保持农业农村经济来之不易的良好发展态势。2004年全省农业和农村工作的总体要求是：认真贯彻落实中共中央、国务院《关于促进农民增加收入若干政策的意见》（中发〔2004〕1号），按照统筹城乡经济社会发展的要求，坚持"多予、少取、放活"的方针，坚持深化农村改革，坚持县域经济"一主三化"的发展路子，不断优化农业结构，积极扩大农民就业，切实增加农业投入，统筹兼顾增加农民收入和发展粮食生产的双重目标，寓粮食增产于农民增收之中，努力构筑农民收入持续增长的长效机制。全省农民人均纯收入增长4%，力争增长5%；粮食总产量争取达到210亿公斤左右；农业增加值增长4%，力争增长5%；农民负担比上年再减少10%。

一 积极调整优化农业结构，挖掘农业内部增收潜力

支持优势农产品产业带建设。在继续抓好蔬菜、水产、魔芋、黄姜板块基地建设的同时，新增建设300万亩其他优势农产品基地。优势板块

基地建设要提高质量和效益，建成优质农产品出口基地、龙头企业的原料基地和名牌农产品生产基地。2004年省里筹措资金5000万元，坚持聚集项目、捆绑资金、集中投向的原则，支持优势农产品产业带建设。省直有关部门要通力合作，有关项目资金要向基地县市倾斜，各项目县市也要积极落实配套资金。

全面提高农产品质量和安全水平。按照高产、优质、高效、生态、安全的要求，调整优化农业结构，大力发展优质、专用、特色农产品。深入实施"无公害农产品行动计划"，努力开发一批无公害食品、绿色食品和有机食品品牌。抓好无公害生产示范基地建设，推行标准化生产，完善农产品检验检测、安全监测和质量认证体系，加大高毒高残留农药、瘦肉精、毒鼠强等专项整治力度，确保农产品质量提高和生产安全。加强动物防疫体系建设，2004年省财政用于动物重大疫病防治、控制和扑灭的经费增加700万元，今后每年安排。

加快发展农业产业化经营。出台湖北优势农产品加工规划纲要，重点培植和引进大龙头，创造大品牌，使千家万户小生产与千变万化的大市场有机连接起来。各级财政和相关部门要重点扶持发展一批规模较大、带动力较强的龙头企业。对重点龙头企业的贷款要优先支持，对符合条件的龙头企业的技改贷款，给予财政贴息。不管哪种所有制和经营形式的龙头企业，只要能带动农户增收，财政、税收、金融等方面都要一视同仁地给予支持。省发改委支持优势农产品产业带基地建设和龙头企业发展的专项资金由4700万元增加到5000万元。省税务、金融部门要按照国办发〔2002〕62号文件和国家税务总局2004年公布的五项涉农税收优惠政策以及鄂政办发〔2003〕80号文件有关规定，尽快制定具体细则，支持农产品加工企业发展，支持农民发展种养业和农产品加工、流通。

## 二 保护和提高粮食综合生产能力，促进种粮农民增加收入

实行最严格的耕地保护制度。全省基本农田面积确保4600万亩不能减少，2004年粮食播种面积确保5500万亩以上。禁止在基本农田内挖塘养鱼、植树造林或从事其他严重破坏耕作层的生产经营活动。加大土地整治力度，2004年全省整治土地80万亩，新增15万亩。

支持粮食主产区建设高标准农田。2004年省里整合统筹5亿元资金，支持粮食主产区排灌设施的更新改造和续建配套，支持标准化高产农田示范区建设。各县市也要从国有土地出让金中拿出一定比例资金，用于农业土地开发，建设高标准农田。

认真执行对种粮农民的直接补贴制度。省里从粮食风险基金中拿出5亿元，对种粮农民实行直接补贴。省财政、农业、粮食等部门尽快拿出具体实施办法，报省政府批准后执行。各县市要本着便于操作、减少环节的原则，制定方案，完善办法，加强监督，确保补贴资金真正落实到种粮农民特别是提供商品粮农民的手中。

实施好国家优质粮食产业工程。按照国家规划和要求，集中力量建设好26个国定优质专用粮食基地。各市、州、县都要因地制宜，抓好本地优质专用粮食基地建设。

努力提高粮食产业的整体效益。大力推广种养结合、粮经结合、生态结合的增产增收种养模式，鼓励和扶持种养大户发展规模经营，进一步提高单产，改进品质，提高粮食生产效益。支持粮食生产大县发展粮食精深加工，延长粮食产业链，发展主导产品和名牌产品，提高粮食附加值。集中力量加强科研攻关，培育出优质高效的优良品种。认真落实国家良种补贴政策。抓好粮食主产区大型农机具的更新改造，按照国家政策，对农民个人、农场职工、农机专业户和直接从事农业生产的农机服务组织购置和更新大型农机具给予一定补贴。

### 三　大力发展农村非农产业，拓展农民就业增收空间

推进农村工业化。发展乡镇企业是加快农村工业化进程、促进农民增收的重要途径。乡镇企业要深化改革，创新体制和运行机制。引导企业改制成股份制、股份合作制企业和民营企业，有条件的企业要建立现代企业制度。加大对规模以上乡镇企业技术改造的支持力度，促进产品更新换代和产业优化升级。放宽乡镇企业市场准入条件，只要符合安全生产标准和环境保护要求，有利于资源的合理利用，不论规模大小，都应当允许存在和发展。积极调整布局结构，把乡镇企业发展与工业园区建设结合起来，形成主业突出、特色明显、产业集聚、分工配套的块状经济。

加强小城镇建设。重点放在县城和部分基础条件好、发展潜力大的

建制镇上，放在产业发展、引导更多农民进城、带动农村发展、推进工业化进程上，放在完善城镇功能、优化发展环境、加快经济发展上。省里突出抓好100个重点镇建设，省财政厅、建设厅每年安排1500万元专项资金予以支持。积极推进村庄建设和环境整治。

放手发展民营经济。创造更加宽松的环境，鼓励农民自主创业。对个体私营企业在经营领域、发展项目、市场准入、技术开发、资源使用等方面要进一步放宽政策，放手发展。工商、税务、城管、金融等部门对新办和并转的个体私营企业要放宽条件，从简审批，提供优惠，搞好服务。对合法经营的农村流动性小商小贩，除国家另有规定外，免予工商登记和收取有关税费。

完善农产品市场体系。深化粮食流通体制改革，全面放开粮食购销市场，实行多渠道经营。有关部门要抓紧清理和修改不利于粮食市场放开的政策法规。加快国有粮食购销企业改革步伐，完善粮食现货和期货市场，优化储备布局，加强粮食宏观调控。积极培育和放手发展多元化的各类农产品营销主体，大力培植和发展农村专业合作社、行业协会、购销大户和农民经纪人。支持农民专业合作组织开展信息、技术、培训、质量标准与认证、市场营销等服务。深化供销社改革，发挥其带动农民进入市场的作用。围绕优势农产品产业带基地，重点抓好13个部级农产品批发市场的配套设施建设。加强农产品生产基地与加工、流通企业、城市商业的联合，大力发展"订单农业"，实行产销对接。进一步落实省政府转发的《关于开通我省部分农产品运输车辆绿色通道的意见》，按照简便、易行的要求，完善具体实施办法，方便群众，真正把"绿色通道"开通。

进一步扩大优势农产品出口。全面实施农产品出口促进计划，选择一批有特色、有竞争力的产品，建设一批出口型农产品生产基地，帮助出口企业进一步扩大出口规模。提高出口农产品质量，加强卫生安全管理。保持农产品出口快速增长势头，2004年农产品出口增幅要继续高于其他出口产品增幅。省商务厅在中小企业国际市场开拓资金中，对农产品出口企业出国参展项目所需资金优先安排。

### 四　积极推进劳务经济发展，增加农民外出务工收入

加强农村劳动力转移的组织、引导和管理。把发展劳务经济作为一

项新兴产业来抓，力争今年全省再转移农村劳动力80万人，其中外出务工增加30万人。坚持公平对待、合理引导、完善管理、搞好服务的原则，改善农民进城务工就业环境。劳动保障部门要依法维护进城就业农民的合法权益，及时为农民工提供系列服务。认真贯彻省政府转发的《关于进一步深化户籍管理制度改革的意见》和《关于做好农民进城务工就业管理和服务工作的意见》，建立城乡统一的户口登记管理制度和劳动力市场，进一步清理和取消针对农民工进城就业的歧视性规定和不合理收费，放宽农民进城就业和定居的条件，简化农民跨地区就业和进城务工的各种手续。当前突出的是要制定和落实解决农民工工资拖欠、劳动保护、巧立名目乱收费、农民工子女上学、住房安置和社会保障等方面的具体政策，为他们在城市务工就业创造条件。

加强农村劳动力转移就业培训。2004年全省要培训农民工30万人次。重点抓好专业技能和法律法规培训，强化岗位知识教育，提高培训的针对性和适用性。拓宽培训渠道，整合培训资源，充分发挥农村职业教育、成人教育、基础教育的作用，鼓励各类培训机构、用人单位开展对农民的职业技能培训。各级财政都要按照要求，安排专门资金用于农民职业技能培训，对接受培训的农民给予一定的补贴和资助。

**五 加快科技进步，提高农业发展的质量和效益**

加大农业科研攻关力度。各级政府要较大幅度地增加农业科研投入，重点扶持和装备具有一定优势的科技创新主体，支持农业大中专院校参与农业技术和农业标准的研究与推广，支持农业科研机构走科技经济一体化道路。整合科技力量，加强科技攻关，抓紧组织开展对农业增产增效有重大影响的高新技术研究、应用技术研究和优良品种的培育。

加快现有科技成果的推广应用。各级政府都要增加农业科技成果转化资金，支持已有科研成果的中试和示范推广。以重大农业科技项目为载体，加快《优势农产品竞争力提升科技行动》的组织实施工作，着力推广优良品种、动植物保护及疫病防治等先进适用技术，不断提高科技成果转化率、劳动生产率、土地产出率。加强基层农技推广队伍建设，放活科技人员，把公益性服务与经营性服务分离，重点支持公益性农技推广工作。大力推进农科教、产学研结合，扶持兴办各类农业科技示范场（园），充分发挥龙头企业、职业学校、农民专业合作组织在农技推广中的作用，不断提高农业科技普及率。认真组织实施青年农民科技培训工程、绿色证书工程，提高农民科技素质。

### 六　加强农村基础设施和生态环境建设，改善农民生产生活条件

加强农田水利基本建设。在切实抓好防洪保安的同时，继续抓好病险水库除险加固、排灌泵站更新改造、大型灌区续建配套、节水改造和抗旱水源工程建设，努力提高防灾抗灾能力。投资建设重点要向粮食主产区倾斜。抢抓南水北调中线工程开工建设的机遇，抓紧做好相关水利工程规划、设计和申报等前期工作，具备条件的项目，要尽快启动，加快建设进度。积极推进汉江中下游现代水利示范工程建设。进一步抓好农村水电、农村电气化建设和以电代燃料工作。加大农村改水力度，2004年基本解决30万人饮水困难，同时积极创造条件解决饮水卫生安全问题。进一步做好水土保持工作，搞好小流域综合治理。

加快农村公路建设。2004年完成县通乡油路（水泥路）建设工程3000公里，通村公路2000公里。建设的乡通村油路（水泥路）经交通主管部门验收合格后，由省交通厅按以奖代补政策每公里奖励5万元。

抓好退耕还林、天然林保护和生态环境建设。退耕还林一定要严格按规划确定范围，安排项目，组织实施，兑现政策，提高质量，注重实效，巩固成果。抓好退耕还林的配套建设，注意建设好基本口粮田，发展替代产业和后续产业，切实解决好退耕农民的基本生计和长远发展问题。继续加大天然林保护和长江防护林等重点生态工程的建设力度，推进平原绿化、低丘开发和林业绿色通道工程建设。大力发展农村沼气，2004年全省农村新建12万户的户用沼气池，并以沼气建设为纽带，带动改水、改路、改厨、改厕、改圈，建设一批生态家园示范村。

### 七　加大农村改革力度，进一步解放和发展农村生产力

完善农村土地制度。继续做好土地承包法的宣传和贯彻实施工作，坚决纠正违背法律和政策侵犯农民土地权益的错误做法。在稳定土地承包关系的基础上，坚持依法、自愿、有偿的原则，稳妥有序地进行土地流转。按照保障农民权益，控制征地规模的原则，改革征地制度，完善

征地程序，提高补偿标准，改进分配办法。严格界定公益性用地和经营性建设用地，严格执行土地利用总体规划，及时给予农民合理补偿，切实安排好失地农民生计。

深化农村税费改革。主要任务是：坚决实现农民负担进一步减轻、不反弹的目标；下大力气攻克村级债务化解和乡镇综合配套改革两个难点；努力确保农村义务教育、村级组织和乡镇政权的正常运转；建立和完善农业税征管体系、农民负担监督管理体系、转移支付资金使用管理的制度体系、乡镇和村级财务管理体系。当前要切实做好农业税税率降低1个百分点、取消除烟叶外的农业特产税的工作，严格按照减税比例调减到户，真正使农民得到实惠。认真做好对2003年农村税费改革工作的考核、评估。2004年农民负担卡要及时发放到户。清理和规范涉农行政事业性收费。抓好农场体制改革，实行管理体制和内部运行机制改革及职工养老统筹改革、农业税费改革"三改"联动。

全面推进乡镇综合配套改革。各级、各部门必须认真贯彻落实鄂发〔2003〕17号文件，加强领导，制定具体方案，精心组织实施。按照法定化的要求规范机构设置，严格编制管理，探索社会保障办法，妥善分流富余人员，完善乡镇财政管理体制，引导乡镇直属事业单位面向市场转换机制，逐步将"以钱养人"改为"以钱养事"。

改革和创新农村金融体制。进一步完善农村金融服务的组织体系，改善农村金融服务环境，明确各金融机构为"三农"服务的义务和责任，多方面增加农村信贷投入。加大农村信用社改革力度，使其真正成为农村金融服务的主体。进一步完善农村小额信贷办法，简化手续，增加额度。

**八　积极稳妥化解村级债务，促进农村经济良性发展**

在总结试点经验的基础上全面展开村级债务化解工作。对村办企业借（贷）款形成的债务不能平摊、转移给农民，一律由企业负责偿还。村集体借款的高息要按规定降低，高息、罚息转为本金的一律剔除。妥善处理"普九"等历史遗留债务，对村集体兴办教育所欠的债务随事权、财权、产权划转。村级借贷、群众集资办电购置的变压器等设施形成的债务，产权转移后由接收部门负责消化。村级化债拍卖资源、处置闲置资产涉及的税费问题，由省财政厅等相关单位研究出台减免政策。对不符合有关政策规定的集资摊派所形成的农民欠集体债务，按照省政府有关文件规定予以核销，不得再向农民追缴。市、县根据实际情况制定统一具体的核销程序和办法。

**九 进一步加大扶贫帮困力度，努力推进农村社会全面进步**

完善扶贫开发机制。增加扶贫开发资金，健全扶贫投入机制，改革扶贫资金使用方式，提高扶贫开发效益，加快扶贫开发进程。全省每年选择500个重点贫困村进行重点扶持（其中省里负责300个村，市州和29个重点县各负责100个村），确保2010年前使所有的重点贫困村都得到有效扶持。对尚未稳定解决温饱的贫困人口和低收入贫困人口，着力帮助改善生产生活条件，发展特色产业，开辟增收渠道，减少和防止返贫。切实抓好移民式扶贫工作，每年搬迁1万户，力争用5年左右的时间，基本完成全省地处缺乏生存条件的特困人口的搬迁扶贫任务。继续组织对口扶贫和社会帮扶，并把扶贫开发联系点和小康建设工作队驻点结合起来。

关心农村弱势群体。对农村特困人口实行社会救助，逐年扩大救助人口，增加救助资金。2004年，省财政筹措3000万元，市州县财政配套600万元，救助30万人。继续实施农村"五保""福星工程"，"五保"对象实行集中供养的，转移支付经费年人均不低于1200元；分散供养的，转移支付经费年人均不低于800元。对农村残疾人等在农业税减免方面给予照顾。通过减免学杂费、课本费和社会救助等形式，解决好80万贫困中小学生入学问题。开展对农村特困人口大病实行医疗救助试点工作。

支持发展农村社会事业。认真落实好新增教育、卫生、文化等事业经费主要用于农村的政策规定，促进农村社会事业的发展。进一步落实确保农村义务教育正常运转的各项政策。县市要调整支出结构，保证农村税费改革固定性转移支付资金60%以上用于教育投入；省里对"一费制"地区农村中小学公用经费按每生每年30元的标准给予补助，其他地区中小学公用经费由县级财政按每生每年不低于15元的标准给予补助；农村税费改革转移支付资金安排的教育支出，用于危房改造的比例不得低于10%，市州县也要从本级预算中安排一定的专项资金，用于中小学危房改造。加强农村卫生工作及对艾滋病、血吸虫病、地方病的防治。2004年省级用于血防的投入增加1250万元，达到4000万元；用于新型农村合作医疗试点的配套资金增加 1000 万元，达到 2200 万元，使参加合作医疗的农民增加到 440 万人。采取建小片网、通光纤等方式，完善广播、电视"村村通"工程建设。加强农村邮电设施建设，2004 年电话通村率要有大幅度提高，农村电话收费标准适当降低。

### 十　加强组织领导，确保农村各项工作落到实处

自觉把解决"三农"问题放在重中之重。各级党委、政府要始终重视农业的基础地位，始终重视严格保护耕地和保护提高粮食综合生产能力，始终重视维护粮食主产区和种粮农民的利益，始终重视增加农民特别是种粮农民的收入。对农村经济社会发展给予更多的关注和多方支持，对农业给予更多的关心和政策倾斜，对农民给予更多的关爱和充分理解。农业和农村工作涉及面宽、政策性强、头绪很多，不仅分管领导要直接抓，而且党政一把手要亲自抓。切实加强农村工作综合部门建设，发挥他们在综合协调、调查研究、督促检查等方面的职能和作用。省直机关要围绕"为农民增收、粮食增产、维护农民合法权益、改善农民生产生活条件做点什么"的要求，广泛开展讨论，尽快拿出实际措施和行动，以促进农村各项政策细化、实化、具体化。要明确责任，加强督办，确保政策落实到项目，落实到农民增收上。

加强农村基层组织建设、精神文明建设和民主法制建设。深入开展创建"五好"村党组织，"五好"乡镇党委和农村基层组织建设先进县（市）为内容的"三级联创"活动，不断完善农村基层组织建设常抓不懈的工作机制。改革和调整基层组织设置，增强基层组织服务功能。加强农村人才队伍建设，改革农村基层干部培训工作方式，提高他们带领农民增收致富的能力，广泛开展"双建双带"活动，充分发挥农村党员干部的示范带动作用。改革基层干部选拔任用制度，坚持和完善村干部直选，在乡镇党委换届和领导班子调整中实行"两推一选"，探索和逐步推行县乡党代表直选。健全议事办事制度，扩大基层民主，进一步完善和规范重大事项决策程序和村民代表议事程序，全面推进民主决策；进一步推进村务公开、政务公开，加强民主管理和民主监督。重视农村基层文化阵地和设施建设，继续搞好文化、科技、卫生下乡活动，广泛开展文明村镇、文明户等群众性精神文明创建活动，积极推进文明新村建设，

提高农村社会文明程度。搞好农村社会治安综合治理，严厉打击各种违法犯罪活动，创造良好稳定的社会环境，确保农民安居乐业。

切实转变工作作风。各级领导要求真务实，深入农村，深入基层，察民情，解民忧，帮民富，及时帮助农民解决面临的困难和问题。增强群众观念，坚持群众路线，严肃群众纪律，加强督办检查，进一步落实省委、省政府《关于全省乡镇干部行政行为的三项规定》。树立科学的发展观和正确的政绩观，力戒浮夸，力戒浮躁，不图虚名，不务虚功，多办实事，多搞服务，扎扎实实做好各项工作。

（鄂发〔2004〕1号）

# 2005年湖北省一号文件中共湖北省委湖北省人民政府关于进一步加强农村工作保持农业和农村发展良好势头的意见

2005年1月17日

为了贯彻落实《中共中央、国务院关于进一步加强农村工作提高农业综合生产能力若干政策的意见》（中发〔2005〕1号），进一步加强我省农业和农村工作，提高农业综合生产能力，促进粮食稳定增产和农民持续增收，努力保持农业和农村发展的良好势头，特提出如下意见。

## 一 明确任务目标

（一）努力实现"三增"

粮食增产15亿斤以上，全省人均粮食占有量高于全国平均水平；农民人均纯收入增长5%，突破3000元；农业增加值增长4%左右。

（二）深化农村三项改革

1. 农村税费改革。切实抓好农业税免征工作。进一步完善转移支付资金管理体系、农民负担监督管理体系和农村财务管理体系，加强农村经营管理。严格规范涉农收费，坚决禁止和纠正各种违规乱收费，确保全省农民负担不反弹。严格执行村内"一事一议"的议事程序、范围、标准。及时依法、依规处理侵犯农民权益的人和事。探索发展农村公益事业的投入机制。积极做好村级化债工作。

2. 乡镇综合配套改革。按照《中共湖北省委、湖北省人民政府关于推进乡镇综合配套改革的意见（试行）》（鄂发〔2003〕17号），坚定不移地推进乡镇综合配套改革。进一步深化7个试点县（市）改革，积极稳步推进全省面上改革，真正做到减轻农民负担，减少财政支出；提高党的执政能力，提高政府工作效率；发展农村生产力，发展农村社会事业。

3. 国有农场改革。以理顺国家、农场和职工三者利益关系为主线，在进一步完善管理体制、社会职能剥离和职工养老保险等项改革的同时，重点实施农场农业税费改革和农场内部运行机制改革，建立起新的运行机制，激发活力，促进农场更快更好地发展。

### （三）完善农村土地承包关系

进一步稳定农村基本经营制度和党在农村的基本政策。坚决实行最严格的耕地保护制度，对现有基本农田做到"面积不减少、用途不改变、质量不下降"。认真贯彻执行《中华人民共和国农村土地承包法》和党中央、国务院关于稳定农村土地承包关系的一系列政策规定，按照《湖北省人民政府关于积极稳妥解决当前农村土地承包纠纷的意见》（鄂政发〔2004〕36号）和《省委办公厅、省政府办公厅关于依法完善农村二轮土地延包工作的若干意见》（鄂办发〔2004〕65号）的要求，在总结试点工作经验的基础上，2005年秋播前完成土地二轮延包的完善工作，依法、按政策确权、确地到农户。分类处理各种土地纠纷，坚决纠正随意收回农户承包地、强迫农户流转承包地等做法。按照依法、自愿、有偿的原则，积极稳妥地探索土地合理流转和发展适度规模经营的路子。尽快制定农村土地承包法实施办法。

### （四）进一步提高农业效益

要深化农业结构调整，大力推进农业产业化经营，大力发展"板块经济"，不断壮大发展农业龙头企业，全面提高农业效益，力争全省农田产出率提高2%；农产品综合优质率达到56%，提高2个百分点；农产品出口率达到1.8%，提高0.5个百分点；农产品加工产值与农业总产值的比率由1.1∶1提高到1.2∶1。

### （五）大力推进农村劳动力转移

把发展劳务经济作为增加农民收入的一个重要增长点来抓，力争

2005年全省农村劳动力转移达600万人,增加50万人。

(六) 加大扶贫开发力度

力争2005年解决20万贫困人口的温饱问题与50万低收入人口的基本脱贫问题;搬迁扶贫5万人,比2004年增加1万人;再启动500个重点贫困村的整村推进工作。

(七) 加强林业和生态重点工程建设

稳步推进退耕还林工作,巩固退耕还林成果;继续实施天然林保护等工程,抓好防护林体系和农田林网建设;继续搞好水土保持和小流域综合治理,维护河流的健康生命;大力发展农村沼气,推进生态家园建设。通过加强生态工程建设,促进人口、资源、环境的协调发展。

**二 落实扶农政策**

(一) 免征农业税

从2005年起,在全省范围免征农业税及附加。因免征农业税而减少的地方财政收入,由省财政安排转移支付给予补助。

(二) 加大对种粮农民直补力度

根据《国务院关于进一步深化粮食流通体制改革的意见》(国发〔2004〕17号)和《省人民政府关于进一步深化粮食流通体制改革的意见》(鄂政发〔2004〕35号),2005年我省粮食直补资金在上年5.66亿元的基础上增加7000万元,达到6.36亿元。

(三) 继续开展水稻良种补贴和农机具购置补贴

水稻良种补贴,按照国家规定,根据实际种植面积和补贴标准,采取更加规范、更加直接的办法及时发放到种粮农民手中。农机具购置补贴,争取国家对我省增加补贴额度,省财政安排配套资金400万元。

(四) 继续对重点粮食品种实行最低收购价

逐步建立和完善稳定粮食市场价格、保护种粮农民利益的制度和机制。放开粮食购销市场和价格,对水稻在市场价低于国家规定的最低收购价时,指定的粮食购销企业按最低收购价收购,所需收购资金,有关金融部门及时予以保证。同时,搞好农业生产资料供应和管理,控制农资价格。

（五）增加对粮食主产区农业技术推广补助

2005年，省里增列农业技术推广专项资金，对46个粮食主产县（市、区）的676个乡、镇、办事处按每个补助3万元算账安排。具体办法由省财政厅和省农业厅尽快拿出方案报省政府批准后执行。

（六）扶持建设高产农田

按照加快我省高产农田建设总体规划和部署，2005年省里从新增建设用地土地有偿使用费、土地出让金、农业综合开发、水利基本建设等项目中整合筹措5亿元以上资金，在20个水稻主产县（市）再建设高产农田85万亩。

积极探索开展农田水利基本建设的新机制、新办法，严格区分加重农民负担与农民自愿投工投劳改善自己生产生活条件的政策界限，在切实加强民主决策和民主管理的前提下，本着自愿互利、注重实效、控制标准、严格规范的原则，引导和支持农民投工投劳开展农田水利设施建设。按照中央部署，从2005年起，省财政在争取中央有关资金和合并有关专项资金的基础上，从预算内新增财政投入中适当安排一部分资金，设立小型农田水利补助专项资金，对农民兴建小微型水利设施所需材料给予适当补助。具体办法由省财政厅和省水利厅研究制定。

（七）支持优势农产品产业带区的板块基地建设和龙头企业发展

2005年，省财政安排6000万元，用于优势、特色农产品板块基地、出口基地建设和绿色食品标准化开发，省发展改革委安排5000万元，用于支持龙头企业技术引进和改造、兴建加工基地。继续筹措资金支持粮食加工龙头企业的发展。

（八）加快农村公路建设

2005年，采取以奖代补的办法安排建设通村公路6000公里、通乡公路2000公里。

全面开通"绿色通道"。交通部门要与农业部门通力合作，确保农产品运输高效畅通。

（九）积极开展农村富余劳动力的转岗培训

2005年，在积极争取中央培训资金支持的同时，省级财政筹措1000

万元配套资金，开展富余劳动力转岗培训。统一制订培训计划，加大培训力度，用好培训资金，保证培训效果。县（市、区）财政也要积极筹措配套资金。

（十）加大搬迁式扶贫工作力度

2005年，省里从省财政预算新增、财政扶贫、以工代赈、民族发展等资金中安排5000万元用于5万贫困人口的搬迁式扶贫。

（十一）进一步加大金融支农力度

深化农村信用社改革，积极推行农户小额信用贷款和农户联保贷款，积极探索发放大额农业贷款的有效方式，2005年力争"三农"贷款总额达到330亿元。商业银行要适当提高对农村、农业及相关行业的贷款比重，进一步加大对农业产业化龙头企业、农村中小企业和小城镇建设的支持力度。国家开发银行要扩大对全省农业基础设施建设和重大农业开发项目贷款，重点支持节水灌溉、农村水电、乡村道路等项目建设。农业发展银行要按照政策要求保证粮棉油收购资金需求。

（十二）支持发展农村社会事业

1. 继续实行农村特困救助。对农村特困群众救助50万人，每人每年补助120元。

2. 在农村实行重大疾病医疗救助。2005年，争取中央财政补助，省市县彩票公益金中拿出一部分，县市财政安排一部分，共筹集5000万元用于对部分农民重大疾病的医疗救助。

3. 做好血吸虫病和农村艾滋病防治工作。继续对晚血病人实行免费治疗，必需经费列入预算安排。在疫区推广沼气和改厕工程，省财政厅和省农业厅安排专款4000万元，解决疫区4万农户的沼气建设和厕所改造问题。对农村艾滋病患者及家属实行"四免一关怀"，即：免费抗病毒治疗、免费自愿监测、对病人子女孤儿免学杂费、免费母婴阻断，将生活困难的艾滋病患者及其家庭纳入政府救助范围。

4. 加大农村改水力度。2005年，在巩固基本解决人、畜饮水困难的基础上，积极创造条件，再解决40万人的饮水安全问题。

5. 支持农村义务教育的发展。省里新增农村义务教育经费4.7亿元。继续做好对全省80万农村中小学贫困生的"两免一补"工作，即贫困生免费教科书的发放；减免贫困生杂费；贫困生寄宿生的生活补助所需资金分别由国家、省、县（市）财政解决。

6. 切实加强农村基层文化建设。巩固农村宣传文化阵地，加强乡镇文化服务中心建设，扶持农民文化中心户。保证农村公益文化事业的投入。鼓励和吸引社会力量参与农村文化建设。做好送书送电影下乡，推进农村文化信息资源共享工程和广播电视"村村通"工程。

### 三 推广十项技术

科技的潜力是巨大的，农业发展必须依靠科技进步。要实现2005年粮食稳定增产和农民持续增收，必须在加大科技推广力度上下功夫。2005年作为农业科技推广年，重点推广十项重大技术。

1. 优质高产良种应用技术。继续推行农作物主推品种公告制度，确保农民应用好种，放心用种，为提高单产、增加总产打好基础。

2. 高产高效模式技术。重点推广油稻稻、麦瓜稻、鱼稻共生、菜椒棉等"双增"模式，力争应用面积扩大到2500万亩，亩均增收100元左右。

3. 轻型简化栽培技术。在2004年大面积示范的基础上，2005年推广到1500万亩。

4. 稻鸭共育技术。在以江汉平原为重点的24个水稻县市推广200万亩，亩均增收120元左右。

5. 秸秆综合利用技术。推广以稻草为原料生产双孢菇，继续试产以稻草加工中密度纤维板，为稻农增加收入。推广秸秆粉碎还田技术。在武汉、宜昌推广玉米秆饲养奶牛，逐步改变农民焚烧秸秆、浪费资源的传统习惯。

6. 测土配方施肥技术。在粮棉主产区结合实施高产农田建设项目，实行测土、配方、产肥、供肥、施肥一条龙服务，举办样板，辐射全省。

7. 生态农业技术。依托国家农村能源项目，推广猪沼稻、猪沼果、猪沼渔、猪鸭渔等生态农业模式。新增沼气池10万口，扩大生态农业技术应用面积。

8. 无公害农产品标准化生产技术。大力发展绿色食品和无公害农产品，以菜篮子产品为重点，加快推广无公害生产技术，建设特色农业标准化示范基地。

9. 畜牧、水产高产优质配套养殖技术。在畜牧小区和水产片带基地全面推广高产优质良种、全价配合饲料、科学饲养、卫生管理等配套养殖技术。

10. 动植物疫病防治及避灾减灾技术。推广农作物病虫综合防治技术，力争病虫危害损失控制在5%以下。家畜、家禽防疫覆盖面分别达到100%和80%，猪、禽死亡率分别控制在4%和8%以下。科学安排中、晚稻和玉米播期，避开高温热害和低温冷害。在江河洲滩和易涝易旱地，推广抗逆性强、保收系数大的品种，避开渍涝和干旱灾害。

上述十项技术推广工作，由省农业厅负责实施。进一步改革和完善农业技术推广体系，加大力度实施科技进村入户工程，组织和鼓励广大农技推广人员和科研院所、科技企业深入农村搞好技术承包、技术指导、技术服务，使各项农业技术措施落实到农户、落实到田块。年底对十项技术落实情况组织专家进行评审。加强农业科技创新能力建设，依托具有明显优势的农业科研单位和高等院校，建设区域性的农业科研中心。

### 四　落实抗灾措施

（一）抓好防汛抗旱工作

立足防大汛、抗大洪、排大涝、抗大旱，以防为主，防抗结合，积极推进控制洪水向洪水管理转变、被动抗旱向主动抗旱转变。在继续抓好长江、汉江堤防等重点骨干水利工程建设的同时，加大连江支堤、民堤民垸和湖泊堤防整险加固力度，抓紧水库除险整险和中小河流整治。通过工程措施和非工程措施，保证各类水利工程设施安全运行，不出现人为事故灾害，在设计范围内做到堤坝挡得住、闸站排得出，确保防洪安全。坚持防汛抗旱两手抓，优化水资源配置，加强抗旱水源工程建设，继续抓好在建的16个大型灌区续建配套与节水改造项目建设，积极争取我省41个列入全国重点中型灌区节水改造规划的工程加快实施，充分发挥水利工程抗旱减灾作用。下大力抓好小型农田水利建设，完善渠系涵闸泵站配套。

## （二）抓好农作物病虫害防治

加强对农作物流行性、迁飞性病虫害的监控，推广应用频振灯、高压汞灯杀虫技术和高效、低毒、低残留农药，提高综合防治水平。

## （三）抓好动物疫病防治工作

重点监控禽流感、口蹄疫等重大疫情，建立和完善应急机制，一旦发生疫情，立即启动预案，及时坚决封杀。

## （四）抓好灾害性天气的预测预报工作

继续做好天气预报特别是重大灾害性天气的预警预报，提高预报准确率；进一步做好短期气候预测工作，为农业生产决策服务；适时做好人工影响天气工作，提高抗御灾害的能力。

## 五　切实加强领导

### （一）统一思想认识

农业是安天下、稳人心、富农民的基础产业，农业兴百业兴。我省要加快发展促进中部崛起，必须首先强基固本；要提高执政能力，必须首先提高发展农业的能力。去年农业和农村发展的好形势，对促进全省经济发展和保持社会稳定发挥了重要作用。但是，不能因为农业形势好了，就认为"三农"问题解决了；不能因为农民收入大幅度增长了，就认为农民已经富裕了；不能因为农民负担减轻了，就认为减负的任务完成了。必须清醒地看到，农业依然是国民经济发展的薄弱环节，投入不足、基础薄弱的状况并没有改变，粮食增产、农民增收的长效机制并没有建立，制约农业和农村发展的深层次矛盾并没有消除，农村经济社会发展明显滞后的局面并没有根本改观，农村改革和发展仍然处在艰难的爬坡和攻坚阶段，保持农业和农村发展良好势头的任务非常艰巨。

### （二）强化领导责任

各级党委、政府要认真贯彻党的十六大和十六届三中、四中全会精神和中央今年一号文件精神，牢固树立和落实科学发展观，坚持统筹城乡经济社会发展，坚持"多予、少取、放活"的方针，切实把解决"三农"问题作为重中之重的工作来抓，特别是县市要把主要精力放在"三农"工作上，更加积极地推进农村各项改革，更加主动地加强农业基础，更加自觉地加大对农业的投入力度。要把农业基础是否加强、农民收入是否增加、农村社会事业是否发展作为考核各级党委政府和领导干部执政能力和政绩的重要内容。

（三）形成支农合力

各级各部门都要树立全局观念，转变工作作风，把服务延伸到基层和农村。省直机关和各市州县要继续组派农村小康建设工作队驻村帮助工作。要稳定、完善和强化各项支农政策，切实加强农业综合生产能力建设，不断探索和建立基础设施完善、产业结构优化、科技支撑有力、服务功能健全的农业、农村持续健康发展的长效机制，构建农村和谐社会。

（鄂发〔2005〕1号）

# 2006年湖北省一号文件中共湖北省委湖北省人民政府关于认真做好2006年农业和农村工作扎实推进社会主义新农村建设的意见

2006年1月26日

党的十六届五中全会提出了建设社会主义新农村的重大历史任务，为做好当前和今后一个时期的"三农"工作指明了方向。全省上下必须动员起来，抢抓机遇，创新思路，谋划长远，抓好当前，把推进社会主义新农村建设的任务落到实处。要认真贯彻落实科学发展观与构建社会主义和谐社会的要求，坚持统筹城乡发展的方略，坚持"工业反哺农业、城市支持农村"和"多予少取放活"的方针，以增加农民收入为中心任务，以生产发展、生活宽裕、乡风文明、村容整洁、管理民主为总体要求，全面推进农村的经济建设、政治建设、文化建设、社会建设和党的建设。2006年农业和农村工作的主要目标是：粮食总产440亿斤，增产5亿斤，农业增加值增长4%，农民人均纯收入增长200元以上，农村经济社会全面发展，社会主义新农村建设有一个良好开局。

## 一 加强优质粮产业工程建设，培植粮食主产区整体优势

1. 注重调优品种结构。继续实施优质粮产业工程，重点建设一批优质粮基地。要根据市场需求，对不同的粮食品种实行不同的生产定向，做到食用粮主抓优质，专用粮（工业用粮、饲料用粮）主抓高产。

2. 大力优化种植模式。因地制宜推广适合各地情况的菜稻、虾稻、

蒜稻、烟粮连作、稻鸭共育、鱼稻共生等多种高效模式，做到一地多用，一年多收，既增粮又增钱，提高土地的产出率。

3. 节省粮食生产成本。要转变生产方式，大力推广节肥、节能、节水、节劳等技术，努力节本增效。

4. 调动粮食主产县市政府重农抓粮的积极性。优化区域布局，重点支持46个主产县市。积极争取国家对我省粮食主产县市增加财力补助。省里整合资金投入，重点向粮食主产区倾斜。

5. 落实调动粮农种粮积极性的政策。按照国家要求，坚持和完善重点粮食品种最低收购价政策，继续实行粮食直补和良种补贴。2006年将我省粮食直补资金规模提高到粮食风险基金总规模的50%，比上年增加7100万元。

**二　采取综合措施，建立农民增收的长效机制**

6. 继续抓好优势农产品产业带建设。充分发挥比较优势，大力发展特色产业，提高基地规模效益，加快优势农产品产业带建设。在全省选择10个畜牧重点县（市），5个优质棉重点县（市），5个优质油重点县（市），10个优质果茶重点县（市），5个优质蔬菜重点县（市），25个优质禽渔重点县（市），22个优质烟叶重点县（市），给予重点支持，逐步形成优质稻、麦、油、棉作物连片种植100万亩以上的板块基地30个，菜、果、茶、桑作物连片种植10万亩以上的板块基地20个，畜牧养殖小区出栏生猪300万头、出笼家禽3000万只的畜牧业养殖板块基地10个，连片养殖水面30万亩以上或水产品产量5000万公斤以上的渔业板块基地5个，板栗造林面积10万亩以上县3个，杨树造林面积5万亩以上县5个，其他特色产品商品产值5亿元以上的板块基地5个。对于优势农产品板块基地建设，实行"突出重点、以奖代补、量化考评、合同管理"。2006年，省财政安排8000万元资金，支持优势农产品板块基地建设；省里筹措4亿元资金（其中省财政新增安排1200万元），专项支持烟叶生产基地的基础设施建设。

7. 发展壮大龙头企业。综合运用税收、信贷、财政扶持等政策，通过壮大扶小，培植各类龙头企业。2006年，着力推动战略性合作与重组，做大做强龙头企业，力争在粮食、油料、茶叶、药材、水产品等加工企业的兼并、重组、联合上有实质性突破；大力支持中小企业依托本地资源，开展特色加工，建设专业园区。充分发挥农业产业化信用担保平台的作用，加快实施省政府与国家农业发展银行签订的300亿元信贷合作协议，为龙头企业解决发展资金不足的困难。2006年，省财政安排2000万元资金，用于支持粮油精深加工龙头企业贴息。要增强品牌意识，实施品牌战略，通过叫响原产地、"老字号"，打造特色、知名品牌。要大力发展并不断规范订单农业，引导和帮助龙头企业与基地农户对接，不断完善和创新利益联结机制。

8. 加快发展农村劳务经济。大力发展农民职业教育，继续实施"阳光工程"，整合培训资源，实现农村劳动力转移培训80万人的年度目标，省"阳光工程"联席会议各成员单位要明确任务，落实责任。2006年，省财政对农民工转岗培训资金新增3050万元。要拓宽农民转移就业渠道，提高农村劳动力转移的组织化程度。各级可设立务工农民维权服务中心，依法维护务工农民的合法权益。省里建立务工农民维权救助专项基金。

9. 放活农产品流通。进一步畅通鲜活农产品绿色通道。积极推进农产品批发市场升级改造。鼓励商贸涉农企业发展"超对超""农入超"、连锁配送、网上营销等现代流通业态和新型营销体系。培育和发展农村经纪人。对走乡串户、方便农民、有利于搞活农村流通的小商小贩，在工商登记、税费减免上继续落实国家有关政策规定。2006年，省财政新增1000万元资金，重点支持农村流通体制改革。积极发展创汇农业，扩大优势农产品出口，力争2006年农产品出口总额增长10%以上。

### 三　加强农业综合生产能力建设，夯实现代农业发展的基础

10. 加强水利工程建设。在继续搞好江河堤防建设、推进汉江中下游水利现代化示范工程建设的同时，2006年省里在上年基础上再安排5亿元资金，用于列入国家专项规划的大型排灌泵站更新改造、大型灌区建设、病险水库整险加固、小型农田水利基础设施建设、农村饮水安全工程建设等。积极引导和鼓励农民对直接受益的田间排灌工程等小型基础设施建设投工投劳。

11. 继续抓好高产农田建设。在落实最严格的耕地保护制度，切实保护基本农田的同时，加大土地整理和开发力度，继续开展标准化基本农

田建设。2006年省里筹措8亿元资金，支持粮食主产区建成集中连片的高标准农田100万亩；继续加强农业综合开发，省级财政新增配套资金2500万元。要大力加强耕地质量建设，实施新一轮沃土工程，引导农民积极运用测土配方施肥技术，增施有机肥，全面提升地力。

12. 大力提升农机作业水平。大力推进农业机械化，有效减轻农民劳动强度，促进农产品产量和质量的提高。大力推广机耕、机整、机播、机插、跨区机收，特别是扩大粮食收获、脱粒、烘干等环节的作业面。继续实行农机购置补贴，2006年省财政配套补贴资金由400万元增加到1000万元，同时安排600万元专项资金，推进重点疫区实现"以机代病牛"。

13. 推进农业科技创新和技术进步。大力实施星火富民工程，加强农业和农村科技创新服务体系建设，增强农业科技创新服务能力。围绕种养业和农产品加工关键技术组织科技攻关，推进科技自主创新。从2006年起设立省农业科技成果转化资金，支持重大农业科技成果转化应用。实施粮食丰产科技工程，抓好水稻优质丰产集成技术的试验示范。继续推广十大类农业实用技术。健全农业科技推广体系，探索和完善基层农技推广服务体制和机制，推动农业科技进村入户。采取科技培训、示范、宣传、技术承包和办科技联系点、示范户等多种形式，大力推广新品种、新技术、新模式、新农药、新机械、新工艺。积极推进农业信息化，通过网络和传媒及时传播农业信息与科技知识。继续推进南湖国家农业科技园区建设。

14. 加强林业和生态重点工程建设。重点抓好生态防护林建设，积极发展用材林、工业原料林、高效经济林和花卉苗木，推进林业产业化发展。天然林保护、退耕还林还草和湿地保护等生态工程建设，要稳定完善政策，培育后续产业，注重实效。2006年，省里新增1000万元用于发展林产品加工。

**四　注重抗灾减灾和环境保护，大力发展安全农业、标准化生产**

15. 加强重大动物疫病和农作物病虫害防治。在动物疫病防治上，抓好以高致病性禽流感为重点的重大动物疫病预警、预报和测报工作，强化免疫，搞好疫病监测，完善疫情处置应急预案，一旦发生疫情，及时控制扑灭。2006年，省财政对动物疫病防治监测及畜禽良种繁育养殖小区新增安排1000万元。在农作物病虫防治上，加强预测预报，推广实用防治技术，发展专业机防队，力争病虫害损失率控制在5%以内。

16. 坚持抗灾生产。牢固树立抗大灾、抗多种灾害的思想，做好各种抗灾准备，力争把灾害损失减少到最低限度。从实际出发发展避灾农业。积极开展农业灾害保险。努力做好地质灾害防治工作，2006年，省级财政增加地质灾害防治专项经费1000万元。

17. 加强农村环境保护。按照国家要求，组织实施农村小康环保行动计划。引导农民合理使用化肥、农药等投入品，减少对耕地的污染。妥善处理生活垃圾和污水，科学利用畜禽粪便，解决农村"脏、乱、差"问题。发展农村工业要选择适合本地区资源优势和环境容量的特色产业，防止污染向农村转移。继续加强小流域综合治理，搞好水土保持。切实抓好村庄绿化。加快推进节约型社会建设。

18. 大力发展无公害农产品和绿色、有机食品。建立和完善农产品质量检验、检测体系，推进农业标准化生产。加快发展绿色食品，积极发展有机食品，力争新认证无公害、绿色、有机产品标识260个。在板块基地、养殖小区和重点龙头企业全面推行农产品安全标准和生产技术规程。通过大力发展无公害农产品和绿色、有机食品，提高农产品的整体质量和市场竞争力。2006年，省级财政增加发展绿色食品专项经费500万元，用于品牌开发。

19. 加强村庄规划和人居环境治理。各县（市、区）政府要组织专门力量，抓紧制订村庄环境整治和建设的总体规划和具体实施方案，坚决防止和杜绝无序建设和乱占地。要注意保护生态环境，不准填湖（塘）、毁林，不得破坏田园风光。要加强宅基地的规划与管理，节约村庄建设用地，向农民免费提供经济安全实用美观、节地节能节材的住宅设计图样。

## 五 坚持科学规划、试点示范，抓好村庄环境整治和建设

20. 突出整治和建设的重点。要着力解决农民最急需的生活基础设施建设，重点是抓好改路、改水、改厕、改厨、改圈、通路、通电、通水、通沼气、通信息等"五改五通"。大力抓好农村公路建设和管理养护，

2006年省里筹措11亿元补助资金，安排新修通乡油路（水泥路）250公里，通村油路（水泥路）10000公里。2006年省财政新增农村饮水安全工程建设项目资金1400万元，达到2000万元。大力发展农村沼气，推进生态家园建设，2006年全省新建沼气池20万口，按国家标准给予建池补贴。

21. 抓好试点示范。2006年省级财政安排1亿元专项经费实施"百镇千村"示范工程，其中，5000万元用于百镇改造，5000万元用于首批500个村的整治示范。省级示范工程试点村，在省定农业现代化试点县市各选1个村，有条件的省直各单位小康工作队驻点村也可以纳入整治示范工程建设。要通过试点示范，探索积累经验，指导面上工作。

**六 创新扶贫开发机制，加大扶贫开发力度**

22. 扶贫开发的重点是抓好整村推进、产业化扶贫、劳动力转移培训和老区建设、扶贫搬迁等工作。增加扶贫资金，健全投入机制，加强对口帮扶，提高开发效益，加快扶贫进程。2006年，继续选择500个重点贫困村（其中省里扶持300个村）、303个老区贫困村（其中省里支持100个村）和300个插花贫困村开展整村推进工作；扶贫搬迁4万人；培训转移贫困劳动力3万人，开展实用技术培训10万人次；加大扶贫开发干部培训力度，提高组织和领导扶贫开发的能力。2006年省财政扶贫专项资金新增安排1000万元，达到6300万元；老区建设资金在3800万元的基础上新增安排1000万元，达到4800万元。同时，建立贫困人口监测机制，完善扶贫资金项目监管机制，强化扶贫责任制。

**七 深化农村改革，创建充满活力的社会主义新农村建设机制**

23. 坚持稳定和完善农村基本经营制度。进一步贯彻执行农村土地承包法，以土地二轮延包为依据，依法稳定农村土地承包关系，妥善处理有关遗留问题，切实保护农民土地承包权益。建立和健全在依法、自愿、有偿基础上的土地承包经营权流转机制，鼓励有条件的地方发展多种形式的适度规模经营。

24. 加快农村征地制度改革步伐。严格区分公益性和经营性两种不同性质的用地，推进集约节约用地；改革、完善土地征用补偿方式；探索并推广以农民土地承包经营权入股的方式，使农民分享经营性建设项目长期而稳定的收益；探索建立被征地农民就业安置和基本生活保障制度。

25. 进一步深化以农村税费改革为主要内容的农村综合改革。重点是大力推进乡镇机构和事业单位的配套改革，通过体制和机制创新，转变政府职能，构建新型农村公益性事业服务体系。全面推进乡镇事业单位转换体制，全面实行乡镇事业单位养老保险制度。进一步巩固农村税费改革成果，加强治理涉农收费，切实防止农民负担反弹。2006年，省里安排转移支付资金支持乡镇综合配套改革，按每个农业人口5元标准对实行"以钱养事"新机制的乡镇给予补助；安排5000万元用于对省定重点贫困村村级运转补助。对乡村债务要进行清理核实，坚决制止发生新债，逐步化解老债。2006年继续选择部分县市开展化解乡村债务试点工作，妥善处理历年农业税尾欠，完善涉农税收优惠方式，确保农民直接受益。继续深化国有农场税费改革，建立切实减轻农业职工种田负担的长效机制，大力扶持国有农场加快现代农业建设，充分发挥国有农场在社会主义新农村建设中的示范作用。同时，筹措资金支持和启动农业"小三场"改革。

26. 深化农村金融体制改革。继续推进农村信用社改革，积极推行农户小额信用贷款和农户联保贷款，探索发放大额贷款的有效方式。引导县域内各金融机构尽可能将新增存款投放当地，支持农业和农村经济发展。引导和鼓励邮政储蓄资金返还农村，增强农村资金实力。积极引导和规范民间借贷活动。探索农业保险办法，扩大保险范围，提升农业保险保障水平。

27. 培育农村新型社会化服务组织。在继续增强集体经济组织服务功能的同时，鼓励和支持农民在生产、加工、流通等环节组建多种形式的专业合作组织。2006年省财政安排200万元支持发展农村专业合作组织试点工作。

**八　加快发展农村公共事业，促进农村社会全面进步**

28. 进一步普及和巩固农村九年义务教育。扩大农村义务教育"两免一补"范围，加大对贫困学生的资助力度。2006年省财政筹措2.6亿元资金，将农村义务教育阶段"两免一补"对象扩大到151万人。完善农村义务教育经费保障机制，2006年省财政新增安排农村义务教育公用经费2000万元，达到8800万元。各级政府要确保农村中小学教职工工资按时足额发放。建立农村中小学校舍维修改造长效机制，认真实施远程教育、农村寄宿制学校工程，进一步改善农村办学条件。加大力度监管和规范农村学校收费，进一步减轻农民的教育负担。

29. 积极发展农村卫生事业。继续推进新型农村合作医疗试点工作，2006年试点县市扩大到41个，地方财政对参加农村合作医疗试点的农民的补贴，由每人10元提高到每人15元。鼓励社会力量参与发展农村卫生事业。深入开展"亿万农民健康促进"活动，大力普及卫生防病知识，加强人畜共患疾病的防治，做好农村地方病、传染病和其他重大疫病的防治工作。加强血吸虫病综合治理。2006年，对疫区5000名晚血病人实施免费治疗，省级财政安排资金2500万元；对疫区沼气推广和改厕补助新增安排3000万元，达到5000万元；对血吸虫病防治经费新增500万元，达到5652万元。继续做好艾滋病"四免一关怀"的工作。

30. 加强农村文化建设。各级财政要增加对农村文化发展的投入，加快农村公共文化设施和服务体系建设。继续推进广播电视"村村通"和农村电影数字化放映工程，加快文化信息资源共享工程农村基层服务点建设。"十一五"期间，省财政每年新列专项资金1600万元，省发改委每年安排建设资金400万元，用于农村乡镇文化站等农村公益性文化设施建设。积极扶持具有地方特色的民族民间传统文化。推广"农村文化中心户"模式。鼓励农民兴办文化产业。

31. 逐步建立农村社会保障制度。建立健全农村特殊困难群众社会救助体系。2006年纳入救助范围的农村特困人口由50万人扩大到110万人，省级财政安排补助资金8000万元，从福彩公益金中安排3000万元，按人月均10元标准发放。继续实施"福星工程"，逐步扩大农村"五保"老人和丧失劳动能力的病残人员集中供养的比例。开展孤儿救助，妥善解决好孤儿生活、就学等方面的困难。全面提升农村灾害应变能力和应急救援水平。实施农村计划生育家庭奖励扶助制度和"少生快富扶贫工程"。有条件的地方，探索建立农村社会养老保险和农村最低生活保障制度。

### 九 积极推进乡风文明，切实加强民主管理

32. 加强农村精神文明建设。认真实施公民道德建设工程，大力倡导尊老爱幼、邻里和睦、见义勇为、扶贫济困的文明新风，引导农民崇尚科学、抵制迷信、移风易俗、破除陋习，树立先进的思想观念和良好的道德风尚。广泛开展"十星级文明户"、文明村组、文明乡镇创建活动，提高农村的文明程度和农民的整体素质。

33. 加强农村民主法制建设。扩大农村基层民主，进一步完善村务公开和民主议事制度，逐步健全党组织领导的充满活力的村民自治机制，让农民群众真正享有知情权、参与权、管理权、监督权。深入开展农村普法教育，增强农民的法律观念和依法维权能力。妥善处理农村各种社会矛盾，加强农村社会治安综合治理，创造农村安定祥和、农民安居乐业的社会环境。

### 十 加强组织领导，狠抓工作落实

34. 切实加强对社会主义新农村建设工作的领导。建设社会主义新农村是长期的历史任务，各级党委、政府要高度重视。要充分尊重农民意愿和主体地位，坚持科学规划，因地制宜，分类指导，防止强迫命令，防止盲目攀比，防止形式主义，防止加重农民负担。领导干部要经常深入农村调查研究，抓好试点示范；要加强指导服务，帮助基层解决新农村建设中遇到的各种矛盾和问题。要建立推进新农村建设的工作协调机制，明确职责分工，搞好配合协作，形成建设合力。

35. 动员全社会力量关心、支持和参与。要广泛动员，努力形成全社会关心、支持、参与建设社会主义新农村的浓厚氛围。宏观管理、基础产业和公共服务部门，在制定发展规划、安排建设投资和事业经费时，要充分考虑统筹城乡发展的要求，更多向农村倾斜；各行各业都要关心支持社会主义新农村建设，加大城市经济对农村的辐射和城市人才、智力资源对农村的支持力度；鼓励党政机关、人民团体、企事业单位和社会知名人士、志愿者与乡村结对帮扶；省直农村小康建设工作队各派出单位要把驻点村作为新农村建设对口帮扶的联系点，在当地新农村建设中发挥示范带头作用。

36. 加强农村基层组织建设，巩固先进性教育活动成果。继续开展农村党的建设"三级联创"活动，不断增强农村基层党组织的战斗力、凝聚力和创造力，巩固党在农村的执政基础，为建设社会主义新农村提供坚强的政治和组织保障。加强农村基层组织干部队伍建设，建立村干部能力培训体系，利用党校、行政学院对村干部进行培训，提高村干部的综合素质。2006年省财政通过转移支付支持农村村级组织办公活动场所建设。

（鄂发〔2006〕1号）

# 2007年湖北省一号文件中共湖北省委湖北省人民政府关于2007年大力发展现代农业扎实推进社会主义新农村建设的意见

2007年1月24日

2006年,我省社会主义新农村建设开局良好。2007年,要巩固和发展农业农村的好形势,全省上下必须坚持以邓小平理论和"三个代表"重要思想为指导,全面贯彻落实科学发展观,坚持把解决好"三农"问题作为全省工作的重中之重,坚持城乡统筹协调发展,坚持工业反哺农业、城市支持农村和多予少取放活的方针,围绕落实《湖北省"十一五"社会主义新农村建设规划实施纲要》,积极推进现代农业建设,强化农村公共服务,深化农村综合改革,巩固、完善、加强支农惠农政策,切实加大农业投入,促进农业和农村经济又好又快发展,力争粮食增产2.5亿公斤,农业增加值增长4%,农民人均纯收入增加200元以上,确保新农村建设取得新的进展。

## 一 构建发展现代农业的产业体系

(一)实施优质粮工程

稳定发展粮食生产,注重调优品种结构,着力发展优质水稻、小麦,扶持20个水稻主产县市建设规模化、标准化优质稻生产基地,在鄂中北8个县市建设130万亩优质专用小麦核心示范区。省财政继续安排专项资金2000万元用于发展优质稻。

（二）实施农业板块工程

进一步推进优势农产品产业带和特色农业基地建设，加强连片开发和建设，走"专、精、新、特"路子，发展"一村一品"，形成特色优势。省财政继续安排专项资金8000万元用于农业板块建设，从农业综合开发资金中安排4000万元用于农业板块建设，其中1000万元用于农业产业化重点项目建设。省发改委安排2685万元用于农业产业化基地建设。积极推行农业标准化生产，大力发展无公害农产品、绿色食品和有机农产品，力争新开发标志产品300个。省财政安排用于绿色食品品牌开发、无公害农产品开发和绿色农业发展的专项资金由500万元增加到700万元。强力推进农产品品牌战略，积极开展国家级和省级名牌农产品的培育、评选、认定工作。转变养殖观念，调整养殖模式，做大做强畜牧水产养殖业。畜牧业要积极发展规模养殖和畜禽养殖小区，对养殖小区扩大补贴规模。水产业要推广优良品种，提高健康养殖水平。

（三）实施农产品加工工程

围绕建设10亿元农产品加工企业、50亿元农产品加工园区、100亿元农产品加工县市的目标，重点在粮食、棉花、油料、畜禽、水产、饲料、蔬菜、烟草、果茶、药材等方面，发展精深加工，努力提高农产品的加工转化率。落实财政、信贷、税收、信用担保等优惠政策，支持龙头企业发展。省财政继续安排2000万元用于粮油精深加工龙头企业贴息，从农业综合开发资金中安排专项资金参股经营农业产业化。加快与中粮集团、正大集团的战略合作步伐，引导和支持我省龙头企业与其进行资产重组，实行产业联合，发展农产品加工园区，形成产业集群。打造东西湖现代农产品加工销售收入过500亿元园区。加快发展外向型农业，落实和完善促进农产品出口的各项政策，提高出口农产品质量，扩大农产品出口规模，力争农产品出口增长15%以上。

（四）实施多功能农业工程

在保障农业食品功能的同时，注重开发农业的原料供给、就业增收、生态保护、观光休闲、文化传承等多种功能，向农业的广度和深度进军，促进农业结构不断优化升级。对农民兴办的农家乐、休闲农庄、垂钓中心、田园景观等，在土地批租、税费收取等方面给予优惠。

## 二 加强农业和乡村基础设施建设

### （五）加强水利建设

在扎实抓好防汛抗旱工作，继续抓好汉江下游堤防工程建设的同时，大力加强农田水利基本建设，抓好22个大型灌区节水改造项目、2个在建农业综合开发中型灌区节水配套改造项目、6个节水灌溉示范项目建设，加大病险水库除险加固力度。推进四湖流域血防综合治理。省财政继续安排资金5亿元，优先用于列入国家专项规划的大型排灌站更新改造。中小型排灌设施的改造要创新建设管理机制。多途径筹措资金，对小型农田水利工程建设增加专项补助资金规模。鼓励农民对直接受益的小型水利建设投工投劳。

### （六）加大国土整治和农业综合开发力度

严格土地管理，加强基本农田保护，加强标准农田建设，省里继续筹措资金10亿元以上，用于46个粮食主产县市尤其是20个水稻主产县市建设标准农田100万亩，其中农业综合开发安排2亿元用于中低产田改造；继续筹措资金4亿元用于22个烟叶主产县市基本烟田"千村千亩"工程建设。

### （七）改善农村人居环境和发展条件

全省完成300万人的农村安全饮水工程建设年度任务，其中血吸虫重疫区12个县（市、区）解决90万人的安全饮水问题。省里筹措专项资金按每人240元给予补助，市县也要积极筹措资金配套补助。全省新建沼气池36万口，争取达到40万口。省财政对农业沼气推广和改厕补助由5000万元增加到1.5亿元。全省新建通村沥青（水泥）路12000公里，实现73%的村通沥青（水泥）路。对通村硬化公路建设，省里继续安排补助资金，有条件的县市给予配套补助。省财政继续安排专项经费1亿元用于"百镇千村"示范工程建设。

### （八）加强农村市场体系建设

重点推进农产品批发市场改造升级，积极培育多种形式的农产品流通企业和经纪人队伍，支持农业产业化企业搞活流通，鼓励商贸企业发展"农入超""超对超"连锁配送经营。进一步落实鲜活农产品"绿色通道"政策。大力推进"万村千乡市场工程"和邮政"三农"服务站建设。

（九）提高农业可持续发展能力

大力推行节本、省工、降耗的高效生态农业模式，重点打造粮食转化循环经济产业链、秸秆综合利用循环经济产业链、以沼气为纽带的废弃物循环利用产业链、以动植物互利为纽带的再循环利用产业链。以土壤污染防治和农村环境综合治理为重点，加强农村环境保护。切实抓好天然林保护、退耕还林还草等生态工程建设，稳步推进造林绿化，加快发展苗木花卉、经济林产品加工等林业产业，继续开展"绿色家园"创建活动。继续加强小流域综合治理，搞好水土保持。

### 三　强化建设现代农业的科技支撑

（十）推进农业科技创新

整合科研力量联合攻关，在关键技术领域自主创新，取得30项重要农业科技成果。省财政安排专项资金600万元用于重大和重点农业科技成果的转化应用。办好农业科技创新中心，建成南湖农业科技园"孵化器"二期工程。继续实施星火富民工程、粮食丰产科技工程。

（十一）加强农业科技推广

完善基层农技推广服务体制和机制，推动农业科技进村入户。继续推广10大类农业实用技术。省财政继续安排2028万元对46个粮食主产县市676个乡镇的农技推广予以补助。

（十二）大力发展农业机械化

重点推广机耕、机整、机播、机插、机械防治病虫和跨区机收，提高农业集约化水平和综合效益。扩大农机购置补贴规模、补贴机型和范围，鼓励农民购买农机。省财政安排农机补贴资金由1000万元增加到1900万元，其中安排重点血吸虫疫区"以机代牛"专项资金600万元。

（十三）加强重大动物疫病和农作物病虫害防治

完善农业重大动植物灾害应急反应机制，健全防灾减灾体系和组织管理体系，建立防灾减灾预案。抓好以高致病性禽流感为重点的重大动物疫病预警、预报和预测工作，强化畜禽免疫，搞好疫病监测。加强畜禽标识工作，建立动物防疫保障和畜产品质量安全追溯体系。抓紧建设新型公共植保服务体系，建立农作物重大病虫害统防统治机制。省财政安排专项资金800万元用于控制、扑灭检疫性有害生物，发展病虫机械防治组织。

（十四）加快农业信息化建设

完善农村信息综合服务网络，加快电话"进村入户"步伐，继续实施广播电视"村村通"工程。整合涉农信息资源，搭建农村综合信息服务平台，提升农村综合信息服务体系的技术水平和服务水平。

### 四　培养造就新型农民队伍

（十五）大力开展农民培训转移

整合培训资源，加强部门配合，完成农村劳动力转移培训80万人的年度目标。实施"阳光工程""技能就业计划"等农村劳动力转移和新型农民培训工程，办好100个省级农民技能就业培训基地。加大对"阳光工程"等农村劳动力转移就业培训的支持力度，进一步提高补贴标准，充实培训内容，完善培训机制。劳动和社会保障部门要加大投入力度，每年完成40万人以上的农村劳动力转移技能培训。教育部门要大力发展农村职业教育，使更多的初、高中生受到职业教育和技能培训。继续发挥好共青团、妇联、扶贫等部门在培训中的作用，扩大培训覆盖面。坚持"一主三化"方针，大力发展县域经济，促进农村劳动力就近就地转移。加强信息引导，开展多种形式的劳务协作，拓宽农民外出务工渠道，加强劳务基地建设，提高农村劳务输出的组织化程度。积极培育和宣传湖北劳务品牌，提高我省劳务经济的市场竞争力。

（十六）培育现代农业经营主体

实施"新型农民科技培训""农村实用人才培训"和"温暖"工程，提高农民务农技能和科技素质，努力把广大农民培养成有较强市场意识、有较高生产技能、有一定管理能力的现代农业经营者。提供优惠政策支持，积极引导外出务工农民回归创业，开展"劳务创业之星"评选表彰活动。

（十七）全面发展农村公共事业

加快农村义务教育体制改革，认真落实农村义务教育经费保障措施。对农村义务教育阶段学生免除学杂费，对农村贫困家庭学生免费提供教科书，并补助寄宿生生活费。加强乡镇卫生院和村卫生室的建设，完善县、乡、村三级医疗服务体系。全省新型农村合作医疗试点县（市）覆盖面扩大到80%，对参加合作医疗农民的补助标准每人每年提高到40元。切实抓好计划生育，稳定农村低生育水平，提高出生人口素质，综合治理出生人口性别比偏高问题。繁荣农村文化、体育事业，加强农村文化基础设施和服务体系建设，深入开展群众性精神文明创建活动，不断丰富农民精神文化生活。

**五 积极推进农村综合改革和体制创新**

（十八）坚持农村基本经营制度

巩固和完善以家庭承包经营为基础、统分结合的双层经营体制。做好完善农村土地二轮延包的后续工作，稳定农村土地承包关系，切实保护农民土地承包权益。建立健全土地承包经营权流转机制，在依法、自愿、有偿基础上搞好土地经营权流转，发展适度规模经营。认真开展城中村、城郊村、园中村集体资产产权制度创新试点，省财政安排专项经费予以支持。认真贯彻落实《农民专业合作社法》，积极鼓励支持农村各类合作组织的发展，提高农民自我服务能力和农业组织化程度，推进农村经营体制创新。省财政新增专项资金，用于开展农民专业合作社试点示范工作。

（十九）继续推进乡镇机构改革

巩固乡镇行政机关改革成果，切实转变乡镇政府职能。坚持加强公益性服务、放活经营性服务的原则，加快乡镇公益性服务体系建设，不断完善农村公益性服务"以钱养事"新机制。省财政按每个农业人口10元的标准，对实行农村公益性服务"以钱养事"新机制的乡镇（含国有农场）进行补助。县市财政按省里规定的标准，落实本级预算"以钱养事"经费。

（二十）稳妥开展集体林权制度改革试点

推进林业综合配套改革，建立起"产权归属清晰、经营主体到位、责权划分明确、利益保障严格、流转规范有序、服务监管有效"的现代林业产权制度。进一步减轻林农负担。

（二十一）做好深化国有农场和启动国有农牧渔原（良）种场改革试点工作

深化国有农场管理体制和内部运行机制改革，完善农场机构改革、农业税费改革和职工养老统筹改革的相关政策，妥善解决改革中的遗留问题。加快国有农场发展，使其建设成为全省新农村建设的先行区、现代农业的示范区和农村改革发展的实验区。落实国有农场基础设施和公共事业投入政策，合理确定2007年国有农场项目、资金投入规模和基数。从2007年起，按每年不少于5万亩的规模安排国土整治项目，省财政每年安排2000万元的专项资金，以项目形式支持国有农场建设现代农业。启动国有农牧渔原（良）种场改革工作，取消承包地农业税费，省财政安排转移支付补贴资金给予支持。剥离社会职能，积极推进内部管理体制改革，开展国有农牧渔原（良）种场职工养老保险试点。

（二十二）积极稳妥化解乡村集体债务

严格执行政策，不得违背农民意愿举债搞建设，坚决制止发生新的债务。对于清理核实锁定的乡村集体债务，实行分类处理，积极探索化解措施和办法，区分轻重缓急，优先化解与农民利益直接相关、基层矛盾比较集中的债务。妥善处理好历年农业税尾欠。严禁各种形式的债转贷。对积极主动化债成效明显的乡镇，省里给予奖励。

（二十三）进一步加强农民负担监督管理

坚持涉农税收、价格及收费"公示制"，乡镇、村级组织和农村中小学校订阅报刊"限额制"，涉及农民负担案（事）件"责任追究制"。严禁有关部门或单位委托村级组织向农民收取税费，进一步规范村级组织开支范围和标准，强化对村民"一事一议"筹资筹劳的监管，继续发放农民负担监督卡。加大农民负担督办检查力度，抓紧制订新阶段减轻农民负担工作考核办法。

## 六 切实加强对"三农"工作的组织领导

（二十四）进一步落实抓好"三农"工作的领导责任

各级党委、政府要高度重视"三农"工作，切实把推进现代农业建设、构建和谐新农村的各项任务落到实处。各级党政主要领导要亲自抓"三农"工作，各级党委、政府要有负责同志分管"三农"工作。各级领导干部要转变作风，深入乡村，深入群众，帮助基层解决实际问题。充实和加强"三农"工作综合机构，贯彻落实好党的支农惠农政策。继续动员省直各部门为推进现代农业发展和社会主义新农村建设办实事，继续组派省直新农村建设工作队到农村基层帮助工作。各级各部门要树立全局观念，强化服务意识，以发展现代农业、促进农民增收、构建和谐新农村为己任，切实履行职责，加强协调合作，形成支持"三农"工作的合力。

（二十五）多渠道增加对"三农"的投入

各级政府要坚持存量适度调整、增量重点倾斜的原则，确保本级财政支农投入的增量继续高于上年，固定资产投资用于农村的增量继续高于上年，土地出让金用于农村建设的增量继续高于上年。建设用地税费提高后新增收入主要用于"三农"。继续探索和完善整合支农资金的有效方式，积极开展以县为主、规划引导、项目带动、集中投入的支农资金整合试点。加强与开发银行、农业发展银行的战略合作，争取更多的信贷资金投向农业农村发展项目。大力支持农村信用社改革，扩大农村小额信贷范围。引导农户发展资金互助组织。积极探索和完善以奖代补、先建后补、以物抵资、民办公助等方式，引导和鼓励社会资金投入和农民投工投劳支持农业农村发展。开展企业联村反哺活动，通过产业带动、村企联动、投资推动、科技驱动、服务拉动、外出牵动等多种形式进行共建，实现兴工建农、以厂带村、村企共赢。积极发展农业保险，开展农业政策性保险试点。

（二十六）完善和落实农业补贴政策

国家各项农业补贴资金不能用于抵扣"一事一议"、水费等费用，不能用于抵债，不能挪作他用。切实做好粮食直补、良种补贴、农业生产资料综合直补等资金的管理和发放工作，普遍采用"一折通"发放到农户。积极争取中央财政增加对我省粮食主产县市和财政困难县乡的奖励补助。继续对重点粮食品种实行最低收购价政策。

（二十七）加强农村基层组织建设

继续开展农村党的建设"三级联创"活动，不断增强农村基层党组织的创造力、凝聚力和战斗力。切实加强农村基层党风廉政建设，建立和完善各项制度，增强党员干部的廉洁自律意识，进一步密切党群干群关系。健全村党组织领导的充满活力的村民自治制度，完善村务公开制度。采取有效措施，加强对村级干部的培训，提高村级干部的综合素质。省、市、县、乡抽调干部，向每个村派一名新农村建设指导员，加强对村级工作的具体指导。积极探索从优秀村干部中考录乡镇公务员、选任乡镇领导干部的有效途径，关心村干部的工作和生活，有条件的地方要采取措施，适当提高村干部的待遇和保障水平。

（二十八）促进农村和谐发展

继续坚持开发式扶贫方针，扎实开展整村推进、产业化扶贫、"雨露计划"实施、扶贫搬迁和老区建设。全年解决10万极端贫困人口的温饱和30万低收入人口的基本脱贫问题；扶贫搬迁4万人；培训转移劳动力5万人；省里抓好300个重点贫困村，市州县抓好200个重点贫困村的整村推进工作。对革命老区和插花地区的贫困村，选择603个村参照整村推进的办法给予重点扶持；省财政继续安排5000万元转移支付资金支持重点贫困村工作运转。认真落实水库移民后期扶持政策，做好大中型水库移民扶持工作。

在全省范围内建立农村最低生活保障制度，有条件的地方积极探索建立农村社会养老保险制度。加强和改进农村社会管理，维护农村社会稳定。拓宽农村社情民意表达渠道，建立健全矛盾纠纷的排查调处机制。深入开展平安农村建设，搞好农村社会治安综合治理。广泛开展法制宣传教育，增强群众的法律意识，引导农民以理性合法形式表达利益诉求，依法行使权力、履行义务。

（鄂发〔2007〕1号）

# 2008年湖北省一号文件中共湖北省委湖北省人民政府关于切实加强农业基础建设促进农村经济社会又好又快发展的意见

2008年1月14日

2008年农业和农村工作的指导思想是：深入贯彻落实党的十七大、中央农村工作会议和省委九届二次全会精神，全面贯彻科学发展观，按照统筹城乡经济社会发展的要求，突出加强农业基础建设，努力增加农产品有效供给，促进农民持续增收，切实解决农村民生问题，扎实推进社会主义新农村建设，实现农村经济社会又好又快发展。主要发展目标是：粮食增产5亿斤，农民人均纯收入增长8%，农业增加值增长4%。

**一 继续推进优势农产品板块建设**

1. 稳定发展粮食生产。优化品种结构，提高单产水平，省财政继续安排专项资金，支持主产区建设优质稻板块达到2000万亩。落实对产粮大县奖励政策、国家粮食最低收购价政策，积极做好粮食收购工作。加大对农户科学储粮工程建设的政策支持力度。

2. 大力发展经济特产作物。继续巩固和加强优质棉花、双低油菜、果茶、蔬菜、食用菌、中药材等优势和特色农产品板块建设，推进规模化连片种植。突出重点区域和产品，建设一批高标准、高质量的出口农产品生产基地。继续筹措资金用于烟叶基本烟田"千村千亩"工程建设，开展现代烟草农业试点。

3. 加快发展畜牧水产业。开展畜牧大县创建工作,加快转变畜禽养殖方式,落实规模养殖用地政策和对畜禽养殖业的各项补贴政策。2008年省里筹措资金对新建经过验收的万头养猪场,每个补贴100万元。加大与中粮集团的战略合作,支持中粮集团在我省投资建设大型现代化养猪场和屠宰厂,带动农民标准化生猪养殖,同等享受国家和省里的优惠政策。扶持奶牛业发展,建设一批500头以上规模的奶牛基地,按照国家标准对奶牛进行补贴。加快建设水产大县,2008年省财政安排3000万元资金支持水产大县建设。推广水产健康养殖,强化水生生物资源养护。调整水产品种结构,水产板块增加100万亩,名特优水产品比重达到80%。2008年省财政新增安排的5000万元板块建设资金主要用于扶持畜牧、水产业发展,安排专项资金对生猪、水产养殖大户给予贷款贴息扶持。建立健全生猪、奶牛等政策性保险制度。

4. 加强农业标准化和农产品质量安全工作。抓好农产品质量标准监管,从龙头企业、板块基地、养殖小区、精养鱼池、农民专业合作组织、科技示范户和种养大户入手,开展农业标准示范、推广、宣传和培训,引导实行标准化生产。建立健全农产品质量安全检验检测体系,搞好产地准出和市场准入,建立健全农产品标识和可追溯制度,推进农产品质量全程监控,保障农产品消费安全。加强农业执法,严格农药、化肥、种子、饲料等农业投入品的监管。大力发展无公害产品、绿色食品和有机食品。加强农产品地理标志保护。

## 二 努力提高农业产业化经营水平

5. 培育大型农产品加工龙头企业。进一步建立完善全省农业产业化信用担保体系,扩大担保规模,增加财政参股龙头企业资金,支持符合条件的龙头企业向社会发行企业债券,切实解决龙头企业融资难的问题。进一步完善龙头企业与基地、农户的利益联结机制。扩大招商引资,推进资产重组,搞好资源整合,促进优势产业集群发展,尽快形成一批农产品加工产值过10亿元的加工企业、50亿元的加工园区、100亿元的县市。

6. 推进农产品品牌建设。加大对我省国家级知名品牌、绿色食品品牌的支持和宣传力度。继续推进品牌整合,放大已有的粮食、渔业、茶叶等方面的品牌效应。引导和支持龙头企业加大科技创新力度，提高产品质量，创新营销方式，搞好品牌建设。

### 三 加大农村劳动力培训转移力度

7. 切实抓好农民培训。加强部门协调，整合培训资源，创新培训方式，提高培训质量，稳定培训规模，实现农村劳动力转移培训80万人的年度目标。加大"阳光工程""技能就业计划""雨露计划""温暖工程"等培训工作力度，促进农村劳动力转移。推进新型农民培训，实施"农村实用人才培训""新型农民科技培训"工程，重点培训种养业能手、科技带头人、农村经纪人和专业合作组织领办人等。

8. 拓宽农村劳动力转移渠道。大力发展县域经济，促进农村劳动力就近就地转移。积极探索破解省内企业用工难的具体办法和措施。加强信息引导和动员组织，开展多种形式的劳务协作，提高农村劳动力转移的组织化程度。积极培育和宣传湖北劳务品牌。鼓励引导外出务工农民回归创业，组织开展"劳务创业之星"评比表彰活动。

9. 依法维护农民工合法权益。进一步消除阻碍农民进城就业的不合理限制，推进建立城乡统一、公平就业的劳动力市场。加强对农民外出就业的管理和服务，继续推行工资保证金制度，切实解决农民工工资偏低和拖欠问题。建立健全农民工社会保障制度，加快制定低费率、广覆盖、可转移、与现行制度相衔接的农民工养老保险办法，扩大工伤、医疗保险覆盖范围。大中城市、工业园区以及农民工集中的地区，应当积极创造条件建设农民工廉租公寓，改善农民工的居住条件。农民工输入地要坚持以公办学校为主接收农民工子女，收费与当地学生平等对待。农民工输出地要为留守儿童创造良好的学习、寄宿和监护条件。

### 四 加快农业综合生产能力建设

10. 进一步加强水利建设。突出抓好病险水库整险、汉江中下游现代水利示范建设、荆南四河堤防、武汉和黄冈连江支堤等重要工程，提高整体防洪保安的水平。加大中小河流、中小型灌区、中小型灌排泵站、中小水库、中小水电站、中小区域滑坡等工程修复整治力度，加强地质灾害防治工作，增强应对局部突发灾害的能力。2008年省财政安排4000

万元用于小水库溢洪道开挖建设。抓好大型排涝泵站更新改造、大型灌区续建配套及蓄水保水工程等农田灌排体系建设，加快推进农村塘堰、沟渠的清淤整治，提高旱涝保收水平。2008年省财政按照国家确定的比例，配套安排专项资金对农村塘堰、沟渠的清淤整治等小型农田水利建设给予奖励补助。适应可持续发展的新要求，狠抓水环境保护工程建设。

11. 加大高产农田建设和低丘山地改造力度。进一步完善规划，创新机制，加强土地整理、农业综合开发、商品粮（棉、油）基地、优质粮食产业工程等项目的资金整合，提高投资效益，建设高产农田100万亩。从2008年起，省里筹措专项资金，用5—7年时间改造300万亩低丘岗地。加强地力建设，进一步扩大测土配方施肥规模，搞好秸秆还田，增施有机肥，促进土壤改良。

12. 加快推进农业机械化。扩大农机作业范围和领域，重点推广粮食作物全程机械化，积极发展经济作物和养殖业机械化。落实对农机作业服务实行减免税政策，对从事田间作业的拖拉机免征养路费，落实农机跨区作业免费通行政策。扶持发展农机大户、农机合作社和农机专业服务队。创新补贴办法，扎实推进血吸虫疫区"以机代牛"工程，开展"以机代牛"整乡推进试点。加强先进适用、生产急需农业机械的研发，加快发展农机工业。加强农机安全监理工作。

13. 继续加强生态建设。实施生态农业工程，开展农村节能减排工作，大力发展循环农业。加大农业面源污染防治力度，加快重点区域治理步伐，防止城市工业"三废"向农村转移。加强三峡库区、南水北调水源区、清江、汉江中下游等重点水域水资源保护和水污染治理，加强洪湖、梁子湖等湿地保护。继续实施长江防护林、天然林保护、退耕还林等重点生态工程建设。从2008年起，省财政每年安排5000万元以上资金，用5—7年时间完成500万亩低产林改造任务。加强小流域综合治理，搞好水土保持。

**五 着力强化农业科技和服务体系支撑**

14. 加快推进农业科技研发和应用。整合科研教育资源，增强农业科技创新能力。大力实施技术创新引导工程，加强关键技术开发，加快实施良种工程。开展农产品标准化、规模化生产科技示范，培育和增强农业企业的产品开发和市场竞争能力。省财政安排专项资金支持重大和重点农业科技成果的转化应用。加大重大技术和高效种养模式的推广力度，积极探索农业科技成果进村入户的有效机制和办法。选派农业科技特派员到农村基层帮助工作。充分发挥气象为农业服务的职能和作用。

15. 建立健全动植物疫病防控体系。对重大动物疫病实施免费强制免疫，确保防疫密度达到100%。强化检疫监督，严格疫情监测。加强畜禽标识工作，建立动物防疫保障和畜产品质量安全追溯体系。2008年省财政继续安排1000万元用于加强畜禽标识工作。完善重大动物疫病扑杀补偿机制。健全村级动物防疫员队伍，并给予必要的经费补助。加强重大植物病虫害的预测预报，支持建立专业化防治队伍，推进农作物重大病虫害统防统治。

16. 加强农村市场体系建设。继续推进"万村千乡"市场、邮政"三农"服务站、农产品批发市场的升级改造工程。扶持培育多种形式的农村市场流通主体，鼓励和支持龙头企业、基地与超市对接，支持各种市场主体参与或组织农产品推介活动。加快供销社系统组织创新和经营创新，构建新农村现代流通网络体系。鼓励和支持商贸、邮政、医药、文化等企业在农村发展现代流通业。进一步落实好农产品运销"绿色通道"政策。

17. 加快农村信息化建设。开展通信、广播电视、互联网"三网合一"试点，积极探索信息进村入户的途径和办法。进一步整合农村信息资源，办好农村党员干部现代远程教育。建立和完善重要农产品供求和价格监测预警体系。建立健全农业信息收集和发布制度，为农民和企业提供及时有效的信息服务。

### 六 大力发展农村社会事业

18. 提高农村义务教育水平。提高农村义务教育公用经费保障水平和校舍维修经费补助标准，促进城乡义务教育均衡发展。对全部义务教育阶段学生免费提供教科书。提高农村义务教育阶段家庭经济困难寄宿生生活费补助标准，扩大补助覆盖面。继续实施"农村教师素质提高工程"，选派和组织城市教师到农村交流任教，鼓励和组织优秀大学毕业生到农村学校任教。

19. 增强农村基本医疗服务能力。在全省普遍建立新型农村合作医疗制度，提高补助标准，适当增加个人缴费，扩大农民受益面。加强以乡镇卫生院为重点的农村卫生基础设施建设，健全农村三级医疗卫生服务体系。完善农村医疗救助制度。做好艾滋病、结核病等重大疾病和血吸虫病等地方病的防治工作。加强农村卫生保健工作，优先在农村落实扩大免费预防接种范围的政策。坚持实施人口和计划生育政策，提高出生人口素质，综合治理出生人口性别比偏高问题，稳定农村低生育水平。

20. 繁荣农村公共文化。增加农村公共文化投入，加强乡镇综合文化站建设，完善农村公共文化服务体系。2008年省里继续安排2000万元专项资金对全省100个乡镇综合文化站进行维修改造，安排1000万元资金用于农村电影放映工程建设，安排2000万元资金用于广播电视农村无线覆盖工程。积极开展健康向上的农村群众文化活动，广泛开展农村体育健身活动。深化文明新村创建活动，推进乡风文明建设。

21. 建立健全农村社会保障体系。完善农村最低生活保障制度，扩大农村低保覆盖面，提高人均补助水平。2008年农村最低保障规模达到140万人。加强灾害应急救援能力建设。健全农村五保供养政策。探索建立农村社会养老保险制度。

22. 坚持搞好扶贫开发。继续坚持开发式扶贫方针，增加扶贫开发投入，加大对农村贫困人口和贫困地区的扶持力度。2008年省财政新增安排2000万元扶贫专项资金。加大整村推进力度，启动1103个贫困村实施整村推进。加大产业化扶贫力度，增加小额贴息贷款，进一步支持老区贫困地区培植支柱产业和骨干企业。加大扶贫搬迁力度，解决好4万贫困人口的生存和发展问题。增加革命老区建设投入，切实解决老区贫困村的突出困难。

23. 继续加大乡村基础设施建设力度。加强包括产业发展、基础设施建设、村庄整治和社会事业进步在内的新农村建设规划编制工作。进一步完善农村公路养护管理体制，落实农村公路养护资金。有关部门要制定优惠政策，支持农村客运发展。切实推进农村沼气建设，2008年新增40万户沼气、30处大中型沼气工程、500个沼气服务网点，对血吸虫疫区实行整村推进。抓好农村饮水安全工程建设，确保实现解决300万农村人口的饮水安全和血吸虫疫区人畜饮水安全的年度目标。大力推进村庄整治，实施乡村清洁工程，开展"绿色家园"创建行动。重视解决农村困难群众住房安全问题，2008年继续从福彩公益金中安排4000万元实施"福彩安居工程"，帮助1万户农村特困户进行危房改造。

### 七　全面深化农村改革

24. 进一步深化农村综合改革。切实转变乡镇政府职能，强化公共服务和社会管理，明确乡镇工作任务和工作重点，严格控制对乡镇党政领导的"一票否决"事项。加强对"以钱养事"服务岗位、补助经费、服务合同和考核机制落实情况的检查督促，巩固和完善农村公益性服务"以钱养事"新机制。2008年省财政按每个农业人口新增5元达到15元的标准，对实行农村公益性服务"以钱养事"新机制的乡镇（含国有农场）进行补助。推进乡镇延伸派驻机构改革，规范机构设置，精简分流人员，加强内部管理。推进农村义务教育管理体制改革，建立和完善农村义务教育经费保障机制。完善县乡财政管理体制，推行"乡财县管乡用"的管理方式，完善县对乡镇转移支付制度，增强基层财政实力。

25. 发展土地适度规模经营。稳定农村土地承包关系，规范农村土地承包管理，积极建立农村土地承包经营权流转市场，推动土地经营权有序流转。农村土地承包合同管理部门要加强土地流转中介服务，完善土地流转合同、登记、备案等制度。发展土地适度规模经营，提高劳动生产率、资源利用率。继续推进征地制度改革试点，切实保障农民土地权益。

26. 全面推进集体林权制度改革。在坚持集体林地所有权不变的前提下，将林地使用权和林木所有权落实到户，确立农民经营主体地位，依法保护农民的承包权。做好林权登记工作，确保2008年底前全省集体林地确权发证到户率达到80%以上。认真落实"两金"免征政策，取消一切不合理涉林收费项目，切实减轻林农负担。抓好林业要素市场建设，逐步规范森林资源流转行为。加快林业管理体制改革。省财政安排专项资金，对林权制度改革工作经费予以补助。

27. 扶持发展农民专业合作社。认真贯彻落实《农民专业合作社法》，支持各类农民专业合作组织加快发展。2008年重点引导农民专业合作社实行标准化生产，提高生产技术水平和农产品质量。农民专业合作社可以申请承担国家的涉农项目。落实对农民专业合作社的税收优惠政策，清理取消不合理收费，扩大农民专业合作社试点示范。

28. 加快农村金融体制改革和创新。充分发挥农业发展银行、农业银行支持"三农"的作用，继续深化农村信用社改革，扩大村镇银行试点，逐步建立健全适应"三农"特点的多层次、广覆盖、可持续的农村金融体系。推进农村担保方式创新，积极培育新的信用模式、新的金融产品和新的服务方式。建立和完善政策性农业保险经营机制和发展模式。

29. 统筹推进其他各项改革。妥善解决国有农场改革中的遗留问题，加快国有农场现代农业建设步伐。2008年省财政新增安排1000万元专项资金，支持国有农场在新农村建设和现代农业建设中发挥示范带动作用。认真落实国有农牧渔良种场管理体制改革、剥离社会职能和养老保险制度改革等配套措施，探索新型管理模式和运行机制。妥善处置乡村债务，2008年省财政安排专项资金对农村义务教育"普九"债务化解工作做得好的地方给予奖励。扩大城中村、城郊村、园中村集体资产产权制度创新试点。启动省直大型水管单位体制改革。2008年在鄂州市开展城乡一体化试点工作。

## 八 加强对"三农"工作的组织领导

30. 坚持把解决"三农"问题作为各项工作的重中之重。各级党委、政府要深入贯彻落实科学发展观，不断深化对农业基础地位的认识，把发展农业生产、保障农产品供给、稳定市场物价作为一件关系全局的大事来抓，在工作安排、财力分配、干部配备上，切实体现重中之重的要求。充分发挥各级党委农村工作领导机构的协调作用，加强农村工作综合部门。各级领导干部要进一步转变工作作风，深入农村、深入基层，推动各项重大工作措施落到实处。省、市、县新农村建设工作队要增加力量、扩大规模，切实搞好与乡村对口帮扶工作，营造支持"三农"的良好社会氛围。

31. 切实加大农业农村投入。坚持工业反哺农业、城市支持农村和多予少取放活的方针，坚持做到县级以上各级财政每年对农业总投入增长幅度高于其财政经常性收入增长幅度，坚持把国家基础设施建设和社会事业发展的重点转向农村。2008年财政支农投入的增量要明显高于上年，政府固定资产投资用于农村的增量要明显高于上年，政府土地出让收入用于农村建设的增量要明显高于上年。耕地占用税新增收入主要用于"三农"，重点加强农田水利、农业综合开发和农村基础设施建设。完善城市维护建设税政策，各地预算安排的城市维护建设支出要确定部分资金用于乡村规划、基础设施建设和维护。从2008年起，对在国家扶贫开发工作重点县新安排的病险水库除险加固、生态建设等公益性强的基本建设项目，根据不同情况，逐步减少或取消县及县以下资金配套。制定优惠政策，吸引社会资金投资农业和农村。进一步加强资金整合，提高资金使用效益。

32. 认真落实强农惠农政策。切实做好粮食直补、良种补贴（水稻、小麦、棉花、油菜）、退耕还林补助、农机补贴、能繁母猪补贴、农资综合直补等资金的管理发放工作。探索良种补贴与良种推广有机结合的有效形式。继续做好减轻农民负担工作，健全责任制度，加强农民负担监测和涉农收费监管，开展突出问题专项治理。开展建立村级公益事业建设一事一议财政奖补制度试点。切实做好大湖地区农民减负工作。

33. 创新发展村级集体经济。重点是结合低丘岗地、低产林改造，结合优势农产品板块建设，结合国土整治，创新发展方式，积极兴办农业基地，多途径增加村级集体经济收入。经过2—3年努力，使每村每年集体经济收入达到5万元以上，提高村级运转保障和公共服务能力。

34. 加强农村基层组织建设。巩固和发展先进性教育活动成果，深入推进农村党的建设"三级联创"和农村党员干部"双建双带"活动。加强以村党组织为核心的村级组织配套建设。创新农村基层党组织设置和活动方式，加强和改进对流动党员的管理和服务。加强农村党组织活动场所建设，建立城乡党的基层组织互帮互助机制。加强村级干部培训，实施"一村一名大学生计划"，鼓励大学毕业生到乡村任职，也可以从乡镇机构改革分流人员中招聘村干部。开展从优秀村主职干部中选拔乡镇领导干部试点工作。逐步健全并落实村干部报酬待遇和相应的社会保障制度，做好关心爱护离职村干部、老党员、生活困难党员工作。从2008年起，省财政对每村新增安排2000元，同时县市财政配套安排

1000元，用于增加村干部报酬。加强农村基层党风廉政建设，深入推进政务公开、村务公开和民主管理工作，切实保证党的各项惠农政策落实到位，坚决纠正损害农民权益的行为，促进农村经济健康发展、农村社会和谐稳定。

（鄂发〔2008〕1号）

# 2009年湖北省一号文件中共湖北省委湖北省人民政府关于认真贯彻党的十七届三中全会精神促进2009年农业稳定发展农民持续增收的意见

2009年1月19日

2009年全省农业农村工作的总体要求是：贯彻落实党的十七届三中全会和中央农村工作会议精神，认真实践科学发展观，把保持农业农村经济平稳较快发展作为首要任务，围绕稳粮、增收、强基础、重民生，进一步强化惠农政策，增强科技支撑，加大投入力度，优化产业结构，推进改革创新，千方百计保证粮食和主要农产品增产，千方百计促进农民收入持续增长，为经济社会又好又快发展继续提供有力保障。主要目标是：粮食增产4亿公斤，农民人均纯收入增长7%。

## 一 大力抓好农产品生产

1. 稳定发展粮食生产。充分发挥我省粮食生产的传统优势，稳定粮食播种面积，扩大水稻、小麦、马铃薯种植，提高单产水平，提高粮食产品优质率。力争粮食单产提高5公斤以上，水稻优质率达到70%以上。落实对产粮大县财政奖励政策、粮食产业建设项目扶持政策、粮食风险基金政策、国家最低收购价政策，调动产粮大县抓粮和农民种粮的积极性。推进新增百亿斤粮食生产能力工程，以33个粮食大县为重点，集中投入、整体开发。继续推进农户科学储粮工程建设。

2. 加快优势经济作物发展。落实国家扶持油料生产的各项政策措施，加强"双低"油菜生产基地建设。适应现代油料加工的需要，结合落实油菜良种补贴，根据土壤气候特点，逐步推行一个或几个县（市）种植一个或几个优质主导品种，提高优质菜籽率，培植菜籽油名优品牌。切实抓好油茶产业发展，鼓励企业和民营资本进入油茶产业领域，办好省级油茶良种繁育基地。稳定发展棉花生产，加快推广高产优良品种，重点建设江汉平原和鄂东中长纤维棉区。积极推进蔬菜、水果、干果、茶叶、食用菌、花卉、苗木、中药材等特色农产品基地建设。继续推进烟叶生产"千村千亩"工程，切实办好现代烟草农业试点。

3. 加快畜牧水产业发展。积极推进畜牧大县和水产大县建设。采取市场预警、储备调节、增加险种、期货交易，保持生猪产业稳定发展。落实标准化、规模化畜禽养殖补贴政策、能繁母猪补贴及保险政策、生猪良种补贴政策、奶牛良种补贴政策、畜禽养殖场用地政策，促进肉、蛋、奶产品稳步增长。完善重大动物疫病扑杀补偿机制，对重大动物疫病实施强制免疫，进一步强化检疫监督，严格疫情监测。加快推进标准化鱼池改造，扩大水产健康养殖示范区（场）建设，2009年建成20个省级健康养殖示范区（场）。继续在大江大湖实行禁渔期制度，强化增殖放流等水生生物资源养护措施。加大畜禽水产良种工程实施力度，加快推进动物标志及疫病可追溯体系建设。

4. 继续推进农业板块基地建设。结合国家支持我省现代农业生产发展项目，整合资源，着力推进板块基地和农业专业生产大县建设，重点抓好十大优势农产品生产，发展特色"板块经济"。精心组织实施仙洪实验区农业板块基地建设和农业产业化龙头企业加工原料板块基地建设项目。2009年，新建种植业板块500万亩和标准化畜禽养殖小区200个，新建及改造提升水产板块100万亩。发挥我省食用菌、水产品、蜂蜜、柑橘水果罐头、鲜鸡蛋等产品出口优势，进一步建设农产品出口备案基地，打造农产品出口品牌，努力扩大农产品出口。

5. 加强农产品质量安全监管。按照《湖北省实施〈中华人民共和国农产品质量安全法〉办法》，健全部门分工合作的监管工作机制，严格执行食品安全质量追溯制度、召回制度、市场准入和退出制度。加快农产品质量安全检验检测体系建设，扩大农产品和食品例行监测范围，强化企业质量安全责任，杜绝不合格产品进入市场，保障农产品消费安全。

2009年蔬菜、畜禽、水产品市场抽检合格率达到98%以上。加强农业标准化工作，加快农业标准化示范区建设，推动龙头企业、农民专业合作社、专业大户等率先实行标准化生产，支持建设绿色和有机农产品生产基地，提高农产品价格和市场竞争力。加大农产品注册商标和地理标志保护力度。加强食品安全事件舆论的引导。

**二 切实提高农业综合生产能力**

6. 加大水利基础设施建设力度。抓紧实施洞庭湖四河堤防整险加固工程、荆江大堤综合治理工程、汉江流域综合治理工程，进一步提高防汛标准。加大中小河流治理力度，提高抗灾能力。加快病险水库除险加固进程，抓好大型排灌泵站更新改造、大型灌区续建配套及蓄水保水工程建设。大力开展江河湖泊水生态保护与修复工程建设，重点实施武昌大东湖、汉阳六湖连通，四湖流域专项治理，咸宁淦河、黄石磁湖水生态修复项目，以及汉江流域水利现代化试点中下游水生态平衡系统建设。抓好农村塘堰、沟渠的清淤整治等小型农田水利设施建设。落实水利工程管理体制改革的各项政策措施，巩固和扩大改革成果。

7. 加快高标准农田建设。大力推进土地整理，整合各类涉农项目资金，整乡整村推进农村土地整理和复垦开发，实行田、水、路、林综合整治，加快中低产田改造，提高高标准农田比重。2009年，全省新增高标准农田面积200万亩。加强耕地质量建设，继续推进"沃土工程"，扩大测土配方施肥实施范围，鼓励农民增施有机肥、种植绿肥和秸秆还田。推进低丘岗地改造工程，积极探索市场化、公司化、产业化运作，鼓励社会资本投入低丘岗地改造。2009年，完成60万亩低丘岗地改造任务。

8. 加快推进农业机械化。加强示范基地、机耕道、维修站点、农机具场库棚和农机安全监理设备等基础设施建设，提高农机推广服务和安全监理水平。抓住国家大幅度增加农机购置补贴的机遇，加强资金监管，改进结算方式，提高结算效率，大力扶持农机大户和农机专业合作社，积极发展农机服务产业。改革补贴方式，加强农机与农艺结合，重点发展水稻、小麦、油菜、畜禽养殖全程机械化，提高农机化作业水平，在部分县市区办一批万亩全程机械化试点。实行重点环节农机作业补贴试点。对农机大户、农机专业合作社、种粮大户购置大中型农机具，给予信贷支持。完善农用燃油供应保障机制，建立高能耗农业机械更新报废制度。继续加强农机安全生产监管，预防和减少农机事故的发生。大力发展设施农业。

9. 积极推进农业科技创新。整合和集成科技资源，组织实施农业科技创新体系建设专项行动。启动建设100个与优势特色农业"板块经济"对接的农业科技创新示范基地，支持100家农产品加工龙头企业加强技术创新能力建设，引导科技资源向农业产业一线聚集，推进农科教、产学研有机结合。深入推进粮棉油高产创建活动，全面推行科技特派员制度，鼓励农业科技、经营、管理人才和大学毕业生到农村一线工作。建立完善面向广大农民、覆盖区域较广的综合性农村科技信息传播体系。力争25%的村启动科技培训示范工程，抓好农民技术培训，开发农村实用人才，继续组织开展科技入户，每个村民小组培育1—2个农业科技示范户。继续实行种子等生产资料主推制度。大力推广10大类100项实用技术，重点是轻简栽培、农作物病虫防治、测土配方、优质高产技术、小龙虾野生寄养、畜禽养殖、动植物疫病防控、防灾减灾等技术。

10. 完善农业社会化服务体系。进一步巩固和完善农村公益性服务"以钱养事"新机制，切实保障财政经费，落实服务人员，拓展服务内容，创新服务方式，细化服务合同，强化服务资金管理，提高服务质量。有关部门要完善考核办法，定期对"以钱养事"的实施情况进行考核。采取委托、招标等形式，引导和支持农民专业技术协会等社会力量承担公益性农技推广服务项目。

11. 推进生态重点工程建设。认真落实退耕还林工程各项政策，全面完成退耕还林建设任务，切实巩固退耕还林成果。继续抓好天然林保护工程建设，加强天然林资源管护。抓好武汉城市圈国家现代林业示范区建设。加强森林资源管理、湿地保护和自然保护区建设，落实征占用林地审核制度。加强低效林改造工程建设，大力发展木本生物质能源林基地，2009年完成75万亩低效林改造任务。发展山区林特产品、生态旅游业和碳汇林业。加强森林火灾监测预警体系和防火基础设施建设。加快小流域综合治理，启动坡耕地水土流失综合整治工程，加强山洪和泥石流等地质灾害防治。加强国家重点公益林保护和管理，全面启动1000万亩省级公益林生态补偿。启动湿地、水土保持等生态效益补偿试点，积极探索建立鄂西生态文化旅游圈森林生态补偿机制。采取"以奖促治"的方式，支持农业农村污染治理。开展秸秆等生物质资源综合利用试点。实施乡村清洁工程，办好整县整乡推进村庄环境整治试点。探索农村社区环境卫生治理新机制，加快改善农村卫生条件和人居环境。2009年抓好400个村的村庄环境整治示范工作。

12. 加强农产品市场体系建设。继续实施"双百市场工程"和农产品批发市场升级改造工程，在重点销区和产区新建或改造一批农产品批发市场和农贸市场。支持农产品市场物流配送中心改造升级、农产品批发市场基础设施建设。支持武汉国家稻米交易中心和武汉白沙洲、汉口北四季美农贸商城等大型农产品批发市场建设，培育大型农产品流通市场主体。支持大型连锁超市和农产品流通企业、农民专业合作社开展农超对接，建设农产品直接采购基地。落实停止收取个体工商户管理费和集贸市场管理费政策。健全农产品市场信息服务体系，强化信息引导和产销衔接。长期实行绿色通道政策，免收整车装载鲜活农产品的车辆通行费。

### 三　多途径增加农民收入

13. 积极扩大农村劳动力就业。充分挖掘农业内部就业增收潜力，努力做到多种多收。突出抓好劳务经济开发，切实增加农民的务工收入。引导企业履行社会责任，支持企业多留用农民工，督促企业及时足额发放工资，妥善解决劳资纠纷。对生产经营遇到暂时困难的企业，引导其采取灵活用工、弹性工时、在岗培训等多种措施稳定就业岗位。城乡基础设施建设和新增公益性就业岗位，要尽量多使用农民工。采取以工代赈等方式引导农民参与农业农村基础设施建设。着眼于返乡农民工的素质提高，着眼于国际国内产业的大转移，着眼于农村第二、第三产业的发展，大规模开展针对性、实用性强的农民工技能培训。大力实施回归创业工程，落实农民工返乡创业扶持政策，在贷款发放、税费减免、工商登记、信息咨询等方面提供支持。保障返乡农民工的合法土地承包权益，对生活无着落的返乡农民工要及时救助。拓展农村非农就业空间，做好省内缺工企业与返乡农民工的岗位对接和就业服务工作，鼓励农民就近就地转移就业。探索制定适合农民工特点的养老保险办法。建立农民工统计监测制度。

14. 大力发展农产品加工业。扶持农业产业化经营，让农民更多分享加工流通增值收益。重点抓好龙头企业发展，力争2009年产值过10亿元的龙头企业增加5家、达到20家。加强农产品加工业的区划布局，促进农产品加工企业和项目向园区集聚。支持带动作用大的农业产业化龙头企业开展技术研发、基地建设、品牌整合、质量检测。鼓励农业产业化龙头企业在财政支持下参与担保体系建设。采取有效措施帮助农业产业化龙头企业解决贷款难问题。发挥国有农场在建设现代农业、发展农产品加工业、实施走出去战略等方面的示范带动作用。

15. 加快发展县域经济。坚持走新型工业化道路，不断增强县域经济综合实力。以工业园区为载体，鼓励和引导企业向园区聚集，发展产业集群，为农民提供更多就业机会。进一步强化金融支持，简化中小企业贷款程序，扩大信贷投入。加大财政支持力度，增强中小企业担保机构能力。支持中小企业技术改造，促进产业集聚和升级。完善省直接管理县（市）财政体制改革。进一步扩大县域发展自主权，取消和下放一批行政审批审核事项。依法赋予经济发展较快、人口吸纳能力较强的小城镇在投资审批、工商管理、社会治安等方面的行政管理权限。进一步放宽政策，鼓励全民创业。加大资金、项目扶持力度，加快村级集体经济发展。

16. 认真落实各项惠农政策。切实做好粮食直补、良种补贴、退耕还林补助、生态公益林补偿、农机具购置补贴、能繁母猪补贴、农资综合直补等资金的管理发放工作，完善发放办法和补贴方式，降低发放成本。加强农民负担监测和涉农收费监管，开展突出问题专项治理。

17. 加快推进扶贫开发。坚持开发式扶贫方针，执行新的扶贫标准，对农村没有解决温饱的贫困人口、低收入人口全面实施扶贫政策，尽快稳定解决温饱并实现脱贫致富。以整村推进为平台，整合各类涉农资金，加大信贷扶贫力度，积极发放扶贫贴息贷款以及其他类型的小额扶贫贷款，扶持贫困乡村和贫困户发展生产。推进产业化扶贫，大力发展特色产业，逐步建立贫困农民稳定增收的长效机制。稳步实施"雨露计划"，提高贫困农民自我发展能力。大力实施扶贫搬迁，改善特困户生存和发展条件。2009年扶贫搬迁1万户4万人。加大老区建设力度，打造特色精品红色旅游景点，推进老区经济发展。坚持党政领导干部扶贫工作责任制，继续动员社会力量参与扶贫事业。

**四　加快农村公共事业发展**

18. 推进农村文化建设。建立稳定的农村文化投入保障机制，加强乡镇综合文化站和村文化室、广播电视"村村通"、文化信息资源共享、农村电影数字化放映、农家书屋等重点文化惠民工程建设，加快形成完备的农村公共文化服务体系。扎实开展文化科技卫生"三下乡"活动。深化文明乡镇、文明新村、文明农户、志愿服务等群众性精神文明创建活动，推进乡风文明建设。组织开展全省乡镇、村文化工作人员技能培训，提高农村文化队伍整体素质。切实抓好农村体育事业，广泛开展农民健身活动。

19. 大力发展农村教育。进一步完善农村义务教育经费保障机制，巩固农村义务教育普及成果。建立农村义务教育学校公用经费的稳定增长机制，不断提高农村中小学校的运转水平。进一步组织实施农村义务教育专项工程，努力解决校舍安全、寄宿制学校建设、教师周转房、实验设备更新等问题。落实义务教育学校教师绩效工资，确保义务教育学校教师平均工资水平不低于当地公务员平均工资水平。加快发展农村中等职业教育，2009年起对中等职业学校农村家庭困难学生和涉农专业学生实行免费。采取加强农村师资免费培训、组织城市名校名师对口帮扶农村中小学校、特级教师巡回讲学、选派优秀大学本科毕业生到乡镇学校任教等措施，把优质教育资源送到农村。

20. 加快发展农村医疗卫生事业。全面推进新型农村合作医疗制度建设，确保2009年全省参合率达到90%以上。完善门诊和住院相结合的补偿模式，推广门诊统筹，扩大参合农民受益面。进一步增加投入，加强县、乡、村医疗卫生公共服务体系建设。明确乡镇卫生院公益服务性质，并给予财政保障。启动乡镇卫生院5000名全科医生培训计划。落实村级卫生服务纳入"以钱养事"范围政策。进一步加强血吸虫病防治工作，实施省部联合防治血吸虫病行动项目，实行"整县推进、综合治理"。加强农村药品供应网和监督网建设。大力开展农村爱国卫生运动，推进卫生城镇、卫生村创建工作。

21. 全面加强农村人口和计划生育工作。坚持计划生育基本国策，严肃查处违纪违法生育行为，确保低生育水平的稳定。做好农村适龄青年自愿免费婚检工作，提高出生人口素质。加大出生人口性别比综合治理工作力度，加强部门配合与区域协作，加强流动人口计划生育服务管理。完善落实农村计划生育家庭奖励政策，做好农村各项普惠政策与计划生育政策的衔接。

22. 加快建立农村社会保障体系。探索建立新型农村社会养老保险制度，2009年选择少数县（市）进行试点。做好被征地农民社会保障，做到先保后征，使被征地农民基本生活长期有保障。加大财政补助力度，重点扩大贫困地区农村最低生活保障覆盖面，逐步提高保障标准和补助水平。2009年全省新增农村最低生活保障人数30万人。提高农村五保和孤儿供养标准，分散、集中供养五保对象分别达到1300元和1800元，农村散居孤儿达到1500元。加大"福彩安居工程"建设力度，2009年继续帮助1万户特困群众改造危房。

23. 加快农村基础设施建设。科学制定和完善乡镇村庄建设规划，2009年所有建制镇、80%的乡集镇、75%的村要完成总体规划编制或编修工作。继续实施新农村村庄整治工程，按照整县推进、区域集中的原则，抓好农村村庄整治工作。抓好重点镇的基础设施配套建设，进一步完善城镇功能。做好全省2010—2013年农村饮水安全工程建设规划，加大投资和建设力度，把农村学校、国有农（林、渔）场纳入建设范围，2009年再解决400万人的农村安全饮水问题。继续加强农村电网建设，加快推进城乡同网同价。加快农村公路建设，建立健全农村公路管理养护长效机制，2009年新修通村沥青（水泥）路12000公里。建立农村客运政策性补贴制度。增加农村沼气、生物质能源及其他可再生能源工程建设投资，2009年全省新建沼气池40万口，鼓励在畜禽养殖小区（场）建设大中型沼气工程。发展农村信息化，加快推进广电网、电信网、互联网"三网融合"。继续推进农村居民地震安全工程，引导农民建设符合当地抗震设防要求的安全新农居。

24. 积极开拓农村市场。大力实施"万村千乡市场工程"和"新农村现代流通服务网络工程"，支持农村流通基础设施建设，鼓励连锁超市下乡，改善农村消费环境。引导企业开发适合农村特点的产品，提供优质高效、快捷便利的售后服务。落实国家"家电下乡"补贴政策。支持供销合作社、邮政、商贸企业和农民专业合作社等加快发展农用生产资料连锁经营,加强产粮大县和经济作物大县农业生产资料现代物流设施建设,推行农资信用销售,保障农资供应。兴建5000家以上集村务、商务、服务为一体的农村综合服务社。整顿和规范农村市场秩序,严厉惩治坑农害农行为。

**五　继续深化农村改革**

25. 稳定完善农村基本经营制度。认真落实土地承包法律法规和政策,赋予农民更加充分而有保障的土地承包经营权,现有土地承包关系保持稳定并长久不变。强化对土地承包经营权的物权保护,做好集体土地所有权确权登记颁证工作,将权属落实到法定行使所有权的集体组织。坚决禁止和纠正违法收回农民承包土地的行为。坚持依法自愿有偿原则,允许和引导农民流转承包经营权,发展多种形式的土地适度规模经营。土地承包经营权流转,不得改变土地集体所有性质,不得改变土地用途,不得损害农民土地承包权益。逐步在乡、村建立土地经营权流转服务平台,扶持县级土地承包纠纷仲裁组织,切实提供信息沟通、法规咨询、价格评估、合同签订、纠纷仲裁等服务。扩大城中村、城郊村、园中村集体资产产权制度创新试点,明晰产权,盘活资产,规范管理,探索集体经济的有效实现形式。选择部分县市继续开展农村专项改革试点。

26. 实行最严格的耕地保护制度和最严格的节约用地制度。加快乡镇土地利用总体规划修编工作,推进村庄土地利用规划,按照"统一规划、整村推进、节约集约、田水路林村综合治理"的原则,积极开展城乡建设用地增减挂钩试点,调整优化土地利用布局。基本农田必须落实到地块、标注在土地承包经营权登记证书上,并设立统一的基本农田保护标志,严禁擅自调整规划改变基本农田区位。建立健全基本农田保护占用审批、占补平衡、监督检查、保护责任、质量建设、公示和听证等制度,确保基本农田保护数量不减少、质量不降低、用途不改变。建立保护补偿机制,实行先补后占,占补平衡,确保补充耕地的数量和质量。严格落实耕地保护责任制,实行耕地和基本农田保护领导干部离任审计制度。

从严控制城乡建设用地总规模，建立土地节约集约利用评价考核体系，对节约集约用地实行量化管理，建立和落实节约用地制度。采取切实措施，加强农村宅基地管理。

27. 全面推进集体林权制度改革。2009年全省要基本完成明晰产权、发证到户的集体林权制度改革任务。在做好明晰产权和勘界发证工作的基础上，按照放活经营权、落实处置权、保障收益权的要求，积极推进各项配套改革。加快林地、林木流转制度建设，建立健全林权交易平台；完善森林资源资产评估体系，规范森林资源流转行为；积极推进林权抵押贷款，不断拓宽林业融资渠道；开展政策性森林保险试点，降低林业经营风险；认真落实"两金"减征政策，切实减轻林农涉林负担。加快国有林场改革步伐，加强林场基础建设，将国有林场水、电、路、通信等基础设施建设纳入经济社会发展规划，促进林区和谐发展。

28. 深化农村综合改革。进一步转变乡镇政府职能，规范机构设置，强化管理和服务，为农村经济社会发展创造有利环境。推进"乡财县管"改革，加强县乡财政对涉农资金的监管。进一步深化国有农场体制改革。加大力度推进国有农牧渔良种场改革。力争用3年左右时间，逐步建立资金稳定、管理规范、保障有力的村级组织运转经费保障机制。完善村民一事一议筹资筹劳办法，开展农村村级公益事业建设一事一议财政奖补试点工作。积极稳妥化解乡村债务，2009年完成审定的农村义务教育"普九"债务余额的化解工作，选择少数县（市）开展包括解冻清收农民历年农业税费尾欠在内的化解村级债务试点。

29. 大力扶持发展农民专业合作社。认真贯彻落实《农民专业合作社法》，扶持各类农民专业合作组织加快发展，使之成为引领农民参与国内外市场竞争的现代农业经营组织。加大财政支持力度，开展示范社建设行动，加强合作社人员培训。将合作社纳入税务登记系统，免收税务登记工本费。支持有条件的合作社承担国家涉农项目、开展信用合作。落实对农民专业合作社的各项优惠政策，清理取消不合理收费，切实减轻合作社的负担。2009年农民专业合作组织农民覆盖面力争提高5个百分点，达到30%。

30. 积极推进城乡一体化。大力推进武汉城市圈"两型社会"综合配套改革实验区建设和鄂西生态文化旅游圈建设,加快形成全省统筹城乡发展的体制机制,努力在城乡规划、产业布局、基础设施、公共服务、劳动就业和社会管理一体化等方面取得新的突破。继续办好仙洪新农村建设实验区,启动7个贫困山区县新农村建设试点工作。切实办好鄂州市等城乡一体化试点。做好恩施州国家农业综合开发扶持民族地区经济社会发展政策创新实验区的启动工作。

**六 加大对农业的支持保护力度**

31. 进一步增加农业农村投入。各级财政要大幅度增加对农村基础设施建设和社会事业发展的投入,提高预算内固定资产投资用于农业农村的比重。大幅度提高政府土地出让收益、耕地占用税新增收入用于农业的比例,耕地占用税税率提高后新增收入全部用于农业,土地出让收入重点支持农业土地开发和农村基础设施建设。2009年起,省级安排的农村公益性建设项目,取消县及县以下资金配套。城市维护建设税新增部分主要用于乡村建设规划、农村基础设施建设和维护。积极推进以县为主,以项目为载体的涉农资金整合,加强投资监管,提高资金使用效益。注重吸收社会资本参与农业农村开发,并在规划、项目、融资等方面给予支持。

32. 增强农村金融服务能力。建立县域内银行业金融机构新吸收的存款主要用于当地发放贷款的工作机制。加快发展多种形式新型农村金融组织和以服务农村为主的地区性中小银行。鼓励和支持金融机构创新农村金融产品和金融服务,大力发展小额信贷和微型金融服务,农村微小型金融组织可通过多种方式从金融机构融入资金。积极扩大农村消费信贷市场。依法开展权属清晰、风险可控的大型农用生产设备、林权、四荒地使用权等抵押贷款和应收账款、仓单、可转让股权、专利权、注册商标专用权等权利质押贷款。探索建立金融支农的风险补偿机制、风险分摊机制和激励约束机制。加快发展政策性农业保险,扩大试点范围。

**七 加强组织领导**

33. 强化领导责任。各级党委、政府要认真落实建立强化党委统一领导、党政齐抓共管、农村工作综合部门组织协调、相关部门各负其责的农村工作领导机制和工作机制，并在政策制定、工作部署、财力投放、干部配备上切实体现全党工作重中之重的战略思想。各级党委、政府主要领导要亲自抓农村工作，做到重要工作亲自部署、重大问题亲自过问、重点环节亲自协调、重大项目亲自督办。市、州、县党委要有负责同志分管农村工作，县（市）党委要把工作重心和主要精力放在农村工作上。市、州、县都要建立健全农村工作综合部门，并进一步强化机构设置和力量配备，使其更好地履行政策研究、综合协调、指导服务、督办检查等职能。扎实开展农村基层深入学习实践科学发展观活动，按照科学发展观和正确政绩观要求，把粮食生产、特色产业、农民增收、耕地保护、环境治理、和谐稳定等纳入干部考核评价体系，特别是县（市）领导班子绩效考核内容。省、市、县继续组派新农村建设工作队到基层帮助工作。

34. 加强基层组织建设。以"三级联创"活动为载体，以构建城乡统筹的基层党建新格局为总要求，以健全基本组织、建好基本队伍、开展基本活动、完善基本制度、落实基本保障为主要内容，扎实推进农村基层组织规范化建设。加强以村党组织为核心的村级组织配套建设，领导和支持村委会、集体经济组织、共青团、妇代会等组织依照法律法规和章程开展工作。健全城乡党的基层组织互帮互助机制。加大财政支持力度，进一步加强村级组织活动场所建设。配强乡村领导班子尤其是党组织书记。完善党组织成员"两推一选"和村委会直选制度。办好村党组织书记跨村任职试点。加强村级干部队伍建设，注重从农村致富能手、退伍军人、外出务工返乡农民中选拔村干部。实施"一村一名大学生计划"，继续做好选聘大学毕业生到村任职工作，从优秀村干部中考录一批乡镇公务员，加大从优秀村主职干部中选拔乡镇领导干部力度。逐步增加村干部报酬待遇，推行在职村干部的养老保险制度和正常离任村主职干部生活补贴制度。加强农村党员队伍建设，注重在优秀青年农民、农民工中发展党员，改进党员教育管理，提高农村党员队伍的素质。加强乡村干部培训，建立培训示范基地，3年内对乡村主职干部轮训一遍。扎实推进农村党员干部现代远程教育。加强农村党风廉政建设，抓好党的农村政策贯彻落实情况的监督检查，认真解决损害农民利益的突出问题。

35. 加强农村社会管理。高度重视农村社会稳定工作，妥善解决农村因土地征用、山林纠纷、环境污染、移民搬迁、集体资产处置等引发的突出矛盾和问题。坚持群防群治，建立乡镇综治维稳中心，搞好农村社会治安综合治理，发挥治安信息员作用，切实做好法制宣传、矛盾纠纷排查调处、治安联防、平安创建等工作，把矛盾纠纷和治安问题解决在基层，化解在萌芽状态，确保农村平安和谐。

（鄂发〔2009〕1号）

# 2010年湖北省一号文件中共湖北省委湖北省人民政府关于加大统筹城乡发展力度促进农村经济社会又好又快发展的意见

2010年2月1日

2010年全省农业农村工作的总体要求是：全面贯彻落实党的十七大和十七届三中、四中全会以及中央农村工作会议精神，深入贯彻落实科学发展观，加大统筹城乡发展力度，按照稳粮保供给、增收惠民生、改革促统筹、强基增后劲的基本思路，加快推进农业发展方式转变，加快推进社会主义新农村建设和城镇化建设，加快推进体制机制创新，促进农村经济社会又好又快发展。农业农村经济主要发展目标是：农业增加值增长4%，粮食增产2亿公斤，农民人均纯收入增长6%。

## 一 促进农民收入持续增加，提高农民生活水平

1. 提高种养业经济效益。始终坚持将农民增收作为"三农"工作的出发点和落脚点。落实国家鼓励粮食生产的各项政策，在稳定粮食播种面积的基础上，大力优化品种结构，着力提高粮食单产和品质。启动33个产粮重点县新增粮食产能工程，抓好大型商品粮生产基地建设。继续实施粮食丰产科技工程，开展粮棉油优质高产创建活动。加快中心骨干粮库建设改造，指导和帮助农户科学储粮。着力推进农业生产基地和生产大县板块基地建设，扶持各地特色优势产业发展，继续支持畜牧水产大县创建活动，实施老化鱼池清淤改造工程。大力支持小龙虾苗种繁育、

商品化生产和精深加工。大力发展油料生产，加快优质油菜、花生生产基地县建设，积极发展油茶、核桃等木本油料。大力推进农作物病虫害专业化统防统治。支持国有农垦企业开展现代农业示范场试点，率先发展现代化大农业，建设大型农产品基地。

2. 加快县域经济发展。坚持"一主三化"的指导方针，走新型工业化道路，不断增强县域经济综合实力。加快县域相关产业结构优化升级，提高产业协作配套能力，增强产业核心竞争力。进一步扩大县域发展自主权，取消和下放一批行政审批审核事项。支持县（市、区）办好开发区或工业园区，2010年省级继续安排县域经济发展调度资金20亿元，重点支持有潜力、有市场、有效益的企业做大做强。发挥财政资金引导作用，鼓励企业向园区聚集，提升中小企业产品配套能力，支持产业集群和中小企业发展。结合县域经济发展规划，因村制宜发展种植、养殖、加工、服务等产业项目，加大支持力度，推进村级集体经济发展。

3. 多途径促进农民就业创业。整合培训资源，大力推广"订单式""定向式"培训，继续实施"特别职业培训计划"和"温暖工程"，增强农民科学种田和就业创业能力。加强劳务品牌建设，提高劳务品牌知名度。完善促进创业带动就业的政策措施，将农民工返乡创业和农民就地就近创业纳入政策扶持范围。继续开展"十大劳务品牌"和"劳务创业之星"等评比表彰活动。切实维护农民工合法权益，健全农民工社会保障制度，深入开展工伤保险全覆盖行动，加强职业病防治和农民工健康服务，将与企业建立稳定劳动关系的农民工纳入城镇职工基本医疗保险，落实农民工基本养老保险关系转移接续政策。落实以公办学校为主、以输入地为主解决好农民工子女入学问题的政策，关心农村留守儿童。发挥我省外出务工农民救助基金的作用，为病困农民工提供帮助。大力实施乡村旅游富民工程，积极发展休闲农业、乡村和森林旅游、农村流通业和服务业，拓展农民就业空间。积极探索新阶段农村全民创业的新途径，放宽企业名称、投资主体、经营范围、出资期限、出资方式、经营方式、投资领域、投资比例等限制。

4. 积极发展外向型农业。发挥我省食用菌、水产品、蜂蜜、柑橘、茶叶、鲜鸡蛋等农产品出口优势，大力支持农产品出口基地建设。支持农业产业化出口龙头企业发展。推动农产品出口信贷创新，探索建立出口信用保险与农业保险相结合的风险防范机制。加强国际农业科技和农业资源开发合作，制定鼓励政策，支持有实力的国有农场和龙头企业"走出去"，开发利用国外资源，开拓国外市场。

**二　落实强农惠农政策，推进资源要素向农村配置**

5. 不断加大对农业农村的投入力度。按照总量持续增加、比例稳步提高的要求，不断增加"三农"投入。要确保财政支出优先支持农业农村发展，预算内固定资产投资优先投向农业基础设施建设和农村民生工程，土地出让收益优先用于农业土地开发和农村基础设施建设。各级财政对农业的投入增长幅度要高于财政经常性收入增长幅度。预算内固定资产投资要继续向重大农业农村建设项目倾斜。耕地占用税税率提高后，新增收入全部用于农业。严格按照有关规定计提和使用用于农业土地开发的土地出让收入，严格执行新增建设用地土地有偿使用费全部用于耕地开发和土地整理的规定。坚持以规划为引导，以项目为载体，以县（市、区）为单位，加大涉农项目资金整合力度，提高资金使用效益。各级有关部门要为涉农资金整合创造宽松环境，提供大力支持。

6. 落实农业补贴和市场调控政策。坚持对种粮农民实行直接补贴。认真落实国家扩大良种补贴品种政策，增加农机购置补贴，扩大补贴种类，把牧业、林业和抗旱、节水机械设备纳入补贴范围。按照存量不动、增量倾斜的原则，新增农业补贴适当向种粮大户、农民专业合作社倾斜。加强对农业补贴对象、种类、资金结算的监督检查，确保补贴政策落到实处，不准将补贴资金用于抵扣农民交费。落实稻谷和小麦最低收购价政策。适时启动油菜籽临时收储政策，支持企业参与收储，做好棉花、猪肉调控预案，保持农产品市场稳定和合理价格水平。

7. 加大对新农村建设试点支持力度。推进仙洪新农村建设实验区向纵深发展，重点推进工业园区、龙头企业和重点项目建设，加快扩区新增乡镇的项目建设。推进7个脱贫奔小康试点县（市）加快发展，重点推进基础设施建设和特色产业发展，培育新的经济增长点。推进鄂州城乡一体化改革试点，重点在推进城乡基础设施一体化和城乡公共服务均等化两个方面取得突破。鼓励具备条件的县（市、区）自主开展城乡一体化改革试点。推进88个新农村建设试点乡镇发展，完善发展规划，落实扶持政策，实施整乡整镇推进。继续组派省、市、县三级新农村建设工作队，进驻村组帮扶和指导新农村建设。

8. 努力改善农村金融服务。加强财税政策与农村金融政策的有效衔接，引导更多信贷资金投向"三农"，切实解决农村融资难问题。落实和完善涉农贷款税收优惠、定向费用补贴、增量奖励等政策。建立和完善县域内银行业金融机构新吸收存款主要用于当地发放贷款的工作机制。加大政策性金融对农村改革发展重点领域和薄弱环节支持力度，拓展农业发展银行支农领域，大力开展农业开发和农村基础设施建设中长期政策性信贷业务。农业银行、农村信用社、邮政储蓄银行等银行业金融机构都要延伸农村服务链条，创新金融产品和服务方式，进一步增加涉农信贷投放。积极推广农村小额信用贷款。加快培育村镇银行、贷款公司、农村资金互助社，有序发展小额贷款组织，引导社会资金投资设立适应"三农"需要的各类新型金融组织。抓紧制定对偏远地区新设农村金融机构费用补贴等办法，确保三年内消除基础金融服务空白乡镇。大力发展农村政策性担保业务，2010年省集中税收增量返还的50%，用于补充县（市、区）信用担保机构的资本金。鼓励企业出资参股政策性担保公司，扩大担保规模。扩大抵押范围，积极发展水面经营权抵押贷款、林地经营权抵押贷款、农村集体建设用地使用权抵押贷款等信贷品种。在继续做好水稻、奶牛、能繁母猪、"两属两户"农房、农民工意外伤害政策性保险的同时，按照"有所进展"的原则，逐步扩大农业保险保费补贴的品种和区域覆盖范围。发展农村小额保险。健全农业再保险体系，建立财政支持的巨灾风险分散机制。积极引导符合条件的涉农企业上市。

9. 积极引导社会资源投向农业农村。各部门各行业在制定规划、安排项目、增加资金时都要切实向农村倾斜。大中城市要发挥对农村的辐射带动作用。鼓励各种社会力量开展与乡村结对帮扶，参与农村产业发展和公共设施建设。企业通过公益性社会团体、县级以上人民政府及其部门或者设立专项的农村公益基金会，用于建设农村公益事业项目的捐赠支出，不超过年度利润总额12%的部分准予在计算企业所得税前扣除。积极开展科技、教育、文化、卫生等下乡支农活动，通过完善精神物质奖励、职务职称晋升、定向免费培养等措施，引导更多城市教师、医师、工程师及其他科技人员支援农村。

10. 大力开拓农村市场。落实国家家电、汽车、摩托车等下乡补贴政策，补贴政策扩大到国有农林场（区）职工。继续实施"万村千乡市场工程"和"新农村现代流通服务网络工程"，2010年新建和改造5000家农家店，新建3000家村级综合服务社。大力发展物流配送、连锁超市、电子商务等现代流通方式，支持商贸、邮政等企业向农村延伸服务，建设日用消费品、农产品、生产资料等经营网点。鼓励农村金融机构对农民建房、购买汽车和家电等提供消费信贷，加大对兴办农家店的信贷投放。开展农资市场专项整治活动，严厉打击制假售假行为。

### 三 提高现代农业装备水平，促进农业发展方式转变

11. 大力实施农产品加工业"四个一批"工程。把发展现代农产品加工业作为加快县域经济发展的重要途径，通过发展农产品加工业带动农业发展。编制全省优势农产品加工园区发展规划，加强园区基础设施建设，推动龙头企业向园区集中。2010年省级安排10亿元调度资金，重点支持20个农产品加工园区建设。通过招商引资、兼并重组、资本联合、上市融资等形式，支持重点龙头企业做大做强。围绕粮油、畜禽、水产、林特、棉麻、果茶等优势产业，加快培育整合一批国内外知名品牌。支持建设一批产值过100亿元的农产品加工强县（市、区）。省对农产品加工先进园区、重点企业、知名品牌和先进县（市、区）进行表彰。

12. 积极推行农业标准化生产。实施新一轮菜篮子工程建设，加快园艺作物生产设施化、畜禽水产养殖规模化。支持建设生猪、奶牛规模养殖场（小区），发展园艺作物标准生产基地和水产健康养殖示范场。加强农业标准的制定修订工作，继续办好10个农业标准化示范基地县，引导龙头企业和合作社推行标准化生产，支持有实力的龙头企业参与制订国家标准。切实加强农产品质量安全工作，加快农产品质量安全监管体系和检验检测体系建设。大力发展无公害农产品、绿色食品、有机农产品。加强重大动植物疫病防控，落实扑杀扑灭补贴政策。建立完善农产品市场准入制度和产品质量可追溯制度，建立农产品质量安全协查机制，提高农产品质量安全水平。

13. 加大水利基础设施建设力度。加快构建具有湖北特色的防洪减灾保障体系、水资源供给保障体系和水环境保障体系。继续加强大江大河

大湖治理，逐步推进重点中小河流治理。启动洪湖分蓄洪区东分块蓄洪工程和长江荆江河段河势控制应急工程建设；继续实施荆南四河堤防加固应急工程和荆江、杜家台、华阳河分蓄洪区应急工程建设，切实提高防洪能力。全面完成纳入国家专项规划的病险水库除险加固任务。实施大型灌区续建配套与节水改造工程，加快末级渠系建设。适时启动大中型病险水闸除险加固。加快大型灌排泵站更新改造，支持各地开展中小泵站更新改造。开展丹江库区、长江中上游等水土保持工程建设。启动武汉市大东湖生态水网构建工程、咸宁淦河等水生态修复工程建设。积极开展民办公助、"小农水"重点县及专项工程建设，鼓励农民自愿投工投劳开展直接受益的小型水利设施建设。推广农民用水户参与管理模式，加大对农民用水合作组织的扶持力度。加强基层抗旱排涝和农村水利技术服务体系建设。

14. 加大高标准农田建设力度。以国土整治规划为龙头，整合涉农项目资金，安排中长期政策性贷款，支持农田排灌、土地整治、土壤改良、机耕道路和农田林网建设，整乡整村推进农村土地整理和复垦开发，建立稳固的商品粮基地。继续增加农业综合开发、农村土地整治投入，有计划分片推进中低产田改造。2010年，全省建设高标准农田100万亩，改造低丘岗地50万亩，改造中低产田75万亩。启动南水北调汉江沿线土地整治重大工程项目。扩大测土配方施肥、土壤有机质提升补贴规模和范围。

15. 增强农业科技创新和推广能力。全面推进农业科技创新示范基地建设、示范企业创新能力建设、技术源头创新能力建设，以大专院校、科研院所为骨干，整合相关部门和企业力量，抓住制约农业发展和农产品加工的关键问题，加强联合攻关，增强我省农业科技自主创新能力。充分发挥农业科技领军人才作用，加大农业产业技术创新战略联盟建设力度，提升我省优势产业的科技水平和竞争能力。加快国家现代农业示范区、县乡农业科技示范园建设，继续支持省农业科技创新中心建设，优化创新岗位结构，加快成果转化。切实把农业科技的重点放在良种培育上，加快农业生物育种创新和推广应用体系建设，重点围绕水稻、马铃薯、油菜、棉花、畜禽、水产、茶叶、油茶做好新品种的选育审定工作，推动种业企业加快并购和产业整合，加强与科研单位联合，推进新品种产业化，不断提高我省种业竞争力。组织实施各项"三农"科技工程。积极发展多元化、社会化农技推广组织，鼓励高校涉农专业毕业生到乡镇农技推广机构工作。加快推进农业机械化，支持秸秆还田、水稻育插秧、油菜收割等农机作业，扩大万亩全程机械化试点范围。扶持农机大户、农机合作社和农机专业服务队发展，促进农机服务市场化、社会化和产业化。加快发展农机工业。加强农机安全监理工作，深入开展平安农机创建活动。

16. 健全农产品市场体系。支持重点农产品批发市场建设和升级改造，落实农产品批发市场用地等扶持政策，发展农产品大市场大流通。加大力度建设粮棉油等大宗农产品仓储设施，完善鲜活农产品冷链物流体系，支持大型涉农企业投资建设农产品物流设施。鼓励生产经营者运用期货交易机制规避市场风险，积极探索将淡水产品拓展为期货交易品种。发展会展经济，支持农产品营销。全面推进双百市场工程和农超对接，减少流通环节，降低流通成本。大力培育农村经纪人，充分运用地理标志和农产品商标促进特色农业发展。建立健全农产品信息体系，强化信息引导和产销衔接。

17. 加强农村生态建设。加速推进造林绿化，全面加强资源管护，突出发展林业产业。重点实施天然林保护、退耕还林、生态公益林补偿、长江防护林、林业血防、石漠化综合治理、环"一江两山"交通沿线生态景观带和国有林场危旧房改造等工程建设。2010年植树造林250万亩，封山育林340万亩。进一步抓好低产林改造，扩大改造规模。参照国家标准，提高属集体林的省级公益林森林生态效益补偿标准。进一步加强森林病虫害防治工作。抓好现代林业科技产业园区建设，选择重点园区纳入农产品加工园区支持范围。大力增加森林碳汇。实施水土保持重点建设工程，启动坡耕地水土流失综合治理工程，搞好清洁小流域建设。切实保护好农村饮用水水源地，积极开展农村生态水系整治和修复。加大农业面源污染和规模化畜禽养殖污染的治理力度，积极发展循环农业和生态农业。继续实施农资主推公告制度，引导农民选用低毒、低残留、高效农资产品。推广科学施肥和用药技术，提高化肥、农药使用率。实施乡村清洁工程，继续推进整县整乡村庄环境整治试点。支持开展生态市（州）、生态县（市、区）、生态乡（镇）、生态村创建活动。

## 四 加快改善农村民生，缩小城乡公共事业发展差距

18. 提高农村文化、教育、卫生事业发展水平。建立稳定的农村文化投入保障机制，实施乡镇综合文化站建设工程、文化信息资源共享工程、农村电影放映工程、非物质文化遗产保护工程、农家书屋工程、农民体育健身工程。深入开展文明户、文明村、文明集市和文化广场等群众性精神文明创建活动，连线连片创建文明新村。大力开展送戏下乡、送书下乡活动，丰富农村群众文化生活。加大对农业广播电视节目的扶持力度，稳步推进全省农村广播电视"村村通"和无线覆盖工程，建立健全运转高效的农村广播电视公共服务体系。巩固和完善农村义务教育经费保障机制，落实好教师培训制度和绩效工资制度。继续实施中小学校舍安全工程。逐步改善贫困地区农村学生营养状况。大力发展中等职业教育，落实中等职业学校农村家庭经济困难学生和涉农专业学生免学费政策。改善农村医疗卫生条件，完善农村三级医疗卫生网络，落实乡镇卫生院人员绩效工资和乡村医生公共卫生服务补助政策。搞好农村地区妇幼卫生工作和疾病防治，加强农村食品和药品监管。统筹规划，整合农、林、水、卫生等血防专项资金，抓好重点流域、重点区域血防综合治理。稳定农村低生育水平，提高出生人口素质，继续推进新农村新家庭计划和计划生育惠民计划，加大出生人口性别比综合治理工作力度，加强和创新农村流动人口计划生育服务管理，做好农村各项普惠政策与计划生育政策的衔接。

19. 完善农村社会保障体系。巩固和发展新型农村合作医疗制度，逐步提高筹资水平和补助水平，稳步推进门诊统筹。2010年新型农村合作医疗筹资水平提高到每人不低于150元，其中，各级财政补助标准提高到120元，农民个人缴费不低于30元。做好国家批准的新型农村社会养老保险试点县（市、区）的启动工作。积极引导试点地区适龄农村居民参保，确保符合规定条件的老年居民按时足额领取养老金。合理确定农村最低生活保障标准和补助水平，扩大农村低保覆盖面，全省基本实现应保尽保。落实和完善被征地农民社会保障政策。完善和巩固优抚对象医疗保障制度。全面落实农村五保户供养制度，完善受灾群众救助制度和贫困群众大病医疗救助制度。搞好农村养老院建设，发展农村养老服务。

加大对农村残疾人生产扶助和生活救助力度,农村各项社会保障政策优先覆盖残疾人。

20. 加强农村基础设施建设。加快农村安全饮水工程建设,2010年解决纳入国家规划的剩余525万人的农村饮水安全问题。抓紧实施新一轮农村电网改造升级工程,提升农网供电可靠性和供电能力。继续实施小水电代燃料工程,推进水电新农村电气化县建设。加快农村公路建设,建立健全农村公路管理养护长效机制,建立城乡一体的客运体系,2010年新修通村沥青(水泥)路12000公里以上。积极探索沼气社会化服务新模式、新机制,优化结构和布局,加快农村户用沼气、大中型沼气和集中供气工程建设,提高已建沼气池利用率,2010年完成40万户清洁能源入户工程建设任务。加大农村危房改造力度,2010年继续从省级福彩公益金中安排4000万元用于农村特困群众危房改造。采取有效措施推动建材下乡,鼓励有条件的地方通过多种形式支持农民依法依规建设自用住房。认真做好农村防灾减灾工作,健全农业气象服务体系和农村气象灾害防御体系,加大地质灾害监测防控整治力度。稳步推进农村居民地震安居工程,增加20个地震安全农居示范点。加快农村信息化建设,积极推进"金农"工程和"三电合一"信息服务平台建设,办好农业远程教育网。

21. 不断推进扶贫开发。坚持开发式扶贫方针,以脱贫奔小康试点总揽扶贫开发工作全局,建立全覆盖的扶贫体系。2010年解决40万贫困人口的温饱和脱贫问题。启动1373个贫困村实施整村推进,努力完成整村推进"三个确保"任务。比照整村推进的做法,推进插花贫困村和老区贫困村建设,开展"整乡推进、连片开发"试点工作。继续推进"雨露计划",培训转移5万贫困劳动力,开展实用技术培训10万人次。加大对老区、贫困地区龙头企业和特色产业发展的扶持力度。积极实行扶贫易地搬迁,妥善解决移民后续发展问题,2010年扶贫搬迁1万户、4万人。动员社会各界参与扶贫事业,充分发挥行业扶贫作用。

**五 协调推进城乡改革,增强农业农村发展活力**

22. 稳定和完善农村基本经营制度。落实农村土地承包法律法规和政策,确保农村现有土地承包关系保持稳定并长久不变。加强土地承包经营权流转管理和服务，建立健全流转市场，在依法自愿有偿流转的基础上发展多种形式的适度规模经营。完善土地流转合同的登记、备案等制度，加快构建农村土地承包经营纠纷调解仲裁体系。继续推进以"城中村、城郊村、园中村"为重点的集体产权创新试点。

23. 有序推进农村土地管理制度改革。坚决守住耕地保护红线，建立保护补偿机制，加快划定基本农田，实行永久保护。加快农村集体土地所有权、宅基地使用权、集体建设用地使用权等确权登记颁证工作，力争用三年时间把农村集体土地所有权证确认到每个具有所有权的农民集体经济组织。逐步缩小征地范围，完善征地补偿机制，依法征收农村集体土地，要及时足额给农村集体组织和农民合理补偿，保障被征地农民的合法权益。有序开展农村土地整治，农村宅基地和村庄整理后节约的土地仍属农民集体所有。积极推进城乡建设用地增减挂钩工作，实施迁村腾地、复垦废弃地。在优化用地结构布局的同时，要优先保证农民安置和农村公共设施建设用地，通过增减挂钩获得的收益，要优先用于支持农村集体发展生产和农民改善生活条件。

24. 促进农民专业合作组织发展。落实财政、税收、金融、科技、人才等优惠政策，支持农民专业合作社加快发展，对服务能力强、民主管理好的合作社给予补助。各级政府扶持的贷款担保公司要把农民专业合作社纳入服务范围，支持有条件的合作社兴办农村资金互助社。扶持农民专业合作社自办农产品加工企业。突出抓好组织推进、组织示范、人才培训、农超对接和品牌培育工作，引导农民专业合作社统一农资采购、统一生产管理、统一产品销售，提高农民的组织化程度和生产经营水平。供销合作社要利用人力、网络、设施等条件，采取多种方式，积极领办农民专业合作社。2010年新增各类农民专业合作社1000个。

25. 深入推进集体林权制度改革。健全林业支持保护体系，建立现代林业管理制度。巩固以明晰产权、承包到户为重点的集体林权制度改革成果，加快推进配套改革。规范集体林权流转，支持发展林农专业合作社。深化集体林采伐管理改革。加快森林资源资产评估体系建设，完善林权抵押贷款办法，进一步拓宽林业融资渠道。启动国有林场改革，支持国有林场基础设施建设。

26. 深化农村综合改革。加快转变乡镇政府职能，完善"以钱养事"

新机制，落实经费和公益服务岗位，加强合同管理，加大检查考核力度，提高服务质量。继续完善省直管县财政管理体制，提高县乡财政保障水平，落实村级组织运转经费保障政策。在总结化解"普九"债务经验的基础上，积极稳妥推进化解其他公益性乡村债务。扩大村级公益事业建设"一事一议"财政奖补试点范围。继续开展农民负担重点治理，坚决防止农民负担反弹。落实供销合作社改革发展的相关政策。加强新形势下农村改革试验工作。深化国有农牧渔良种场改革和国有农场改革。

27. 加快推进城镇化进程。提高城镇规划水平和发展质量，加快中小城市和小城镇发展，加大基础设施投入力度，提升综合服务功能和人口转移承载能力。坚持走产业兴镇的路子，不断增强城镇的经济实力和综合服务能力。依法赋予经济发展较快、人口吸纳能力较强的小城镇在投资审批、工商管理、社会治安等方面的行政管理权限。深化户籍制度改革，加快落实放宽中小城市、小城镇特别是县城和中心镇落户条件的政策，继续实施"迎接新市民"工程，促进符合条件的农业转移人口在城镇落户并享有与当地城镇居民同等的权益。多渠道多形式改善农民工居住条件，鼓励有条件的城市将有稳定职业并在城市居住一定年限的农民工逐步纳入城镇住房保障体系。采取有针对性的措施，着力解决新生代农民工问题。完善加快小城镇发展的财税、投融资等配套政策。

## 六 加强党对农村工作的领导，为统筹城乡发展提供坚强的组织保证

28. 强化对"三农"工作的领导责任。各级党委、政府要把"三农"工作摆上重要议事日程，在政策制定、工作部署、财力投放、干部配备等方面体现"三农"工作重中之重的战略思想，形成党政齐抓共管、农村工作综合部门组织协调、有关部门各负其责的领导体制和工作机制。各级党政主要领导要亲自抓农村工作，市（州）、县（市、区）党委、政府要有负责同志分管农村工作，县级党委要把工作重心和主要精力放在农村工作上。调整充实各级党委农村工作领导机构，强化党委农村工作综合部门机构设置和力量配备，使其更好地履行政策研究、综合协调、指导服务、督办检查等职能。从2010年开始，组织开展县（市、区）"三农"工作综合考评，把粮食生产、农民增收、耕地保护、环境治理、

和谐稳定等纳入干部考核评价体系,考核结果作为县(市、区)领导干部提拔使用的重要依据。

29. 加强农村基层组织建设。以健全基本组织、建好基本队伍、开展基本活动、完善基本制度、落实基本保障为主要内容,扎实推进农村基层组织规范化建设。在专业合作组织、专业协会、中介服务组织建立党的基层组织,扩大基层党组织覆盖面。加强乡镇党委书记队伍建设,加大从优秀村干部中选拔乡镇领导班子成员、招录乡镇公务员和事业编制人员的力度。从各级党政机关选派3000名优秀党员干部到村担任党支部第一书记,抓好软弱涣散村级组织的整顿转化工作。稳步推进选聘高校毕业生到村任职工作,继续实施"一村一名大学生计划"和"村官创业扬帆计划"。切实抓好村党支部书记集中轮训工作。发挥农村实用人才培训基地作用,切实加强农村实用人才队伍建设。加快乡镇和村级综合便民服务体系建设,依托村级组织办公活动场所,建立农村党员群众综合服务中心,开展党务、村务、事务和商务等服务。建立城乡党组织互帮互助机制,深入推进"城乡互联、结对共建"活动。落实对长期在基层和艰苦边远地区工作的干部、长期担任县乡党政领导职务的干部实行工资福利倾斜的政策,进一步完善村干部"一定三有"政策。充分利用农村党员干部现代远程教育网络对党员群众开展宣传教育活动。

30. 加强农村党风廉政建设。加强农村党员干部作风建设,大力开展农村基层反腐倡廉教育,扎实推进基层廉政文化建设,营造以廉为荣的良好社会风尚。探索建立农村党支部书记腐败风险防控体系,完善农村基层干部行为规范,健全农村基层党员干部联系和服务群众制度。加强农村集体资金、资产、资源管理,推进村务公开和民主管理"难点村"治理。对惠农补贴落实情况和各种专项资金使用情况等开展专项检查。加强对农村党风廉政建设的组织领导,强化农村基层纪检监察组织建设,建立健全村级纪检小组,并提供有效的工作保障。

31. 切实维护农村社会稳定。完善党和政府主导的维护群众权益机制,切实解决好农村征地、环境污染、移民安置、集体资产管理等方面损害农民利益的突出问题。加强农村法制教育,畅通农村信访渠道,引导农民群众依法理性表达合理诉求、维护自身合法权益。深入开展农村平安创建活动,坚持群防群治、依靠群众,加强和改进农村社会治安综合治理。反对和制止利用宗教、宗族势力干预农村公共事务,坚决取缔邪教组织,进一步推进农村警务建设,严厉打击黑恶势力和各类违法犯罪活动。

(鄂发〔2010〕1号)

# 2011年湖北省一号文件中共湖北省委湖北省人民政府关于加快水利改革发展的决定

2011年1月12日

水是生命之源、生产之要、生态之基。兴水利、除水害，事关人类生存、经济发展和社会进步。为全面贯彻落实《中共中央、国务院关于加快水利改革发展的决定》（中发〔2011〕1号）精神，抢抓重大机遇，深化水利改革，加快水利发展，充分发挥水利在促进全省经济社会科学发展、跨越式发展中的支撑保障作用，实现水资源可持续利用，特作出如下决定。

一　认识新形势下水利的战略地位

（一）全省水利面临的新形势

经过新中国成立60多年的不懈努力，我省水利建设成就巨大，已成为全国重要的水利大省。水利为全省经济发展、社会进步、环境改善发挥了重要作用。但是，必须清醒地认识到，我省水利有优势，也有忧患，仍然面临严峻的形势。全省防洪薄弱环节突出，长江、汉江防洪保护圈没有完全形成，中小河流防洪标准低，湖泊堤防基础差，分蓄洪区建设和山洪灾害防治滞后，水库涵闸泵站病险多，洪涝灾害依然是我省的心腹大患；降雨时空分布不均，水土流失严重，水生态环境严峻，水资源供给矛盾依然是制约我省经济社会可持续发展的突出瓶颈；农田灌排体系不全，灌排设施老化失修，农田灌溉水利用系数和排涝标准明显偏低,农田水利建设滞后依然是影响我省农业稳定发展和粮食安全的关键因素,水利设施薄弱依然是我省基础设施的明显短板,加快水利建设刻不容缓。

（二）新形势下水利的战略地位和重要作用

水利是现代农业建设不可或缺的首要条件,是经济社会发展不可替代的基础支撑,是生态环境改善不可分割的保障系统,具有很强的公益性、基础性和战略性。加快水利改革发展,事关农业农村发展乃至经济社会发展全局,事关防洪、供水、粮食安全乃至经济、生态、国家安全。我省实施"两圈一带"发展战略、构建促进中部地区崛起重要战略支点、全面建设小康社会,必须抢抓重大政策机遇,从全局和战略高度对水利工作科学定位、统筹谋划、全面部署,凝聚全社会力量,以积极进取的态度,加快推进水利改革发展。

## 二 明确水利改革发展的总体要求

（三）指导思想

以邓小平理论和"三个代表"重要思想为指导,深入贯彻落实科学发展观,全面贯彻党的十七大和十七届三中、四中、五中全会精神和《中共中央、国务院关于加快水利改革发展的决定》,坚持"民生优先、统筹兼顾、人水和谐、政府主导、改革创新"原则,始终把水利作为基础设施建设的优先领域,把农田水利作为农村基础设施建设的重点任务,把严格水资源管理作为加快经济发展方式转变的战略举措,注重科学治水、依法治水,突出防汛抗洪中心、粮食安全大局、民生水利重点、生态水利方向、改革创新动力,不断深化水利改革,进一步增强应对有力的水旱灾害防御能力、合理高效的水资源配置能力、环境良好的水生态保护能力和科学规范的水利管理能力,促进水利可持续发展,努力走出一条具有湖北特色的水利现代化之路。

（四）目标任务

力争通过5—10年努力,基本建成四个体系,从根本上扭转水利建设明显滞后和保障能力薄弱的局面。一要基本建成功能完善的防汛抗旱减灾体系。长江、汉江综合防洪能力分别达到防御1954年型、1935年型洪水标准。主要支流、规划内中小河流重要河段和重点湖泊防洪能力达到国家标准。完成山洪灾害易发区水文、气象、地质灾害监测预报预警系统建设和重点山洪沟治理。重点蓄滞洪区能够正常运用。武汉、荆州、黄石等重点城市防洪能力达到长江总体防洪标准，主要防洪保护区防洪排涝能力达到国家标准。全面完成病险水库、大中型病险水闸加固。30平方公里以上的湖泊得到有效整治。二要基本建成水资源合理配置和高效利用体系。"十二五"期间，全省年用水总量、万元地区生产总值和万元工业增加值用水量达到国家要求的控制标准。全面解决农村饮水不安全问题，实现农村饮水安全工程"村村通"。到2020年，基本完成大型灌区和重点中型灌区续建配套和节水改造，农业灌溉用水有效利用系数提高到0.55以上；基本完成泵站更新改造任务，平原湖区超过70%的农田易涝面积达到十年一遇排涝标准。三要基本建成水资源保护和水生态健康保障体系。主要江河湖库水生态明显改善，水功能区水质达标率提高到70%以上，城镇饮用水水源地水质全面达标。有效管理地下水。重点区域水土流失得到有效治理。增加小水电装机容量，实施中小水电站增效改造，加大水电新农村电气化县建设力度，解决农村居民小水电代燃料问题。推进水利血防建设，2013年全省疫区达到血吸虫病传播控制标准。四要基本建立适应科学发展的水利管理体系。最严格的水资源管理制度基本建立，水利投入稳定增长机制进一步完善，有利于水资源节约和合理配置的水价形成机制基本建立，水利工程良性运行机制基本形成，依法治水管水的能力显著提升，水利社会管理和公共服务能力显著提高。

### 三　把握水利建设的重点任务

（五）实施"两江"防洪保安工程

全面完成长江、汉江堤防加固和河势控制工程建设。实施荆南四河、沮漳河、汉北河、府环河等主要支流堤防加固。加强重点蓄滞洪区工程建设，建成洪湖分蓄洪区东分块工程、荆江蓄滞洪区、杜家台蓄滞洪区分蓄汉江不同量级洪水工程，推进华阳河等蓄滞洪区建设。进一步巩固平垸行洪成果。加强重点湖泊综合整治。加强城市水利工作，提高城市防洪标准和排涝能力。

## （六）实施中小河流治理和小型水库除险加固工程

加快实施中小河流治理，完成洪涝灾害易发、保护区人口密集、保护对象重要的重点河段治理，使治理河段达到国家防洪标准。全面完成大、中型病险水库除险加固工作，巩固工作成果。加快小型水库除险加固步伐，全面完成小Ⅰ型、基本完成小Ⅱ型病险水库除险加固任务。实施大中型病险水闸除险加固任务。坚持山洪灾害和地质灾害防治相结合，加强山洪灾害治理，发挥综合效益。"十二五"期间，建立覆盖山洪灾害防治区的监测预警系统和群测群防系统，开展重点防治区山洪沟治理工作。

## （七）实施农田水利建设工程

基本完成规划内32个大型灌区、180处重点中型灌区续建配套和节水改造任务。抓好粮食主产县高产农田灌排设施更新改造和配套挖潜，在水土资源条件具备的地区新建一批灌区，增加农田有效灌溉面积。"十二五"期间，完成25处大型灌排泵站更新改造及配套工程建设，启动中小型泵站更新改造。按照蓄排兼顾的原则，在统一规划基础上，新建一批排灌泵站。加快推进小型农田水利重点县建设，优先安排产粮大县，重点进行大中型灌区的末级渠系节水改造和田间工程配套。加强山丘区小水窖、小水池、小塘坝、小泵站、小水渠等"五小水利"和抗旱水源工程建设，重点向革命老区、民族地区、贫困地区倾斜。结合河道整治和灌区改造，抓好水利血防工程建设。积极推广渠道防渗、管道输水、喷灌滴灌等节水灌溉技术，将抗旱、节水灌溉等机械设备纳入农机具购置补贴范围。积极发展旱作农业，采用地膜覆盖、深松深耕、保护性耕作等技术。

## （八）实施农村饮水安全"村村通"工程

"十二五"期间，基本解决新增农村饮水不安全人口的饮水问题。大力推进集中供水工程建设，延伸集中供水管网，提高农村自来水普及率，促进城乡一体化供水。加强农村饮水安全工程运行管理，落实管护主体，加强水源保护和水质监测，确保工程长期发挥效益。农村饮水安全工程建设用地要在年度计划中优先安排；农村供水用电执行居民生活或农业排灌用电价格；农村供水工程向农村居民提供的生活饮用水，免征水资源费；按照国家有关规定，对农村饮水安全工程建设、运行给予相应的政策扶持。

（九）实施水生态修复和保护工程

编制湖泊治理与保护综合规划、湖泊调度规程，建立健全湖泊保护与管理的法规、政策体系，落实湖泊保护责任制，巩固退田还湖、退渔还湖成果，恢复湖泊调蓄功能，维护湖泊生态健康。开展"百河（湖）保护行动"，以大东湖生态水网构建为重点，全力推进洪湖、梁子湖等重点水体生态保护与修复建设。实施农村河道沟渠综合整治，大力开展生态清洁型小流域建设。

（十）实施水土流失综合防治工程

继续加强鄂西北汉江上中游区、桐柏山区、鄂西南武陵山区、三峡库区、清江流域，鄂东北大别山区和鄂东南幕阜山区等水土流失重点区域及山洪地质灾害易发区的水土流失防治。加快实施生态脆弱河流、重要生态保护区、水源涵养区、草原生态功能区、湿地等区域的生态修复与保护工程。加强水土保持监测工作，强化生产建设项目水土保持监督管理和监测工作。加大水土保持投入，建立健全水土保持、建设项目占用水利设施和水域等补偿制度。

（十一）实施水资源科学配置工程

工程性缺水地区，在节水基础上适当开源，新建一批水源工程，提高水资源调控和供水保障能力；水质性缺水地区，加大水污染治理力度，加强饮用水水源保护，保障供水安全；资源性缺水地区，积极推进跨流域、区域调水工程建设。抓紧实施以引江济汉等汉江中下游四项治理工程为核心，以汉江干流梯级开发为骨干的汉江中下游现代水利示范工程试点建设。加快"引江补汉"神农溪调水工程前期工作步伐。

（十二）实施水能资源开发工程

在保护生态和农民利益前提下，统筹规划生态建设和经济发展，合理确定水能资源开发程度和重点。加强水能资源管理，健全开发权配置机制，规范开发许可，强化建设管理和安全监管。加快汉江、清江、堵河等重点河流开发，建设一批有调蓄能力和综合利用功能的基础性骨干工程。扶持国家农村水电公益项目建设。建设水电新农村电气化县，搞好农村水电配套电网改造工程建设。加强鄂西生态文化旅游圈水电建设。大力实施小水电代燃料生态保护工程，合理控制上网电价，有效降低小水电代燃料工程到户电价,加快解决农村居民小水电代燃料问题。全面推进农村水电增效扩容工程,改造老旧水电站。

**四 建立以政府为主导的水利投入稳定增长机制**

(十三)加大公共财政投入力度

多渠道筹措资金,确保未来10年我省全社会水利年平均投入在2010年基础上翻一番。发挥政府在水利建设中的主导作用,将水利作为公共财政投入的重点领域,各级财政对水利投入的总量和增幅要有明显提高。进一步提高水利建设资金在省级预算内固定资产投资中的比重,并保持与省级固定资产投资增速同步。大幅度增加省级财政专项水利资金。各级财政每年从土地出让收益中提取10%用于农田水利建设。"十二五"期间,公益性民生水利建设资金继续采取"水利贷款,财政贴息"的方式,加大公共财政的投入力度,满足水利建设的需要。有重点防洪任务和水资源严重短缺的城市,每年从城市维护建设税中划出一定比例用于重点城镇防洪排涝和水源工程建设。继续发挥"一事一议"财政奖补资金的作用,引导农民积极开展农村小型水利工程建设。

(十四)加强水利建设基金和规费征收管理

延长省级水利基金征收年限,拓宽来源渠道,增加收入规模。完善水资源有偿使用制度,合理调整水资源费征收标准,扩大征收范围,严格征收、使用和管理。加强水利工程建设基金和规费的征收管理,将水利建设基金和规费收入纳入预算管理,统筹安排使用。加大水利工程建设基金和规费征收力度,做到应收尽收,严格执行减免政策,水利工程建设基金除另有规定外,各级政府和部门无权减免。

(十五)加强金融信贷支持

农业发展银行要积极开展水利建设中长期政策性贷款业务,国家开发银行、农业银行、农村信用社、邮政储蓄银行等金融机构要进一步增加农田水利建设的信贷资金投入。加强银行信贷对土地规模经营中小型水利建设的信贷资金投入。在政策允许范围内,给予水利项目融资一定的利率优惠和适当的期限延长。支持符合条件的水利企业上市和发行债券,积极探索开展大型水利设备设施的融资租赁业务,积极开展水利项目收益权质押贷款等多种形式融资,进一步拓宽水利基础设施建设项目资金来源渠道。发挥财政政策和信贷政策的合力作用，有条件的地方根据不同水利工程的建设特点和项目性质确定财政贴息的规模、期限和贴息率，引导金融机构加大信贷投入。

（十六）引导社会各类资金对水利投入

以县级农村水利综合规划为统筹，按照"调整结构、整合资金、加大投入、各计其功"的要求，整合国土、交通、农业、林业、扶贫、农业综合开发等各类财政专项资金，加大对农村水利建设的投入。广泛吸引企事业单位和社会民间资金参与水利建设，积极稳妥推进农村小型水利设施产权改革和经营性水利项目进行市场融资。健全农田水利建设新机制，继续发挥村民"一事一议"筹资筹劳的作用，严格执行议事规则和审批程序，引导农民自愿投工投劳重点用于自身受益的村级范围内小型农田水利建设。提高水利利用外资的规模和质量。

## 五　实行最严格的水资源管理制度

（十七）建立用水总量控制制度

确立水资源开发利用红线，建立取用水总量控制指标体系。加强相关规划和项目建设布局水资源论证工作。严格执行建设项目水资源论证制度，对擅自开工建设或投产的项目一律责令停止。严格取水许可管理，对取用水总量已达到或超过控制指标的地区，暂停审批建设项目新增取水；对取用水总量接近控制指标的地区，限制审批新增取水。严格地下水禁采区和限采区管理，限期关闭禁采区已有的取水工程，逐步削减限采区的取水工程取水量。完善水资源调度方案、应急调度预案和调度计划。

（十八）建立用水效率控制制度

确立用水效率控制红线，建立用水效率控制指标体系，降低万元工业增加值用水量，提高农业灌溉水有效利用系数。对具有代表性的大中型灌区、重点工业用水企业和生活服务业用水单位实行重点监控。落实建设项目节水设施与主体工程同时设计、同时施工、同时投产制度。建设节水示范工程，普及农业高效节水技术、促进企业节水技术改造。建立先进节水器具和技术推广制度，淘汰落后的技术设备和产品。倡导文明的生产和消费方式，形成节约用水的社会风尚。

（十九）建立水功能区纳污控制制度

确立水功能区限制纳污红线，建立水功能区限制纳污指标体系，严格控制入河排污总量。加强水功能区管理，完善监测预警管理制度，未按时完成主要水污染总量减排目标任务的地区，水利部门停止审批新增取水和入河排污口。认真实施《全国城市饮用水水源地安全保障规划（2008—2020年）》和《全国城市饮用水水源环境保护规划（2008—2020年）》，加大饮用水水源保护区内违章建筑清拆、排污口关闭等污染整治工作力度，着力解决保护区内的环境问题。加强重点城市饮用水水源地保护及饮用水水源应急管理。加强突发性水污染事件应对。探索建立水生态补偿和水源保护补偿机制。

（二十）建立水资源管理责任考核制度

将水资源管理和保护纳入各级政府年度责任目标，主要负责人对水资源管理和保护负总责。严格实施水资源管理考核制度，水行政主管部门会同有关部门，对各地区水资源开发利用、节约保护主要指标的落实情况进行考核，考核结果交由干部主管部门，作为地方政府相关领导干部综合考核评价的重要依据。

## 六 深化水利改革

（二十一）强化城乡水资源统一管理

完善水资源管理体制。强化城乡水资源统一管理，对城乡供水、水资源综合利用、水环境治理和防洪排涝等实行统筹规划、协调实施，促进水资源优化配置。完善流域管理与区域管理相结合的水资源管理制度，建立事权清晰、分工明确、行为规范、运转协调的水资源管理工作机制。进一步完善水资源保护和水污染防治协调机制。

（二十二）推进水利工程建设和管理体制改革

加强水利建设项目管理，实行项目法人责任制、招标投标制、建设监理制、合同管理制，大力推行项目代建制和试行设计施工总承包制。创新水利建设监管机制，规范水利建设市场秩序。健全和完善安全生产组织机构建设、规章制度体系和目标责任考核体系，落实水利安全生产监管责任和水利生产经营者安全生产主体责任。加强水利工程质量监督机构和网络建设。区分水利工程性质，分类推进改革，健全良性运行机制。深化国有水利工程管理体制改革，按规定落实公益性、准公益性水管单位基本支出和维修养护经费。建立跨行政区划和重点水利工程维修养护经费各级财政补助机制。推进小型水利工程产权制度改革，明确所有权和使用权，落实管护主体和责任，建立公共财政对小型水利工程管护经费的补助机制，探索社会化、专业化的多种水利工程管理模式。理顺湖泊管理体制，健全各级湖泊管理机构，强化工作职责，落实管护主体和责任。

（二十三）健全基层水利服务体系

建立健全职能明确、布局合理、队伍精干、服务到位的基层水利服务体系，全面提高基层水利服务能力。已组建水利管理站的县（市、区），要加大对水利管理站的财政投入；其他地区按乡镇或流域落实水利公益性服务岗位，保障水利公益性服务资金。加强山区水利管理工作。各级财政"以钱养事"补助资金存量部分用于乡镇水利公益性服务的比例不少于10%，今后的增量部分对水利公益服务要给予倾斜。鼓励和支持发展农民用水合作组织。

（二十四）建立合理水价形成机制

充分发挥水价的调节作用，兼顾效率和公平，大力促进节约用水和产业结构调整。工业和服务业用水要逐步实行超额累进加价制度，拉开高耗水行业与其他行业的水价差额。合理调整城市居民生活用水价格，稳步推进阶梯式水价制度。按照促进节约用水、降低农民水费支出、保障灌排工程良性运行的原则，推进农业水价综合改革，取消易涝地区农民的县乡两级水利工程农业排涝水费负担，农业排涝费用由各级财政负担。积极探索行之有效的农民用水成本分担机制。

（二十五）强化水利科技支撑

坚持以水利信息化带动水利现代化，大力推进水利科技创新，加大重大水利科研攻关和实用成果推广力度，广泛运用新材料、新技术、新工艺，提高水利工程建设管理的科技含量。加快推进以防汛抗旱决策指挥、水文水资源管理、水库堤防泵站湖泊监管、水土保持监测、山洪灾害预警预报等应用系统为重点的水利信息化建设，努力建成完备的防汛抗旱减灾决策指挥信息系统、高效的水资源开发利用信息系统、优良的水生态环境保护信息系统、先进的水利运行管理保障信息系统。

(二十六) 提高水文气象服务和防汛抗旱应急管理能力

加强水文基础设施建设,充实优化站网,提高巡测及应急机动监测能力,整合水文、气象服务资源,实现信息共享,全面提高水文、气象服务水平。适应应对水旱灾害需要,不断完善防汛抗旱统一指挥、分级负责、部门协作、反应迅速、协调有序、运转高效的应急管理体制机制。健全省、市、县、乡和重点村的防汛抗旱指挥体系、科学合理的应急预案体系、全面覆盖的规制体系。建立健全山洪灾害防治项目建设管理体制机制,积极整合相关项目资金,统筹用于山洪灾害防治建设。建立处置水旱灾害储备金制度,健全应急抢险物资储备体系。建立专兼结合的应急抢险救援队伍,鼓励志愿者参与应急救援,重点推进县乡两级防汛抗旱服务组织建设,引导服务组织在市场中求生存图发展。在易旱区、粮食主产区兴建一批能抗御中度以上干旱的应急水源工程,落实应对特大干旱和突发水安全事件的水源储备措施。建立水土流失及其综合防治动态监测、预报和定期公告制度。加强人工增雨(雪)能力建设,建立鄂西北、鄂中北等重点区域及重点流域人工增雨(雪)常备作业机制,科学利用空中云水资源。

## 七 加强对水利改革发展的组织领导

(二十七) 落实各级党委和政府的责任

各级党委和政府要站在全局和战略高度,切实加强领导,落实责任,强化措施,及时研究解决水利改革发展中的突出问题。各级政府是水利改革发展的责任主体,实行防汛抗旱、饮水安全保障、水资源管理、水库安全管理、农田水利基本建设、河道采砂管理行政首长负责制,建立领导任期水利工作目标责任制。把加强农田水利基本建设作为农村基层开展创先争优活动的重要内容,对在加快水利改革发展中取得显著成绩的单位和个人,各级人民政府要按国家有关规定给予表彰奖励。

(二十八) 推进依法治水

建立健全地方水法规制度体系,尽快出台湖北省湖泊保护条例、湖北省抗旱条例、湖北省实施《水土保持法》办法(修订)、湖北省建设项目占用水域管理办法等地方性法规和地方政府规章。加强水利法制宣传教育。加强水政监察，推进水利综合执法，坚决打击水事违法行为。严格执行水资源论证、水工程建设规划同意书、洪水影响评价、水土保持方案审批和设施验收、取水许可、涉河建设项目许可、河道采砂许可等制度。坚决查处和制止违规建设行为，防止无序开发水资源、侵占河道等行为发生。加强涉水许可审批监督管理，严禁建设项目非法侵占河湖库水域。强化河道采砂管理。扎实做好水事纠纷预防和协调处理工作。建立和加强省级防汛抗旱和饮水安全督察员制度。深化水行政许可审批制度改革。科学编制全省水利规划，加快重点建设项目前期工作，强化水利规划对涉水活动的管理和约束作用。各级政府要增加前期工作经费，做好重大水利项目的规划、论证等前期准备工作，增加重大水利项目储备。做好水库移民安置工作，落实后期扶持政策。

（二十九）进一步加强水利队伍建设

适应水利改革发展新要求，全面提升水利干部队伍素质，切实增强水利科研规划、水土保持、监测、监督、勘测设计、建设管理和依法行政能力。支持大专院校、中等职业学校水利类专业建设。大力引进、培养和选拔各类管理人才、高层次专业技术人才和高技能人才，积极推进县及县以下基层单位水利专业技术人才引进工程。完善人才评价、流动和奖励机制。建立和完善水利建设廉洁风险防控体系，确保工程安全、资金安全和干部安全。鼓励广大科技人员服务于水利改革发展第一线，加大水利基层干部和职工专业知识培训和继续教育力度，解决基层水利职工生产生活中的实际困难。

（三十）形成全社会促进水利改革发展的强大合力

各级水行政主管部门要认真履行职责，抓好水利改革发展各项任务的实施。发展改革部门要把水利发展纳入经济社会发展总体规划，组织编制水利发展中长期规划和年度指导性计划，加大对水利投资计划执行和项目实施情况的监督检查力度。财政部门要搞好水利资金调度和管理。组织人事、教育部门要把防汛应急反应、节约用水、保护水环境等作为各级领导干部和公务员教育培训的重要内容，纳入国民素质教育体系和中小学教育课程体系。国土、环保、建设、交通、农业、林业、农机、扶贫、气象、工商、物价、安监、税务、金融等部门和单位，要抓紧研究和认真落实加快水利改革发展的具体措施。宣传部门和新闻媒体要把水利纳入公益性宣传范围，增强全民水患意识、节水意识、水资源保护意识和水土保持意识，动员全社会力量支持、参与水利建设，努力实现水利跨越式发展。

（鄂发〔2011〕1号）

# 2012年湖北省一号文件中共湖北省委湖北省人民政府关于加快农业科技创新推进农业强省建设的意见

2012年2月28日

发挥湖北资源优势，加快农业农村发展，推进农业强省建设，既是胡锦涛总书记对我省农业农村工作的殷切期望，也是省委、省政府的重大工作部署。我省建设农业强省的目标是做到"六个全国领先"，打造"五区两基地一中心"，即全省农业产值、农业增加值、大宗农产品总产量和人均占有量全国领先，农产品加工业产值与农业产值之比全国领先，农产品市场竞争力、占有率全国领先，土地产出率、资源利用率、劳动生产率、农业科技贡献率全国领先，农民人均纯收入水平全国领先，现代农业产业体系和大宗农产品品牌全国领先；打造现代农业示范区、农业高科技聚集区、农业文化旅游示范区、农村改革实验区、新农村建设先行区，全国优质农产品加工基地、大宗农副产品供给基地和"买全国、卖全国"的全国农产品物流贸易中心，到2020年我省基本建成农业强省。

农业科技是确保国家粮食安全的基础支撑，是突破资源约束的必然选择，是加快现代农业建设的决定力量，具有显著的公共性、基础性、社会性。在建设农业强省过程中，实现"两增同步"，根本出路在科技。2012年全省农业农村工作的总体要求是：以邓小平理论和"三个代表"重要思想为指导，深入贯彻落实科学发展观，全面贯彻党的十七大和十七届三中、四中、五中、六中全会以及中央经济工作会议、中央农村工作会议精神，同步推进工业化、城镇化和农业现代化，围绕"加强科技促进发展、稳定生产保障供给、提高效益增加收入、改善民生维护稳定"，认真落实强农惠农富农政策，坚持科教兴农战略，以提升农业科技创新能力为核心，以加快农业科技成果转化和推广应用为重点，推进农业强省建设，促进我省跨越式发展。农业农村经济主要发展目标是：农业增加值增长4%，粮食增产5亿斤，农民人均纯收入增长10%，农业科技贡献率提高1个百分点。

**一 促进农业科技创新**

1. 抓住农业科技创新重点。面向产业需求，着力突破农业重大关键技术和共性技术，切实解决科技与经济、生产脱节问题。以增产增效并重、良种良法配套、农机农艺结合、生产生态协调为基本要求，促进农业技术集成化、劳动过程机械化、生产经营信息化，构建适应高产、优质、高效、生态、安全农业发展要求的技术体系。稳定支持基础性、前沿性、公益性农业科技研究。加强农业基础研究，在农业生物育种、农田资源高效利用、农林水生态修复、有害生物控制、生物安全和农产品安全等重大基础理论和方法方面有所突破。加快农业前沿技术研究，保持我省在优质水稻、优质棉、优质畜禽、水产品、双低油菜、生物农药、高山蔬菜等领域的国内领先地位。强化农业生物技术、涉农信息技术、农机高端装备制造技术的研究和开发。培植一批具有较强创新能力和发展实力的科技创新示范企业，发展一支高水平的科技源头创新团队，建成一批与优势特色农业板块经济对接的科技创新示范基地，充分发挥技术创新、试验示范、辐射带动的积极作用。

2. 完善农业科研创新机制。完善立项机制，实行定向委托和自主选题相结合、稳定支持和适度竞争相结合。完善评价机制，坚持分类评价，注重解决实际问题。完善资源组合模式，以产业需求为导向、农产品为单元、产业链为主线、综合试验站为基点，推进省级现代农业产业技术体系建设，及时发现和解决技术难题。落实税收减免、企业研发费用加计扣除、高新技术优惠等政策，支持企业加强涉农技术研发和升级，承担各类农业科技项目。积极培育以企业为主导的农业产业技术创新战略联盟，针对农业生产中的重大问题，科研单位与龙头企业紧密结合，由企业提出科研课题，提供研发配套资金，科研单位开展技术攻关，成果由企业推广应用，效益由双方共享。加强农业知识产权保护，逐步发展农业技术交易市场。

3. 改善农业科技创新条件。加大各类科技计划向农业领域倾斜支持力度。增加农业科技成果转化资金，设立农业科技创新基金。积极参与国家转基因生物新品种培育科技重大专项。加快华中农业高新技术产业开发区和农业科技园区建设，充分发挥省农业科技创新中心作用。加强地市级涉农科研机构建设，鼓励有条件的地方纳入省级科研机构直接管理。加强农业科技对外交流与合作，加大力度引进消化吸收国外先进农业技术，鼓励科技人员参与国际合作研究，鼓励省内外知名专家以合作研究或学术交流、工作任职等形式到我省服务。加强农业气象研究和试验工作，强化人工影响天气基础设施和科技能力建设。

4. 加快振兴现代种业科技。注重种业基础性、公益性研究，加强种质资源收集、保护和鉴定，创制改良育种材料，提高我省粮食、油料、棉花、茶叶、水产、畜禽、果蔬、食用菌、魔芋等优势产业的育种、扩繁和供种水平。鼓励"育繁推一体化"种子企业整合现有力量和资源，利用公益性研究成果，逐步建立以企业为主体的商业化育种新机制。统筹农业项目，加大对粮棉油等主要农作物种子生产基地的资金投入。支持种子企业采取多种方式建立种子生产基地，在粮棉油生产大县和国有农场建设新品种引进示范场。对符合条件的种子生产开展生产保险试点，加大种子储备财政补助力度。打造种业品牌，切实提高我省良种自给率。完善品种审定、保护、退出制度，强化种子生产经营行政许可管理，严厉打击制售假劣、套牌侵权等违法行为。

## 二 加快农业科技推广应用

5. 加强基层公共农技推广服务。2012年健全乡镇（国有农场）或区域性集农业技术推广（含水产、农机、能源）、动植物疫病防控、农产品质量安全监管等功能"三位一体"的公共服务机构，明确公益性定位，坚持"以钱养事"机制不变、财政支持资金不变，理顺管理体制，根据产业发展实际，在不突破省委、省政府服务岗位配备和控制标准的前提下，合理核定编制。全面实行人员聘用制度，严格上岗条件，全员竞争上岗，落实岗位责任。实行县主管部门、乡镇政府、农民三方考评，严格奖惩兑现。切实提高扎根乡村、服务农民、艰苦奉献的农技推广人员待遇，落实工资倾斜和绩效工资政策，实现在岗人员工资收入与基层事业单位平均水平相衔接。切实改善基层农技推广工作条件，按种养规模和服务绩效安排推广工作经费。2012年底基层农业技术推广体系改革与建设示范县项目基本覆盖粮食主产县（市、区），农技推广服务机构条件建设项目覆盖全部乡镇和国有农场。落实大幅度增加农业防灾减灾稳产增产关键技术良法补助政策。充分利用广播电视、互联网络、手机短信等现代信息技术，改进基层农技推广服务手段。建立和完善乡镇或小流域水利、基层林业、气象公共服务机构建设，健全农业标准化服务体系。扩大公共气象服务覆盖面，将气象信息传播、农业气象灾情收集和气象服务效益反馈等纳入公共农技推广服务内容，提高农业气象服务和农村气象灾害防御科技水平，提高应对气候变化能力。

6. 密切农科教结合、产学研协作。打破部门、区域、单位和学科界限，有效整合科技资源，推动产学研、农科教紧密结合，建立协同创新机制。完善激励机制，引导高等院校、科研院所科研教学人员深入基层从事农技推广服务。支持高等院校、科研院所承担农技推广项目，把服务绩效纳入专业技术职务评聘和工作考核，逐步实行推广教授、推广型研究员制度。鼓励高等院校、科研院所建立农业试验示范基地，推行专家大院、校市联建、院县共建新农村研究院等服务模式，集成、熟化、推广农业技术成果。重点围绕油菜、小龙虾、生猪、茶叶等优势农产品，以壮大规模、提高效益为目标，每个产业由一位著名专家为领军人物，带领一个科研团队，联合一家龙头企业，提供一笔科研资金，建立一片生产基地，加强产业重大科技攻关，加快成果转化，构建在全国具有竞争力的产业链条。

7. 培育多元社会化农业服务组织。通过政府订购、定向委托、招投标等方式，扶持农民专业合作社、供销合作社、村级综合服务社、专业技术协会、农民用水合作组织、涉农企业等社会力量广泛参与农业产前、产中、产后服务。充分发挥农民专业合作社组织农民进入市场、应用先进技术、发展现代农业的积极作用，加大支持力度，加强辅导服务，推进示范社建设行动，促进农民专业合作社规范运行。壮大农村集体经济，充分发挥村级综合便民服务中心作用，增强集体组织对农户生产经营的服务能力。

### 三　多途径培养现代农业科技人才

8. 加快发展涉农教育和技能培训。引导涉农院校调整学科结构，改进人才培养模式，增强为农输送人才和服务能力。加大国家励志奖学金和助学金对高等院校涉农专业学生倾斜力度。加大高等院校对农村特别是贫困地区招生的倾斜力度。鼓励和引导高校毕业生到农村基层工作，对符合条件的，实行学费补偿和国家助学贷款代偿政策。深入推进大学生村干部计划，因地制宜实施三支一扶、支农计划、大学生志愿服务农村等计划。加快中等职业教育免费进程，落实职业技能培训补贴政策，鼓励涉农职业教育加强资源整合，提高办学能力，尽快让每个农村后备劳动力掌握一门技能。

9. 积极培养农业科技人才。重大人才工程要向农业领域倾斜，实施创新人才推进计划和农业科研杰出人才培养计划，加快培养农业科技领军人才和创新团队。进一步完善农业科研人才激励机制、自主流动机制。制定以科研质量、创新能力和成果应用为导向的评价标准。开展基层农技推广人员分层分类定期业务培训。完善基层农业科技人员职称评定标准，注重工作业绩和推广实效，评聘职数向乡镇和生产一线倾斜。开展农业技术推广服务特岗计划试点，选拔一批大学生到乡镇担任特岗人员。积极发挥农民技术人员示范带动作用，按承担任务量给予相应补助。

10. 大力培训农村实用人才。以提高科技素质、职业技能、经营能力为核心，提高补助标准，扩大农村实用人才培训规模。加强农民创业培训，实施现代农业人才支撑计划，深入推进农村人才资源开发。加快培养村干部、农民专业合作社负责人、到村任职大学生等农村发展带头人，培养农民植保员、防疫员、水利员以及各类灾害预防信息联络员等公益性服务人才，培养沼气工、农机维修员、建筑工匠等农村技能服务型人才，培养种养大户、农机大户、经纪人等农村生产经营型人才。推行科技特派员制度，支持科技人员到农村创办领办科技型企业和技术合作组织。深入实施科技入户工程，积极培养农村科技示范户，提高农业主导品种、主推技术的入户到田率。大力培育新型职业农民，对未升学的农村初高中毕业生免费提供农业技能培训。鼓励有文化和农业技能的青壮年农民留在农村从事农业生产和就业创业。

**四 提高农产品生产供给能力**

11. 稳定粮食和大宗农产品生产。推进新增百亿斤粮食生产能力建设，以46个粮食主产县为重点，整县推进大型商品粮生产基地建设。开展粮食稳定增产行动，稳定播种面积，充分利用冬闲田，提高粮食复种指数和单产。实施粮食丰产科技工程，整县推进粮食优质高产创建活动。抓好示范优良品种、集成高产技术、加强病虫草害防控、推进机械化生产等关键技术，带动粮食大面积平衡增产。支持在关键农时、重点区域开展防灾减灾技术指导和生产服务，加快推进农作物病虫害专业化统防统治。

12. 认真抓好菜篮子供给。落实菜篮子市长负责制，抓好菜篮子、建好菜园子、管好菜摊子。加快推进区域化布局、标准化生产、规模化种养，大中城市要坚持保有一定的蔬菜等生鲜食品自给能力，提升菜篮子产品整体供给保障能力和质量安全水平。大力发展设施农业，开展园艺作物标准园、畜禽水产示范场创建。落实国务院关于促进生猪生产平衡健康持续发展的有关政策，推进生猪和奶牛规模化养殖小区建设。加快渔业养殖基础设施改造升级，优化水产业品种结构，发展规模养殖与特色养殖，加大名特珍稀品种的保护与市场开发力度。开展水产养殖生态环境修复试点，加强渔政建设和管理。开展渔业增殖放流。

13. 强化农产品生产源头质量安全监控。强化农产品质量安全监管综合协调，启动农业标准化整体推进示范县建设。加强检验检测和可追溯体系建设，落实产地准出和市场准入制度。严格执行投入品登记制度、生产许可和经营许可制度，加大农药、化肥、兽（渔）药、饲料和饲料添加剂等农业投入品的监管。推进农产品地理标志认定和无公害农产品、绿色食品、有机农产品认证。完善动植物重大疫源疫病监测防控支持政策，建立覆盖全省的农业有害生物预警防控体系。

**五 加速推进农产品加工增值**

14. 建设农产品加工大园区。突出我省特色产业，优化发展环境，发展一批企业集群，建设一批大型农产品加工园区，引领关联企业向园区聚集。在荆门"中国农谷"实验区建设和荆州"壮腰"工程中，加强科技研究、引进和试验示范工作，打造科技含量高的优质农产品加工基地。2012年新增5亿元财政调度资金，用于支持农产品加工业发展。加强对受支持园区和企业的考核，根据考核结果，实行动态管理。

15. 扶持农产品加工大企业。加大对大型龙头企业的扶持，注重培育善经营、有才略的农业企业家，充分发挥龙头企业和企业家对农业农村发展的带动作用。制定并实施全省食品行业振兴计划，加大政策支持力度，由有实力的龙头企业牵头，积极运用市场的办法，推动优势资源整合。鼓励企业跨地区、跨行业重组，积极推动有条件的企业上市。支持做大做强省级农业产业化信用担保平台。重点支持基础好、机制活、带动强、潜力大的龙头企业发展，力争每年新增2—3家销售收入过百亿元的企业。引导农户以资金、土地、劳力、技术等生产要素参股入股，使企业与农户建立更加紧密的利益联结关系。鼓励农产品加工企业加强与科研机构、大专院校的协作，提高自主创新能力和核心竞争力。

16. 培育农产品加工大品牌。落实品牌创建奖励政策，加大工作推进力度，充分发挥我省良好生态优势，打响生态牌、绿色牌。实施精品名牌工程，加大市场营销、宣传和开拓力度，突出品牌整合和推介，提高品牌知名度。

### 六 搞活农产品市场流通

17. 健全农产品流通市场。把农产品批发市场、城市社区菜市场、乡镇集贸市场建设纳入土地利用总体规划和城乡建设规划，落实支持农产品加工流通设施建设的用地政策。鼓励有条件的地方通过产权置换、投资入股、公建配套、回购回租等方式，建设一批非营利性农产品批发、零售市场。推进粮棉油等大宗农产品仓储物流设施建设，支持经营网络广泛的供销合作社、邮政物流、粮食流通、大型商贸企业等参与农产品批发市场、仓储物流体系、平价零售网点的建设经营。加快发展鲜活农产品连锁配送物流中心，支持建立一体化冷链物流体系。扶持产地农产品收集、加工、包装、贮存等配套设施建设，重点对农民专业合作社建设初加工和贮藏设施予以补助。

18. 组织引导农产品市场营销。探索建立生产与消费有效衔接、灵活多样的农产品营销模式，精心培育营销主体，鼓励发展农产品专业合作组织和农民经纪人队伍。大力拓展营销渠道，大力发展订单农业，推进生产者与批发市场、农贸市场、超市、宾馆饭店、学校企业食堂等直接对接，支持生产基地、农民专业合作社在城市社区增加直供直销网点。开展农村商务信息服务，举办多形式、多层次的农产品展销活动。落实免除蔬菜批发和零售环节增值税政策，开展农产品进项税额核定扣除试点，落实和完善鲜活农产品运输绿色通道政策，清理和降低农产品批发市场、城市社区菜市场、乡镇集贸市场和超市的收费。加大农产品出口的政策支持力度，积极发展创汇农业。

19. 落实农产品市场调控措施。落实提高稻谷、小麦最低收购价政策，适时启动油菜籽、棉花等临时收储，健全粮棉油等农产品储备制度。抓紧完善鲜活农产品市场调控办法，健全生猪市场价格调控预案，探索建立主要蔬菜品种价格稳定机制。抓紧建立区域性农产品信息共享平台，加强农业统计调查和预测分析，提高对农业生产大县的统计调查能力，推行重大信息及时披露和权威发布制度，防止各类虚假信息影响产业发展、损害农民利益。

**七 深入推进新农村建设和城乡一体化试点**

20. 扎实推进新农村试验示范区建设。大力推进湖北大别山革命老区、武陵山少数民族经济社会发展实验区和荆门"中国农谷"实验区建设；深入推进仙洪新农村建设实验区、鄂州及6个县市城乡一体化试点、7个山区脱贫奔小康试点县市、88个新农村建设试点乡镇和竹房城镇带城乡一体化实验区建设。坚持试点示范改革发展的总方针不变、既定的扶持政策不变、工作推进机制不变，确保支持政策落实到位、工作措施落实到位。对各实验区按照规划要求，分阶段性目标进行考核验收。开展全省新农村建设示范村、示范乡镇评选工作。

21. 坚持城镇化与新农村建设"双轮驱动"。加快调整生产力布局，引导产业向中心镇、特色镇转移，发展镇域经济，增强集镇功能，引导农民就近就地转移就业。抓好100个重点中心镇和100个特色镇建设，积极创建国家级卫生城镇。稳步推进"强镇扩权"试点，加大经济实力强镇的自主权。抓好农村水、电、路、气、房建设。着力解决农村居民饮水安全问题，扎实推进农村电网改造升级和"新农村电气化建设"工程。推进县乡公路改造和村级公路建设，落实日常养护管理、安全保障资金。逐步完成农村清洁能源入户工程和农村危房改造任务。扎实推进宜居村庄建设，保持乡村田园风光和生态环境。

22. 为进城务工经商农民提供服务保障。加快户籍制度改革，有序引导符合条件的农民工进城落户。建立城乡统一的就业制度，增强进城农民工就业的稳定性。充分保障外出务工经商农民的土地承包经营权、宅基地使用权、集体收益分配权等权利，农民可以带着这些权利进城，也可以按照依法自愿有偿的原则，自主流转或处置这些权利。将户籍未落户进城农民工的居住、生活纳入城镇规划、建设和管理的总体考虑，逐步扩大进城农民工享受城市公租房的范围，逐步解决农民工在劳动报酬、子女就学、公共卫生、社会保障医疗等方面的实际问题。积极创造条件，妥善解决农村留守儿童、妇女、老人问题。

23. 拓宽农民增收渠道。转变农业生产方式，调整产业结构，发展社会化服务，鼓励和支持各类农民专业合作植保机防队、农机服务队等发展，帮助农民增加粮食产量，扩大畜牧业、水产业养殖规模，发展优质特色经济农作物，提高种植养殖业经济效益。加大农民转移就业培训力度，提高劳务输出组织化程度，提高进城农民工就业率和工资水平。充分挖掘乡村生态、民俗、历史资源，发展多种形式的农副产品加工和流通、手工艺品制作、农家乐和生态旅游等第二、第三产业，创造就业岗位，增加就业时间。发挥省财政和烟草系统扶持烟叶生产资金作用，积极推进现代烟草农业建设。认真落实党的各种强农惠农富农政策，及时足额兑现补贴资金。

**八　加强基础设施建设**

24. 坚持不懈加强农田水利建设。在加快推进大江大河大湖治理和大中型水利设施建设的同时，积极争取中央财政小型农田水利设施建设补助专项资金，实现小型农田水利重点县建设基本覆盖农业大县（市、区）。加大山丘区"五小水利"建设、农村河道综合整治和塘堰清淤扩挖力度。大力推广高效节水灌溉新技术、新设备，扩大设备购置补贴范围和贷款贴息规模，落实节水灌溉设备税收优惠政策。创新农田水利建设管理机制，加快推进土地出让收益用于农田水利建设资金的省级统筹，落实农业灌排工程运行管理费用由财政适当补助政策。推进农村水电增效扩容改造试点。发展水利科技推广、防汛机动抢险队、抗旱排涝服务队、灌溉试验站等专业化服务组织。

25. 开展土地整理和土壤改良。加快推进低丘岗地改造、土地整理和迁村腾地试点，有计划分片推进中低产田改造，加快建设高产稳产基本农田。大力推进国家确定的南水北调汉江沿线土地整理重大工程和整体推进农村土地整治示范建设工程。积极实施粮食主产区和新农村建设等重点土地整治。占用耕地建设重大工程要积极推行"移土培肥"经验和做法。搞好农地质量调查和监测工作，深入推进测土配方施肥，引导农民合理使用化肥农药，扩大土壤有机质提升补贴规模，选择部分村开展秸秆还田、秸秆还气试点，实施旱作农业工程。加快推进现代农业示范区建设，支持大型国有农场率先发展现代农业，走出国门开发利用海外农业资源。

26. 提高农业机械化水平。加快推广应用先进适用农业生产技术，提高农业设施装备水平，提高农作物耕种收农机综合作业率。强化农机农艺结合，重点提高粮、棉、油、茶等主要作物机械化作业程度，加大对农业生产短缺、农民急需农业机械的开发、引进和推广力度。着力解决水稻机插和油菜、棉花机收等突出难题，大力发展设施农业、畜牧水产养殖等机械装备，探索农业全程机械化生产模式。加强农机示范基地、机耕道建设。切实加强农机售后服务和农机安全监理工作。

27. 推进农村信息化建设。着力提高农业生产经营、质量安全控制、市场流通的信息服务水平。整合利用农村党员干部现代远程教育等网络资源，搭建"三网融合"的信息服务快速通道。加快推进农村农业信息化示范省建设，重点加强面向基层的涉农信息服务站点和信息示范村建设。积极推进社会主义新农村档案工作示范县创建。积极推进"金农工程"项目建设，开发农产品价格监测预警、农业综合信息采集、农业科技信息服务、农业市场监管和农产品质量安全溯源等应用系统。支持办好服务"三农"的信息平台和信息热线。

28. 加强农村生态和环境建设。加快推进造林绿化，建设生态绿化工程,提高森林蓄积量。实施天然林保护、退耕还林和重点营造林三大工程,抓好生态公益林、森林防火、野生动植物保护和自然保护区四大建设。加大森林、林地、湿地保护力度,严厉打击各种破坏行为。适当扩大林木良种和造林补贴规模,完善森林抚育补贴政策和生态补偿机制。支持发展木本粮油、林下经济、森林旅游等林产业。加大国家水土保持重点建设工程实施力度,加快坡耕地整治步伐,推进清洁小流域建设,强化水土流失监测预报和生产建设项目水土保持监督管理。把农村环境综合整治作为环保工作的重点,完善以奖促治政策,逐步推行城乡同治。推广使用农村清洁能源,支持"绿色能源示范县"建设,加强农村沼气和小水电代燃料建设。实施乡村清洁工程,加快农业面源污染和农村污水、垃圾处理,因地制宜建立农村垃圾处理模式,改善农村生产生活环境。

**九 加快改善农村民生**

29. 进一步加强农村文化建设。促进城乡文化一体化发展,增加农村文化服务总量,缩小城乡文化发展差距。健全农村基本公共文化服务项目,2012年底实现公共图书馆、文化馆(站)、博物馆、美术馆免费开放。积极推进农村各项文化惠民工程。实施广播电视村村通、农村电影放映工程、送书送戏下乡、农家书屋和农民体育健身工程等项目。

30. 加快发展农村义务教育、卫生和计划生育事业。落实发展农村义务教育的各项政策。充分考虑学生上学方便和交通安全,慎重撤并农村教学点。加强寄宿制学校建设,切实做好校车安全管理工作,实施好学生营养改善计划。大力发展农村卫生事业,加强农村基本医疗服务体系和公共卫生体系建设,巩固和完善新型农村合作医疗制度、基本药物制度。坚持计划生育基本国策,切实稳定低生育水平。加大查处"两非"案件工作力度,综合治理出生人口性别比偏高问题。加强农村人口与计划生育服务体系建设,全面实施农村适龄青年免费婚前医学检查项目,积极稳妥推进免费孕前优生健康检查试点工作。健全完善人口和计划生育利益导向机制。

31. 健全农村社会保障体系。在全省所有县(市、区)实现城乡居民社会养老保险制度全覆盖。适当提高新农合补助标准。巩固动态管理下的农村低保应保尽保成果，形成保障对象有进有出的正常动态管理机制。建立健全城乡困难群体、残疾人和优抚对象等特殊群体的社会保障机制，支持乡镇农村福利院开展维修改造。

32. 扎实推进新阶段扶贫开发。贯彻落实中央扶贫开发会议精神和《中国农村扶贫开发纲要（2011—2020年）》，提高扶贫标准，着力整合资源，加大投入力度。强化专项扶贫、行业扶贫和社会扶贫"三位一体"的扶贫开发机制，落实党政领导干部扶贫开发责任制。抓好大别山、武陵山、秦巴山、幕阜山集中连片特殊困难地区区域发展与扶贫攻坚工作。加强农业科技、就业技能等多项培训，着力提高贫困地区特别是集中连片特殊困难地区自主发展能力。

### 十　多途径增加"三农"投入

33. 加大以政府为主导的多元化投入。持续加大财政用于"三农"的支出，持续加大国家固定资产投资对农业农村投入，持续加大农业科技投入，确保增量和比例均有提高。发挥政府在农业科技投入上的主导作用，保证财政农业科技投入增幅明显高于财政经常性收入增幅，逐步提高农业研发投入占农业增加值的比重，建立投入稳定增长的长效机制。按照中央"增加总量、扩大范围、完善机制"的要求，全面落实农业补贴政策，新增粮食直补和农资综合补贴资金向主产区、种养大户、农民专业合作社倾斜。完善农资综合补贴动态调整机制，完善良种补贴发放方式，提高补贴绩效。按照中央要求，扩大农机具购置补贴规模和范围，完善补贴机制和管理办法。健全主产区利益补偿机制，提高产粮（油）大县奖励资金、生猪调出大县奖励资金使用效率。加大村级公益事业"一事一议"财政奖补力度。有效整合涉农项目投入，提高资金使用效率。鼓励各种社会力量与乡村结对帮扶，参与农村产业发展和公共设施建设。

34. 加大农村金融支持。积极推进农村金融服务全覆盖，提高农村金融服务整体水平。持续增加农村信贷投入，确保银行业金融机构涉农贷款增速高于全部贷款平均增速。落实和完善涉农贷款税收优惠、定向费用补贴、增量奖励等政策，进一步完善县域法人金融机构新吸收存款主要用于当地发放贷款考核办法，引导各金融机构强化农村信贷服务。大力推进农村信用体系建设,建立健全适合各类农村经济主体特点的信用评价机制。大力发展和培育富有竞争性的多层次金融市场,引导各类银行金融机构增加涉农信贷投放,引导社会资金投资村镇银行、贷款公司、农村资金互助社等新型农村金融机构以及小额贷款公司。支持并引导农民专业合作社规范开展信用合作。推广农户小额信贷业务,积极发展大额农贷业务,加大对种养大户、农民专业合作社及乡镇小微型企业的信贷投放。完善林权抵押贷款管理办法,扩大贷款贴息规模。加大对科技型农村企业、科技特派员下乡创业的信贷支持,积极探索农业科技专利权质押融资业务。支持农业发展银行加大对农业科技的贷款力度。鼓励符合条件的涉农企业开展直接融资,积极发展涉农金融租赁业务。落实农业保险保费补贴政策,稳步扩大农业、森林保险险种和覆盖面,扶持发展渔业互助保险,鼓励开展优势农产品生产保险。

**十一 深化农村体制机制改革**

35. 不断探索完善农村土地政策。落实现有土地承包关系并保持稳定长久不变的政策。加快推进农村地籍调查,2012年基本完成覆盖农村集体各类土地的所有权确权登记颁证,推进包括农户宅基地在内的农村集体建设用地使用权确权登记颁证工作,稳步扩大农村土地承包经营权登记试点,将确权、登记、发证有关工作经费足额纳入财政预算。按照依法自愿有偿原则,积极发挥市场作用,鼓励和引导农民流转土地和林地承包经营权,发展专业大户、家庭农场(林场)等多种形式的适度规模经营。大力发展农民专业合作社和各种农业社会化服务组织,为农户提供低成本、便利化的生产经营服务。加强土地承包经营权流转管理和服务,建立健全农村土地流转服务体系和纠纷仲裁体系。落实国家关于完善农村集体土地征地的法律法规,加快建立城乡统一的土地市场,加快推进农村集体建设用地流转试点,对符合规划并经登记发证的集体建设用地使用权,可按转让、出租等方式流转,并可设定抵押,保护农民在土地增值中的收益权。积极规范推进城乡建设用地"增减挂钩"工作。

36. 深化农村综合改革。落实全国农村综合改革精神,完善乡镇行政管理体制和运行机制,妥善安置分流富余人员,创造条件补充农村公益性服务新生力量。加快推进集体林权制度配套改革。适时启动国有林场改革试点。积极稳妥化解乡村公益性债务。全面推进"一事一议"财政奖补试点工作，探索建立村级公益事业建设投入有效机制。健全村级组织运转保障机制。认真办好国家级武汉市农村产权制度改革实验区。省县两级财政安排专项经费，设立省级农村体制机制改革试验联系点。争取成为国家农村综合改革示范点。

### 十二 加强组织领导

37. 落实党委、政府领导责任。各级党委、政府要坚持把解决"三农"问题作为全部工作的重中之重，统筹安排城乡产业发展、基础设施、公共服务和社会管理等工作。各级领导干部要牢固树立、自觉践行"重中之重"战略思想，不断提高"三农"决策和工作水平，真正把重视"三农"落实到政策制定、工作部署、财力投放、干部配备上。

38. 抓好基层干部队伍培养锻炼。实施"三农"干部能力提升工程，加强"三农"干部队伍建设，着力培养热爱"三农"、熟悉"三农"、奉献"三农"的干部。在实施"年轻干部成长工程"中，专门研究农村工作领导干部、基层干部和后备力量的培养和使用问题。对"三农"工作战线的干部职工，在政治上关心成长进步，在工作上创造必要条件，在生活上帮助解决具体困难。加大科技干部到县（市、区）、乡镇挂职、任职的力度。加强乡镇党委书记和领导班子建设，健全选拔任用、教育培养、激励保障、监督管理机制。加大从优秀村干部、大学生村干部中招录乡镇公务员和选拔乡镇领导班子成员的力度。采取多种方式加强对新任干部农村政策法律和农业科技知识的培训，帮助他们了解农村改革历程、农村体制和政策的沿革，掌握农村工作要领。

39. 加强基层党风廉政建设。深入推进政务公开、村务公开、党务公开。加强农村基层反腐倡廉教育，深入推进廉政文化进农村。加强对农村重大政策贯彻落实的监督检查，加强财政"三农"投入和补贴资金使用监管，做好减轻农民负担工作，严肃查处各种违纪违规行为。巩固和深化农村集体"三资"清理和监管代理工作成果。以治理"庸、懒、散、软"问题为突破口，加强农村基层干部作风建设，切实解决群众反映强烈的问题。

40. 做好农村思想工作和宣传引导。按照"重中之重"的要求，加强和改进"三农"宣传工作,充分发挥新闻媒体的舆论引导和宣传作用,广泛开展社会主义核心价值体系宣传教育,增强对农民的感召力和影响力。及时宣传党和政府的涉农新政策、新规定,总结宣传成功经验,大力推介先进典型。做好新形势下群众工作,正面引导社会热点,提高社会治安群众满意度。

41. 完善县级"三农"发展综合考评。深入开展县(市、区)"三农"工作综合考评,将考核结果作为干部选拔任用的重要依据。不断完善考评指标,健全充分体现科学发展要求的、规范化的考核机制,促进"三农"工作更好更快地发展。

(鄂发〔2012〕1号)

# 2013年湖北省一号文件中共湖北省委湖北省人民政府关于创新和完善农村体制机制增强城乡发展一体化活力的若干意见

2013年2月2日

2013年农业农村工作的总体要求是：按照"保粮食、强基础、兴加工、增收入、新农村、重改革"的思路，围绕现代农业和新农村建设，坚持和完善农村基本经营制度，着力构建集约化、专业化、组织化、社会化相结合的新型农业经营体系，不断增强城乡发展一体化活力。主要发展目标是：农业增加值增长4%，粮食增产5亿斤，农民人均纯收入增长10%，农产品加工产值与农业总产值之比达到2∶1。各级各部门要全面贯彻落实《中共中央、国务院关于加快发展现代农业 进一步增强农村发展活力的若干意见》（中发〔2013〕1号）的政策措施和工作部署，并结合实际，重点做好以下工作。

## 一 建立农产品供给保障机制，提高农业综合生产能力

1. 提高农业物质技术装备水平。抓好农田水利、防汛抗旱、塘堰渠系等"五小水利"和农田灌排设施工程建设。加强湖泊保护管理。加快推进现代烟草基地单元和烟区水源性工程建设。开展农村土地整理、农业综合开发和"双低"改造，实施33个产粮大县粮食产能建设和国家大型油料生产基地建设项目，新建460万亩高标准农田。加快发展设施农业，提高集中育种供苗能力，重点实施水稻集中育秧工程。扶持农机事

业发展，提高农业机械化程度。

2. 加强科技对农业生产的支撑。重点打造"五位一体"的10条农业科技产业链。实施良种工程，着力突破农业重大关键技术。加快推进农村信息化示范省建设，重点加强涉农信息服务站点和信息示范村建设。加强农业科技园区建设。实施农业科技进村入户工程。完善农产品和食品安全监管、质量检测体系，开展标准化示范区建设。全面实施产地准出和市场准入制度。

3. 发挥市场对农业生产的带动作用。加快推进农产品现代流通体系建设，实施万村千乡市场、新农村现代服务流通网络和"放心粮油"市场建设等工程，启动农产品现代流通综合示范区创建。大力推进"农超对接"，加强农产品信息服务，培育农村经纪人队伍。加快推进湖北供销"民生广场"建设，构建农村日用品现代经营体系。严格执行国家对小麦、稻谷的最低收购价和油菜籽、棉花等农产品临时收储政策，支持符合条件的龙头企业参与收储。

## 二 健全农业支持保护制度，千方百计增加农民收入

4. 提高农业生产比较效益。促进农业生产由单纯注重数量增长向数量质量安全效益并重转变，扩大集中连片种植规模，粮食多建"吨粮田"，特色经济作物多建"万元田"。开展稳定增收行动，实施丰产科技工程，提高粮食复种指数和单产。扶持"双低"油菜和油茶产业发展。推进省级园艺作物标准园区创建。畜牧水产业推进龙头企业和养殖小区带动家庭标准化规模养殖。推进现代农业示范区建设。支持国有农场"走出去、引进来"发展。推进粮食丰产仓等收储设施建设。

5. 落实财政支农投入和补贴政策。严格按照"总量持续增加、比例稳步提高"的要求，不断加大省级财政支农投入。严格落实国家对农民的各项补贴，坚持新增补贴资金向主产区、农民专业合作社、种养大户倾斜。积极争取国家专项经费补助。对已经出台的政策措施开展"回头看"，加强检查督办。

6. 鼓励农民就近创业和就业。继续促进农民外出务工经商，强化就业培训工作，加强劳务品牌建设。推进农村工业结构调整和产业升级，大力发展农村服务业。落实促进农民就近就地创业就业的政策，支持发

展小型微型企业，鼓励创办家庭农场和生态农庄。

7. 保障农民集体资源和经营性资产的收益。严格执行农民集体所有土地征收补偿政策，保障农户宅基地使用权。因地制宜探索集体经济多种有效实现形式，壮大集体经济实力，增强集体组织服务能力。稳步推进城乡建设用地增减挂钩试点和集体经营性建设用地流转，迁村腾地节约出来的土地通过增减挂钩交易后的收益全部用于农业发展和农村新社区建设。开展农村产权制度改革试点。

**三 探索"四化同步"发展机制，搭建城乡发展一体化平台**

8. 实施"产业兴镇"工程。推进城乡一体化的规划编制、产业发展、基础设施建设和社会事业发展。促进以农产品加工为重点的产业发展，做大做强乡镇工业园区，增强城镇的支撑和聚集能力，增强对农业转移人口的吸引和容纳能力。推进经济发达镇行政管理体制改革试点，省里选择10个乡镇开展"四化同步"试点。完善产业兴镇考评体系，省里每年评选表彰"百强乡镇"。

9. 持续推进农产品加工"四个一批"工程。支持龙头企业通过并购、重组等多种方式组建大型企业集团，重点培育一批百亿元的龙头企业。推动龙头企业与农户建立紧密型利益联结机制，让农户更多分享加工销售收益。做好品牌的整合和推广，加大驰名商标、地理标志农产品创建力度。

10. 稳步推进农村转移人口市民化。落实放宽中小城市和小城镇落户条件的政策，切实保障进城落户农民的土地承包经营权、宅基地使用权、集体收益分配权等财产权利。各职能部门要细化政策措施，推动农民工平等享有劳动报酬、子女教育、公共卫生、计划生育、住房租购和文化服务等基本权益。

11. 深化新农村建设试验示范。大力推进八个层面的新农村建设试点示范建设，按照规划要求，分阶段性目标进行考核验收。继续评选表彰新农村建设示范乡镇和示范村。深入推进10个省级农村体制机制改革试验联系点工作。实施"三农"发展新模式推广工程。每个县（市、区）选择一个镇，学习龙头企业带动镇域"四化同步"发展的"福娃模式"、创新土地利用机制建设农村新社区的"尹集模式"或多产业发展镇域经济的"大冶经验";选择一个村,学习以企业发展促进新农村建设的"彭墩模式"、以土地流转推进股份合作的"龙岗模式"或以合作社全程机械化服务推进规模经营的"华丰模式"。开展农村综合改革示范试点,推进"一事一议"财政奖补试点工作。继续推进国有农场分离办社会职能改革。

12. 推进农村金融服务全覆盖。推进农村商业银行和村镇银行县域全覆盖、电话银行乡村全覆盖。加强对县域存贷比的激励优惠和评估考核,县域存贷比每年提高2—3个百分点。创新金融产品和服务。积极规范发展多元化农村金融机构,加快发展农业小额信用贷款,支持发展农村合作金融,逐步扩大贫困村农民资金互助合作规模。支持农民合作社开展内部信用合作。根据国家安排,规范政策性农业保险运作和管理,注重引入商业保险,鼓励开办适合各地特点的农业保险试点。

### 四 构建新型农业生产经营体制,提高农民组织化程度

13. 坚持和完善农村基本经营制度。用5年时间基本完成农村土地承包经营权确权登记颁证工作,今年每个市(州)选择1个县(市、区)开展试点。加快包括农村宅基地在内的农村集体建设用地使用权地籍调查,尽快完成确权登记颁证工作。引导农村土地承包经营权有序流转,发展多种形式的适度规模经营。健全县乡村三级全覆盖的农村土地流转服务平台和承包经营纠纷调解仲裁体系。推进集体林权制度配套改革。

14. 培育新型农业经营主体。加大对跨区域、跨行业的农民专业合作联社和股份合作社的支持,参照农民专业合作社进行登记。部门联合评定示范社,把示范社作为各类优惠政策扶持的重点。采取奖励补助等多种办法,扶持农民专业合作社、联户经营、种养大户、家庭农场。加强农业职业教育和职业培训,培育新型农民,提升农民素质。

15. 发挥"一主多元"服务主体的作用。贯彻落实《农业技术推广法》,按照"一个衔接两个覆盖"要求,健全集农业技术推广、农产品质量安全监管、动植物疫病防控"三位一体"的乡镇(或区域性)农技推广机构,明确公益性质,保障财政经费,坚持和完善"以钱养事"机制。充分发挥供销合作社、行业协会、科研院所等在农业社会化服务中的重要作用。推进农村气象信息服务和人工影响天气工作体系与能力建设。

鼓励搭建区域性农业社会化服务综合平台,引导经营性服务组织参与公益性服务,逐步从单个环节服务向综合性全程服务发展。

**五 改进农村公共服务机制,统筹推进城乡公共事业发展**

16. 加强农村基础设施建设。解决 260 万农村人口的安全饮水问题。改善农村居民用电和农业生产经营供电设施。修建 1.5 万公里农村公路,推进乡镇客运站建设,并将其改扩建为交通物流综合服务站。新建农村清洁能源 20 万户。逐步推进农村危房改造。加强各类基础设施的配套衔接,健全管护机制。

17. 加快农村社会事业发展。大力推进义务教育公平发展,加强农村中小学校舍建设改造。实施农村文化惠民工程,加强农村公共文化、体育健身和广播电视设施建设。开展创建农村卫生工作先进县活动,健全农村三级医疗卫生服务网络。全面做好农村人口和计划生育工作,为 24 万对农村夫妇提供免费孕育优生健康检查,为 50 万农村妇女免费进行宫颈癌、乳腺癌检查,综合治理出生人口性别比问题。完善新农合、新农保和农村低保、五保制度。大力推进连片特困地区区域发展与扶贫攻坚。建立移民安稳发展长效工作机制。继续推进新农村档案工作示范县创建。

18. 开展农村"美丽家园"建设。积极推进绿化造林,统筹安排退耕还林,积极发展林下经济。全面完成农村环境连片整治示范三年工作目标,启动乡镇集中式饮用水水源保护区划定工作,推进畜禽养殖减排工作,控制农业面源污染。扎实推进"万名干部进万村洁万家"活动。

**六 创新"三农"工作机制,落实"重中之重"地位**

19. 落实各级党委和政府责任。切实加强和改善对"三农"工作的领导,在政策制定、工作部署、财力投放、干部配备等方面体现"三农"工作重中之重的战略思想。县(市、区)和乡镇党委、政府要把工作重点和主要精力放在"三农"工作上。切实转变工作作风,深入基层调查研究,尊重农民首创精神,不断提高"三农"工作水平。强化省对县(市、区)、市县对乡镇"三农"发展综合考评。

20. 加强农村基层组织建设和民主管理。扩大农村党组织和党的工作覆盖面,实施"领头雁工程",把鼓励回归创业和加强基层党组织建设密切结合,注重选拔优秀回归创业人员、乡土能人和大学生村官担任村主职干部。加强和改进农村党员队伍建设,加强培训,提高党员带领、带动农民致富的能力。加强村级便民综合服务平台建设。加强农村基层民主管理,推广"四议两公开"等工作法。加强农村党风廉政建设,强化农村基层干部教育、管理和监督,深入推进廉政文化进农村。深入推进村级组织办公经费和村干部待遇保障机制建设、村务公开民主管理及村集体"三资"监管工作,着力解决发生在群众身边的腐败问题。建立减轻农民负担长效机制。切实加强农村精神文明建设,全面推进"十星级文明户"创建活动。发挥农民自我管理、自我服务、自我教育、自我监督作用,维护农民群众的合法权益,保持农村社会安全稳定。

(鄂发〔2013〕1号)

# 2014年湖北省一号文件中共湖北省委湖北省人民政府关于全面深化农村改革加快建设现代农业的若干意见

2014年2月14日

2014年全省农业农村工作的总体要求是：认真贯彻落实党的十八届三中全会、中央经济工作会议和中央农村工作会议精神，以"农业强、农村美、农民富"为总目标，按照"落实政策、改革创新、加快发展"的思路，全面深化农村改革，破除体制机制弊端，促进现代农业发展和农民收入增长。主要发展目标是：农业增加值增长4%，粮食增产6亿斤，农民人均纯收入增长10%以上。

## 一 健全农产品生产供应保障机制

1. 稳步发展粮食生产。认真实施《全国高标准农田建设总体规划》和粮食高产创建示范片及耕地地力提升工程，大力开展土地整治，推进粮食核心区建设，提高粮食综合生产能力。推广水稻集中育秧，扩大双季稻种植面积，突破性发展薯类生产。充分挖掘科技兴粮潜力，提高粮食单产。落实国家稻谷、小麦最低收购价和油菜籽临时收储政策。实施粮食收储供应安全保障工程，统筹粮食仓储基础设施建设，开展骨干粮食收纳库维修改造，在主产区开展新型粮食生产经营主体仓储、烘干整理设施建设试点。开展粮食规模生产经营主体营销贷款试点。加快推进大田作物生产机械化，主攻机插秧和油菜机收。大力发展农机社会化服务，支持发展农机合作社。实施农业"走出去"战略，支持国有农场、民营企业到境外进行互利共赢的农业生产和进出口合作，加强规划布局、平台建设和协调服务，抓好重点项目建设，提高我省农业对外开放水平。

2. 发展生态友好型农业。落实最严格的耕地保护、林地保护、节约集约用地、水资源管理、环境保护等制度，强化监督考核和激励约束。抓紧编制农业环境突出问题治理总体规划和农业可持续发展规划。加快转变农业生产方式，加大农业面源污染防治力度，大力开展病虫草害绿色防控，强化病死畜禽无害化处理，加强畜禽废弃物综合处理和资源化利用，推广高效化肥和低残留农药使用。大力推进秸秆还田等综合利用。加快发展观光农业和休闲农业。启动10个富硒土壤开发和产业发展重点县建设。按照扩绿提质、连线成片、整县推进的工作思路，扎实推进"绿满荆楚"行动。实施退耕还林、天然林保护、低产林改造、血防林、长江防护林等生态修复工程。在保障耕地保有量不减少前提下，继续在陡坡耕地、严重沙化耕地、重要水源地实施退耕还林还草。开展湿地生态效益补偿和退耕还湿试点。实施江河湖泊综合整治、水土保持重点建设工程，开展生态清洁小流域建设。加快江河湖库水系连通工程建设、重大水生态修复工程建设、生态脆弱流域和区域治理步伐。开展水生态文明县市、林业生态示范县市创建活动。

3. 创新农田水利建设管护机制。深化水利工程管理体制改革，加快落实灌排工程运行维护经费财政补助政策。通过以奖代补、先建后补等方式，探索农田水利基本建设新机制。加大水利建设投入，落实和完善土地出让收益计提农田水利资金政策，提高水资源费征收标准，加大征收力度。完善大中型水利工程建设征地补偿政策。抓紧做好南水北调中线工程蓄调水各项应对工作。加大鄂北地区水资源配置等重大工程的推进力度，开展抗旱应急水源工程建设。扩大农田水利设施产权制度改革和创新运行管护长效机制试点，落实水利工程管护主体、责任和经费，建立群管为主、专管为辅、专群结合的新型农田水利管护体系。

4. 完善农业科技成果转化机制。建立新型农业科技创新和成果转化机制，大力推进农产品加工业"四个一批"工程和农业科技产业链建设，引导和支持高校及科研院所与农业产业化龙头企业联合建立科技创新平台，开展关键技术、共性技术的攻关。加大科技成果转化力度，推进应用型农业研究单位市场化、企业化改革。改革科技成果资产处置方式，授予高校、科研院所研发团队科技成果的使用权、经营权和处置权。搭建科技成果转化和公共交易服务平台,鼓励科技成果所有人以知识产权入股,支持高校、科研院所科技人员创新创业。充分发挥省农业科技创新中心作用。加快培育农业技术市场和中介服务机构,培养科技贸易经纪人,引导农业类知识产权进入农村综合产权市场公开交易。建立以企业为主体的育种创新体系,推进人才、资源、技术向企业流动,做大做强育繁推一体化种子企业,推行种子企业委托经营制度,强化种子全程可追溯管理,加快振兴现代种业。推进区域协同创新,以国家农业科技园区为支撑,加快推动华中农业高新技术产业开发区建设。加快推进现代农业示范区建设,支持国有农场率先实现农业现代化。推进科技特派员制度,发挥高校在农业科研和农技推广中的作用。

5. 加强农产品市场体系建设。加快制定全省农产品市场发展规划,加强以大型农产品批发市场为骨干、覆盖全省的市场流通网络建设,建设改造一批公益性农产品批发市场和农贸市场。积极扩大湖北农产品出口。大力推进"万村千乡市场工程"转型升级。加快发展主产区大宗农产品现代化仓储物流设施,完善鲜活农产品、冷链物流体系。支持小型农产品收集市场、集配中心建设。完善农村物流服务体系,创建农产品现代流通综合示范区。加强产销衔接体系建设,推动农超对接、农校对接、农社对接、直采直销等多种形式的产销衔接。大力开发具有旅游商品特性的农副产品和手工艺品。继续推进"放心粮油"市场体系建设。加强农产品市场检验检测和信息化系统建设,提高电子商务水平,利用企业、村级综合服务社、农家店建设电子商务配送服务点。加强农产品市场价格监管,维护市场价格秩序。

6. 强化农产品质量安全监管。建立最严格的覆盖生产流通消费全过程的食品安全监管制度,落实地方政府属地管理和生产经营主体责任。加快发展无公害农产品、绿色食品、有机农产品和地理标志保护产品。加强农业投入品监管,大力开展园艺作物标准园、畜禽规模化养殖、水产健康养殖等创建活动。开展专项整治,从源头控制农产品质量。支持标准化生产、重点产品风险监测预警、食品追溯体系建设。加快推进县级食品、农产品质量安全检测体系和乡镇监管能力建设。全面推行产地准出、市场准入制度,加大农产品质量安全例行监测和监督抽查力度。

## 二　深化农村土地制度改革

7. 完善农村土地承包政策。坚持农村土地集体所有权，稳定农户承包权，放活土地经营权，探索农民享有承包土地经营权抵押、担保权能的具体办法。扩大农村土地承包经营权确权登记颁证试点范围，有关部门要抓紧研究提出实施办法。要充分依靠农民群众自主协商解决试点工作中遇到的矛盾和问题，可以确权确地，也可以确权确股不确地。按照分级负担原则将确权登记颁证工作经费纳入财政预算。加强农村经营管理体系建设。深化农村综合改革和集体林权制度配套改革，继续推进国有农场办社会职能改革。

8. 引导和规范农村集体经营性建设用地入市。加强农村地籍调查，加快推进农村集体建设用地、宅基地使用权的确权登记和发证工作，建立城乡建设用地统一登记信息查询系统。支持部分条件成熟的县开展农村集体经营性建设用地入市试点，在符合规划和用途管制的前提下，探索农村集体经营性建设用地与国有土地同等入市、同权同价的具体措施。按照土地规划确定的用途管制要求，建立农村集体经营性建设用地价格评估体系，确定基准地价和出让最低价。探索建立农村集体经营性建设用地产权流转和增值收入分配制度。

9. 完善农村宅基地管理制度。完善农村宅基地分配政策，在保障农户宅基地用益物权和农民住有所居的前提下，慎重稳妥推进农民住房财产权抵押、担保、转让。今年在全省选择若干乡镇开展农村宅基地有偿退出机制试点。开展城乡建设用地增减挂钩和土地综合整治。建立增减挂钩指标数据库和指标交易体系，增减挂钩节余的建设用地指标在优先满足自身发展需要的前提下，可入市交易、有偿使用，指标交易取得的土地收益全额返还农村，用于挂钩项目区房屋拆迁、土地复垦和还建农民住房等基础设施建设。

10. 落实征地制度改革政策。缩小征地范围，规范征地程序。完善被征地农民合理、规范、多元保障机制。制定出台征地补偿标准动态调整办法，完善征地补偿安置，建立货币安置、留地安置、就业帮扶等多渠道复合安置模式，建立被征地农民养老保险补偿机制，落实"先保后征"。完善征地争议调处裁决机制，保障被征地农民的知情权、参与权、申诉权和监督权。

### 三 构建新型农业经营体系

11. 发展多种形式的规模经营。鼓励有条件的农户流转承包土地经营权,加快健全土地经营权流转市场,建立健全县乡村三级农村土地流转服务平台,引导土地承包经营权规范有序流转,发展适度规模经营。有条件的地方可对流转土地给予奖补。探索建立工商企业流转农用地风险保障金制度,严禁农用地非农化。

12. 培育发展新型农业经营主体。大力培育种养大户、家庭农场、农民合作社、农业企业等新型农业经营主体。规范发展专业合作、股份合作等多种形式的农民合作社,着力加强能力建设,创建示范合作社,财政扶持、金融支持政策向国家级、省级示范社倾斜。探索财政项目资金直接投向符合条件的合作社、财政补助形成的资产转交合作社持有和管护的具体办法。引导发展农民合作联社。按照自愿原则开展家庭农场登记。完善龙头企业与合作社、农民的利益联结机制,创建农业产业化示范基地,增强带动农民致富的能力。在年度用地指标中单列一定比例专门用于新型农业经营主体建设配套辅助设施。探索土地整治新模式,开展龙头企业、农民专业合作社和农民直接承担整治项目建设试点,实行以奖代补。加大对新型职业农民和新型农业经营主体领办人的教育培训力度。完善"以钱养事"机制,大力发展主体多元、形式多样、竞争充分的社会化服务组织,推行合作式、订单式、托管式等服务模式,扩大农业生产全程社会化服务范围。

13. 推进供销合作社改革。推进组织创新、经营创新、服务创新和体制机制创新,积极稳妥推进供销合作社综合改革试点,使之成为农民生产生活服务的生力军和综合平台。支持供销合作社加快推进新农村现代流通网络和农产品批发市场建设,加快发展村级综合服务社、村级服务信息化网点、庄稼医院和行业协会。

### 四 健全城乡发展一体化体制机制

14. 开展农村人居环境整治。大力推进新农村建设和城乡一体化发展试点。按照"多规协调"的要求,加快编制和完善县域、镇域村庄体系规划，推行以奖促治政策，以治理垃圾、污水为重点，改善农村人居环境。继续实施农村公路建设，加快城乡道路客运一体化进程，完善农村公路管养体系。提高农村饮水安全工程建设标准，有条件的地方推进城镇供水管网向农村延伸。推进农村和国有垦区危房改造。因地制宜发展沼气、太阳能等新型清洁能源。开展农村环境综合治理和"宜居乡镇、宜居村庄"创建工作，大力推进美丽乡村建设。探索建立农村道路、供排水、垃圾和污水治理等管护经费保障制度。加大国家农村信息化示范省建设力度，推进涉农信息资源整合和基层信息服务站点建设，完善以"村庄办事、村务管理、农技服务"为主要内容的农村公共信息服务平台。推动物联网技术、电子商务的示范运用，推广以手机、电脑、电视、电话等为终端的信息服务模式。

15. 推动城乡基本公共服务均等化。落实农村义务教育学校布局规划，实施薄弱学校改造计划，适当保留并建设好一定数量的农村教学点。完善农村义务教育经费保障机制，落实农村中小学生均公用经费基准定额标准，加大城乡教育资源统筹力度，完善农村教师补充机制。落实中等职业教育国家助学政策，加快发展农村职业教育。支持和规范农村公益性普惠型幼儿园发展。继续整合资源实施系列文化惠民工程，推进县级图书馆服务辐射到乡村，落实农村电影公益放映政策。大力扶持农村文化广场建设，推广农村低频广播。继续开展科技、文化、卫生三下乡活动。推进体育活动器材进农村。继续开展新农村建设档案工作示范县活动。整合城乡居民基本医疗保险制度，深化农村医疗卫生机构综合改革，加大公共卫生计生服务项目落实力度。稳定新型农村合作医疗参合率，进一步提高新农合筹资标准，全面开展农村居民大病保险和重大疾病医疗保障工作。坚持计划生育基本国策，综合治理出生人口性别比偏高问题。实施城乡养老保险制度衔接政策，加快构建农村社会养老服务体系，完善城乡低保动态管理办法。完善农村残疾人救助机制。大力实施连片特困地区扶贫攻坚，继续做好脱贫奔小康试点工作，健全扶贫开发社会动员机制，推进整村开发、产业和搬迁扶贫，提高扶贫精准度，强化项目资金管理，完善考核办法，抓紧落实重点工作。扎实做好南水北调中线工程移民安稳发展、三峡后续规划项目建设、水库移民避险解困等工作。开展农村公共服务标准化试点。

16. 加快推动农业转移人口市民化。积极推进户籍制度改革，促进在城镇稳定就业和生活的农业转移人口有序实现市民化。完善城乡统一的居住登记制度，加强流动人口居住证管理工作，努力实现城镇基本公共服务覆盖全部常住人口。完善城乡均等的公共就业创业服务体系，保障农民工同工同酬。探索多种形式解决进城农民工住房问题，逐步把符合条件的进城农民工纳入住房保障范围。推广"福娃经验"，以提质扩容为重点，大力推进"四化同步"示范乡镇、经济发达镇行政管理体制改革试点镇、重点镇和特色镇建设，引导农民就地就近城镇化。

## 五 强化对农业的支持保护

17. 健全"三农"投入稳定增长机制。完善财政支农政策，增加"三农"支出。公共财政要坚持把"三农"作为支出重点，用好产业发展基金、县域经济发展资金。省级基建投资要向"三农"倾斜。发挥财政资金导向作用，采取以奖代补、民办公助、先建后补、融资担保、税费减免、财政贴息等办法，以土地承包经营权、公益设施使用权、林权、集体产权等为载体，引导金融和社会资金投入农业农村，构建多渠道、多元化的"三农"投入稳定增长新机制。

18. 整合和统筹使用涉农资金。稳步推进从财政预算编制环节清理和归并整合涉农资金。按照"整合存量、统筹增量"的分类整合方法，清理、整合、规范现有专项，以发展规划和重大支农项目为平台、以县市为单位推动涉农资金整合。改革涉农资金项目审批制度，逐步下放省级涉农资金项目审批权限。改革项目管理办法，加快项目实施和预算执行，切实提高监管水平。盘活农业结余资金和超规定期限的结转资金，由同级预算统筹限时用于农田水利等建设。

19. 强化金融机构服务"三农"职责。稳定大中型商业银行的县域网点，扩展乡镇服务网络。建立适应"三农"需要的专门机构和独立运营机制。强化商业金融对"三农"和县域小微型企业的服务能力，扩大县域分支机构业务授权，实施贷款资金回流工程，不断提高存贷比和涉农贷款比例，将涉农信贷投放情况纳入信贷政策导向效果评估和综合考核体系，确保金融机构涉农贷款增幅不低于全部贷款增幅。继续推进农业银行"三农"金融事业部的发展和建设，鼓励邮政储蓄银行拓展农村金融业务。增强农村信用社支农服务功能，保持县域法人地位长期稳定。积极发展村镇银行，逐步实现县级全覆盖。完善以转账电话助农取款为依托的村级惠农金融服务联系点建设。推进农村金融产品和服务方式创新，推广订单质押农业贷款、农村承包土地经营权和林权抵押贷款，做好家庭农场金融服务工作。支持由社会资本发起设立服务"三农"的县域中小型银行和金融租赁公司。支持农村地区设立小额贷款公司，发挥支农支小作用。积极支持条件具备的农民合作社和供销合作社发展农村合作金融，推动社区性农村资金互助组织发展，不断丰富农村地区金融机构和金融组织类型，支持金融机构依托供销合作社基层网点延伸服务。

20. 完善农业补贴和农业保险政策。按照稳定存量、增加总量、完善方法、逐步调整要求，积极开展改进农业补贴办法的试点试验。落实种粮农民直接补贴、良种补贴、农资综合补贴政策，新增补贴向粮食等重要农产品、新型农业经营主体、主产区倾斜。完善补贴发放方式，选择部分县开展按实际粮食播种面积或产量对生产者补贴试点。落实农民全价购买农机具按比例补贴政策。完善农村基层气象、地震防灾减灾组织体系。逐步减少或取消产粮大县县级保费补贴，不断提高主要粮食品种保险的覆盖面和风险保障水平。鼓励保险机构开展特色优势农产品保险，逐步扩大畜产品和森林政策性保险试点范围。探索建立财政支持的农业保险大灾风险分散机制。

### 六　完善乡村治理机制

21. 加强农村基层党的建设。深入开展党的群众路线教育实践活动，建设农村基层服务型党组织，创新和完善组织设置，增强基层党组织的战斗堡垒作用，充分发挥党员模范带头作用。落实乡镇干部"岗位在村（社区）、重在服务、责在连心"工作机制，推动乡镇干部工作重心下移，更好地直接联系服务农村群众。深入实施"领头雁工程"，加大从回归人员、乡土能人和大学生村官中选拔村党支部书记的力度，继续做好"第一书记"选派管理工作。提升农村基层组织"一定三有"保障水平，建立村级运转经费保障和村干部待遇报酬正常增长机制。健全县乡村三级便民服务体系，充分发挥党员群众服务中心作用。深入开展创十星级文明户、创文明新村活动，评选表彰省级文明村镇，大力宣传农村基层干部先进典型，树立正确舆论导向。加强农村党风廉政建设，完善村级民主评议、村干部述职、任期和离任经济责任审计制度，开展强农惠农、减轻农民负担政策落实情况专项监督检查和基层信访突出问题专项整治工作，坚决查处和纠正涉农领域侵害农民利益的腐败问题和加重农民负担行为。

22. 完善基层民主自治制度。强化基层党组织的领导核心作用，健全充满活力的基层群众自治机制，拓宽群众自治的范围和途径，丰富内容和形式，增强村民自治组织的服务功能，充分发挥其他社会组织的积极功能。深化乡镇行政体制改革，强化服务职能。认真落实"四议两公开"制度，建立健全村级民主监督机制，实现村民自治制度化和规范化。探索不同情况下村民自治的有效实现形式，农村社区建设试点单位和集体土地所有权在村民小组的地方，可开展以社区、村民小组为基本单元的村民自治试点。

23. 创新基层管理服务机制。按照方便农民群众生产生活、提高公共资源配置效率的原则，健全农村基层管理服务体系。继续办好农村集体产权股份合作制改革试点，探索农民对集体资产股份占有、收益、有偿退出及抵押、担保、继承权的有效实现形式。以武汉农村综合产权交易所为平台，逐步建立以县市区为基础、全省统一联网的农村产权流转交易市场，推动农村产权流转交易公开、公正、规范运行。加强农村集体"三资"管理，提高集体经济组织资产运营管理水平，发展壮大农村集体经济。大力实施回归创业工程，落实优惠政策，优化发展环境，促进外出务工经商人员回乡创业。扩大小城镇对农村基本公共服务供给的有效覆盖，统筹推进农村基层公共服务资源有效整合和设施共建共享，推广宜昌、鄂州等地农村网格化管理和社会化服务经验，稳步推进农村社区化管理服务。加强对农村留守儿童、留守妇女、留守老人的关爱服务。积极探索新型农村群防群治模式，健全农村治安防控体系，重点打击农村"两抢一盗"、流窜作案等多发犯罪，充分发挥司法调解、人民调解、行政调解的作用，加强农村土地征用、交通事故医疗、劳资纠纷等第三方调解组织建设，就地化解社会矛盾纠纷，切实解决信访突出问题，维护农村社会和谐稳定。

各级党委、政府要切实加强对"三农"工作的组织领导，准确把握农村改革的方向和节奏，统筹谋划现代农业建设的思路和方法。进一步加强党委农村工作综合部门建设，强化决策服务、统筹协调、检查督办等职能。加强"三农"综合考评，优化指标体系。加强对各类改革试验示范的指导，支持各地各部门申报国家相关的农村改革试点，推进农村体制机制改革试验。扎实开展以"宣传政策、增进感情、举办实事、服务群众"为主要内容的"万名干部进万村惠万民"活动，密切党同人民群众的血肉联系。加大简政放权和政策支持力度，加强部门协作，完善工作机制，及时总结推广成功经验。

（鄂发〔2014〕1号）

# 2015年湖北省一号文件中共湖北省委湖北省人民政府关于进一步深化农村改革加快推进农业现代化的若干意见

2015年2月15日

当前,我国经济发展进入新常态,农业农村发展面临许多新情况、新问题。主要农产品价格高于国际市场,生产成本持续上升,农业竞争力不强;农业资源过度开发,农村污染加剧,农业可持续发展面临挑战;城镇化加快推进,农村发展仍然滞后,实现城乡共同繁荣的任务艰巨。破解这些难题,是今后一个时期"三农"工作的重大任务。我省"三农"发展处于新阶段,站在新起点,必须始终坚持"三农"重中之重战略思想不动摇,进一步深化农村改革,加快推进农业现代化。2015年全省"三农"工作总的要求是:认真贯彻党的十八届三中、四中全会和中央经济工作会议、中央农村工作会议精神,主动适应经济发展新常态,按照稳粮增收、提质增效、创新驱动的总要求,继续全面深化农村改革,全面推进农村法治建设,推动新型工业化、信息化、城镇化和农业现代化同步发展,努力在提高粮食生产能力上挖掘新潜力,在优化农业结构上开辟新途径,在转变农业发展方式上寻求新突破,在促进农民增收上获得新成效,在建设新农村上迈出新步伐,为全省经济社会发展和实现建设全面小康社会目标提供有力支撑。主要发展目标是:粮食增产3亿斤左右,农业增加值增长4%左右,农村常住居民人均可支配收入增长10%。

## 一 加快转变农业发展方式

加快建设农业强省,必须从主要追求产量向产量质量效益并重转变,走适度规模、提质增效、产品安全、资源节约、环境友好的现代农业发展道路。

1. 不断增强粮食生产能力。适应食用、加工、转化需求,切实抓好粮食生产,实现既增产又增效增收。全面开展永久基本农田划定工作。实施耕地质量保护与地力提升行动。全面推进建设占用耕地剥离耕作层土壤再利用。继续大力实施新增百亿斤粮食产能规划,推进粮食生产核心区建设,统筹规划实施土地整治、农业综合开发、"小农水"、高标准农田等建设项目,提高主产区粮田基础设施标准。扩大水稻集中育秧规模,在适宜地区大力发展双季稻。启动实施再生稻发展工程。大力发展玉米生产,着力提高单产,重点建设鄂西山地春玉米、鄂北岗地夏玉米生产基地。实施粮食丰产科技工程,集成应用优良品种和配套栽培技术,大力推进粮食高产创建,支持县级政府统筹整合资金开展连片大规模高产高效示范片建设。强化粮食生产大县的政策倾斜,扶持规模粮食生产主体。

2. 进一步优化农业结构。立足各地资源优势,以市场需求为导向,深入推进农业结构调整。完善全省农业布局规划,推进优势、特色农产品生产向优势区域集中。大力发展设施蔬菜、高山蔬菜和水生蔬菜,着力推进茶叶、水果品种改良,加快发展木本油料产业。加大对富硒产业生产基地、龙头企业和园区建设的支持力度。依据环境承载能力科学布局畜禽养殖场、养殖小区。巩固生猪、家禽、禽蛋生产优势地位,加快发展草食畜牧业。深入推进"一鱼一产业"战略,重点打造河蟹、小龙虾、鳝鳅产业。深入开展园艺作物标准园、标准化畜禽养殖、水产健康养殖等创建活动。大力发展农产品加工业,继续实施"四个一批"工程,加大政策支持力度,着力提高农产品加工企业竞争力。深入实施农业"走出去"战略,支持农垦等海外农业合作开发扩大规模。

3. 提升农产品质量安全水平。加强县乡农产品质量和食品安全监管能力建设。严格执行属地管理、分级负责、政府负总责的农产品质量安全责任制度,完善农产品质量安全监管综合协调工作机制和相关考核制度,试点推行县(市)农产品质量安全网格化包保管理责任制,启动农产品质量安全县建设试点和食品安全示范农贸市场创建活动。建立全程可追溯、互联共享的农产品质量和食品安全信息平台。落实重要农产品生产基地、批发市场质量安全检验检测费用补助政策。健全完善农业标准体系,组织开展标准化示范区建设。大力发展名特优新农产品,培育知名品牌。加强农产品"三品一标"证后监管,建立认证产品淘汰和曝光机制。全面推行产地准出和市场准入制度,加强流通环节监管。加强农业投入品监管,深入开展专项整治。落实生产经营者主体责任,严惩各类食品安全违法犯罪行为,提高群众安全感和满意度。

4. 强化农业科技和人才支撑。健全农业科技创新激励机制,深化科研成果使用、处置、收益管理改革,充分调动科技人员创新创业的积极性。组织省内高校和科研院所,开展农业领域重大科技攻关。继续整合有关涉农资金,进一步加大对农业科技产业链建设支持力度。探索商业化育种创新体系建设,健全完善"育繁推一体化"种子产业发展格局。积极引导扶持企业开展农业科技研发和推广运用,发挥农村专业技术协会在农技推广中的作用。加快推进"中国农谷"和华中农高区建设。继续推行科技特派员制度。支持鼓励科研院所、高校及其新农村发展研究院以专家大院、校市联建、院县共建等模式,承担农技推广项目,建立农业示范基地。加快推进农业机械化,建立健全水稻、小麦、玉米、油菜等主要农作物全程机械化生产技术体系,切实提高农业综合机械化率。支持农业投入品生产企业技术创新。全面实施现代农业人才和新型职业农民培育工程。组织开展"三农"干部现代农业知识培训。

5. 加强农产品流通体系建设。编制完善全省农产品市场体系规划。加快全省农产品市场体系转型升级,着力加强设施建设和配套服务。在重要流通节点和优势农产品区域,加快打造一批具有品牌效应的农产品集散中心、物流加工配送中心,加快构建跨区域冷链物流体系。着力推进粮食仓储物流设施建设。继续实施农户科学储粮工程。加强农产品市场的公益化建设,鼓励支持农贸市场改造。鼓励和支持农产品生产企业、合作社开展与超市、学校、社区对接。扎实推进"放心粮油"市场体系建设,支持打造湖北农产品"卖场品牌"。继续推进乡镇商贸中心建设。抓好电子商务进农村综合示范县(市、区)建设,鼓励具备条件的乡村零售店进行信息化改造,提供网上代购代销、电子结算和取送货等服务。严格执行国家对小麦、稻谷的最低收购价政策和油菜籽等农产品临时收储政策。加强农产品市场价格监管,维护市场价格秩序。

6. 加强农业生态治理。加强农业面源污染治理,推广科学施肥和用药技术,提高化肥、农药利用率。加强耕地环境保护,办好黄石土壤污染防治综合示范区,推动重金属污染耕地的修复。推广节地、节水、节肥、节能等资源节约型技术和病虫草害绿色防控技术。禁止露天焚烧秸秆,打造秸秆综合利用等农业循环利用产业链。加大规模化畜禽养殖污染的防治力度。继续开展林业生态示范县、绿色示范乡村和森林城镇创建,加快实施"绿满荆楚"行动。大力推进重大林业生态工程,加强营造林工程建设,发展林产业和特色经济林。扩大天然林资源保护范围,提高补助标准。实施新一轮退耕还林还草工程。加大对湖泊和重要水源地的保护力度,积极推进水土保持综合治理,启动坡耕地水土流失综合治理工程,推进清洁小流域建设。开展农村生态水系整治和修复。继续大力开展村镇生态文明建设示范区创建工作。建立健全农业生态环境保护责任制,加强问责监管,依法依规严肃整治各种破坏生态环境的行为。

## 二 大力促进农民增收

促进农民增收,必须多措并举,继续挖掘农业内部增收潜力,拓展农村第二、第三产业增收空间,拓宽农村外部增收渠道,进一步加大政策助农增收力度,努力保持我省城乡居民收入差距持续缩小的态势。

7. 加大农业农村投入力度。坚持把农业农村作为财政支出的优先保障领域,加快建立农业农村投入稳定增长机制,继续增加财政农业农村支出,推动基础设施建设投资继续向农业农村倾斜。优化财政支农支出结构,重点支持农民增收、农村重大改革、农业基础设施建设、农业结构调整、农业可持续发展、农村民生改善。明确划分省、市、县事权,落实各级政府农业农村投入的主体责任。转换投入方式,创新涉农资金运行机制,发挥财政资金的引导和杠杆作用。围绕农业发展规划、重点项目和"三农"重点工作,整合涉农专项资金,统筹使用、提高效益。改革涉农转移支付制度,下放审批权限,清理、整顿、规范涉农专项转移支付,扩大一般性转移支付,增强各地"三农"发展自主权。切实加强涉农资金监管。

8. 提高农业补贴政策效能。严格执行国家种粮农民直接补贴、良种补贴、农机具购置补贴、农资综合补贴等政策，充分发挥政策惠农增收效应。选择部分县（市）开展农业补贴改革试点，新增惠农补贴向粮食等重要农产品新型经营主体和主产区倾斜，提高补贴的导向性和效能。实施农业生产重大技术措施推广补助政策。

9. 强化农业社会化服务。抓好农业生产全程社会化服务机制创新试点，重点支持为农户提供代耕代收、统防统治、烘干储藏等服务。健全"以钱养事"公益性服务机制，完善考核办法。扶持农民专业合作社、龙头企业、专业服务公司等社会组织广泛参与农业产前、产中、产后服务。支持邮政系统更好地服务"三农"。加强农业气象灾害防御体系建设，创新为农服务机制。

10. 推进农村一二三产业融合发展。不断拓展农村内部增收潜力，延长农业产业链，提高农业附加值。加快发展特色种养，大力推广稻田综合种养、立体养殖等高效生态种养模式，提高农业经营效益。大力发展农产品加工业、服务业，带动农民增收致富。积极开发农业多种功能，挖掘乡村生态涵养、文化教育价值。加快培育农产品网络营销、休闲观光、社会服务等新业态，促进农民就业增收。激活农村要素资源，拓宽农民财产性增收渠道。

11. 拓宽农村外部增收渠道。完善扶持政策，优化发展环境，大力推进农民创业、以创业带动就业。实施农民工职业技能培训提升行动，开展定单、定向、定岗培训。继续组织开展劳务品牌创建，开展农村劳动力就业示范县和示范村创建活动，加强农民工外出就业服务。保障进城农民工平等享受城镇基本公共服务、社会保险、子女就学等方面的权益。

### 三 扎实推进新农村建设

实现城乡一体化发展，必须加大推进城乡统筹的协调和指导力度，加强农村基础设施建设，提升农村公共服务水平，建设农民安居乐业的美丽家园。

12. 进一步加强农村基础设施建设。继续开展大江大河治理，实施荆江大堤综合治理、荆南四河堤防加固工程和洪湖分蓄洪区东分块蓄洪工程。加快建设鄂北地区水资源配置工程。继续实施农村安全饮水工程，大力推进规模化集中供水和城镇供水管网向农村延伸。实施新一轮农村电网改造升级工程。全面推进农村公路提档升级，启动撤并村通畅工程。建立健全农村公路、水利设施管理养护资金投入和运行机制。加快推进国家农村信息化示范省建设，深入推进农村广播电视、通信村村通工程，加快农村信息基础设施建设和宽带普及，推进信息进村入户。创新投资方式，加大财政资金的统筹使用力度，制定鼓励社会资本参与农村建设目录和支持政策，引导社会力量以多种形式参与农村基础设施建设和兴办各类事业。对于能够商业化运营的农村服务业，向社会资本全面开放。

13. 加快小城镇和农村社区建设。编制完善县域村镇体系规划和村庄规划，强化规划的科学性和约束力。加强村镇建设管理，规范建设秩序。进一步创新投融资方式，以股权融资、项目融资、特许经营等多种方式，广泛吸引社会资本参与小城镇建设。继续抓好经济发达镇行政管理体制改革试点。完善乡镇政府职能，探索推进乡镇综合执法。进一步加大"四化同步"示范乡镇试点推进力度。继续对农村社区建设推进力度大、公共服务体系完善的地方给予以奖代补扶持。

14. 提升农村公共服务水平。落实农村义务教育经费保障政策，加快实施义务教育薄弱学校改造规划，改善农村学校基本办学条件。支持乡村两级公办和普惠性民办幼儿园建设。加快建设现代职业教育体系，支持县（市）集中办好一所中等职业学校。进一步完善家庭经济困难学生资助体系，实施农村义务教育学校学生营养改善计划。落实高校招生优惠政策，拓宽农村籍学生升入重点高校的渠道。完善县、乡、村三级医疗服务体系，加快农村医疗卫生人才培养，开展"四化"乡镇卫生院和"五化"村卫生室创建活动，提升农村基本医疗服务能力。建立新型农村合作医疗可持续筹资机制，规范和完善城乡居民大病保险。推进各级定点医疗机构与省内新型农村合作医疗信息系统的互联互通，积极发展惠及农村的远程会诊系统。控制政策外生育，认真落实计划生育奖励和特殊困难家庭扶助政策。提高出生人口素质，综合治理出生人口性别比偏高问题。加强农村最低生活保障制度规范管理，全面建立临时救助制度，改进农村社会救助工作。落实统一的城乡居民基本养老保险制度。推动发展互助式养老服务。着力提高农村减灾救灾基础工作能力。加快推进节地生态型公墓建设。大力推进农村基层文化设施建设，以乡镇综合文化站、村文化室为基础，探索建设乡、村两级综合性文化服务中心。继续开展科技、文化、卫生"三下乡"活动。大力发展农村体育事业。继续开展新农村建设档案工作示范县创建活动。健全完善农村网格化信息服务管理体系，开展一站多门类、多功能的综合便民服务。

15. 大力推进农村扶贫开发。进一步完善考核办法，建立贫困县约束、激励和退出机制。扎实推进精准扶贫，制定并落实建档立卡的贫困村和贫困户帮扶措施，着力推进项目直扶到户。坚持以片区规划和重大扶贫项目为平台，集成资源，落实责任，全面推进片区扶贫攻坚。开展综合扶贫改革试点。坚持以整村推进为平台，着力实施雨露计划、小额信贷、扶贫搬迁、水库移民后期扶持和避险解困项目，逐步提高贫困户自我积累、自我发展能力。继续做好产业扶贫、插花扶贫和老区发展工作。创新扶贫项目管理方式，规范资金拨付流程，推进审批权限下放到县。扩大金融扶贫试点，拓宽贫困地区融资渠道。健全社会扶贫组织动员机制，搭建社会参与扶贫开发平台。完善联县、带乡、驻村对口帮扶机制。深入推进科技扶贫开发。完善对口支援少数民族县工作机制。

16. 全面推进农村人居环境整治。深入推进爱国卫生运动，继续开展农村环境综合整治，大力推进改水改厕。继续开展县域农村生活垃圾统筹治理，巩固"洁万家"成果，完善"户分类、村收集、镇转运、县处理"机制。加强农村污水治理，建立符合农村实际的污水处理运行模式，切实加强已建乡镇污水处理厂运营管理。着力构建市县域农村再生资源回收利用体系。大力实施宜居村庄提升工程，开展美丽乡镇暨"荆楚派"建筑风格试点。制定传统村落保护发展规划，建立省级历史文化名镇名村、传统村落和民居名录，建立健全保护和监管机制。大力推进农村危房改造。规范村庄整治，切实防止违背农民意愿大拆大建。

17. 加强农村精神文明建设。以社会主义核心价值观引领农村社会新风尚。深入开展中国特色社会主义和中国梦宣传教育，广泛开展形势政策宣传教育，提高农民综合素质和农村文明程度。深入推进农村精神文明创建活动，扎实开展好家风好家训活动，继续开展荆楚楷模、十星级文明户、湖北好人、好媳妇、好儿女、好公婆等评选表彰活动。重视解决农民工精神文化需求问题，加强对农村留守儿童、留守妇女、留守老年人的关爱和服务。积极开展农村志愿者服务活动。倡导移风易俗，提倡科学健康文明生活方式。

18. 切实加强农村基层党建工作。加强以党组织为核心的农村基层组织建设，充分发挥农村基层党组织的战斗堡垒作用，创新和完善农村基层党组织设置，加强乡村两级党组织班子建设，进一步选好管好用好带头人。严肃农村基层党内政治生活，加强党员日常教育管理。组织实施第五轮"三万"活动，以"村村通客车"为重点，切实帮助农民群众解决出行难等实际困难，进一步密切党群干群关系。严肃处理违反党规党纪的行为，坚决查处发生在农民身边的不正之风和腐败问题。严格落实党建工作责任制，全面开展市县乡党委书记抓基层党建工作述职评议考核。

**四 进一步深化农村改革**

深化农村改革是增强农村发展活力的关键，必须着力抓好试点试验，加强督办落实，确保在重点领域取得突破性进展。

19. 加快构建新型农业经营体系。坚持和完善农村基本经营制度，坚持农民家庭经营主体地位，引导土地经营权规范有序流转，创新土地流转和规模经营方式，积极发展多种形式适度规模经营。大力培育家庭农场，规范发展农民专业合作社，推进龙头企业转型升级，鼓励工商资本发展适合企业化经营的现代种养业、农产品加工流通和农业社会化服务。切实解决新型农业经营主体在用地、用电、融资、贴息等方面存在的问题。土地经营权流转要尊重农民意愿，不得硬性下指标、强制推动。开展农村土地流转服务平台示范县创建，依托农村经营管理机构健全农村土地流转服务平台，完善县乡村三级服务和管理网络。

20. 推进农村产权制度改革。开展农村土地承包经营权确权登记颁证整省试点，所需经费按分级负担原则纳入各级财政预算。继续推进以武汉农村综合产权交易所为龙头、全省联网的农村产权流转交易平台建设。制定农村产权流转交易规则，加强流转交易市场管理。探索农村集体所有制有效实现形式，创新农村集体经济运行机制。扩大集体资产股份制改革试点。健全农村集体"三资"管理监督和收益分配制度。

21. 稳步推进农村土地制度改革试点。加快推进集体经营性建设用地确权登记发证工作，赋予符合规划和用途管制的农村集体经营性建设用地出让、租赁、入股权能。结合国家建立和实施不动产统一登记制度，将农房等集体建设用地上的建筑物、构筑物纳入宅基地和集体建设用地使用权确权登记发证工作范围，实现统一调查、统一确权登记、统一发证，形成覆盖城乡房地一体的不动产登记体系。在省级"四化同步"示范乡镇开展全域土地利用增减挂钩试点。选择一个县（市、区）开展农村宅基地管理制度改革试点。完善对被征地农民合理、规范、多元保障机制，落实被征地农民养老保险补偿资金，将被征地农民规范纳入养老保险体系。

22. 加快农村金融创新步伐。适应农村实际、农业特点、农民需求，深化农村金融改革创新，确保农业信贷规模持续增加、涉农贷款比例不降低、直接融资有所突破。鼓励各类商业银行创新"三农"金融服务。按照中央统一部署，积极稳妥做好农村承包土地经营权抵押贷款试点工作，慎重稳妥推进农民住房财产权抵押担保贷款试点工作。深入推进实施新型农业经营主体主办行制度。改进农村支付服务方式和手段，实现惠农金融服务联系点行政村全覆盖。深入推进柴湖新型农村金融试点，大力开展普惠金融服务示范区和社会信用建设示范区创建工作。大力发展合作金融，积极探索新型农民合作社内部资金互助试点。选择 10 个县（市、区）开展"合作社＋金融"的新型农村金融服务体系建设试点。稳步推进农业保险，着力提高农业风险保障水平。鼓励开展"三农"融资担保业务，大力发展政府支持的"三农"融资担保和再担保机构，完善银担合作机制。

23. 深化水利、林业、农垦和供销社改革。深化水行政审批制度改革，创新水生态文明建设模式，实行最严格水资源管理制度，推行"河（段）长制""湖（段）长制"，创新水利工程建设与管理体制。建立健全最严格的林地、湿地保护制度。深化集体林权制度改革，扩大森林保险试点范围，健全林权抵押贷款制度。吸引社会资本参与碳汇林业建设。全面推进国有林场改革。创新农垦行业指导管理体制、企业市场化经营体制、农场经营管理体制，强化国有农场的企业属性，加快整合垦区产业资源、资产，着力构建以资源、资产为纽带的母子公司经营管理体制，培育壮大垦区现代农业企业集团。建立符合农垦特点的国有资产监管体制。进一步推进农垦办社会职能改革。推进供销社组织创新、经营创新、服务创新和体制机制创新,建立统一开放、功能健全、面向"三农"的供销合作社组织体制。

**五 加强农村法治建设**

农村是法治建设相对薄弱的领域,必须加快完善农业农村法规体系,同步推进城乡法治建设,善于运用法治思维和法治方式做好"三农"工作。

24. 加强农村法治宣传教育。深入开展农村法治宣传教育,增强各级领导、涉农部门和农村基层干部法治观念,引导农民增强学法遵法守法用法意识。大力开展"法律进乡村"主题宣传活动。重点加强村"两委"干部法律知识培训和农民工法治宣传教育。加强农村法治宣传教育阵地建设,着力建设农村普法平台。

25. 完善涉农法规体系。加强地方涉农配套立法工作,健全完善基建投资、财政补贴、金融保险、天然林保护、农产品质量和食品安全、农资市场管理等方面地方涉农法规。依法制定适应农业农村经济发展的规范性文件,对不适应改革要求的文件及时修改和废止。

26. 提高农村依法治理水平。以依法治理、民主管理、村民自治为重点,扩大农村基层民主,推进依法自治。完善基层民主法制,健全村民自治、民主选举、民主决策、民主管理、民主监督制度,建立健全村干部任期和离任审计制度、过失责任追究制度,把村级各项事务纳入制度化、规范化管理轨道。依靠农民和基层的智慧,通过村民议事会、监事会等,引导发挥村民民主协商在乡村治理中的积极作用。健全依法维权和化解纠纷机制,引导和支持农民通过合法途径维权,理性表达合理诉求。统筹城乡法律服务资源,健全覆盖城乡居民的公共法律服务体系,加强对农民的法律援助和司法救助。深入开展平安农村创建活动,加强和改进农村社会管理综合治理,严厉打击各类违法犯罪活动。开展减轻农民负担政策落实情况专项监督检查和基层信访突出问题专项整治。

各级党委、政府要进一步加强和改善对"三农"工作的领导,各地各部门要深入研究农业农村发展的阶段性特征和面临的风险挑战,科学谋划、统筹设计"十三五"时期农村改革发展的重大项目、重大工程和重大政策，狠抓工作措施落实，加强督促检查，努力保持农业农村持续向好的局面，为我省"建成支点、走在前列"做出新的贡献。

（鄂发〔2015〕1号）

# 2016年湖北省一号文件中共湖北省委湖北省人民政府关于以新理念引领现代农业发展加快实现全面小康的若干意见

2016年3月29日

"十二五"时期，我省"三农"发展成效显著。农业综合生产能力大幅度提升，粮食生产创历史新高，农产品加工业实现突破性发展，农民收入持续较快增长，农村民生保障水平不断提高，新农村建设和城乡一体化加快推进，农村社会和谐稳定。"十三五"时期推进我省农村改革发展，必须高举中国特色社会主义伟大旗帜，全面贯彻党的十八大和十八届三中、四中、五中全会精神，协调推进"四个全面"战略布局湖北实施，深入贯彻省委十届六次、七次全会精神，以创新、协调、绿色、开放、共享的发展理念为指引，把坚持农民主体地位、增进农民福祉作为出发点和落脚点，用新理念、新思路、新办法破解"三农"发展新难题，厚植农业农村发展新优势，加大创新驱动力度，推进农业供给侧结构性改革，加快转变农业发展方式，推动新型城镇化与新农村建设双轮驱动、互促共进，确保城乡居民同步迈入全面小康社会。

到2020年，现代农业建设取得明显进步，粮食产能进一步提升，农村居民人均收入比2010年翻一番，贫困地区发展差距明显缩小，农民素质和农村社会文明程度显著提升，社会主义新农村建设水平进一步提高，促进农业农村发展的体制机制进一步完善。2016年主要发展目标是：提升粮食产能，保持生产稳定；农业增加值增长4%左右；农村常住居民人均可支配收入增长9%以上。

**一 加强现代农业基础建设，着力提高农业质量效益和竞争力**

1. 大规模推进高标准农田建设。坚持最严格的耕地保护制度，落实和完善耕地占补平衡制度，确保耕地数量不减少、质量有提高。加大投资力度，创新投融资机制，整合建设资金，加快推进稳产高产农田建设。优化规划建设布局，优先在粮食主产区建设确保口粮安全的高标准农田。整合完善建设规划，统一建设标准、统一监管考核、统一上图入库。完善耕地保护补偿机制，加强农地质量调查、监测及成果应用，全面实行建设占地耕作层土壤剥离再利用，着力提升地力。加快永久基本农田划定保护工作。健全管护监督机制，明确管护主体责任，将高标准农田建设纳入各级政府耕地保护责任目标考核内容。

2. 加大农田水利建设力度。继续推进主要江河湖泊堤防整治、病险水库除险加固、山洪灾害防御设施及蓄滞洪区建设，确保江河湖库安澜。加快推进鄂北地区水资源配置工程建设，尽快建设一批骨干水源工程和江河湖库水系连通工程，提高水资源调控水平和供水保障能力。落实最严格的水资源管理制度，加快节水型社会建设。深入开展水生态文明创建，积极推进水土保持综合治理，全面落实水污染防治行动计划，加强水功能区管理和水源保护。加快推进大中型灌区等重点农田水利工程建设，谋划启动一批新项目。大规模推进"小农水"建设，聚焦"卡脖子"工程，着力解决"最后一公里"的问题。

3. 加快农业科技创新步伐。深化农业科技体制改革，完善成果转化激励机制，激发创新活力。加强省级农业科技创新联盟建设，建立健全科技协作共享机制，统筹协调各类科技资源和科研活动，着力突破一批关键、共性技术。大力推进"互联网+"现代农业，运用现代信息技术推动农业全产业链改造升级。实施现代种业提升工程，支持和培育一批实力雄厚的"育繁推一体化"种业集团，着力打造"中部种业中心"。深入推进种业领域科研成果权益分配改革，探索成果权益分享、转移转化和科研人员分类管理机制。加快发展设施农业，提高农业机械化水平。加快推广农业先进适用技术，开发农业高产高效生产技术和模式，形成一批标准化的操作技术规范，实现农业大县全覆盖。加快建设适应现代农业发展要求的农技推广服务体系。推进农科教结合，鼓励高校、科研院所积极开展农技服务。深入推行科技特派员制度。加快现代农业示范区、科技园区建设。

4. 大力培育新型农业经营主体。完善财税、信贷保险、用地用电、项目支持等政策，加快形成培育新型经营主体的政策体系。开展示范家庭农（林）场、农民合作社创建。引导支持合作社拓宽合作领域，发展农产品加工及仓储、物流等农村服务业，积极承接政府投资项目，增强发展活力。促进农业产业化经营企业集群集聚发展，鼓励通过兼并重组等举措加快发展，着力培育一批行业领军企业。适应发展需要，允许将集中连片整治后新增加的部分耕地用于完善农业配套设施。完善工商资本租赁农地准入、监管和风险防范制度。健全和完善职业农民扶持制度。加快实施新型职业农民培育工程、现代青年农场主和农业职业经理人培养计划。

5. 优化农业生产结构和区域布局。树立大农业、大食物观念，充分发挥资源优势，全方位、多途径开发食物资源，满足日益多元化的食物消费需求。引导农民适应市场需求调整种养结构，加快构建粮经饲统筹、种养加一体、农牧渔结合的现代农业产业体系，支持产粮大县建设粮食生产核心区。实施水稻产业提升工程，提高小麦种植水平，推进马铃薯等适种粮食生产，发展精深加工，做强做精粮食产业。划定"双低"油菜生产保护区，开发油莎豆等新型油料作物资源。优化蔬菜种植结构，扩大设施、精细、特色菜生产规模。优化果茶品种结构，提升标准化生产水平。优化畜禽种类结构，加快发展草食畜牧业。优化水产养殖结构，大力发展名特优生产，继续推进精养鱼池改造，全面推广生态健康养殖。大力发展绿色、品牌、特色农业，开发富硒农产品资源，扩大地理标志农产品生产规模。深入实施农业"走出去"战略，加大对农产品出口支持力度，鼓励农产品生产和加工企业开拓国际市场。

## 二　大力推进绿色发展，提高农业可持续发展能力

6. 大力发展生态循环农业。开展生态循环农业示范创建，大力推进农业副产品、废弃物资源化利用，推动种养结合、农牧循环。统筹考虑种养规模和环境消纳能力，科学合理布局种养业，促进农业生产与生态

保护协调发展。鼓励社会资本开发、利用荒山荒地资源，发展生态循环经济。合理利用森林资源，适度发展林下种养等绿色产业，实现生态保护和经济发展"双赢"。

7. 加大农业污染防治力度。加强农业面源污染整治，启动三峡库区、丹江口库区、汉江流域、"四湖"地区农业面源污染综合防治工程，建设三峡库区农业面源污染综合防治示范区。深入实施"一控两减三基本"行动，积极推广先进适用节水灌溉技术，发展节水农业；大力推广运用生物农药，推行精准施药和科学用药，推进病虫害统防统治；全面实施测土配方精准施肥，推动有机肥替代化肥，实施化肥农药零增长行动。推进规模养殖场废弃物减量化排放、无害化处理、资源化利用。进一步加大农作物秸秆综合利用力度。加大农业污染监测和执法力度，督促落实农业减排。开展农产品产地重金属污染详查与修复治理示范。

8. 加强农业生态保护和修复。将生态保护和修复纳入农业农村发展总体规划，制定出台促进农业资源有效保护、合理利用的政策措施，依法管理农业资源和生态环境。加快建立健全农业生态保护补偿机制，探索开展跨区域生态保护补偿试点。以"四湖"地区为重点，实施山水林田湖生态保护和修复工程，推进整体保护、系统修复、综合治理。划定农业空间和生态空间保护红线，强化林地、湿地、森林和水资源管理等生态红线刚性约束。加快推进"绿满荆楚"行动，力争到2020年全省森林覆盖率提高到43%以上。扩大新一轮退耕还林规模，全面停止天然林商品性采伐。实施湿地保护与恢复工程。实施濒危野生动植物抢救性保护工程。加强外来有害生物入侵防控工作。

9. 严格农产品质量安全监管。强化食品安全责任制，把保障农产品质量和食品安全纳入党政领导班子政绩考核指标体系。严格农业投入品经营和使用管理，加强产地环境保护和源头治理。加强动植物疫情疫病监测防治。推进标准化、规范化、标识化生产，开展优质农产品和食品品牌创建。完善农产品产地环境安全监测及准出制度，加快健全从农田到餐桌的农产品质量和食品安全监管体系，建立全程可追溯、互联共享的信息平台。落实生产经营主体责任，严惩各类食品安全违法犯罪。深入开展食品安全城市和农产品质量安全县创建，开展农村食品安全专项治理。加强基层监管机构能力建设。实施食品安全科技创新工程。加强农产品质量地方标准制定工作。

### 三 加快推进农村产业融合发展，多渠道促进农民增收

10. 大力发展农产品加工业。深入实施农产品加工"四个一批"工程，把相关扶持政策延续5年，力争到2020年全省农产品加工业主营业务收入达到2万亿元。促进农产品初加工、精深加工及综合利用协调发展，提高加工转化率和附加值，带动农民增收。加快农业科技产业链建设步伐，促进农产品加工业提档升级、提质增效。加快构建农产品加工业发展新优势，培育一批农产品加工全国领军企业和特色"小巨人"，打造一批竞争力强的国内外知名品牌。推进农产品加工技术创新，建设农产品加工技术集成基地，支持农产品加工企业改造提升技术及装备水平。

11. 加快农村现代物流体系建设。统筹规划建设农村物流基础设施，加快农产品批发市场升级改造，加强粮食等重要农产品仓储物流设施建设，推进商贸流通、供销、邮政等系统物流服务网络和设施的建设与衔接。加快农产品冷链物流等现代物流体系建设，推进市场流通体系与储运加工布局有机衔接。推动公益性农产品市场建设，鼓励在城市社区设立鲜活农产品直销网点，推广多种形式的产加销对接。健全完善放心粮油市场体系。做好粮食保护价收购工作。鼓励支持大型电商企业入驻农村，支持地方和行业健全农村电商服务体系，建立健全适应农村电商发展的农产品质量分级、采后处理、包装配送等标准体系。实施"快递下乡"工程。深入开展电子商务进农村综合示范。

12. 大力发展休闲农业和乡村旅游。深入挖掘乡村生态养生、旅游休闲、文化教育等价值，积极开发农业多种功能。强化规划引导，加大扶持力度，开展休闲农业和乡村旅游创建示范，推动现代农业、新农村建设与乡村休闲旅游业融合发展。开展旅游名镇、名村、名街创建，扶持建设一批具有历史、地域、民族特点的景观村镇。引导和支持社会资本参与开发乡村休闲旅游项目，大力扶持农民发展乡村休闲旅游业。完善休闲农业和乡村旅游道路、停车场、公厕、接待中心等基础服务设施。开展高星级农家乐、休闲农庄创建，有规划地开发特色民宿、自驾露营、户外运动等乡村休闲度假产品，引导乡村旅游业转型升级。支持有条件的地方通过盘活农村闲置房屋、集体建设用地、"四荒地"、可用林场和

水面等资产资源发展休闲农业和乡村旅游。将休闲农业和乡村旅游项目建设用地纳入土地利用总体规划和年度计划合理安排。鼓励森林、湿地公园及自然保护区与周边合作开发观光旅游及相关服务。开展旅游扶贫试点村创建。实施乡村旅游富民工程。

13. 建立农业产业链与农民的利益联结机制。促进农业产加销紧密衔接、农村一二三产业深度融合，推进农业产业链整合和价值链提升，让农民共享产业融合发展的增值收益，培育农民增收新模式。鼓励农户依法转让承包土地经营权，依托各类新型经营主体，发展农业适度规模经营，提升土地产出效益。支持农民以土地经营权入股合作社、农业产业化龙头企业，支持农业产业化龙头企业以多种形式与农民开展合作，构建农户、合作社、龙头企业互利共赢的发展模式，让农民更多分享产业链增值收益。深化集体"三资"监管和产权制度改革，激活农村要素资源，增加农民财产性收入。加大财政支持力度，通过合作、贴息、设立基金等方式，带动社会资本投向农村新产业新业态。每个县（市、区）选择2—3个村，开展农村产业融合发展示范试点。

**四 加快统筹城乡发展，深入推进新农村建设**

14. 加快农村基础设施建设。建立健全农村基础设施建设投入长效机制，促进城乡基础设施互联互通、共建共享。巩固提升农村安全饮水工程成果，大力推进规模化集中供水和城镇供水管网向农村延伸。加快农村电网改造升级，提高用电保障水平。加快农村公路建设，健全"村村通客车"长效机制，将农村公路管护经费逐步纳入地方财政预算。加强农村清洁能源建设，大力发展规模化沼气。加大农村危房改造力度。继续实施广播电视、宽带"村村通"工程，加快农村信息基础设施建设步伐。加大垃圾、污水处理等公共设施建设力度，提高农村公共产品供给能力。

15. 提高农村公共服务水平。把社会事业发展的重点放在农村和接纳农业转移人口多的城镇，加快推进城镇公共服务向农村延伸。创新投资和管理机制，加快发展农村学前教育。建立城乡统一、重在农村的义务教育经费保障机制。不断改善农村义务教育薄弱学校基本办学条件。继续实施农村义务教育学生营养改善计划。加快普及高中阶段教育。逐步分类推进中等职业教育免除学杂费，率先从建档立卡的家庭经济困难学生实施普通高中免除学杂费，实现家庭经济困难学生资助全覆盖。继续实施地方专项招生计划，提升农村学生升入重点高校比例。加强农村教师队伍建设。深化县级公立医院改革，加强农村医疗卫生基础设施和人才队伍建设，加快完善县、乡、村三级医疗服务体系，全面提升农村基本医疗服务供给能力。进一步完善城乡居民基本医疗保险可持续筹资机制，继续推进各级定点医疗机构与管理部门、经办机构信息系统的互联互通。全面实施城乡居民大病医疗保险。加强农村计生服务，综合治理出生人口性别比失衡问题，提高出生人口素质。加强农村公共文化服务体系建设，继续实施文化惠民项目。健全农村最低生活保障制度，完善临时救助制度，落实社会救助责任。加大统一的城乡居民基本养老保险制度和被征地农民养老保险补偿机制落实力度。大力支持发展农村养老服务。建立健全农村留守儿童和妇女、老人关爱服务体系。加快建设农村基层综合公共服务平台，推进优化整合资源、共建共用。

16. 推进农村人居环境整治和美丽宜居乡村建设。科学编制县域村镇体系规划和村镇建设规划，强化乡村规划建设许可管理。发挥村级公益事业"一事一议"财政奖补作用，支持改善农村公共设施和人居环境。完善以奖促治政策措施，深入开展农村环境综合整治。坚持城乡环境治理并重，逐步把农村环境整治支出纳入各级财政预算。实施农村垃圾、污水治理和清洁河道专项行动，加快村庄绿化进程，建设沿路、沿江、沿湖生态景观林带，推进农房院落风貌整治及村庄美化，开展生态村镇、森林城镇、宜居村庄创建。鼓励各地因地制宜探索各具特色的美丽宜居乡村建设模式。普遍建立村庄保洁制度，支持建立政府购买服务、专业公司一体化建设营运的村庄保洁机制。加大传统村落民居和历史文化遗存保护力度。

17. 大力实施脱贫攻坚工程。因人因地施策，实施精准扶贫、精准脱贫，坚决打赢脱贫攻坚战。通过产业扶持、转移就业、易地搬迁、社保兜底等措施，确保2016年全省147万建档立卡贫困人口稳定脱贫，1600个贫困村出列。全面落实4个片区扶贫攻坚实施规划，加快区域发展与减贫步伐。加强扶贫资金项目监管，提高使用效益。强化部门扶贫责任，推动民生项目、惠农政策最大限度地向贫困地区倾斜。组织开展对口支援行动，广泛动员社会力量积极参与扶贫开发。建立省负总责、市县抓落实的脱贫工作机制，实行最严格的脱贫攻坚督查考核问责。

18. 促进农村劳动力转移就业创业和农民工市民化。加强覆盖城乡的公共服务体系建设，推进城乡就业服务一体化。加大培训力度，提高农民转移就业能力。加快发展县域经济，着力培育中小城市和特色小城镇，促进产城融合发展，增强吸纳农业转移人口能力。深入推进"四化同步"示范乡镇试点。落实优惠政策，鼓励引导农民工返乡创业。推进户籍制度改革，推动保障进城落户农民权益的政策落地，促进有能力在城镇稳定就业和生活的农业转移人口定居落户。全面实施居住证制度，完善保障机制，努力实现基本公共服务常住人口全覆盖。维护进城落户农民的土地承包权、宅基地使用权、集体收益分配权，支持引导其依法自愿有偿转让上述权益。

**五 深化农村改革，进一步增强发展活力**

19. 健全农业农村投入持续增长机制。坚持把农业农村作为固定资产投资的重点领域，各级财政预算安排继续向农业农村倾斜，确保力度不减弱、总量有增加。优化财政支农投入结构，持续增加农业基础设施建设、农业综合开发投入，完善促进农业科技进步、加强农民技能培训的投入机制，强化对农业结构调整的支持，加大对农业投入品、农机购置等提高农业支撑水平的支持力度。将种粮农民直接补贴、良种补贴、农资综合补贴合并为农业支持保护补贴。充分发挥财政政策导向功能和财政资金杠杆作用，通过基金、贴息、担保等途径，鼓励和引导社会资本更多投向农业农村。支持企业利用中央专项建设基金开展农村产业融合发展、重大水利工程、江河治理和重点水资源配置工程建设。进一步明晰省市县支农事权，落实各级政府支农责任。完善资金使用和项目管理办法，多层级推进涉农资金整合统筹，改进资金使用绩效考核办法。逐步将农垦及地方国有农林"小三场"纳入国家农业支持和民生改善政策覆盖范围。

20. 深化农村集体产权制度改革。稳定农村土地承包关系，落实集体所有权，稳定农户承包权，放活土地经营权，完善"三权分置"办法。2016年底全省基本完成农村土地承包经营权确权登记颁证工作，初步建成全省联网的土地承包经营权信息数据库。依法推进土地经营权有序流转，鼓励和引导农户自愿互换承包地块实现连片耕种。结合建立不动产统一登记制度，加快推进房地一体的农村集体建设用地和宅基地使用权确权登记颁证工作。积极推进宜城市宅基地制度改革试点。选择部分有条件的地方开展农村土地承包经营权有偿退出试点。完善和拓展城乡建设用地增减挂钩试点，将指标交易收益用于改善农民生产生活条件。探索将通过土地整治增加的耕地作为占补平衡补充耕地的指标，按照谁投入、谁受益的原则返还指标交易收益。加快编制村级土地利用规划。加快推进农村集体资产股份合作制改革，到2020年基本完成土地等农村集体资源性资产确权登记颁证、经营性资产折股量化到本集体经济组织成员，健全非经营性资产集体统一运营管理机制工作。积极探索将财政投资形成的集体经营性资产折股量化到户、让集体经济组织成员长期分享资产收益的办法。加快推进全省统一联网的农村产权流转交易平台和县乡土地流转服务中心、集体"三资"监管代理服务中心等服务平台建设，健全完善农村产权流转交易体系。

21. 深化农村金融制度创新。支持、鼓励金融机构加大对"三农"发展的信贷支持。稳定农村信用社县域法人地位，提高治理水平和服务能力。开展农村信用社省联社改革，逐步淡出行政管理，强化服务职能。创新村镇银行设立模式，扩大覆盖面。改进农村支付服务方式和手段，提高农村支付服务水平。支持符合条件的涉农企业通过银行间债券市场发行债务融资工具融资，拓宽"三农"直接融资渠道。积极推进农村承包土地的经营权和农民住房财产权抵押贷款试点；鼓励非试点市县政府与金融部门合作，在建立健全风险补偿等配套措施的前提下，积极稳妥推进开展农村"两权"抵押贷款业务。扩大"合作社+金融"试点，稳妥开展农民合作社内部资金互助试点，引导农民合作社从生产、经营合作向信用合作延伸。鼓励组建政府出资为主、重点开展涉农担保业务的县域融资担保机构或担保基金，启动省级农业信贷担保机构建设。大力发展农村小额贷款保证保险。全面推进农村信用体系建设，切实防范农村金融风险。完善农业保险制度，扩大农业保险覆盖面，增加保险品种，提高风险保障水平。支持部分市县或产业开展农业互助保险试点。

22. 创新农业社会化服务机制。巩固完善"以钱养事"农村公益性社会化服务机制，大力培育多种形式的农业经营性服务组织，健全覆盖全程、综合配套、便捷高效的农业社会化服务体系。采取政府购买服务等方式，鼓励和引导社会力量参与农村公益服务。大力发展代耕代种、联耕联种、土地托管等多种形式的农业生产性服务，通过周到便捷的社会化服务，把家庭小规模农业经营纳入现代农业发展轨道。大力发展经营性农业社会化服务，支持农民合作社、专业服务公司、涉农企业、农业院校和科研院所等组织为各类农业生产经营主体提供服务。提高气象为农服务能力。健全县乡农村经营管理服务体系。充分发挥供销合作社在农业社会化服务中的重要作用。

23. 统筹推进农村重大改革。深化水资源管理体制改革和水行政审批制度改革，加快完善农业水价形成机制，建立健全农业用水精准补贴、节水奖励机制和水权制度。通过政府购买服务、以奖代补、民办公助、风险补偿等方式，吸引社会资本特别是农民、用水合作组织和新型农业经营主体参与农田水利建设和管理。全面推进粮食流通体制、国有林场、集体林权制度、农垦和国有农场、供销合作社及其他各项改革。

### 六　加强和改善党对"三农"工作领导

24. 落实各级党委和政府抓"三农"发展的责任。坚持把解决好"三农"问题作为重中之重，不断健全党委统一领导、党政齐抓共管、党委农村工作综合部门统筹协调、有关部门各负其责的农村工作领导体制和工作机制。加强市、县党委农村工作综合部门建设，健全机构，明确职能。加强"三农"工作干部队伍建设，注重选派熟悉"三农"工作的干部进市、县党政领导班子。各级领导干部要把握好"三农"战略地位、农业农村发展新特点，顺应农民期盼，关心群众诉求，解决突出问题，提高做好"三农"工作的本领。加强"三农"政策研究，健全决策咨询机制。继续开展县（市、区）"三农"发展综合考评。

25. 强化农村基层党组织建设。始终坚持农村基层党组织领导核心地位不动摇，发挥战斗堡垒作用和党员的先锋模范作用，大力实施农村基层党建"551"工程，推动农村基层党组织建设全面进步、全面过硬，不断夯实党在农村执政的组织基础。严格落实各级党委抓农村基层党建工作责任制，发挥县级党委"一线指挥部"作用和乡镇党委"龙头"作用，坚持开展市县乡党委书记抓基层党建述职评议考核。选优配强乡镇领导班子尤其是党委书记,切实加强乡镇党委思想、作风、能力建设。选好用好管好农村基层党组织带头人,从严加强农村党员队伍建设,持续整顿软弱涣散村党组织,推进向软弱涣散村选派"第一书记"全覆盖。创新完善基层党组织设置,建立健全以村党组织为核心的村级组织体系,推进党的组织和工作全面覆盖、有效覆盖。建立健全机关党员干部联系服务贫困群众制度,扎实开展第六轮"三万"活动。健全以财政投入为主的经费保障制度,落实村级组织运转经费和村干部报酬待遇。进一步加强和改进大学生村官工作。各级党委、纪委要切实履行农村基层党风廉政建设的主体责任和监督责任,着力解决基层干部不作为、乱作为问题,加大对农民群众身边腐败问题的监督审查力度。加强农民负担监管工作。

26. 创新和完善乡村治理机制。加强乡镇服务型政府建设。深化经济发达镇行政管理体制改革试点。建立健全村务监督委员会或其他形式的村务监督机构,开展以村民小组或自然村为基本单元的村民自治试点,探索村党组织领导的村民自治有效实现形式。加快推进农村社区建设,完善多元共治的农村社区治理结构,发挥好村规民约在乡村治理中的积极作用。深入开展涉农信访突出问题专项治理。开展农村普法教育,加强农民法律服务和法律援助工作。建立健全农村网格化服务管理长效机制,完善农村治安防控体系。依法打击扰乱农村生产生活秩序、危害农民生命财产安全的违法犯罪活动。

27. 加强农村精神文明建设。深入开展中国特色社会主义核心价值观和中国梦宣传教育,加强农村思想道德建设,增强农民的国家意识、民主法治意识、社会责任意识。加强诚信教育,倡导契约精神、科学精神,提高农民文明素质和农村社会文明程度。深入开展文明村镇、"星级文明户""五好文明家庭"创建,培育文明乡风、优良家风、新乡贤文化。广泛宣传优秀基层干部、道德模范、身边好人等先进事迹。弘扬优秀传统文化,抓好移风易俗,树立健康文明新风尚。

(鄂发〔2016〕1号)

# 2017年湖北省一号文件中共湖北省委湖北省人民政府关于深入推进农业供给侧结构性改革加快培育农业农村发展新动能的实施意见

2017年2月21日

根据《中共中央、国务院关于深入推进农业供给侧结构性改革加快培育农业农村发展新动能的若干意见》（中发〔2017〕1号）精神，结合我省实际，现提出如下实施意见。

## 一 总体要求和目标任务

经过多年努力，我省农业农村发展已迈上一个新台阶，但农业抗御自然灾害和市场风险的能力仍然脆弱，农业产业体系、生产体系、经营体系与现代农业发展的要求还有较大差距，农业综合效益和竞争力有待提高，农民稳定增收难度加大。必须顺应新形势新要求，坚持问题导向，调整工作重心，深入推进农业供给侧结构性改革，加快培育农业农村发展新动能，开创我省农业现代化建设新局面。

推进农业供给侧结构性改革，要在确保粮食安全的基础上，紧紧围绕市场需求变化，以增加农民收入、保障有效供给为主要目标，以提高农业供给质量为主攻方向，以体制改革和机制创新为根本途径，优化农业产业体系、生产体系、经营体系，提高土地产出率、资源利用率、劳动生产率，促进农业农村发展由过度依赖资源消耗、主要满足量的需求，向追求绿色生态可持续、更加注重满足质的需求转变。要处理好政府和市场关系、协调好各方面利益，勇于承受改革阵痛，尽力降低改革成本，积极防范改革风险，确保粮食生产能力不降低、农民增收势头不逆转、农村稳定不出问题。

2017年，全省农业农村工作的总体要求是：全面贯彻落实党中央关于"三农"工作的决策部署，坚持新发展理念，协调推进农业现代化与新型城镇化，以推进农业供给侧结构性改革为主线，围绕农业增效、农民增收、农村增绿，加强科技创新驱动，加快农业发展方式转变，加大农村改革力度，培育农业农村发展新动能，为发展现代农业、增加农民收入、建设社会主义新农村提供有力支撑。主要发展目标是：粮食产量稳定在510亿斤左右，农业增加值增长4%左右，农村常住居民人均可支配收入增幅高于城镇居民。

## 二 优化农业产品产业结构

1. 大力发展特色优势农业。按照"稳粮、优经、扩饲"的要求，加快构建粮经饲协调发展的三元种植结构。科学合理划定粮食生产功能区和重要农产品生产保护区。稳步发展水稻、小麦生产，加快推进马铃薯等特色粮食作物开发。巩固发展双低油菜保护区油料生产。进一步减少棉花种植。扩大饲用油菜、青贮玉米种植面积。推进绿色高产高效创建，实施优势特色农业提质增效行动。鼓励各地因地制宜大力发展特色优势农产品生产，建设特色农产品优势区。促进特色种养业提档升级，把地方土特产和小品种做成带动农民增收的大产业。大力发展特色蔬菜、优势果茶、食用菌、中药材、蚕桑等。鼓励发展木本油料等特色经济林、珍贵树种用材林、花卉竹藤、森林食品等绿色产业。优化养殖区域布局，稳定生猪生产，大力发展牛羊等草食畜牧业。积极发展稻田综合种养，推动种养业互促发展。合理确定湖泊水库等水域养殖规模，推动水产养殖减量增效。加快发展小龙虾、河蟹、鳝鳅等优势特色水产品养殖。支持各地以规模化种养基地为基础，依托农业产业化龙头企业带动，聚集现代生产要素，建设"生产+加工+科技"的现代农业产业园。引导农业企业开展跨国经营，鼓励扩大农产品出口，推动农业"走出去"。

2. 积极创新农业经营体系。加快培育新型农业经营主体和服务主体，通过经营权流转、股份合作、代耕代种、土地托管等多种方式，发展多种形式适度规模经营。鼓励通过村组内互换并地等方式，实现按户连片耕种。深入开展示范家庭农（林）场和农民合作社示范社创建，积极发展生产、供销、信用"三位一体"综合合作。支持农业产业化龙头企业转型升级。扶持培育农机作业、农田灌排、统防统治、烘干仓储等经营性服务组织。支持供销、邮政、农机等系统发挥为农服务综合平台作用，促进传统农资流通网点向现代农资综合服务商转型。

3. 全面提升农产品质量和食品安全水平。推进农产品商标注册便利化，支持新型农业经营主体开展农产品标准化生产示范和质量认证，建设一批地理标志农产品和原产地保护基地。强化农产品品牌保护，推进区域公用品牌建设，建立名牌农产品奖励制度。建立健全农产品质量安全产地准出制度和产地证明随货同行制度。严格农业投入品生产销售使用监管。深入开展农兽药残留超标特别是养殖业滥用抗生素治理，严厉打击违禁超限量使用农兽药、非法添加和超范围超限量使用食品添加剂等行为。严格落实农产品质量和食品安全党政同责等责任机制。进一步完善县乡农产品质量安全监管体制，加强市县综合性检验检测中心建设。继续开展农产品质量安全县和食品安全示范城市创建。

### 三 推进农业绿色发展

4. 大力发展农业清洁生产。全面实施化肥农药零增长行动，开展有机肥替代化肥试点。推行高效生态循环种养模式，开展农业可持续发展示范区、农业废弃物资源化利用示范县创建。建立省级秸秆多元化利用补贴机制。大力推进生物质能源利用，稳步发展规模沼气，开展生态能源示范村创建。调整养殖区域布局结构，科学划定养殖区、限养区、禁养区。推进畜牧业绿色发展，实施规模养殖场粪污治理"一场一策"整县推进，推动畜禽养殖粪污的资源化利用。有效防控重大动物疫病，继续深化无规定动物疫病区创建。推进渔业基础设施升级改造，继续开展水产健康养殖示范场和示范县创建。

5. 着力治理农业环境突出问题。开展土壤污染状况详查，实施土壤污染防治行动计划。加快制定农业面源污染控制规划，采取技术、工程和生态措施，从种、养、水三大源头开展综合连片治理。大力实施典型流域农业面源污染综合治理试点示范工程，加快江汉平原、丹江口库区等重点区域农业面源污染控制示范区建设。建立健全化肥农药行业生产监管及产品追溯系统，严格行业准入管理。

6. 加大农业生态建设保护。加强生态保护红线管理，强化林地、湿地、森林等生态红线刚性约束。推进长江防护林体系、水土流失及岩溶地区石漠化治理、河湖和湿地生态保护修复等重大生态工程建设，把共抓大保护、不搞大开发的要求落到实处。继续开展林业生态示范县、绿色示范乡村和森林城镇创建。全面完成"绿满荆楚"行动任务。实施森林质量精准提升、新一轮退耕还林等重点生态工程。开展神农架国家公园体制试点。推进自然保护区、湿地公园、森林公园生态保护与修复。加强野生动植物和珍稀种质资源保护。加大有害生物防治力度。加强重点区域水生态修复治理，继续开展江河湖库水系连通工程建设。加快建立健全生态保护补偿机制。上一轮退耕还林补助期满后，将符合条件的退耕还生态林分别纳入中央和省级森林生态效益补偿范围。大力发展节水型农业，推进高效节水灌溉，全面推行用水定额管理。强化农业防灾减灾能力建设。

**四 培育农村新产业新业态**

7. 促进农村产业融合发展。探索利用"旅游+""生态+"等模式，积极推进农林水与旅游、教育、文化、康养等产业深度融合，大力发展乡村休闲旅游产业。鼓励农村集体经济组织创办乡村旅游合作社，或与社会资本联办乡村旅游企业。加大对休闲农业、乡村旅游、森林康养等基础设施建设的支持。丰富乡村旅游业态和产品，培育荆楚特色乡村旅游品牌，打造一批乡村旅游目的地和精品旅游线路。开展省级休闲农业示范点认定和美丽休闲乡村评选与推介活动。加大休闲旅游农业从业人员培训力度。深入实施农产品加工业"四个一批"工程，大力推进农产品加工业转型升级和产业融合。落实农产品初加工用电执行农业生产用电政策。完善农产品流通骨干网络，加快构建公益性农产品市场体系，加大农产品产地预冷等冷链物流基础设施建设力度，完善鲜活农产品直供直销体系、"放心粮油"市场体系。推进"互联网+"现代农业行动。大力发展农村电子商务，深入实施电子商务进农村综合示范。加强农产品电子商务标准化、品牌化建设，积极引导特色农产品主产县（市、区）在第三方电子商务平台开设地方特色馆。完善新增建设用地保障机制，将年度新增建设用地计划指标确定一定比例用于支持农村新产业新业态发展。

8. 加快特色村镇发展。积极引导各地结合资源禀赋，挖掘文化资源，加快发展优势产业，创建一批农业文化旅游"三位一体"、生产生活生态同步改善、一产二产三产深度融合的特色村镇。继续推进省级"四化同步"示范乡镇试点，支持各地开展本级示范试点。打造"一村一品"升级版，发展各具特色的专业村。深入实施农村产业融合发展试点示范，支持建设一批农村产业融合发展示范园。

### 五 加强农业科技创新驱动

9. 加强农业科技研发与推广。适应农业调结构转方式的新要求，调整农业科技创新方向和重点。整合科技创新资源，完善农业科技创新体系和现代农业产业技术体系。加强农业科技创新平台建设，壮大农业科技创新联盟，推动产学研协同创新，建立健全科技协作共享机制。加快落实科技成果转化收益、科技人员兼职取酬等制度规定。继续实施农业科技"五个一"行动。围绕产业链上中下游技术创新需求，积极开展关键共性技术研发和推广。实施现代种业提升工程，做大做强"育繁推一体化"种业企业。促进农机农艺信息融合，提升农机化综合水平。建立健全以公益性农技推广机构为主，以高等院校、科研院所、龙头企业、农民合作社为重点补充的多元化农业技术推广体系。支持农技推广人员与家庭农（林）场、合作社、龙头企业开展合作。大力推广农业高效种养模式、先进适用技术和高产优质品种。推进农业高新技术开发区和农业科技园建设。发展智慧气象，提高气象灾害监测预报预警水平。

10. 培育壮大农村人才队伍。围绕新型职业农民培育、农民工技能提升、农村实用人才培养，整合各渠道培训资金资源，建立政府主导、部门协作、统筹安排、产业带动的培训机制。探索政府购买服务等办法，发挥企业培训主体的作用，提高农民工技能培训针对性和实效性。开展科技特派员农村科技创业行动，加快推进"星创天地"建设，激发农业科技人员创新创业热情。支持进城农民工返乡创业,鼓励高校毕业生、企业主、农业科技人员、留学归国人员等各类人才回乡下乡创业创新。鼓励各地建立返乡创业园、创业孵化基地、创客服务平台,开设开放式服务窗口,提供一站式服务。

### 六 着力补齐农业农村发展短板

11. 加强基本农田建设和中小河流及湖泊整治。深入实施藏粮于地、藏粮于技战略,整合相关项目资金,创新投融资机制,以粮食主产县(市、区)为重点,加大高标准农田建设力度。有条件的地区可以将晒场、烘干、机具库棚、土壤改良等配套设施纳入高标准农田建设范围。采取先建后补、以奖代补等形式,鼓励农业龙头企业、农民合作社、家庭农场等新型经营主体和农村集体经济组织、专业化公司作为项目业主自主开展高标准农田建设。建立完善耕地占补平衡机制,允许土地整治增加的耕地作为占补平衡补充耕地的指标。全面落实永久基本农田特殊保护政策措施,持续推进中低产田改造。加强大江大河重要支流治理和控制性枢纽工程建设,加快中小河流、山洪灾害防治,全面补齐江河湖库防洪体系短板。大力推进"五大"湖泊堤防加固及四湖流域骨干河渠堤防加固工程。积极推进重点湖泊岸线确权划界。实施农业节水工程,加快大中型灌排骨干工程节水改造与建设力度,同步完善田间节水设施,建设现代化灌区。支持灾后水利薄弱环节建设,加快涉湖新增外排能力、小型病险水库除险加固工程建设,推进实施已纳入规划范围内的永久退垸还湖工程。

12. 深入开展美丽宜居乡村建设。强化乡村建设规划管理,完善县域村镇规划体系。按照发展中心村、保护特色村、整治空心村的方向,科学引导农村居民点建设。推进农村生活垃圾治理专项行动。加快实施农村饮水安全巩固提升工程,推进城镇污水收集处理系统向农村延伸。加大力度支持农村环境集中连片综合治理和改厕。推进生态文明示范创建。继续开展美丽宜居乡村建设试点。加强乡土文化遗存保护,制定传统村落保护发展规划,建立健全保护和监管机制。

13. 推进城乡公共服务均等化。全面落实城乡统一、重在农村的义务教育经费保障机制。改善农村学校办学条件,加大城乡教师交流和培训力度。建立城乡居民基本医疗保险可持续性筹资机制,提高财政补助和个人缴费标准。全面实施城乡居民大病保险。推进各级定点医疗机构与省内城乡居民基本医疗信息系统互联互通,加快农村远程会诊系统建设。切实加强农村药品和医疗服务监管。深入推进社会救助,落实农村低保按标施保、特困人员供养和重特大疾病医疗救助政策。继续推进农村养老服务体系建设。大力推进农村基层文化体育设施建设,探索建设乡村两级综合性文化服务中心。大力推进光纤到村入户工程建设。全面推进脱贫攻坚"五个一批""十大行动""十大工程",确保2017年128万人脱贫、1520个贫困村出列、9个贫困县摘帽。

### 七 深化农村改革激活发展动力

14. 加大财政支持力度。坚持把农业农村作为财政支出的优先保障领域,确保农业农村投入适度增加,固定资产投资继续向农业农村倾斜。创新财政支持方式,采取政府与社会资本合作、政府购买服务、风险补偿、财政贴息等方式,引导金融和社会资本更多投向"三农"。在县市层面推进统筹使用财政资金。拓宽农业农村基础设施投融资渠道,支持社会资本以特许经营、参股控股等方式参与农林水利、农垦等项目建设运营。严格执行稻谷、小麦最低收购价政策。调整优化农业补贴政策,探索建立以绿色生态为导向、促进农业资源合理利用与生态环境保护的农业补贴政策体系和激励约束机制。

15. 创新农村金融服务体系。继续开展农村合作金融创新试点。深入推进金融服务网格化战略,创新发展普惠金融服务。推进省级农业信贷担保机构向市县延伸,支持有条件的市县尽快建立担保机构。稳妥推进农村承包土地的经营权和农民住房财产权抵押贷款试点。深化实施新型农村经营主体主办行制度。推动政策性农业保险提质增效。鼓励发展农业互助保险。推进农村信用工程建设,大力开展信用户、信用村、信用乡镇创建活动。

16. 积极推进农村集体产权制度改革。落实农村土地集体所有权、农户承包权、土地经营权"三权分置"办法。全面完成农村土地承包经营权确权登记颁证。全面开展农村集体资产清产核资。扩大农村集体经营性资产股份合作制改革试点范围。统筹推进宜城市农村土地征收、集体经营性建设用地入市、宅基地制度改革试点。加快推进全省统一联网的农村产权交易市场体系建设。

17. 加快推进农业转移人口市民化。实施差别化落户政策，促进具备条件且有意愿的农业转移人口在城镇有序落户定居。稳步推进城镇基本公共服务覆盖所有常住人口。依托街道（社区）居民综合服务设施，为农业转移人口提供便捷、高效、平等、优质的"一站式"公共服务。健全基层农民工法律援助体系和农民工劳动报酬、工伤等法律服务体系，畅通农民工劳动争议仲裁"绿色通道"。

18. 统筹推进农村各项改革。深入推进水权、农业综合水价改革，加快建立合理水价形成机制和节水激励机制。落实最严格水资源管理制度。全面推行"河湖长制"，建立健全省市县乡四级河湖长体系。深化集体林权制度改革。全面完成国有林场改革，创新国有林场管理体制和经营机制。加快推进国有农场改革，增强农垦企业动力、发展活力及整体实力。深入推进供销合作社综合改革，增强为农服务作用。深入推进经济发达镇行政管理体制改革，充分发挥辐射带动作用。尊重农民实践创造，鼓励基层先行先试，完善激励机制和容错机制。加强对农村各类改革试点试验的指导督查，及时跟踪评估，总结推广经验。

## 八 加强"三农"工作组织领导

19. 各级党委和政府必须始终坚持把解决好"三农"问题作为重中之重不动摇，重农强农调子不能变、力度不能减，切实把认识和行动统一到中央、省委决策部署上来，把农业农村工作的重心转移到推进农业供给侧结构性改革上来，落实到政策制定、工作部署、财力投放、干部配备等各个方面。加强和规范农村基层党内政治生活，持续整顿软弱涣散村党组织，做好"难点村"治理工作，将全面从严治党要求落到实处。选好管好用好农村基层党组织带头人，深化村主职干部专职化管理。继续选聘大学生村官到建档立卡贫困村任职。发展壮大村级集体经济，强化村级组织运转经费保障。县乡纪委要把查处侵害群众利益的不正之风和腐败问题作为主要工作任务。加强农民负担监管。组织基层新任职干部系统学习"三农"政策，增强做好农业农村工作的本领。完善村党组织领导的村民自治有效实现形式，健全务实管用的村务监督机制。加快推进农村社区建设试点。培育与社会主义核心价值观相契合、与社会主义新农村建设相适应的优良家风、文明乡风和新乡贤文化，提升农民思想道德和科学文化素质。强化农村社会治安管理，统筹推进市县乡村四级综治中心规范化建设。切实做好法律宣传教育服务和信访工作。加大"三农"工作宣传力度，为农村改革发展稳定营造良好氛围。

（鄂发〔2017〕1号）

# 2018年湖北省一号文件中共湖北省委湖北省人民政府关于推进乡村振兴战略实施的意见

2018年2月20日

为推进乡村振兴战略实施，根据《中共中央、国务院关于实施乡村振兴战略的意见》（中发〔2018〕1号）精神，结合我省实际，提出如下意见。

## 一 总体要求

实施乡村振兴战略，是新时代"三农"工作的总抓手。我省实施乡村振兴战略的总体要求是：以习近平总书记"三农"思想为指引，加强党对"三农"工作的领导，落实高质量发展要求，坚持把解决好"三农"问题作为重中之重，坚持农业农村优先发展，按照产业兴旺、生态宜居、乡风文明、治理有效、生活富裕的总要求，建立健全城乡融合发展体制机制和政策体系，统筹推进农村经济建设、政治建设、文化建设、社会建设、生态文明建设和党的建设，以工程化、项目化、清单化的方式，切实抓好农村的基本产业、基本公共服务、基础设施和基层组织建设，加快推进乡村治理体系和治理能力现代化，加快推进农业农村现代化，着力建设农业强省，推动农业全面升级、农村全面进步、农民全面发展，谱写湖北乡村振兴新篇章。

到2020年，乡村振兴取得重要进展、走在中部前列，制度框架和政策体系基本形成。农业综合生产能力得到有效提升，农业供给体系质量明显提高，农村新产业新业态蓬勃发展；城乡居民生活水平差距进一步缩小；富美乡村建设全面推进，农村人居环境明显改善；城乡融合发展体制机制初步建立；贫困县全部摘帽、贫困村全部出列、建档立卡贫困户实现脱贫，小康社会全面建成；农村基层党组织战斗堡垒作用进一步加强，乡村治理体系进一步完善。

到2035年，乡村振兴取得决定性进展，农业农村现代化基本实现。农业结构得到根本性改善，农民就业质量显著提高，相对贫困进一步缓解，共同富裕迈出坚实步伐；城乡基本公共服务均等化基本实现，城乡融合发展体制机制更加完善；乡风文明达到新高度，乡村治理体系更加完善；农村生态环境根本好转，富美乡村基本实现。

到2050年，乡村全面振兴，农业强、农村美、农民富全面实现，农业农村现代化强省全面建成。

## 二　加快推进农业强省建设

坚持质量强农，深入推进农业供给侧结构性改革，加快构建现代农业产业体系、生产体系、经营体系，提高农业创新力、竞争力和全要素生产率，加快实现由农业大省向农业强省跨越。

1. 实施质量强农战略。推进农业绿色化、优质化、特色化、品牌化，加快农业发展由数量扩张向质量提升转变。推进特色农产品优势区创建，建设现代农业产业园、农业科技园。实施荆楚农优品工程。整合区域农业资源，着力打造10个荆楚农优品区域公共品牌、50个企业品牌和200个产品品牌。大力实施水稻产业提升计划，建设双低油菜生产保护区。大力发展特色农业，建设一批精品果园、生态茶园、放心菜园、道地药园和现代烟草基地。优化养殖业空间布局，发展绿色生态健康养殖。推广按户连片耕种、稻田综合种养等模式。加快发展现代高效林业。完善标准体系，健全监管体制，提高农产品质量和食品安全。切实发挥农垦在质量强农中的带动引领作用。

2. 加强农业生产能力建设。加快划定和建设粮食生产功能区、重要农产品生产保护区。大规模推进高标准农田建设。深入推进农村水利重点工程建设，加快推进鄂北水资源配置工程和水利"补短板"工程建设。大力推进农机农艺农事农信融合发展。加强农林水防灾减灾体系建设。

做好"三农"气象保障服务。

3. 推进农村一二三产业融合发展。大力开发农业多功能，延长产业链、提升价值链、完善利益链，通过多种形式让农民合理分享全产业链增值收益。实施农产品加工业提升行动。加快推进"互联网+"现代农业行动。实施农村电商工程，到2020年底实现快递物流、村级电商服务站点村村全覆盖，力争每个县建成1个电商产业园、培育1个以上电商小镇、10个电商特色村，全省农村电商销售额过千亿元。大力发展休闲农业与乡村旅游，培育精品旅游名镇名村和乡村旅游目的地。支持供销、邮政、快递及各类企业把服务网点延伸到乡村。

4. 提高农业科技创新和社会化服务水平。实施农业科技工程，加快建设农村科技创新体系，深化农业科技成果转化和推广应用改革，到2020年全省农业科技进步贡献率达到60%。围绕优质农产品，提高种业创新和保障能力，培育10个育繁推一体化种业创新基地。深入推进农业科技"五个一"行动。加强基层农技推广体系改革与建设，健全完善"以钱养事"新机制，推进公益性服务与社会化服务融合发展。健全农业社会化服务体系，促进小农户和现代农业发展有机衔接。

### 三 着力建设富美乡村

坚持绿色发展，改善农村环境，重塑乡村文明，完善乡村治理，缩小城乡居民生活水平差距。

5. 推进乡村绿色发展。实施荆楚富美乡村建设工程。统筹山水林田湖草系统治理，加大乡村生态系统保护。大力推进造林绿化，到2020年完成精准灭荒200万亩。深入推进农村环境综合整治。编制并实施农村人居环境整治行动方案，以农村垃圾、污水治理和村容村貌提升为主攻方向，补齐农村人居环境突出短板，实现乡镇生活污水治理3年全覆盖、农村生活垃圾无害化处理全达标。推进"厕所革命"三年攻坚行动计划，到2020年全省农村无害化厕所普及率达到100%。全面推行河湖长制。加强农村水环境治理和饮用水水源保护，实施流域环境综合治理。加强农业面源污染防治，推进有机肥替代化肥、畜禽粪污处理、农作物秸秆综合利用、废弃农膜回收利用。严格环境监察，落实县乡两级环境保护主体责任。

6. 繁荣农村文化。深化中国特色社会主义和中国梦宣传教育，弘扬和践行社会主义核心价值观。实施文化兴盛工程。充分挖掘荆楚文化，保护好历史文化名镇（村）、传统村落、历史建筑、古树、民俗、农业遗迹等遗产。加强农村文化阵地建设，发挥县级公共文化机构辐射作用，每个乡镇建设1个综合性文化服务中心，每个村建设1个文化活动室，实现乡村两级公共文化服务全覆盖。培育挖掘乡土文化本土人才，引导社会各界人士投身乡村文化建设。持续推进移风易俗弘扬时代新风行动，广泛开展文明村镇、星级文明户、文明家庭等创建活动，破除婚丧嫁娶大操大办、讲究排场等陈规陋习。

7. 构建乡村治理新体系。坚持自治、法治、德治相结合，健全完善党委领导、政府负责、社会协同、公众参与、法治保障的现代乡村社会治理体制。实施"红色头雁"工程，选优配强村党组织书记，全面向贫困村、软弱涣散村和集体经济薄弱村党组织派出第一书记。发挥村级党员群众服务中心作用，方便农民群众办事。探索村"基层党建+集体经济+乡村治理"的治理模式。推行村级小微权力清单制度，加大基层小微权力腐败惩处力度。加强农村群众性自治组织建设。继续全面推行村党组织书记通过法定程序担任村委会主任。推行村级事务阳光工程。推进乡村治理重心下移，完善农村网格化管理机制，实现基层服务和管理精细化、精准化。发挥新乡贤在乡村治理中的积极作用。继续开展以村民小组或自然村为基本单元的村民自治试点。修订完善村规民约，合理确定红白喜事消费标准、办事规模。加大农村普法力度，增强基层干部法治观念，提高农民法治素养。建设平安乡村，深入开展扫黑除恶专项斗争，依法加大对农村非法宗教和境外渗透活动打击力度。大力推进农村"雪亮工程"建设。

8. 打好精准脱贫攻坚战。实施精准扶贫工程，瞄准贫困人口精准帮扶。持续推进易地扶贫搬迁。加大对深度贫困地区资金项目、金融的支持力度。坚持扶贫同扶志、扶智相结合，强化造血功能。广泛动员社会各方力量帮扶贫困地区和贫困家庭。坚持省负总责市县抓落实的扶贫工作机制，强化党政一把手负总责的责任制。将2018年作为脱贫攻坚作风建设年，集中力量解决突出作风问题。开展扶贫领域腐败和作风问题专项治理。加强贫困村驻村帮扶工作队管理，落实召回制度。

9. 多途径增加农民收入。实施农民工等人员返乡创业促进三年行动计划和农家乐创业扶持项目。培育一批家庭工场、手工作坊、乡村车间，实现乡村经济多元化。大力发展多种形式适度规模经营，支持农民通过股份制、股份合作制等多种形式参与规模化、产业化经营，完善利益联结机制。通过"资源变资产、资金变股金、农民变股东"等途径，让农民广泛参与其中获得更多增值收益。拓宽农民增收渠道，增加农村低收入者收入，扩大农村中等收入群体，保持农村居民收入增速快于城镇居民。

**四 大力推进城乡融合发展**

坚持以工补农、以城带乡，推动形成工农互促、城乡互补、全面融合、共同繁荣的新型城乡关系。

10. 大力实施"三乡"工程。推动市民下乡、能人回乡、企业兴乡，促进城市资金、技术、人才、信息等要素与农村资源有效对接，打造乡村振兴新引擎。坚持因地制宜、分类施策，探索适合各地实际的发展模式。引导"三乡"主体与村集体、农民开展股份、租赁、流转等合作发展，兼顾各方利益，保护农民权益。打好"政策牌""政治牌""亲情牌""特色牌"，大力开展农业招商引资。力争3年内推动100万市民下乡、吸引10万能人回乡、引进1万个企业兴乡。省级筹措资金，对"三乡"工程建设先进县市给予奖补支持。

11. 推动城乡基础设施互联互通。全面推进农村基础设施提档升级。深入推进"四好农村路"建设，连续3年每年建成1万公里农村路，推动农村公路向进村入户延伸，探索自然村、组公路的管养机制。加快新一轮农村电网建造与改造升级，实现村村通动力电。实施"气化乡镇"工程。持续推进农村饮水安全巩固提升工程建设，力争到2020年解决全省农村居民饮水安全问题。如期完成农村危房改造任务。实施数字乡村战略，推进光纤宽带向自然村延伸，加快农村地区宽带网络和4G网络覆盖步伐，开发适应"三农"特色的信息产品和服务。

12. 建立健全城乡一体的公共服务体系。优先发展农村教育事业，落实统一城乡义务教育经费保障机制政策。优化乡村学校布局，全面改善薄弱学校基本办学条件。推进农村普及高中阶段教育，发展学前教育，到 2020 年每个村建成 1 所幼儿园。落实省级统筹的农村义务教育教师补充机制，加强城乡教师培训交流，优化农村教师队伍结构。完善基本公共卫生服务项目补助政策，支持乡镇卫生院和村卫生室改善条件，加强乡村医生培养，提高服务水平。实施"湖北社保共享计划"，完善统一的城乡居民基本医疗保险制度和大病保险制度。巩固城乡居民医保全国异地就医联网直接结算。完善城乡居民基本养老保险制度，落实城乡居民基本养老保险待遇确定和基础养老金标准正常调整政策。支持有条件、有意愿、在城镇有稳定就业和住所的农业转移人口在城镇有序落户，依法享受城镇公共服务，并全部纳入城镇住房保障体系。做好农民重特大疾病救助工作。做好农村最低生活保障动态化、精细化管理工作，把符合条件的贫困人口全部纳入保障范围。健全农村留守儿童和妇女、老年人以及困境儿童关爱服务体系。

13. 引导人才支持乡村振兴。支持高校、职业院校综合利用教育资源，灵活设置专业（方向），创新人才培养模式，为乡村振兴培养专业化人才。制定在大专院校为乡镇农技机构定向培养农业技术人才政策。全面建立高等院校、科研院所等事业单位专业技术人员到乡村和企业挂职、兼职和离岗创新创业制度，鼓励大学生到乡村和企业实习实训。鼓励社会各界投身乡村建设，创新乡村人才培育引进使用机制。大力培育新型职业农民，完善配套政策体系。加强对下乡组织和人员的管理服务。

### 五　深入推进农村改革

坚持以完善产权制度和要素市场化配置为重点，着力推进农村改革，激发乡村振兴的内生动力。

14. 巩固和完善农村基本经营制度。落实农村土地承包关系稳定并长久不变政策，衔接落实好第二轮土地承包到期后再延长 30 年的政策。建立完善全省农村承包地信息应用平台。全面推进农村承包地"三权分置"改革。探索完善承包权有偿退出和经营权抵押担保机制。实施新型农业经营主体培育工程，培育发展家庭农场、农民专业合作社、农业龙头企业、社会化服务组织和农业产业化联合体。

15. 深化农村土地制度改革。全面完成房地一体的农村集体建设用地和宅基地使用权确权登记颁证。完善农民闲置宅基地和闲置农房政策，探索落实宅基地所有权、资格权、使用权"三权分置",落实宅基地集体所有权,保障宅基地农户资格权和农民房屋财产权,适度放活宅基地和农民房屋使用权,不得违规违法买卖宅基地。出台支持乡村振兴的土地利用政策。

16. 深化农村集体产权制度改革。全面推进农村集体资产清产核资和集体成员身份确认,稳步推进农村集体经营性资产股份合作制改革试点。探索建立符合市场经济要求的集体经济运行机制,保障农民财产权益,壮大农村集体经济。发挥村党组织对集体经济组织的领导核心作用,防止内部少数人控制和外部资本侵占集体资产。加强农村集体"三资"管理。探索将财政支农资金形成的资产折股量化为村级集体持有或参与经营分红。加快建立全省统一联网的农村产权交易体系。

17. 统筹推进农业农村各项改革。深入推进农业农村"放管服"改革。深入推进小型农田水利设施产权制度改革。加快推进农业水价综合改革。深化集体林权制度改革。完善森林、湿地等生态资源有偿使用制度,建立市场化多元化生态补偿机制。深入推进经济发达镇行政管理体制改革。深化供销社综合改革、农垦改革等。推进实施粮食收储制度改革。

## 六 强化乡村振兴组织领导和保障

坚持党管农村工作,加大投入力度,注重科学规划,加强宣传引导,确保乡村振兴的决策部署有效实施。

18. 坚持和完善党对"三农"工作的领导。各级党委和政府要落实农业农村优先发展原则,在干部配备上优先考虑,在要素配置上优先满足,在资金投入上优先保障,在公共服务上优先安排。健全党委统一领导、政府负责、党委农村工作部门统筹协调的农村工作领导体制。建立实施乡村振兴战略领导责任制,实行省负总责、市县抓落实的工作机制,党政一把手是第一责任人,五级书记抓乡村振兴。各部门要做好协同配合,形成乡村振兴工作合力。加强党委农村工作部门建设,充分发挥决策参谋、统筹协调、政策指导、推动落实、督导检查等职能。各市、州、直管市、神农架林区党委和政府每年要向省委、省政府报告推进实施乡村振兴战略进展情况。完善"三农"综合考评制度。把懂农业、爱农村、爱农民作为基本要求，加强"三农"工作队伍建设，全面提升能力和水平。

19. 强化乡村振兴投入保障。健全农业农村财政支出优先保障和稳定增长机制，确保财政投入与乡村振兴目标任务相适应。优化财政供给结构，推进行业内资金整合与行业间资金统筹相互衔接配合，增加市县政府自主统筹空间。支持市县政府统筹使用地方政府债券资金，用于支持乡村振兴、脱贫攻坚领域的公益性项目。充分发挥财政资金的引导作用，撬动金融和社会资本更多投向乡村振兴。探索将财政支农资金采取市场化运作方式，实行滚动、有偿使用。调整完善土地出让收入使用范围，进一步提高农业农村投入比例。改进耕地占补平衡管理办法，用好高标准农田建设等新增耕地指标和城乡建设用地增减挂钩节余指标跨省域调剂政策，将所得收益通过支出预算全部用于巩固脱贫攻坚成果、支持实施乡村振兴战略和偿还易地扶贫搬迁借贷。完善农业信贷担保体系，探索建立政银担三方共同参与的合作模式。推进省级农业投融资平台建设，支持组建农垦集团。加大金融支农力度，引导鼓励各类金融机构到农村拓展业务，把更多金融资源配置到农村经济社会发展的重点领域和薄弱环节。加快推进农村信用信息平台建设。鼓励和引导县市政府结合实际开办特色农业保险品种。积极推进农业大灾保险试点，探索农业巨灾保险。

20. 强化乡村振兴规划引领。制定湖北省乡村振兴战略规划（2018—2022年）。各地区各部门要编制乡村振兴地方规划和专项规划或方案。根据发展现状和需要，分类有序推进乡村振兴，建设江汉平原乡村振兴示范区、都市城郊乡村振兴先行区、扶贫片区乡村振兴实验区。

21. 营造乡村振兴良好氛围。发挥农民群众主体作用，振奋基层干部精神，加强乡村振兴宣传报道，凝聚全省振兴乡村强大合力。制定促进乡村振兴的地方性法规、地方政府规章。做好乡村振兴档案工作。鼓励地方创新、尊重基层创造，总结可复制可推广的经验，发挥典型示范作用。

（鄂发〔2018〕1号）

# 中共湖北省委、湖北省人民政府关于推进乡镇综合配套改革的意见(试行)

2003年11月4日

为巩固农村税费改革成果,进一步解放农村社会生产力,加快农村经济发展和社会全面进步,省委、省政府决定在全省推进乡镇综合配套改革。

**一 明确改革的指导思想与基本原则**

1. 指导思想:以"三个代表"重要思想和党的十六大精神为指导,适应完善社会主义市场经济体制的要求,改革与农村生产力发展不相适应的上层建筑和生产关系,通过体制和机制创新,加强编制管理,转变政府职能,减轻财政和农民负担,推进民主政治建设,加快全省小康社会建设步伐。

2. 基本原则:一是坚持精简、统一、效能的原则,压缩机构编制,降低行政成本,提高行政效率。二是坚持市场取向、开拓创新的原则,遵循市场规律,引入竞争机制,办好社会事业,变"养人"为"养事"。三是坚持民主、法制的原则,健全政务公开制度,加强群众监督,实现机构编制法定化。

**二 按照法定化的要求规范机构设置**

3. 明确乡镇党政职能。乡镇党委和人大分别按照《党章》《宪法》

和《地方组织法》的规定履行各自职能。乡镇政府的主要职能是，落实国家政策，严格依法行政，发展乡村经济、文化和社会事业，提供公共服务，维护社会稳定。

乡镇一级不再设立政协机构。政协的有关工作，可明确一位负责同志兼管。

4. 实行领导班子交叉任职。每个乡镇党委设党委委员7—9名。其中，党委书记原则上兼任乡镇长；党委副书记2名，1名担任人大主席，1名兼纪委书记；兼任副乡镇长的党委委员2—3名；兼任人武部长等职务的党委委员2—3名。

每个乡镇可设非领导职务的正、副科级干事1—3名。对目前领导成员过多的乡镇，可给予三年的过渡期。过渡期内，设1—3名非领导职务的正、副科级助理。

5. 从紧设置乡镇工作机构。每个乡镇设3个内设机构，1个直属事业单位。3个内设机构是：党政综合办公室（加挂综治办的牌子）、经济发展办公室、社会事务办公室。也可只设党政综合办公室。各办公室设立一专多能的干事和助理等职位，在重点从事一两项专门工作的同时兼事其他工作。1个直属事业单位是财政所。乡镇与村之间不设立中间层次的管理机构。

各内设机构的主要职责分别是：党政综合办公室主要承担党委、人大、政府交办的各项日常工作和社会治安综合治理、社会稳定、工青妇及各部门、各方面的综合协调工作，督促检查有关工作的落实。经济发展办公室主要承担工业、农业、林业、水利和第三产业发展规划、招商引资、公有资产管理等工作，协调与经济发展相关的其他工作。社会事务办公室主要承担人口与计划生育、国土资源管理、村镇规划建设、民政优抚、民族宗教、劳动和社会保障、科教文卫等工作，协调与社会事务相关的其他工作。

财政所的主要职责是：负责承担财政、农税征收、经营管理和零户统管等工作。

6. 引导乡镇直属事业单位面向市场转换机制。除农村中小学校、卫生院外，乡镇其他直属事业单位要在清退非在编人员的基础上逐步转为自主经营、自负盈亏的企业或中介服务机构，走企业化、市场化、社会化的路子，其所承担的原有行政职能分别并入"三办一所"。转制后的事业单位，继续享有原债权，承担原债务。对一时难以自负盈亏的，可给予三年的过渡期。过渡期内，当地政府继续给予财政补贴，直至过渡期满。各地要保证由财政拨付的兴办社会公益事业的资金额度不减、用途不变，将"以钱养人"改为"以钱养事"。

7. 规范设置人武部和上级延伸、派驻乡镇机构，理顺条块关系。乡镇设立人民武装部，依法履行国防动员、民兵训练、预备役管理等职能。法庭、公安派出所、司法所、工商所、税务所、交通管理站、林业管理站可延伸、派驻到乡镇，并实行区域性设置。其他机构不再延伸、派驻乡镇。除国家有明确规定的以外，延伸派驻乡镇的机构，其党的组织关系实行属地管理，人事任免等重要事项必须按有关规定征得当地党委同意。

### 三 建立刚性约束机制，严格编制管理

8. 合理核定乡镇行政和事业编制。按照地域面积、所辖人口、财政收入状况等因素，科学确定乡镇类别。在各县（市、区）已核定的乡镇行政编制总额内，一、二、三类乡镇的行政编制分别不超过 45 名、40 名、35 名。各地要在核定的编制内配备具有较高素质的管理经济、文化和社会事务所必需的专业技术人员。

财政所的机构编制标准，综合考虑四项因素，即：定编基数、管辖幅度、征收额度、农业户数来测算确定，实行总量控制。以县（市、区）为单位，平均每所 17 人。

教育事业编制，要在保证教学基本需求的前提下，本着压缩精简的原则，由县（市、区）机构编制部门会同教育和财政部门按师生比例从紧核定，每两年核定一次，经市州编办审核后，报省编办审批。

卫生院的事业编制，另行研究确定。

县（市、区）法院、公安、司法、工商、税务这五个部门延伸、派驻乡镇的机构，其人员编制实行总量控制，不得突破上级核定的专项编制总额。人武部使用乡镇行政编制，配备一名专职人武干事。交通管理站的人员编制标准由省另行制定。

9. 实行机构编制监督管理信息化、公开化。编制管理要定编定岗到

人，并向社会公示，接受群众监督。要建立机构编制监督管理信息网，尽快将行政事业编制、机构设置、人员结构和财政统发工资人员名单等在网公布，并将编制号、档案号、身份证号同时锁定在财政供给人员名单上，使机构编制监督管理工作公开透明，杜绝违规操作。

10. 完善机构编制与财政预算相互配套的约束机制。要把机构编制作为乡镇行政事业经费预算拨款的主要依据，只有在县（市、区）机构编制部门核定的编制范围内，人事部门才能核定工资，财政部门才能核拨经费。县（市、区）党委、政府和机构编制部门不得突破上级机构编制部门审核批准的乡镇机构和人员编制。未经县（市、区）机构编制部门核定，任何部门都无权超编、超职数任用、调配、录（聘）用财政供给人员；乡镇行政、事业单位，不得调进、任用所谓"自费编制""空招"及其他靠收费供养的人员。新进入乡镇行政、事业单位的人员，必须在机构编制出现空缺的前提下，通过统一、公开考试录（聘）用。

11. 对县（市、区）和乡镇主要领导实行机构编制工作责任审计制度。县、乡主要领导在任时，要实行年度编制工作责任审计；离任时要及时进行审计，把机构编制的管理情况与其业绩考核和使用挂起钩来。严格执行机构编制"三定"方案，加大对违反机构编制管理规定的查处力度，一旦发现有擅自设立机构、增加编制、超编进人等违纪违规行为，要严肃查处，追究县（市、区）和乡镇主要领导的责任。

## 四 探索社会保障办法，妥善分流富余人员

12. 彻底清理清退非在编人员。乡镇行政事业单位（含延伸、派驻机构）的临时工、空招人员、借用人员、没有被机构编制部门批准的各种"自费编制"人员，都必须无条件清退。具体清退办法由各县（市、区）确定；涉及省垂直管理部门的人员清退办法，由省直有关部门确定。

13. 分流人员要逐步与行政、事业单位完全脱钩。在全面清理清退非在编人员、重新核定编制的基础上，按照"公开、公正、公平"的原则，采取考试和考评相结合的办法，实行全员竞争上岗。未参加竞争和在竞争中落岗的人员要逐步分流。要严格程序，完备法律手续，逐步解除分流人员与行政、事业单位的关系。

14. 努力解决分流人员的生活保障问题。各县（市、区）可从本地实

际出发，采取多种途径积极稳妥地分流富余人员。通过多种渠道筹措资金，对分流人员给予一次性经济补偿，补偿标准以工龄为依据，每工作一年支付其本人一个月的上年月平均工资。积极探索为乡镇分流人员办理符合本地经济发展水平的社会保险办法。省政府有关部门要抓紧研究制定乡镇分流人员社会保障的具体政策措施。

15. 积极创造条件支持和鼓励分流人员再就业。分流人员自谋职业的，纳入企业下岗人员再就业的范围，享受再就业的优惠政策。领办创办经济实体的，政府在经营场地、地方税费减免等方面应给予支持和优惠。有条件的乡镇，可运用市场经济的办法，引导、鼓励分流人员组建民营或其他经营方式的农工商经营开发公司。各县（市、区）要及时向分流人员提供就业信息，组织劳务输出，帮助他们实现再就业。

**五 完善乡镇财政管理体制**

16. 坚持分税制改革方向，调动乡镇发展经济，培植财源的积极性。按照"一级政府、一级财政"的原则，加强收支管理。合理界定县、乡政府事权范围，明确县、乡财政支出责任。坚持分税制改革方向，改变按企业隶属关系划分各级税收收入的办法，实行按税种比例分享的规范办法。建立县（市、区）对乡镇规范的转移支付制度。

17. 推进公共支出管理改革，堵塞各种漏洞。严格执行"收支两条线"规定，乡镇所有行政事业性收费、罚没收入、政府性基金等都要全额上缴国库或财政专户，严格做到收缴、罚缴和收支分离；继续推行和完善零户统管制度，提高财政资金使用效益；在使用权不变的前提下，建立县对乡财政支出的国库集中支付制度，增加透明度、规范性和约束力。积极创造条件，建立健全政府采购制度。认真清理核定乡镇债务，严禁新增债务，积极稳妥化债，防范财政风险。对撤销和转制的行政、事业单位，要严格清产核资，落实债权债务，防止公有资产流失。乡镇政府和财政，一律不得为企业和其他一切经济组织提供经济担保。

18. 规范行政事业性收费。对经国务院、省政府批准设立的行政事业性收费项目，应向社会公示收费标准，严格按标准执行。对各项行政事业性收费，不得以任何理由加码，不得搭车收费。省以下各级政府和其他部门无权审批行政事业性收费项目。对乱收费的，要严肃查处。

19. 加强村级财务管理。在保证村级资金所有权、支配权不变的前提下，乡镇财政所代管村级财务，尊重村民监督财务的权利，对村级财务定期在村公开，规范村级收支行为。

**六 大力推进乡镇民主政治建设**

20. 扩大乡镇领导干部选拔任用中的民主。坚持把党管干部与扩大民主有机结合起来，扩大广大党员和群众在干部推荐、考察、选举、罢免等环节中的民主。在乡镇领导班子换届选举中，逐步推行党员推荐、群众推荐、党代表大会和人民代表大会选举的办法产生乡镇党委和政府班子成员，对党委书记、副书记进一步试行乡镇党代表大会"差额直选"。党委书记产生后，将其作为乡镇长候选人，由人大依法选举产生。依法选举乡镇人大主席、副主席和副乡镇长。乡镇领导班子成员一般要任满一届。在乡镇领导班子成员届中调整时，要把民主测评结果作为干部任用的重要依据。

21. 建立健全乡镇政务公开制度。规范政务公开的内容、形式，建立政务公开责任制、预审制、评议制、投诉制等制度，把办事依据、办事程序、办事结果和收费标准向群众和社会公开，让群众依法享有对乡镇政务的知情权、参与权、决策权和监督权。

22. 依法规范乡镇干部行政行为。加强对乡镇干部的法制教育，增强他们依法行政的自觉性，认真落实省委、省政府《关于全省乡镇干部行政行为的三项规定》，加强对乡镇党政主要领导的经济责任审计，对违反农村政策、加重农民负担和违反财经纪律、谋取个人或小团体利益的行为，要严肃查处。

23. 强化对乡镇领导干部的民主监督。凡涉及乡镇经济社会发展中的重大项目建设和大额资金使用问题、重要人事任免和涉及群众切身利益的重大问题等，乡镇党委和政府必须充分听取群众意见，接受党员和群众的监督；建立和完善乡镇领导班子和领导干部年度述职、评议制度，实行党员代表、人大代表分别对乡镇党委、政府领导班子成员评议，评议结果作为考核使用的重要依据。

**七 进一步规范乡镇干部的职务消费行为**

24. 严格规范乡镇干部职务消费行为。对干部公务交通、通信、接待等职务消费项目，实行限额管理或货币化管理。

25. 规范公务用车行为，严格控制公务交通费。可分别选定以下两种方式中的一种：（1）乡镇党政机关及直属事业单位一律取消公务车，原有车辆依法公开拍卖，拍卖收入按规定纳入财政管理，可用于发放干部交通费补贴。补贴标准根据干部职务、分工和实际工作量进行核定，货币化发放。（2）乡镇党政机关只配一台公务车，购车、养车费用不准向农民和企业摊派、索取。公车不准私用。乡镇直属事业单位不配公务车，对公务交通费实行总额控制，标准到人，包干使用，节余滚存，结余资金可按一定比例对个人进行奖励。

26. 加强公务通信工具和费用管理。一律不准用公款为乡镇干部配备移动通信工具。对乡镇主要领导干部的移动通信费实行定额管理，包干到人。救灾、防汛期间的移动通信费实报实销或按一定比例给予补贴。

27. 严格控制公务接待费。乡镇党政机关公务用餐原则上在内部食堂进行，每次接待活动的开支必须按规定的标准执行，对乡镇领导干部和直属事业单位的年接待费用实行总额控制。

28. 加强对乡镇干部职务消费改革的监督。要严肃纪律，不准领导干部到企事业单位借用车辆或者报销租车费用，不准领导干部为节省个人包干费用而影响工作，不准车改单位再报销与小车有关的费用。对转嫁消费、弄虚作假的，要按照有关规定严肃查处。

八　切实加强对改革的组织领导

29. 强化领导责任。各市（州）要成立领导小组，负责改革的领导和协调。县（市、区）委书记是改革的第一责任人。各县（市、区）要成立工作专班，认真制定方案，精心组织实施。每个市（州）先选定1—2个县（市、区）作为试点，改革方案经市（州）审核后报省委、省政府审批。在试点取得经验的基础上全面推开，到2005年底，全省乡镇综合配套改革基本完成。省直有关部门要加强对改革的指导、督促和检查，形成上下联动、齐抓共管的工作格局。

30. 创造良好的改革环境。县（市、区）要改进对乡镇的领导方式，减事、减会、减少评比检查。县直各部门要求乡镇完成的各项工作任务，由乡镇党委、政府统一承担，统筹安排，任何部门不得强求乡镇对口设置机构。各业务主管部门对乡镇的事业费、专项经费、项目经费等所有资金安排,都要做到规范、透明、公平,不得以机构不对口为由,不拨或少拨经费。违者一经发现,要严肃处理。

31. 坚持走群众路线。改革方案要认真征求意见,坚持从群众中来,到群众中去。人员的进退去留,必须实行政策、标准、程序、结果"四公开",严禁暗箱操作和任人唯亲。要认真做好深入细致的思想政治工作,把解决干部的思想问题与解决实际困难结合起来,努力营造安定和谐的改革氛围。

32. 严肃改革纪律。严肃政治纪律,确保政令畅通、令行禁止,不准搞"上有政策、下有对策";严肃机构编制纪律,严禁乡镇增设机构、超编进人,严禁上级部门以任何理由、任何形式干预乡镇的机构设置、编制管理和人员配备;严肃组织人事纪律,严禁突击提拔和调动干部;严肃财经纪律,严禁擅自设立收费项目、提高收费标准,严防转移资金、私分钱物、挥霍浪费和侵吞公有资产。对违反上述规定的,要依法依纪从严查处。

省纪检监察、组织、人事、机构编制、劳动保障、财政、教育、民政、卫生、审计等部门,都要根据本意见,配套制定相应的实施细则,报省委、省政府审定后实施。

本意见自下发之日起施行。过去制发的文件中与本意见不一致的政策规定同时废止。

(鄂发〔2003〕17号)

# 陈丕显同志在省委农村工作会议上的讲话(节选)

## 1979年9月21日

同志们：这次省委常委扩大会议十五日开始，已经开了六天了。会议听取了各地市工作情况的汇报；学习了邓小平同志最近的重要讲话，就真理标准问题展开了深入的讨论；根据中央六十二、六十三号文件的精神，研究了今冬明春的工作；印发了湖北省代表团访问美国俄亥俄州的情况报告。大家围绕真理标准的问题，联系思想实际和工作实际，总结经验、研究工作，会议发言踊跃、生动活泼，是一次进一步解放思想的会议。现在讲几点意见，请大家议一议。

……进一步解放思想，鼓足干劲，全面完成和超额完成今年的国民经济计划，并为明年生产做好准备工作。

我省经济形势大好。农业是五谷丰登，六畜兴旺。预计今年粮食总产三百六十亿斤以上，三打三百六（连续三年计划三百六十亿斤），今年可以实现了。棉花总产可达九百万担。油料总产五百五十万担以上，超过历史最高水平。生猪年末存栏一千八百多万头。其他多种经营都将有一个较大发展。社员分配水平将显著提高，估算人均纯收入在九十元以上。工业生产进度处在全国前列，成绩很大，一至八月工业总产值累计完成一百一十五亿二千三百万元，比去年同期增长百分之十六点六，利润比去年同期增长百分之十七点九七。品种、质量比过去都有提高，消耗、成本比过去都有降低。在工农业生产发展的同时，城乡市场日渐活跃，人民生活有了一定的改善。外贸有了较大发展，今年可以完成七亿多元，可分得外汇一千五百万到二千万美元。其他各项工作都取得很好成绩。形势令人鼓舞,但决不能松懈斗志,必须再接再厉,把四季度工作、今冬明春工作搞得更好。

1. 今冬明春的农村工作。

中央最近发了六十二号文件,提出今冬明春农村工作若干问题的意见,这是当前乃至今后长期农业现代化建设的一个指导性的文件,我们要继续认真学习,坚决贯彻执行。

当前,要集中力量搞好秋收,做到丰产丰收,这是农村压倒一切的中心任务,千万不能让到手的粮食、棉花、油料等受到损失。

今冬明春的农村工作,省农办和农村政治部拟了个"关于今冬明春农村工作安排的意见(草稿)",可发给大家提意见。这次会议不作全面部署,待四中全会后召开县委书记会议再行安排。这里着重讲点指导思想问题。

关于稳定政策的问题。今年农业全面丰收,除了后期风调雨顺外,主要还是靠政策来调动广大农村干部和社员群众的社会主义积极性。中央已经确定的农村各项政策,已经落实的要坚持下去,没有落实的要尽快落实,不能犹疑观望。特别要把责任制度建立健全起来。我们领导干部,要警惕自己以言代政。《中共中央关于加快农业发展若干问题的决定》四中全会通过公布后,各地要组织农村干部学习,向农民宣传,进一步安定人心。特别是在年终分配时,要坚决按政策兑现,进一步调动农民的社会主义积极性。

关于农业全面发展、农村全面建设的问题。我们认为,这个问题极为重要,可以说这也是农村工作重点转变的一个方面。中央指出,多年来,很多地方只强调发展粮食生产,忽视发展经济作物;只抓了农业,忽视了林业、牧业、副业、渔业。这种倾向,我省过去也是严重存在的。现在还没有解决的,必须下决心转变。中央要求生产队、大队、公社三级,都要开始认真考虑这个问题,我看我们省、地、县三级更要认真调查研究,心中有数。如果我们省、地、县三级的问题不解决,生产队、大队、公社就很难办。总之,发展农业生产和建设,一定要严格遵守实事求是、因地制宜的原则,一定要按照自然规律和经济规律办事。这次我仅提一提,下次县委书记会议就这个问题,用实践是检验真理唯一标准的原则,开展一场大讨论,以求把这个问题解决得好一点。

关于农田基本建设的问题。中央六十二号文件对这个问题的指导思想很明确，各地要坚决贯彻执行。前些时候，省委专门召开了农田基本建设会议，作了部署。现在不妨检查一下，如果省的会议要求与中央六十二号文件精神不符的，可作补充修改。总之，要在今冬明春搞起一个社员群众普遍满意、确能增产增收的农田基本建设新高潮，一定要鼓足干劲，一定要讲究实效，一定要量力而行，适当节制，一定要同农业发展和农村建设的其他各项事业统筹兼顾，全面安排。

这里提一提明年的设想，请大家考虑，下次县委书记会议上再定。明年全省粮食计划三百八十亿斤，措施要有更高的要求，就是三百八十亿斤的计划，要有四百亿斤的措施。棉花九百六十万担，力争突破一千万担大关。油料六百万担。生猪年末存栏一千九百万头，力争突破二千万头。林、牧、副、渔的计划，农业部门要同各地区研究，提出意见。实现以上奋斗目标需要采取什么措施，希望省的各部门、各地市委提出切实可行的方案，下次会议一并议定。

（后略）

# 湖北省人民政府关于加强农业社会化服务工作的通知

1991 年 4 月 19 日

各地区行政公署,各市、州、县人民政府,省政府有关部门:

农村实行家庭联产承包制以来,各地在发展国家服务、合作服务和其他专业组织服务方面做了许多工作,取得了一定成效。但是,从总体上看,我省农业社会化服务仍跟不上生产发展的需要。服务组织不稳定,实体少,相互配合差,产供销脱节,综合服务能力弱,生产者买难卖难和缺技术等基本问题仍然不同程度地存在。这种状况在一定程度上制约了农村经济的发展。为了加强农业社会化服务工作,促进农业生产和农村经济持续稳定发展,特作如下通知:

## 一 把加强社会化服务作为深化农村改革的中心环节抓紧抓好

十多年来的实践证明,发展农业社会化服务,有利于农户扩大生产领域,提高经营效益;有利于沟通小生产与大市场的联系;有利于把国家对农村经济发展的规划、政策落到实处;有利于合理配置生产要素,发展农村生产力,推动农业专业化、社会化的进程;有利于转变部门职能,改善党群、干群关系。因此,各级各部门要把加强农业社会化服务作为当前深化农村改革,稳定和完善双层经营体制,加速农村商品经济发展的一项重大措施来抓,坚持因地制宜、积极发展、上下配合、互相支持、由简到繁、形式多样、逐步配套的指导思想,切实抓出成效来。

要坚持分类指导的原则,根据不同的经济条件和生产水平,选择相应的服务项目和方式。工副业比较发达、集体经济实力比较雄厚的地方,要逐步建立起适应农业向专业、集约、规模经营发展的服务体系，发展生产经营的全程配套服务。一般地区要在加强产中"几统一"的同时，逐步把产前产后服务开展起来。贫困地区应从花钱少、效益好的项目起步，单项突破，逐步积累，滚动发展。

要切实尊重农民意愿，选择与群众利益紧密相关的产业和项目开展服务。不能勉强农民接受那些不愿意接受的服务。服务收费既要考虑服务事业发展的需要，又要注意农民的承受能力，过高过低都不利于服务的持久发展。国家有关部门和单位在农村开展有偿服务，要坚持互利互惠，体现对农业的支持，防止以服务为名，向农民乱摊派乱收费。

要大力发展多层次、多成分、多形式的服务组织，进一步调动国家、集体、个人兴办服务的积极性，走专群结合、依靠社会办服务的路子，逐步建立起一个以国家经济技术部门为中枢，以乡村合作服务组织为骨干，以民间自我服务组织为补充的、功能完善的农村综合服务体系。要大办服务性技术经济实体，引导基层农业服务组织依靠自身优势，走技术经济综合开发、系列服务的路子，增强为农业服务的功能，做到围绕服务办实体，办好实体促服务。

## 二 当前加强农业社会化服务的工作重点

近期内，我省农业社会化服务体系建设必须有大的动作，新的突破。总的要求是，县乡村三级和其他专业性组织的服务都要抓好，努力提高村一级，突破乡一级，发展县一级，加强不同服务层次之间的联系，围绕支柱产业和拳头产品，发展产供销、贸工农一体化经营和服务。在具体工作上当前要着重抓好以下几件事情：

第一，提高村级合作经济组织的服务水平。村级合作组织的服务内联广大农户，外联国家经济技术部门和社会上各种服务组织，必须切实抓好。对目前基本未开展服务的村，要派工作组重点帮助，由少到多，逐步把主要生产活动中的"几统一"开展起来。产中服务已经开展起来的地方，要积极创造条件，开展产前产后服务，有组织地建立农民购销队伍。发展村级服务，关键是要壮大集体经济，增强服务实力。各级各有关部门要尽力帮助"空壳村"解决起步资金。

第二，积极探索增强乡镇服务功能的路子。利用国家下伸到乡镇的企事业单位的技术经济力量，组织他们向农民提供经营管理、技术指导、生产资料供应、植保防疫、产品销售、基础设施建设等方面的服务。为了在这方面取得新的突破，省决定在乡镇扩权试点的老河口市，探索依托国家下伸到乡镇的有关部门兴办与农民风险共担、利益均沾的服务实体的路子。要抓住建立乡镇财政的机会，逐步理顺条块关系，引导部门开展灵活多样的对口服务。

第三，在县一级搞好发展商品经济服务的"大合唱"。为了克服分散作战的弊端，必须打破分割，组织各部门在服务农业上开展"大合唱"，以便形成多项目、多功能的综合服务。确定由省政府领导挂帅，在枣阳市进行县级农工商一体化试点，以农副产品的加工、经销企业为龙头，以家庭经营为基础，组织各部门围绕农村各类基地建设，提供生产资料、资金、技术、产品销售等方面的综合服务。

第四，围绕发展拳头产品，由省牵头兴办一条龙服务体系。先从水产品、畜产品和果品的生产、加工、储运、销售一体经营上突破。水产品的一条龙主要是完善产供销手段，抓好产品的深加工和储运，试点工作在汉川县和刁汊湖养殖场进行，由省水产局具体负责。畜产品牧工商一体化的试点在安陆市进行，由省畜牧局具体负责。果品一条龙试点在宜昌县进行，由农牧业厅具体负责。以上试点中的协调工作由省农委牵头，计划、科技、供销、商业、财政、金融等部门要积极配合，多做一些排忧解难工作。

### 三 完善发展农业社会化服务的配套政策和措施

为促进各类农业社会化服务体系的发展，对经济技术部门兴办的为农业服务的经济实体，工商管理部门要优先登记；乡村合作组织兴办的直接为农业、农民服务的经济实体，所需资金除自筹外，农行应优先贷款，地方财力允许的应给予适当扶持；建设服务设施必需的设备和原材料，计划、物资部门应给予适当安排；各类服务性经济技术实体，在兴办初期纳税有困难的，经税务部门按体制审批，给予一定期限减免所得税照顾；服务实体的经营收入，主要用于扩大再生产和加强服务设施建设，改善服务手段。加强农业社会化服务工作，建立健全服务体系，既要充分发挥业务部门和服务组织的职能作用，又要依靠各级政府加强领导，协调好各方面的关系，尤其是要注意帮助农村基层干部增强服务意识，转变工作作风。各级领导都要把加强农业社会化服务工作列入议事日程，认真研究，具体指导，制定相应的政策措施，主要负责同志要亲自办点，做出示范。各级农村工作综合部门对于农业社会化服务体系建设要多做组织协调工作，各级科委、供销社要在发展农村服务上发挥更大作用。

（鄂政发〔1991〕40号）

# 俞正声在湖北省农村税费改革
# 试点工作会议上的讲话

2005年6月24日

刚才，清泉同志代表省委、省政府，对贯彻落实全国农村税费改革试点工作会议精神和深化我省农村税费改革试点的各项工作进行了全面部署，希望各地各部门结合实际，认真学习，抓好落实。下面，我主要就当前改革中的有关重大政策和原则问题，再强调几点意见。

**一 要把推进农村综合改革放在突出重要的位置**

继去年降低农业税税率后，今年，省委、省政府又决定在全省范围免征农业税，这是一个非常重要的转折。由改革初期按照"减轻、规范、稳定"的要求正税清费、治乱减负，到全部免征农业税，为全面深化农村改革、加快农村发展提供了契机。免征农业税，标志着我省农村税费改革第一阶段的任务基本完成，转入了全面推进农村综合改革试点的新阶段。过去三年，由于我们始终坚持把减轻农民负担作为第一位的目标，把农村税费改革作为民心工程和德政工程来抓，使改革赢得了广大农民群众的欢迎和拥护，得到了基层干部的支持，在较短的时间里取得了显著的成效，比较顺利地实现了第一阶段的目标。

但是，我们也必须清醒地看到，免征农业税后，导致农民负担反弹的体制性机制性因素依然存在，农村发展中面临的一系列深层次矛盾和问题并没有从根本上得到解决，突出的是乡镇机构改革问题、乡镇事业单位转制和人员分流问题、站所转制后农村公益性服务模式问题、农村公益事业特别是义务教育发展的资金保障问题、农村小型公益设施建设的投工投劳和重大基础设施建设的资金投入问题、在规范的法制环境下完善农村土地承包关系和建立土地流转制度问题、乡村债务化解问题、国有农场改革问题，等等。对于这些突出的矛盾和问题，如果不从思想上高度重视并在实践中逐一探索解决，农村税费改革的成果就无法巩固，新的农村公共管理体制、市场经济运行机制和公共事业发展模式就难以建立，"三农"问题也不可能从根本上得到缓解。

湖北是一个农业大省，在相当长的时期内，解决好农业、农村和农民问题，都将是全部工作的重中之重。各级党委和政府在领导农村工作中，一方面要始终坚持"一主三化"方针，大力推进新型工业化和农业产业化，发展县域经济，促进农业增效和农民增收；另一方面，要始终坚持以改革促发展，把深化农村各项改革、解决制约农村发展的体制和机制性问题放在突出重要的位置。与第一个阶段相比，新阶段改革涉及的情况更复杂，任务更艰巨。各级领导干部要深入学习和贯彻落实胡锦涛同志关于"多干群众急需的事、多干群众受益的事、多干打基础的事、多干长远起作用的事"的重要指示，坚持科学发展观和正确的政绩观，从实践"三个代表"重要思想、保持党的先进性、提高党的执政能力、全面建设小康社会和构建社会主义和谐社会的高度，充分认识推进农村综合改革的重大意义和它的艰巨性、复杂性、长期性，增强紧迫感、责任感和使命感，坚定不移地把农村各项改革不断推向深入。

## 二 积极稳妥地推进乡镇综合配套改革

温家宝总理在全国农村税费改革试点工作会议上讲话时指出，从明年开始，农村税费改革将进入新的阶段，改革的重点将转向以乡镇机构、农村义务教育和县乡财政体制等为主要内容的配套改革。农村综合改革涉及面很广，从我省的情况看，当前工作的重点是继续推进乡镇综合配套改革。去年以来，省委、省政府对这项重大改革多次进行部署，先后出台了一系列政策性文件，但各地工作进展情况不平衡，与省委、省政府的要求还存在一定的差距。乡镇综合配套改革情况相当复杂，实施中面临的困难和问题很多。对于这项重大改革，市州主要领导必须亲自抓在手上。总的原则是乡镇党政机构改革应抓紧进行，但对乡镇事业单位改革不搞一刀切，不规定统一的时间进度，具体实施进度和操作步骤取决于各级领导思想是否统一、认识是否一致，取决于各地是否有内在动力。如果没有统一的思想认识而草率从事、仓促上阵，必将带来多方面的问题。在遵循上述原则的前提下，各地今年要继续积极稳妥地做好两个方面的工作：

第一，严格执行乡镇党政机关机构改革的各项政策。乡镇内部机构设置、党政领导交叉任职、领导职数配备和人员编制确定，省里已经做出了明确的规定，各地必须严格执行省里的有关政策，不得擅自突破。公务员的竞争上岗，应在具有公务员身份的人员中进行，不应违规实行提前退养等政策，精简工作可以和选调优秀干部到村党支部任职相结合。党政机关分流人员的公务员身份应予保留，应关心他们的生活，努力发挥他们的作用，并严格按政策发放生活费。对于公务员自愿要求辞职的，应给予支持和鼓励，这方面的具体政策由各县（市、区）研究确定。对公务员不能采取买断分流办法，公务员的社会保障也不能比照企业人员的办法，应随着全国统一的公务员社会保障制度的建立，逐步考虑和实施。

第二，稳步推进乡镇事业单位转制和人员分流工作。乡镇事业单位机构编制情况很复杂，人员身份五花八门，供养渠道各不相同，财政供给范围和形式也很不规范，特别是人员膨胀的问题十分突出。长期以来，受计划经济体制的影响，乡镇事业单位是兴办农村公益事业、提供农村公共服务的单一主体，与农民的生产和生活息息相关。事业单位改革既是乡镇综合配套改革的重点，也是改革的难点，一方面要坚决推进改革，另一方面要保证农村公益事业、公共服务健康发展、不能削弱。考虑到乡镇事业单位改革的复杂性，省委、省政府对事业单位转制和公益服务模式没有做出统一规定，而是结合各地的实践探索，总结了委托服务制、定岗服务招聘制和县级行政主管部门派出制三种形式。具体采用哪种形式，由市州或县（市、区）决定，一个市州或一个县（市、区）对一种行业采取一种形式。前不久，中央领导同志强调要鼓励和支持地方在推进乡镇机构改革中，积极探索，勇于创新。但是，无论具体形式如何确定，乡镇事业单位转制和人员分流均应坚持以下原则：

一是合理区分公益性事业和经营性事业，实行分类管理。公益性事业应由财政保障经费，经营性事业应强化自我发展能力，逐步走向市场。

二是必须按照"公开、公平、公正"的原则，通过竞争上岗的方式确定从业人员。从业人员一般不采取公务员的管理方式，应实行合同聘用、动态管理，这样有利于增强责任感，有利于进行绩效考核，也有利于改进服务质量、提高服务效率。在竞争上岗中，对骨干技术人员特别是国家大中专学校毕业分配到乡镇工作的技术人员，应给予一定的政策倾斜。三是要建立养老保险制度。对于乡镇事业单位人员，首先要认真进行清理，界定身份，凡未经县（市、区）一级办理组织人事录用手续和劳动用工手续而进入事业单位的人员，不能作为财政支持办理的养老保险对象，经过批准的人员才能纳入事业单位养老保险的范围。对符合条件的乡镇事业单位人员的养老保险，省财政将通过适当的形式给予支持。四是要慎重实行解除劳动关系。各县（市、区）对解除劳动关系必须在本人自愿的前提下，量力而行，并严格按照省里的政策规定给予经济补偿。五是要保证农村公共服务事业经费。事业单位转制后，各级政府用于农村各项事业发展的经费只能增加，不能减少。同时，要普遍推行"以钱养事"的办法，公益性服务由政府购买，实行规范的合同管理。要理顺县乡公共管理和公共服务职能，县级行政主管部门负责制定事业发展规划，拟订各项服务规范，建立服务绩效考评指标体系，并与乡镇一起搞好考评工作；乡镇政府与服务组织签订服务合同，并负责组织实施具体服务项目。服务费用必须在服务对象对服务质量签署意见、有关部门按合同进行绩效考评后才能支付。省财政对实行"以钱养事"新机制的乡镇，经有关部门组织考核评估、验收合格后，安排一定的资金，专项支持农村公益事业发展。对改革不到位、验收不合格的乡镇，不予安排支持经费。

### 三　开展财政与编制政务公开试点工作

编制管理形同虚设，县乡两级机构膨胀、人员臃肿，是一个十分突出的问题，其后果之一，就是迫于机构、人员等方面的支出压力，挪用财政专项资金，直接损害群众利益。另一方面，人员过多，势必影响经济发展，这是发展环境差、发展速度慢的重要原因。推行财政与编制政务公开，对县乡机构设置、行政事业单位人员编制和直接涉及群众利益的财政专项资金实行公开化管理，置于社会监督之下，有利于增强人员编制管理的透明度，从而有效控制编制、减编减人，降低财政供养系数，减轻人民群众负担；有利于增强财政资金分配的透明度，防范各种违纪违规行为的发生，保证将财政资金用到人民群众需要的地方。财政与编制的公开化管理，是关系人民群众利益的重大课题，是关系发展的重大课题，是关系政权建设的重大课题。省财政厅、省编办要研究制定实施方案，并负责抓好试点工作；各市州今年要选择一个县（市）进行试点，为全省全面开展这项工作积累经验。

今年的试点要着重解决三个方面的问题：一是落实县乡两级编制管理实名制。各部门、各单位必须将行政编制和事业编制区分开来，并逐一将编制落实到人；在此基础上，所有党政机关、全额拨款事业单位以及具有行政管理与行政执法职能事业单位的人员编制情况，按现状在网上公开，超编的按超编情况公开，逐步创造条件，消化超编人员。二是实行部分财政专项资金分配和使用情况公开制。对涉及群众切身利益的财政专项资金的分配管理，在网上公开，接受群众监督。要主动向社会公开财政专项资金的分配政策和分配结果，到人头的专项资金，要公示初选享受对象；到项目的财政专项资金，要公开项目立项情况和验收情况。三是要研究制定办法，解决大量增加非领导职务的问题。一些地方为腾出实职多安排或提拔干部，违反有关规定，大量增加非领导职务数量，按一刀切的年龄，将担任领导职务的干部转任非领导职务。这样做既起不到减人的作用，也达不到减支的效果，甚至助长了干部使用中的不良风气，是一种很不正常的现象，必须采取措施予以制止。

推行财政与编制政务公开，既涉及众多行政事业单位人员，也涉及传统思维方式、管理模式和工作习惯的转变，实施起来难度很大，有的同志存有顾虑，有畏难情绪。但我们必须看到，对于这一关系到政权建设、执政能力建设的重大问题，绝不能回避，更不能推诿，总要找到解决的办法。如果一届拖一届，拖到何时休？这是一项事关长远的基础性工作，做不到位就无法向历史、向群众交代，非做不可，必须下决心推进。

### 四　认真落实农村土地二轮延包政策

依法完善农村土地二轮延包工作，妥善解决好土地承包经营中的历史遗留问题和当前农村改革发展中出现的新矛盾，是保障农民土地承包经营合法权益、稳定农村土地承包关系、促进农村发展、维护农村稳定的重要举措。省委、省政府研究制定了政策，也进行了部署。目前这项工作总体上进展顺利，但也存在一些值得重视的问题。思想上存在的主要障碍：一是认为完善农村土地承包关系会影响到规模经营；二是认为村集体的土地所有权没有得到充分体现。具体操作中，有的地方"大翻兜"调整土地，重新分配或以村为单位大范围调整；有的地方对外出务工人员只明确承包权、不落实到具体地块，确权不确地；有的地方将延包与化债挂钩，个别村预留机动地过多，突破了政策界限。

做好土地二轮延包完善工作，首先要解决思想认识上的问题，在此基础上，严格按照中央精神和省里的有关政策规定，及时纠正操作中的偏差。应该看到，土地规模经营必须建立在明晰的土地承包关系和规范的土地流转制度之上，否则就没有法律基础，也不可能长期稳定。依法完善土地承包关系，正是为了形成稳定的规模经营格局。完善二轮延包工作涉及的局部土地调整，短期内、一定范围内可能会影响到目前的经营格局，但长远上与规模经营并不存在矛盾，而是有利于实现长期稳定的规模经营。各级领导干部要处理好短期和长期的关系，对操作中涉及的具体矛盾和问题，要耐心细致地做好村组干部和农民群众的思想工作，不能强制命令，更不能因工作方法简单而激化矛盾。要通过创造性地工作，找到"双赢"的办法。有关部门要尽早研究制定农民承包土地的流转办法，特别是对流转程序要做出明确的规定，以促进农村土地依法、自愿和有偿流转。

实行家庭承包经营制度后，农村土地集体所有权如何实现，是一个需要重视和研究解决的问题，但这需要一个过程，要教育、说服基层干部，首先解决好关系农民群众利益的问题。一些地方把完善二轮延包工作与化解村级债务挂钩，实质上涉及村集体土地所有权能否体现及如何体现的问题，当前不应这样操作。农村债务问题情况复杂，各地要按照省里已经明确的政策和办法逐步化解。这里要特别强调的是，各地一定要采取切实措施，坚决制止发生新的乡村债务。国务院就此提出了"约法三章"：一是各地一律不得对乡镇下达招商引资的指标；二是乡镇政府一律不得举债搞建设；三是乡镇政府一律不得为经济活动提供担保。各地务必严格遵循这些禁令，不得违背政策；违者必须严肃处理。

## 五 切实抓好农村小型公益设施建设

针对当前农村基础设施薄弱、农业综合生产能力较低、农民生产条件和生活环境落后的现实，必须在加大各级政府投入力度的同时，积极引导和鼓励农民对直接受益的小型基础设施建设投工投劳。温家宝总理也明确要求我省在这方面多作探索，多想办法。考虑到我省的实际情况，省委、省政府经过反复研究，决定建立农村小型基础设施建设的农民投工投劳制度。省政府拟订了《关于引导和鼓励农民对直接受益的小型基础设施建设投工投劳暂行办法》，规定了农民投工投劳的范围、限额、办法、程序和管理办法。这个办法是个探索，我们相信这个办法符合农民的根本利益，会得到广大基层干部和大多数群众的支持。能否建立起规范、有效的投工投劳制度，取决于各地是否严格遵循省里《办法》确定的范围、限额和程序办事。如果各地不按《办法》规范操作，就必然会破坏掉这个制度。一定要按照限定数量、规范程序、约束内容的要求，把好事办好。对违反政策和程序的，各级都要从严查处。在完善农民投工投劳制度的同时，各级政府要切实按照建立公共财政框架的要求，进一步调整支出结构，不断增加对农村基础设施建设的投入；各级、各部门要积极配合，逐步整合、归并财政涉农专项资金，推行"打包"使用方式，集中财力解决制约农业和农村经济发展的突出问题。

## 六 重视基层民主政治建设

加强基层民主政治建设，是提高党的执政能力、巩固党的执政基础的重要内容，也是维护人民群众根本利益、密切党群干群关系的重要途径。各地要结合农村综合改革和第二批先进性教育活动，大力推进乡村两级的民主政治建设。要改进乡镇党政领导干部和村级"两委"选拔任用方式，在总结和规范的基础上，在乡村两级换届选举中全面推行"两推一选"，不断扩大党员和群众在干部推荐、考察、选举、罢免等环节中的民主，加强党员和群众对领导干部的民主监督。要健全完善乡镇政务和村务公开工作，进一步规范公开的内容和形式，切实保障群众的知情权、参与权、决策权和监督权。要高度重视即将进行的全省第六届村民委员会换届选举工作，切实加强领导，充分发扬民主，严格依法选举，引导选民真正把思想好、作风正、有文化、有本领、热心为群众服务的人选进村民委员会。要严肃纪律，依法办事，加强监督，坚决纠正和查处选举中的违纪违法行为。要不断完善村民自治的各项制度，用制度规范村干部和村民的行为。

# 第三部分

## "三农"领域大事记

# 1978 年

8月13日　省委印发李先念的两个重要批示。批示要求湖北省把粮、棉、油、麻、丝、茶、糖、菜、烟、果、药等都要抓好，特别对桐油、生漆、木耳、毛竹等生产不能忽视。

12月22日　中国共产党十一届三中全会在北京召开。全会提出把全党的工作重点转移到社会主义现代化建设上来，并做出改革开放的重大决策。全会十分重视并认真讨论了农业问题，把调动几亿农民的社会主义积极性作为农村工作的指导思想。

# 1979 年

1月2日至19日　中共湖北省委召开三届十四次全体（扩大）会议。会议传达中国共产党十一届三中全会精神，统一对全国工作重点转移到社会主义现代化建设上来的认识。省委书记陈丕显要求各级领导必须一手抓农业，一手抓工业；一手抓农村，一手抓城市，首先要集中力量把农业搞上去。会议讨论通过《关于夺取今年农业大丰收若干问题的决定》。

3月　调整农副产品收购价格。为扭转农副产品价格与价值严重背离的不合理局面，稳定农业生产。湖北省从3月起，先后大幅度提高了粮、棉、油、猪、蛋、水产品等18种主要农副产品收购价格。平均提高幅度：粮食为21.7%，超购部分加价50%；油脂和油料分别为21.62%、23.32%，超购部分加价50%；棉花为15.2%，超购部分加价30%；其他农副产品的提价幅度一般在20%—46.3%。仅1979年一年，全省农产品收购价格总水平上升23.6%，农民从中多得收入7.03亿元，平均每个农村人口增收15元。此次农产品价格改革，在一定程度上调动了农民的生产积极性，促进了农业生产的发展。

3月8日　省委召开地、市委主管农业的书记会议。会议着重讨论农村工作问题，强调进一步提高认识，确立以四个现代化为中心的战略思想，不能再搞任何离开、损害这个中心的"政治运动"和"阶级斗争"。

4月到9月　收购生猪285.47万头，比上年同期增加12.8%，市场销售量比上年同期上升26.47%。从3月到9月收购鲜蛋24400万斤，比上年同期上升57.82%，销售量也上升了15.57%。其他农副土特产品，收购量也有不同程度的增加，其中苎麻就比上年同期增加了40.2%。

6月17日　省委召开常委扩大会议，分析经济形势，找出突出问题，强调要集中力量加快农业发展，完成当年粮、棉生产计划，调整好农业内部和轻、重工业的比例关系，大力发展轻纺工业，千方百计把电力搞上去。

8月16日　实施农业税起征点办法。湖北省革命委员会根据国务院国发〔1978〕250号文规定，制发《关于实行农业税起征点办法的通知》，结合全省历年最低粮标准和穷队收入的实际情况，确定人均口粮水稻产区420斤，杂粮产区300斤以上；人均分配收入50元以上（按提价前不变价计算，包括纳入分配的柴草，土肥）作为全省农业税起征点的标准。凡人均口粮、收入均在起征点以下者，一律免征，有上述一项未达起征标准者，减半征收。若在起征点以上因缴纳农业税后使口粮和收入水平降到起征点以下的，可参照起征点的规定酌情减征，但最高不超过五成。据统计，全省在起征点以下的生产队有7.3万多个，占全省生产队总数的32.66%。

本年　国务院农业部从日本引进地膜覆盖栽培技术，此项技术在湖北最初应用于蔬菜生产，以解决生产季节问题。

# 1980 年

5月　全省系列排灌泵站建成。至此，全省单机800千瓦以上大型泵站增至57处，装机总容量达35万千瓦，一级提排能力达3767立方米/秒，加上中小型固定式电力排灌站，全省排灌泵站共有1901处，装机容量达76万余千瓦，排水面积为1733万亩，居全国第一位。

6月12日　恩施地区建立联产计酬责任制初见成效。中共湖北省委副书记、省委秘书长黎韦就《恩施地区试行联产计酬责任制的初步调查》给省委写报告。报告反映：1979年恩施地区各县比较多的队采取了分组作业、包产到组、联产计酬的办法。生产队对划分的若干作业组实行定土地、定产量、定投资、定工分、定奖惩，坚持由生产队统一掌握生产资料，统一调配劳力，统一制订生产计划，统一安排主要农事活动，统一进行收益分配（统称"五定、五统一"）。鹤峰县建立联产计酬责任制的863个生产队中，当年增产的有658个队，占88%；未建立联产计酬责任制的生产队中，当年增产的生产队只占53.7%，鹤峰县全县粮食总产量比特大丰收年1978年增产2.2%。实践证明，由于把社员个人利益和集体利益紧密结合起来，提高了社员的生产积极性，增产效果明显。

8月10日至20日　中共湖北省委召开三届十六次全体（扩大）会议。会议着重讨论放宽政策，积极改革的问题。关于农村政策方面，会议指出，调整山区部分地、县粮食生产和上调任务，支持多种经济发展；进一步健全农业生产责任制，改进计酬形式，提倡联产计酬；适当扩大社员自留地和饲养地，为社员发展家庭副业创造必要条件；多渠道养鱼，促进水产事业发展；积极鼓励社员私人饲养牲畜，加速发展畜牧业；认真解决山林所有制问题，大力发展林业。

12月24日　省委做出决定，将全省各级贫下中农协会组织改建为农民协会组织。

本年，全省粮仓储粮条件根本改善。全省仓容已达503.839万吨，其中靠铁路的仓容 28.6625 万吨，公路干线的 232.769 万吨，公路支线的 149.172 万吨，水路航运线的 81.974 万吨，非交通线的 11.2615 万吨，总仓容为新中国成立前的 100 多倍。同时，早期建的旧仓、老仓均已改建扩建、更新换代，绝大部分改造成为密封储粮四无仓库（无虫、无霉、无鼠雀、无事故）。省委、省政府决定开发建设武当山风景名胜区。地膜覆盖栽培技术在全省试验和推广。

# 1981 年

**2 月 11 日至 20 日** 中共湖北省委召开全省农村工作会议。会议重点讨论进一步加强和完善农村生产责任制的问题。3 月 10 日，省委批转了此次会议《纪要》。《纪要》指出，提倡专业承包联产计酬，但步子一定要稳妥；边远山区的少数生产队以及一些长期困难、落后的生产队可以实行包产到户；对大田作物特别是水稻的承包到劳联产计酬要鼓励和继续试验，不要简单地加以否定和禁止；责任制尚未明确的生产队要尽快确定，已经确定了的队，只要符合中央的有关政策，有利于发展生产，群众满意的，就应当肯定。全省已有 98% 的生产队建立了以专业承包联产计酬、小段包工定额计酬为主的各种形式的生产责任制，基本上克服了多年存在的平均主义、吃大锅饭的现象。

**6 月 23 日至 25 日** 省城乡建设委员会召开全省村镇建设座谈会。会议研究了村镇调查规划的试点、集镇普查，1979 年和 1980 年农村建房数量、农村居民点规划和建房用地等问题，并交流了各地村镇建设经验。此次会议是全省首次村镇建设会议。

**7 月 18 日** 为贯彻中共中央、国务院《关于保护森林发展林业若干问题的决定》，省委提出从 1981 年起，用 10 年左右的时间，采取切实有效措施，使本省森林覆盖率提高到 30% 以上，实现全省基本绿化。

**9 月 2 日至 9 日** 中共湖北省委召开第二次全省农村工作会议。会议继续讨论进一步加强和完善农村生产责任制的问题。9 月 16 日，省委批转了此次会议《纪要》。《纪要》强调，各项生产责任制的改进要更加充分发挥统一经营、分工协作的优越性和社员个人的生产积极性；大力提倡和积极推行统一经营联产到劳责任制；肯定小段包工、定额计酬以及"三靠队"，实行包产到户和包干到户的"大包干"不要加以限制。此后，以联产承包责任制为主要形式的"大包干"逐渐在全省普及起来，极大提高了社员的积极性和劳动生产率。

9月　推广稻田养鱼。湖北省人民政府响应中央关于稻田养草鱼种，提高淡水鱼产量的建议，向全省发出了推广稻田养鱼的文件。此后，全省稻田养鱼迅速发展。1983年达5万亩，1984年达15万亩，1985年达40万亩。40万亩稻田计收四至五寸长草鱼种400万公斤，稻谷增产10%，经济效益明显。

10月13日　落实林业生产责任制。根据中共中央、国务院《关于保护森林发展林业若干问题的决定》，湖北省人民政府决定成立稳定山权林权、落实林业生产责任制办公室，由一位副省长和省农委、林业局的领导同志负责。各地区行署、各省辖市和县人民政府，亦应成立相应机构，由一名领导同志具体抓落实，切实保护森林，发展林业。

1981年底　全省农村人民公社基本核算单位总收入68.56亿元，比1978年增长13.6%；上缴税收2.69亿元，比1979年增长19%。各种农产品交易量也迅速增加，1981年与1978年相比，粮食增长17.5%，食油增长120%。农业生产的发展，使社员收入不断增加，全省社员人均集体分配收入，由1978年的85元增加到1981年的102元，人均副业收入由1979年的30.6元增加到1981年的62元。1981年末，社员在银行存款额达6.5亿元，是1978年的3倍以上。

# 1982 年

1月1日　中共中央发出第一个关于"三农"问题的"一号文件"，对迅速推开的农村改革进行了总结，也开启了将涉农文件作为一号文件的先例。文件明确指出包产到户、包干到户或大包干"都是社会主义生产责任制",同时还说明它"不同于合作化以前的小私有的个体经济,而是社会主义农业经济的组成部分"。

1月29日 《关于自留山政策问题的解答》发表。省农委办公室根据中共中央、国务院《关于保护森林发展林业若干问题的决定》以及省有关文件的精神,发表《关于自留山政策问题的解答》,指出社队可根据实际情况,划给社员一定面积的自留山,每户最多不超过15亩,由政府发给自留山使用证。社员在自留山上栽种的树木,永远归社员所有,并允许继承。自留山上原有的成材树,归集体所有,包给户主管理,收益比例分成或作价处理。自留山的山权,仍归集体所有,不准买卖,不准转让或出租。3年不栽树的,由集体收回。

2月2日 湖北省农会第一次代表大会在武昌召开。出席会议的代表有贫下中农、中农家庭出身的,也有剥削阶级家庭出身的,并有少数民族和归侨公民代表。安徽、四川、江苏、宁夏、湖南、云南、广东、广西等省区派代表参加了大会。大会通过了《湖北省农会章程》,以及在全省农村开展先进队、模范户和五好社员活动的倡议,选举产生了湖北省农会第一届委员会,饶兴礼为省农会主席。

2月6日 省人民政府召开电话会议,省长、省绿化委员会主任委员韩宁夫在会上指出:从2月中旬起,在全省开展植树造林月活动,要抓好速生丰产林,全民义务植树和整个造林计划要统一部署。

2月22日 全省开始实行粮油征购、销售、调拨和财务包干办法。省人民政府批转省粮食局提出的办法规定:从1982年起,对各地、市实行粮油征购、销售、调拨和财务包干,一定3年。省对各地、市的包干数:粮食(贸易粮)征购60亿斤,销售54.5亿斤,调拨23.3亿斤;食油收购140万担,销售125万担,调拨66.5万担。这些包干数,仍应根据实际情况实行轻灾照购、重灾双减、丰收多购的政策。因灾完不成任务的要在下年丰收后补齐。3年统算,征购不得少于包干数,销售不得超过包干总数,调出总数必须如数完成,调入总数不得突破。按照钱随粮油走的原则,将粮食超购加价、粮油提价补贴和粮油经营亏损一起包干。

2月 全省农村广泛推行生产责任制。据统计,至1982年2月,全省农村实行各种形式联产承包责任制的生产队,占生产队总数的95.3%。

其中，统一经营、联产到劳的占54.3%，包干到户的占30.1%，专业承包、联产计酬的占2.2%，联产到组、到劳的占8.7%，还有4.7%的生产队实行小段包工、定额计酬或按时记工加评议等。半年后，包干到户和联产到劳成为责任制的主要形式，分别占到生产队总数的46.8%和42.1%。

5月16日　省科委、省农委确定高产综合试验基点县。根据省委关于各地区都要办好一个农、林、牧、副、渔高产综合试验县的要求，省科委和省农委同各地研究决定：广济（今武穴）、嘉鱼、应山（今广水）、荆门、随县（今随州）、郧县、来凤和汉阳（今蔡甸）县为高产综合试验基点县。

5月17日　我国第一个现代化农业测试中心——湖北省农业科学院农业测试中心在武汉落成。这是我国兴建的9个农业科研重点项目之一，也是这批项目中最先建成的一个。

6月9日　省人民政府发出《关于开展村镇建房占用耕地检查的通知》以下简称《通知》。《通知》指出，近几年来本省农村社员和社队企事业单位建房占用耕地达60多万亩，有的县每年建房占地多达二三千亩。《通知》要求，要明确检查的范围，凡1980年以来建房占地的，都要进行调查统计；对于非法占用耕地、性质严重、影响很坏的，不论是集体或个人，都要按国务院和本省有关文件规定进行处理，决不能姑息迁就；要把检查和建立村镇建设用地的管理办法结合起来，做到有计划、有组织、科学地使用土地。

8月22日　党的十一届三中全会以来，全省因地制宜地推广不同形式的农业生产责任制。包干到户和联产到劳责任制，已发展成为两种主要责任制形式，它们分别占生产队总数的46.8%和42.1%。生产责任制的建立，有力地推动了农村经济的发展。1981年底全省农村人民公社基本核算单位总收入68.56亿元，比1978年增长13.6%；上缴税收2.69亿元，比1979年增长19%；各种主要农产品的交售量，也迅速增加。农业生产的发展，使社员收入不断增加，全省社员人均集体分配收入由1978年的85元增加到1981年的102元。人均副业收入由1979年的30.6元增加到1981年的62元。1981年末社员在银行存款额达6.5亿元，是1978年的3倍以上。

9月29日　中共湖北省委批准省农委《关于当前稳定完善农业生产责任制的几个问题》的报告。报告认为，农民对生产责任制基本上是满意的，但仍存在"怕变"和"想变"（向高一级变）两种思想，因此，不管农户选择哪一种责任制形式，都要一视同仁地给予支持和帮助。在正确处理好统和分的关系以及国家、集体和社员个人三者利益之间的关系中，进一步总结、完善和稳定农业生产责任制。

11月12日　制止乱砍滥伐森林。中共湖北省委、省人民政府发出通知，要求各地认真贯彻执行中共中央、国务院关于制止乱砍滥伐森林的紧急指示，坚决刹住乱砍滥伐森林的歪风。通知规定，维护国家和集体山林所有制，集体所有制实行专业承包责任制，认真抓好林业"三定"工作。在"三定"工作没有搞完的地方，除国家下达的木材生产计划外，其他木材采伐暂时一律冻结。林区和毗邻地区的木竹自由市场，必须坚决关闭。凡木材、楠竹出省、出地区、出县，必须持有主管林业行政部门发给的运输证明，否则运输部门不得承运。

# 1983 年

1月1日　中央"一号文件"《当前农村经济政策的若干问题》发布。从理论上说明了家庭联产承包责任制"是在党的领导下中国农民的伟大创造，是马克思主义农业合作化理论在我国实践中的新发展"。

1月1日　湖北省调整农作物布局。全省农业部门利用资源普查和农业区划的成果，调整了农作物布局，改革了耕作制度；鄂北地区注重发挥夏粮的优势，恢复和发展稻麦两熟耕作制；鄂东地区坚持部分水田三熟制，改变过去"三熟三迟"的布局，以中熟当家；江汉平原扩大油、豆作物的种植面积，实行轮作换茬，做到用地与养地相结合。

1月10日　全省农村开展"政社分开，建立乡政府"工作。遵照中央关于改革人民公社体制精神，湖北省人民政府在武昌县（今江夏区）进行"政社分开，建立乡政府"的试点。其后，试点工作相继展开。在政社分开，建立乡政府的同时，部分乡改设为镇。

1月15日　省人民政府为贯彻国务院《关于认真做好粮食工作的通知》精神，结合本省情况，做出6项补充通知：一、巩固和完善粮油财务包干的办法，坚持真包干；二、树立瞻前顾后、以丰补歉思想；三、继续整顿粮食统销，压缩粮食销量；四、认真搞好粮食结算工作；五、进一步搞活粮食经营；六、进一步加强对粮食工作的领导。

3月7日　省人民政府同意省计委、省农委《关于建设商品粮基地试点县几个问题的报告》。按照国家和地方1∶1的投资，3年总投资6000万元，其中国家投资3000万元，省财政专项拨款1200万元，县社自筹1800万元。投资主要用于建立良种繁育体系、农技推广体系、小型水利配套等项目。

3月19日　省人民政府在批转省供销合作社的报告时提出：进一步开展供销合作社体制改革。要求把基层供销社办成群众性的合作商业，真正恢复其组织上的群众性、管理上的民主性和经营上的灵活性。

3月24日　国家农牧渔业部、商务部与湖北省人民政府签订建设商品粮基地试点县协议。协议商定将荆州地区的江陵、监利、洪湖、京山、沔阳（今仙桃）、荆门6个县正式列为"六五"期间国家和地方联合建设的商品粮基地试点县。国家和省的投资主要用于建立良种繁育体系，开展农业科学技术实验、示范和推广，加强农业技术培训方面的工作。

3月30日　全省供销社改革体制取得好效果。《湖北日报》报道，截至当月30日，全省已有27个县（市）成立供销社联社，有两万多个农户向供销社投资入股。

6月19日　进一步开展供销合作社体制改革。湖北省人民政府批转省供销社的报告提出：要把基层供销社办成群众性的合作商业，真正恢复其组织上的群众性、管理上的民主性和经营上的灵活性。省、市、县联社要建成合作经济组织。主要采取经济办法进行经营管理。要努力搞活流通渠道，逐步把供销社办成供销、加工、贮藏、运输、技术等综合服务中心。

9月15日　湖北省委、省人民政府对减轻农民负担问题做出五条试行规定：一、合理确定集体提留总额占当前承包收入的比例，最高不能超过9%。二、恰当安排各种用工，不可滥用乱派，挪作他用。三、精简大队、生产队干部和其他人员，紧缩各项开支。四、农业生产资料的供应必须坚持以国家计划为主，严格执行价格政策。国家计划供应的化肥、农药、柴油等主要农业生产资料一律平价销售，并逐步公布分配办法和数量，不准将计划供应的平价物资转为溢价物资，不准涨价和变相涨价。五、严格控制向农民收取各种费用，坚决制止对农民进行乱摊派。

　　本年　全省发生严重洪涝灾害。3月，秭归县首遭飑线天气袭击。4月，全省遭受史上罕见的飑线大风袭击，连降三场特大暴雨。全省有58个县受灾，夏季生产受到重大损失。6月中旬至7月上旬，先后发生九次全省性大到暴雨，全省农作物受灾面积1966.56万亩。灾情发生后，中央和省人民政府先后下发扶持经费4.8597亿元，使农业生产在大灾之年仍获较好收成。全省农业总产值140.2亿元，比上年增长2.2%。本年底，全省实行家庭经营为主的联产承包农户达814.53万户，占农村总户数的96.3%。生产责任制的建立，有力地推动了农村经济的发展。

# 1984 年

　　1月1日　中央一号文件《关于一九八四年农村工作的通知》发布。文件强调要继续稳定和完善联产承包责任制，规定土地承包期一般应在15年以上，生产周期长的和开发性的项目，承包期应当更长一些。

　　2月　供销社一律改全民所有制为集体所有制。

　　1月12日至17日　湖北省供销合作社召开第三届第一次代表大会，制定《湖北省供销合作社联合社章程》，正式成立湖北省供销合作社联合社，使全省供销合作社完成了由"官办改民办""全民改集体"的重大改革。

　　4月21日　省人大六届二次会议召开。省长黄知真做政府工作报告。报告指出：今后4年经济建设发展的要点是加快农业发展步伐，不断完善联产承包责任制，大力支持专业户，促使农村商品生产有个大的发展；把工业生产提高到新水平，发挥湖北省重工业优势，引导重工业为农业、轻工业和技术改造服务；加强能源、交通和原材料工业建设；努力扩大对外经济技术交流；进一步改善人民的物质文化生活。

**4月23日** 省委召开农村工作会议，讨论省委、省人民政府关于贯彻中央一号文件的决定（草案）。

**5月15日** 省委、省人民政府发布《关于贯彻落实1984年1号文件若干经济政策问题的决定》。文件提出了10项措施：一、继续稳定和完善联产承包责任制；二、加快调整农业布局；三、放宽林业政策；四、大力发展水产业；五、切实办好国有农场；六、积极鼓励、支持、发展和保护各种专业户；七、做好扶持贫困地区和农村困难户的工作；八、大力发展乡镇企业；九、因地制宜地设置地区性合作经济组织；十、加强社会服务工作，更好地支持农村商品生产。

**5月18日至21日** 中共湖北省委召开农村综合改革试点县市座谈会。会上宣布，安陆、蒲圻（今赤壁）、当阳、黄陂、巴东、罗田等7县，随州、丹江口2市为第一批农村改革试点县市。6月1日，省委办公厅印发座谈会《纪要》。《纪要》指出，要放手给试点县以探索改革之权，进一步完善以承包经营为主，有统有分、统分结合的农业双层经营体制；进一步进行乡镇企业、国营工商业、供销社、信用社改革以及干部、人事、劳动制度改革。

**6月21日** 积极发展小水电，加速农村电气化建设。湖北省人民政府指示：从1984年开始，每年筹集1亿元资金，用四年的时间，再建22万千瓦小水电，力争全省大部分的乡能用上电。建设小水电，要实行"谁管、谁有、谁受益"的政策，坚持治水办电全面规划，合理布局，搞好发、供、用电的平衡，省人民政府决定成立省农村能源及小水电领导小组，研究、制定发展农村能源及小水电的具体方针政策，审定全省农村电气化规划方案和发展规划。

**8月** 建镇工作基本结束。到当年12月，全省政社分开，建立区、乡政府的工作全部完成。全省共建区637个、乡3886个、镇819个。政社分开后，人民公社仅具有经济职能，随着农村体制改革的深入，公社不复存在；社队企业变成独立核算的乡镇集体所有制企业，简称"乡镇企业"。

**8月1日** 从本日起武汉市实行猪肉敞开供应。这是继7月23日对蔬菜产销体制进行改革、开放蔬菜市场后的又一重大措施。

9月17日　全省退田还湖发展水产已初见成效。据不完全统计，全省滨湖地区需要退田还湖的面积约130万亩，截至9月底，已退湖67万亩。

12月6日　全省乡镇企业发展迅猛，区、乡、村、联合体和农民家庭办工业5个层次一齐上。本年度全省乡镇企业总产值可达64亿元，比去年增加20多亿元。其中区、乡、村办的企业实现产值50亿元，比上年增长25%。乡镇企业产值的增长速度居全省经济战线各行业首位。

12月30日　中共湖北省委、省人民政府发出《关于农村经济改革若干问题的意见》。文件提出，要不失时机地调整农村经济结构，促使农村产业结构合理化，积极扶持林、牧、渔、特业和各种经济作物的发展，搞好第二、第三产业，放手发展乡镇企业，改变湖北"农业腿短"的局面。各地要继续完善农业联产承包责任制，因地制宜，加快农业布局调整的步伐。因势利导搞好农村产业结构的调整，充分发挥小集镇、专业村、专业大户的作用，逐步形成农村经济网络和带动面上的经济发展，大力加强农村科技工作，搞好农村两个文明的建设。

12月　省农垦系统根据国务院要求对国营农场实行承包责任制，试办职工家庭农场。至1984年底，全省国有农场兴办家庭农场580个。1985年，职工家庭农场迅速发展到16.8万个，其中种植业农场14.5万个，基本实现了职工家庭农场化。1985年，全省农场农业总产值（按1980年不变价计算）为5.45亿元，共交售粮食20.95万吨，各种禽畜肉0.76万吨，并分别占全省出口量的1/3和1/2。此项改革使农场增长，职工收入增加，给农垦经济带来活力。

# 1985 年

1月　中央一号文件《关于进一步活跃农村经济的十项政策》发布。决定取消30年来农副产品统购派购的制度，对粮、棉等少数重要产品采取国家计划合同收购的新政策。

1月17日　全省取消生猪派购，中共湖北省委决定从3月1日起在全省范围内取消生猪派购,活猪、鲜肉全部开放,一律实行自由上市,自由交易、随行就市、按质论价、多渠道经营。取消派购是改革农产品统、派购制度的一个关键性的环节,湖北省开始进入以改革农产品统、派购制度,调整农村产业结构,发展农村商品生产为主要内容的第二步改革时期。

2月5日　湖北省人民政府发出《关于加快发展乡镇企业若干政策的规定》。文件指出,乡镇企业要广开门路,积极参与市场竞争;搞好企业整顿改革,变"官办""半官办"为民办,还利于民;把发展乡镇企业同小集镇企业、小集镇建设结合起来,切实解决"腿短"问题。

3月15日　省人民政府批转了省物价局、粮食局《关于调整稻谷分类收购价格合理安排质量差价的报告》,要求拉开稻谷品质差价实行优质品种优价收购、劣质品种低价收购,建立合理的粮食价格体系,更好地调整粮食生产结构,使粮食生产适应社会和市场的需要。

4月8日　改革农产品统、派购制。根据中发〔1985〕1号等文件精神,中共湖北省委、省人民政府提出,改革农产品统一派购制度,调整农村产业结构,实行有计划的商品经济,是农村中继实行家庭联产承包责任制之后的又一次大改革。文件强调,除麝香、杜仲、厚朴3种药材为保护资源继续实行派购外,其他农产品均取消统、派购,分别实行合同定购和市场收购。合同定购的粮食为稻谷、小麦和玉米三个品种,其余粮食品种许可农民自由上市、议购议销。按国家计划分配的粮食、棉花合同订购数,不能用统、派购的方式摊派到户。农户完不成定购合同的不罚款。文件对进一步放宽林业政策,积极发展和完善农村合作制等做出了具体规定。统、派购制度改革后,全省由中央和省管价格的品种,收购价由1978年的191种减少到22种,销售价由84种减少到19种。在全省社会农产品收购总额中,固定价由1978年的92.4%下降为1986年的35.8%,指导价由0.1%上升为12.8%,市场价由7.5%上升到51.4%。

6月3日　农业税改为粮食"倒三七"比例折征代金。湖北省人民政府决定:从1985年起,全省农业税不再征收粮食,统一改为折征代金的办法。全省产粮区、经济作物区、城郊蔬菜区、农林特产区统一按粮食"倒三七"(超购部分30%为统购价,70%为超购价)比例收购价(湖北省主粮代征金单价为每市斤0.1559元)计算和征收。农业税折征代金统一由乡政府组织征收。

9月8日 中共湖北省委、省人民政府《关于减轻农民负担问题的若干规定》颁布实行以下简称《规定》。《规定》指出，制止不合理摊派，减轻农民负担，是保护农民利益，发展农村经济的重大政策。目前农村摊派项目繁多，农民承受不起，反应强烈，为此特规定：坚持合理负担原则；实行定项限额，农民资金负担项目，以乡为单位分别控制在上年农民纯收入实际数的3%—5%之内；制止乱摊派、乱涨价、乱收费、乱罚款；改进负担办法，加强监督管理。据统计，1986年全省农民直接负担的集体提留和地方统筹费用比1985年的15.67元减少1.34元。占上半年纯收入的比例由1985年的4.64%下降到3.85%，农民的直接负担从总体上有所减轻。

9月20日 省人民政府发出《关于农民自理口粮进入集镇落户问题的通知》。《通知》规定：一、落户范围、限于区、乡集体和县城关镇；二、落入户条件：1.在集镇有固定住所、有经营能力，并办理工商登记手续的农民及其家属。2.县城关镇企业单位已使用3年以上需要继续使用的职工和长期合同工；三、按照有关文件办理迁移手续到集镇入户，一律统计为非农业人口。

11月16日 省人民政府发出通知指出：本省有一些地方市场粮价上涨，10月下旬与6月底比，小麦、大米、玉米3大品种的市场粮价上升20%—30%，外省采购粮食增加，一些国营集体单位也抬价抢购、提价销售。这种情况若任其发展，势必影响粮食合同计划的完成，影响城乡人民生活和社会安定。为此，要求各地教育农民在完成合同定购以外的粮食要多卖给国家，并组织工商、粮食、物价等有关部门对市场进行一次检查，严厉打击违反政策、哄抬物价、买空卖空、投机倒把、扰乱市场的行为。为了保证国家订购合同的完成，丰收地区力争多购，完成超购计划后再议购。对完成合同定购以外的粮食实行议购，不准抬价收购。小麦、大米、玉米3大品种的市场价格上涨到超过国家原统购价50%时，国营粮食部门和集体单位要组织议价粮食抛售，平抑粮价，稳定市场。

11月30日 在农牧渔业部举办的新中国成立以来第一次全国优质产品展评会上，湖北省有近百个品种参展，其中被评为优质产品的有鄂晚5号大米、秭归脐橙、宣恩早蜜柑、兴山锦橙、蒲圻"松峰茶"、宜昌县

"峡州碧峰"茶等。

11月31日　省人民委、省政府决定，全省改革农产品统一派购制度，取消粮食统购，实行合同定购，以搞活粮油经营，支持农村经济结构的调整。合同定购的粮食为稻谷、小麦、玉米3个品种。实行合同定购的粮食，按"倒三七"比例计价。其余粮食品种，许可农民自由上市，议购议销，但禁粮贩及其他人员进行倒卖。

12月5日　第一批商品粮基地试点县正式验收。国家计委、农牧渔业部、商务部、水利水电部与有关部门对荆州地区的江陵、监利、洪湖、京山、沔阳（今仙桃）、荆门六个商品粮基地试点县进行了验收。经过三年的建设，六个县共完成投资6243万元。建成了一大批农技培训推广、良种繁育推广及小型水利工程项目，取得了明显的经济效益。

12月21日至29日　全省召开山区工作会议。会议讨论了中共湖北省委、省人民政府《关于加强山区建设和扶贫工作的决定》，认为山区要改变面貌，脱贫致富，首要问题是要充分认识山区所处的战略地位，明确山区建设的战略部署。要解决温饱问题，缩小差距，增强自身"造血功能"准备系统开发。会议强调要从山区的特殊情况出发，进一步放宽山区政策，用政策把群众的积极性调动起来，自力更生，艰苦奋斗。

本年　湖北省第六个五年国民经济和社会发展计划已全面超额完成。据统计，工农业总产值完成620.01亿元，超过计划30.25%，其中农业总产值完成196.61亿元，超过计划34.66%；工业总产值完成423.4亿元，超过计划28.3%。全省乡镇企业总产值达100亿元。在国家下达的10种农业主要产品产量中，除茶叶、桑蚕茧、烤烟外，其余都超额完成了计划。

有步骤地调整农村产业结构。1985年，在农副产品统、派购制度改革的背景下，中共湖北省委、省人民政府提出了"稳定粮食生产，调减棉花生产，发展多种经营"的发展方针，对全省产业结构进行了较大规模的调整。一是减少了粮棉种植面积，当年全省粮棉播种面积分别减少279万亩和112万亩；二是增加油料、糖料、麻类、烟叶、水果等经济作物的种植面积；三是鼓励发展第二、第三产业。通过产业结构调整，在农村社会总产值中，农村工业、建筑业、交通运输业和商业的比重明显上升。1985年比上年增长3.1%。

全省已有 30 个县主要依靠小水电解决地方工农业生产和人民生活用电的需要，且有部分县电网与大电网相连。全省农村小水电连成地方电网。全省个体工商业和集市贸易迅速发展。全省共有集市贸易市场 4177 个，1985 年成交额 33.1 亿元，与 1978 年相比，集贸市场数和成交额分别增长 1.76 倍和 11.3 倍。集市贸易的形式也有了新的发展，除经营农副产品外，还大量经营工业品，且发展了一批专营某种商品为主的专业市场。襄樊市成为全国十大小麦产区之一。

全省村镇建设规划工作如期全部完成。乡总体规划 3956 个，集镇规划 2876 个，村中心规划 29306 个，基层村规划 216617 个，共绘制底图 40 多万张，投入资金近千万元，计可节约用地 20 多万亩，通过规划，有利于改变村镇滥占耕地、良田的局面。

全省近几年来退田还湖工作成绩显著。从 1978 年开始，分批退田还湖 200 多万亩。全省现有可养殖水面 928.63 万亩，列全国第二位。其中已养殖面积 617.93 万亩，占可养殖面积的 66.5%，居全国之冠。全省水产品产量 37.49 万吨，比 1980 年增加 23.94 万吨，平均每年递增 22.6%，结束了水产品生产 20 多年徘徊的局面。

# 1986 年

1月1日　中央一号文件《关于一九八六年农村工作的部署》发布。文件肯定了农村改革的方针政策是正确的，必须继续贯彻执行。省人民政府颁发《关于在农村征收教育费附加的试行办法》，规定"凡在乡（包括乡级镇）、村从事工业、农业、商业、交通运输业、建筑安装业、金融保险业、饮食服务业、供销等行业，农民个体经营者，实行企业化管理，经济上能够独立的事业单位，都要缴纳教育费附加"。至于教育费附加的计征率，则根据不同情况有所区别。

1月3日　中共湖北省委、省人民政府决定：扶贫的县（市）范围按已定的 36 个县不变；在年内基本解决山区 600 万人的温饱问题；从 1986

年起，建立山区开发基金，每年由省财政安排3000万元周转资金；由省教委统一安排对山区实行定向招生、定向分配。同日，省人民政府批准钟祥县为全省第一个优质米商品基地县，优质米基地的建设包括农业技术推广中心、良种繁育体系和农业加工体系三部分。

1月9日　中共湖北省委转发省委农村工作部《关于农村财务清理整顿工作意见》。《意见》指出，农村实行联产承包责任制后，财务管理的对象、内容、方法都发生了重大变化。有不少村组在取消生产大队建制时，没有对集体财产、账目、债权债务进行清理交接，出现"老账未结，新账未建"，"村组干部人人管钱，人人花钱"的问题，造成财务管理混乱。各级党委要提高对财务清理整顿工作重要性的认识，重点清理实行联产承包责任制以来出现的经济问题，清理中要坚决不留尾巴，处理兑现的各种款项，该退归群众的要退归群众。整顿之后，要建立健全现金管理制度、会计核算制度、财务审批制度和财会人员交接制度等。到10月份，全省共查出各类经济问题金额5.2亿元，其中应退赔金额2.16亿元，已兑现1.2亿元。

3月19日　《湖北省农村五保户供养工作暂行规定》由省六届人大常委会第二十次会议于3月16日通过，省人大常委会于本日公布施行。该《暂行规定》是本省关于五保供养工作的第一个地方性法规，它对五保户供养工作的性质、任务、对象，以及五保内容、供养标准、供养形式都做了明确规定，使五保工作有法可依、有章可循，五保户的生活有了法律保障。

4月3日　《湖北日报》报道：1985年以来，全省新建集贸市场投资达2295万元，集贸网点增加到41万个，其中日平均上市1000人次的市场有569个，室内市场和建有顶棚的有989个，覆盖面积75万平方米，全年成交额33亿元，比上年增长56%，占全省社会商品零售总额的18%。

6月30日　中共湖北省委召开农村综合改革试点县市座谈会，对流通体制改革等8个专题进行了讨论。

6月　省科委制订《湖北省星火计划纲要》。该纲要是用科学技术振兴农村经济的一项战略计划，开发的技术是小型的、专业化的、现代化的、高效益的先进适用技术。主要任务包括优质粮棉油品种繁育及高产配套等14个方面的技术开发。

全年省星火计划安排165项，地、市、州、县星火计划共安排131项，全省投资总额1.49亿元，年底省计划项目完成或见效的有上百项，创产值1.8亿元，利税4000多万元。

9月20日　中共湖北省委、省人民政府发出《关于加强农村水利工作的指示》（以下简称《指示》）。《指示》指出，湖北省农田水利基本建设，必须按照"加强经营管理，讲究经济效益"的指导方针，坚决执行以防洪保安为主、内涵挖潜为主、小型分散为主的方针，要立足于现有水利工程尽快恢复并力求扩大工程效益，开展小型小规模的农田水利建设，有计划地择优安排一批新的骨干水利工程。

本年　湖北省又有15个优质农产品基地县纳入国家计划，并开始动工建设。钟祥、公安、安陆、应城为优质米基地；汉川、天门为优质棉基地；红安、大悟为花生基地；襄阳、嘉鱼为芝麻基地；浠水为低芥酸油菜基地；秭归为柑橘基地；宣恩为蜜橘基地；蒲圻为猕猴桃苗木基地；利川为黄连基地。这15个基地全年投资1857.1万元，其中国家投资1432.5万元，县（市）自筹424.6万元，主要用于农技服务、良种推广、农产品加工三个方面的建设，以增加农业的后劲。湖北省农、牧、特良种场盈利数居全国首位。全省农牧特良种场总共290个，当年提供良（原）种3.7万吨，创净利润1020万元，工副业产值占总产值的54%；全省农牧特良种场盈利场数278个，占全省总数的95.9%，居全国第一位。

# 1987 年

1月2日　全省扶贫工作取得重大进展。《湖北日报》报道：1986年全省给贫困山区下发各项周转资金、扶持款、补贴款和专项贷款投资1.2亿元，安排专项贷款投资和临时融通周转贷款指标2.3亿元，减免农业税2000万元，有效地增强了山区经济的"造血"功能。全省山区已有67万人摆脱了贫困，有200万人解决了温饱问题，不少地方出现商品经济蓬勃发展的好势头。

3月17日　京山县建成全省第一个立体农业基地。《湖北日报》报道：1985年，省农牧厅畜牧局与京山县雁门口镇联合经营，规划建设立体农业基地，开发草场1.5万亩、开挖精养鱼池1000亩、养瘦肉型猪5000头、养牛1000头、养鸭2.5万只，投资63万元，在雁门口镇岱王岭村完成第一期工程，使立体农业初具规模。基地当年投产，当年见效，粮、棉、猪、鱼、鸭综合发展，1986年产值达到52.9万元，比上年增长3.3倍，人均纯收入700多元，增长1.2倍。

4月7日　加速城乡集市贸易市场建设。湖北省人民政府办公厅转发省工商行政管理局的报告反映，全省集市网点已发展到4574个，1986年成交总额达到52.44亿元。但具有地方特色的农副产品批发市场和各种专业市场发展缓慢，有服务设施的集市贸易仅占市场总数的25%，还有些地方"以街为市""以路为市"，与商品经济和集市贸易的发展不相适应。报告提出，集贸市场建设要本着方便群众购销的原则，做到大中小型相结合、集中与分散相结合、永久与简易相结合、综合性的和专业性的相结合，积极开展创建"文明市场"活动。

7月8日　坚决落实粮、棉、油合同定购"三挂钩"政策。湖北省人民政府发出紧急通知：供销社、粮食局、石油公司要按照粮、棉、油合同定购"三挂钩"和物资凭票供应的规定，保证按期按量兑现给农民"三挂钩"的标准是：合同订购每100公斤贸易粮供应平价标肥10公斤，议价优质标肥5公斤，平价柴油3公斤，发放预购定金6元；每100公斤皮棉奖售平价优质标肥70公斤，发放预购定金10元；每100公斤食用油脂奖售平价优质标肥80公斤。

7月18日　全省耕地占用税工作会议决定：本省耕地占用税的开征时间，一律按国务院的规定，从4月1日起执行。同时，一律停止收取耕地复垦费。会议对全省开征耕地占用税实施中涉及征收对象的有关政策做出了具体规定。

7月28日　湖北省人民政府通知指出，1987年夏收粮油上市以来，全省有的地方向农民乱摊派，乱扣款有所抬头，个别地方相当严重，农民反应强烈。通知规定，严禁任何单位向农民乱摊派。农民集体提留和地方统筹费的提留，由农民直接向村组缴纳，不得在农民交售农副产品时强行扣款；农副产品收购部门除可以代扣农业税、预购定金和水费外，不得代任何单位和个人扣款；各地对当年向农民乱摊派和乱扣款的款项要逐笔进行清理，并退还给农民。

9月3日　中共湖北省委办公厅、省人民政府办公厅发出《关于进行区、乡体制改革的通知》。《通知》要求，除边远山区和交通不便的地区外，在全省范围内撤销区公所，加强乡镇政权建设。体制调整前，全省有区610个，县辖镇401个，区辖镇460个，乡3664个；体制调整后，全省共设置1252个乡，842个镇，80个区。此次区乡体制改革，理顺了基层行政体制，解决了区实乡虚的问题，强化了基层政权。

9月5日　湖北省人民政府发出《关于进一步加快乡镇企业发展的若干规定》。规定要求继续贯彻"积极扶持，合理规划，正确引导，加强管理"的指导方针，使全省乡镇企业获得更大的发展。1979年以来，全省乡镇企业以年平均递增28%的速度向前发展，当年乡镇企业已发展到105万个，从业人员390万人，全年完成产值187亿元，实现利税十多亿元。改变了农村长期单一、封闭的经营局面，开始出现了农工商全面发展的格局。

10月20日　中共湖北省委、省人民政府发出《关于深化农村改革，加快农村经济改革的决定》，文件要求在农村两步改革的基础上，继续深化农村改革，提出了完善合同定购政策，搞活农产品流通等十六项任务。

12月31日　全省乡镇企业已发展到105万个，从业人员达到390万人，分别比上年增长5.5%和2.7%；固定资产达69.9亿元，增长21.6%；完成产值187亿元，增长27.4%；实现利税10亿多元，增长8.9%；实缴税收5.05亿元，增长26.5%。在提高经济效益的前提下，生产的增长幅度高于全国乡镇企业平均水平，产值首次超过农业产值。开发新产品669项，其中列入"湖北省1987年重点技术开发项目指导性计划"的项目35项，列入"1987年湖北省技术开发拨（借）、贷款项目计划"的项目11项，接受国家贷拨款额104.5万元。

## 1988 年

3月9日　中共湖北省委、省人民政府发出《关于进一步放活科技人员工作的意见》。文件强调，必须进一步放活科技人员，推荐选配科技副县（市）长，为贫困山区县（市）选派科技开发团。

6月6日至11日　中共湖北省委在咸宁召开农村工作会议。会议认为当前农村改革和经济发展遇到了许多新问题、新情况，主要是农产品价格过低，导致农民种粮积极性降低，农业徘徊不前。改革过程中出现的问题还是要用改革的办法来解决，要通过逐步建立和完善社会主义商品经济新秩序，来解决新旧体制摩擦的问题。会议提出，要围绕深化农村改革，切实保护农民利益，优化农村产业结构，适度规模经营，依靠科技进步增加投入，推进农村经济全面发展。

9月7日　中共湖北省委决定在全省19个市县建立农村改革实验区、实验项目包括适度规模经营实验等12项。围绕深化农村改革的总目标，重点抓住农村经济向商品化转变中出现的复杂问题，力争有所创新，有所突破。省委、省人民政府决定成立农村改革实验区领导小组，省委副书记钱运录任组长。

## 1989 年

1月21日　中共湖北省委办公厅转发科协《关于大力开展农村科普工作进一步发挥科协组织作用的报告》（以下简称《报告》）。《报告》指出，农村改革以来，湖北省各级科协在农村广泛开展了群众性的科普活动：一是建立群众性农业技术推广的新网络，农村专业技术研究会达3400多个，加速农业技术的转化和推广；二是举办各类培训班，开展多层次、多形式的技术培训，"六五"期间，培训农村基层干部和在乡知识青年270多万人；三是建立以科技服务为主的社会化服务体系，面向中小乡镇企业和广大农民开展多形式的科技咨询和技术服务；四是强化科普手段，加速科技信息的流动，全省71个县（市）科协全部配备科普宣传车。

3月19日 中共湖北省委在京山县召开农村改革实验区调研会。4月14日，省委印发调研《纪要》。《纪要》指出，当前深化农村改革的总体思路，必须以全面提高农业效益为目标，着眼建立和完善农村商品经济的运行机制，进一步搞活农业内部运行机制，运用多种经济发展模式指导农村经济的发展，使改革和发展有机结合，相得益彰。

7月31日 中共湖北省委办公厅转发省委农村政策研究室《关于稳定和完善农村双层经营意见的报告》。《报告》提出，为保持家庭承包经营的稳定，一是必须稳定土地承包关系，允许土地代耕代营，在保持土地承包权不变的前提下，顺应和促进土地使用权必要的流动转移；二是完善土地管理制度，明确农户承担土地质量责任，提倡土地分等定级，实行地力升降奖赔制度；三是完善农户资金积累制度，引导农户先立业后兴家；四是帮助农户拓宽生产领域，多项经营；五是引导农户提高生产的计划性。

11月18日 中共湖北省委、省人民政府做出《关于十年绿化湖北的决定》，强调要抓好四个重点：一是大力发展速生丰产林；二是狠抓以林果为主的经济林；三是抓好3个防护林工程建设；四是集中力量抓好宜林荒山面积在50万亩以上的县市的造林绿化。要求平原五年、丘陵七年、山区十年实现绿化。到1993年底，全省平原县、市、区林木总面积达658.7万亩，林木覆盖率达到14.03%，林地用地绿化率达96%；农田林网控制率达81.7%，村庄绿化率达47.9%，按期完成全省平原绿化，成为全国6个全面实现平原绿化的省（市）之一。

本年 江陵县岑河镇9万亩农田采用22种不同种植模式进行综合开发。其中"麦瓜稻"（小麦、西瓜、稻谷）种植模式，使每亩粮食产量不减，套种西瓜增加收入400元至600元，全县竞相仿效，全年瓜产量达4500万公斤，使江陵成为全国第二大西瓜生产县。

# 1990 年

1月5日　湖北省人民政府发出《关于恢复发展棉花生产的通知》，决定采取扩大棉花种植面积、提高棉花收购价格、调整产棉县（市）棉花收购基数、提高棉奖粮标准等9条措施，促进全省棉花生产。

8月8日至10日　全省乡村合作经济组织座谈会召开。会议认为，要在群众自愿和组织引导结合的原则下，稳定、完善以家庭经营为主的双层经营，积极、稳妥地搞好农村合作经济组织建设。

9月30日　湖北省人民政府决定建立省级专项粮食储备，按保护价收购农民手中的余粮，保护农民生产的积极性，以丰补歉。

10月5日至14日　中共湖北省委召开全省农村基层组织建设工作会议，讨论在新形势下加强农村基层组织建设的思路和办法。11月1日，省委发出《关于加强农村基层组织建设的意见》，要求村级组织形成以党支部为核心，村民自治组织为基础，合作经济组织为依托，共青团为助手，妇代会、民兵等组织协同配合的村级配套管理服务体系，组织和带领农民共同致富。

11月25日至29日　中共湖北省委、省人民政府召开全省山区工作会议。会议明确"八五"期间进一步加强山区开发建设和扶贫工作的政策措施。

12月11日，省委、省政府发出《关于进一步加强山区扶贫开发工作的决定》，要求在继续解决和稳定解决温饱的基础上，大力推进山区经济发展，加快脱贫致富的步伐。

# 1991 年

1月19日　中共湖北省委第五届委员会第六次全体会议通过《关于制定湖北省国民经济和社会发展十年规划和"八五"计划的建议》，提出今后十年湖北省农业农村工作的主要任务是：必须始终把发展农业放在首位；巩固农业基础，积极稳妥地调整农村经济结构；继续贯彻落实帮助贫困地区、少数民族地区、老革命根据地发展的各项政策和措施；发挥科技第一生产力的先导作用，继续实施"星火计划"、"丰收计划"和重点科技成果推广计划；大力发展农村教育、卫生等社会事业；进一步深化农村改革，继续完善统分结合的双层经营体制，搞好9个县市的综合改革试点。

3月6日　经商业部、湖北省人民政府批准，湖北省粮食批发市场成立并正式开业。该粮食批发市场是省际粮食交易的场所，具有连接城乡范围广、辐射经销区地域阔、运销粮油批量大的优势，是非营利的服务性事业单位。它通过组织竞买竞卖，协商买卖，委托购销，经济合同鉴证，代办结算等服务形式使交易行为公开化、规范化、有序化，既体现市场的自发竞争性，又能有效地掌握总量平衡，施以政府的宏观调控。

3月23日　经国务院批准，湖北省人民政府决定，从4月1日起，在全省范围内压缩部分平价粮销售，以利于平衡平价粮油的收支、稳定农民的定购粮负担和缓解国家财政负担。全省此项重大的粮食流通体制改革政策普遍实施到位后，初步匡算，全省每年仅"议转平"的粮食销售可减少4.5亿公斤以上，财政可减少补贴3.2亿元。压缩部分平价粮油销售，主要是补贴形式的改变，有关粮油供应办法不会改变，基本定量水平不变，粮票和粮证节余指标不作废。

4月5日　中共湖北省委做出《关于在全省农村深入开展社会主义思想教育的意见》，要求用两三年时间，普遍、深入、系统地开展社会主义思想教育，加强以党支部为核心的基层组织建设，贯彻落实党在农村的各项方针政策，促进农村"两个文明"建设。

5月23日 咸宁地区遭到特大暴雨袭击，灾情严重。全区冲毁农田3.5万亩，淹没农田31万余亩，农林特作物受灾面积123万亩，直接经济损失在3500万元以上。

6月17日 中共湖北省委、省人民政府批转《关于村级合作经济组织建设的若干意见（试行）》。文件指出，传统农业向现代农业转化，村级合作经济组织的建设显得越来越重要。以双层经营为特征的村级合作组织，主要职能是：生产服务、管理协调、资产积累、开发资源和兴办企业。集体经济组织以村设社的可以叫村经济联合社，坚持入社自愿，退社自由。自主经营，自我管理，自负盈亏，平等互利。

# 1992 年

1月8日至14日 中共湖北省委召开五届七次全会和全委（扩大）会议，审议并通过《中共湖北省委关于贯彻党的十三届八中全会精神推进全省农业和农村工作的决定》。《决定》指出，要始终把发展农业真正放在经济建设的首位，把稳定党的农村政策、保护和调动农民的积极性作为农村各项工作的根本出发点。《决定》就完善双层经营体制、努力搞活农产品流通、大力发展乡镇企业、实施科教兴农的发展战略等方面作了具体规定。

4月28日 根据国务院国发〔1991〕60号文件精神，湖北省人民政府决定：从5月1日起，食油购销价格全部放开，食油购销指令性计划改为指导性计划。

5月14日 湖北省人民政府召开第十二次全体（扩大）会议，深入学习邓小平南方谈话。要求进一步解放思想，转变职能，转变作风，加快改革开放步伐，切实把《政府工作报告》确定的各项任务落到实处，推动湖北省经济建设上新台阶。

6月1日 根据省委、省人民政府的决定，石首、老河口、罗田、沙市、黄州和远安6个县市进行粮食购销体制"一步到位"重大改革的试点。主要内容是：在当地范围全面放开粮油经营和供销价格，取消国家粮油定购任务，经营单位、用粮单位、粮农及城镇居民都可面向市场生产、销售和购买粮食。6个改革试点县市的粮食企业迅速转换经营机制，走向市场"找饭吃"。市县粮食局成立粮食总公司，组成粮油加工增值和兴办各类第三产业。

8月12日　中共湖北省委、省人民政府发出《关于向乡镇放权，加强乡镇政权建设有关问题的通知》。文件指出，要遵照"县有关部门设在乡镇的机构，除少数不宜下放的实行双重领导外，一般都要放到乡镇管理"的原则，健全乡镇政府的职能，切实行使对农村社区的综合管理。

12月24日至25日　中共中央总书记江泽民在武汉主持召开中南六省（湖北、湖南、江西、安徽、河南、四川）农业和农村工作座谈会。他强调，农业是国民经济的基础，农村稳定是整个社会稳定的基础，农民问题始终是全国发展、建设、改革的根本问题。要切实保护农民利益，调动农民生产积极性，发展农村社会主义市场经济，加强和改进党对农村工作的领导。29日，中共湖北省委、省人民政府召开全省电视电话会议，贯彻六省农业和农村工作座谈会精神，提出确保春节前全部兑现农民手中"白条"，进一步放开农产品经营，从1993年起全省全面放开粮食经营等意见。

本年　湖北对农业结构再次进行大力调整。调整的战略是：稳定发展粮棉生产，突破性发展多种经营和乡镇企业；粮食播种面积调减200多万亩，大幅提高棉花、烟叶、水果、蔬菜等种植面积；在大力发展庭院经济的同时，大搞多种经营基地建设，兴办各类小农场、小林场、小茶场、小渔场和小果园；为乡镇企业制定一系列优惠政策，从1992年起对新办乡镇企业免税1—3年，减税1—3年。

# 1993年

1月1日　武汉放开粮价。根据国务院、湖北省人民政府有关部署，武汉市人民政府决定从即日起，全面放开全市城乡粮食购销，实行市场调节，价格随行就市。同时，各种粮票（券）、支拨证一律停止流通。

1月3日　湖北省人民政府召开紧急电话会议，兑现农民手中"白条"。会议决定采取八条具体措施，确保于1月15日前全部兑现农民手中的"白条"。经动员各方面力量，到1月15日，全省71个县市农民手中的"白条"，包括粮、棉、油及农副土特产品的"白条"全部兑现完毕。

2月11日　全省农金系统支援春耕。湖北省农业银行、信用社集中38.1亿元借款支援春耕生产，投放额较上年净增15.1%。在投放的贷款中，促进种养业结构调整的贷款占80%以上，推广新品种、地膜覆盖等科技含量较高的贷款，比上年增加了10个百分点。通过信贷投入，积极引导农民步入市场。

2月23日至26日　中共湖北省委、省人民政府召开全省农村工作会议。会议明确提出1993年农村工作中总的指导思想和目标是：坚持稳（稳定农业基础、稳定粮棉生产）、放（放开种植计划、放开流通、放开粮食经营）、调（调整农村产业结构）、建（按照社会主义市场经济要求，建立新机制、新秩序）的方针，实现稳农（稳定农业基本政策、稳定发展农业生产）、重农（重视农业基础地位、重视农业基础建设）、强农（强化农业科技投入、物质投入和资金投入）的目标。

4月6日　中共湖北省委、省人民政府做出《关于当前全省农业和农村经济发展若干问题的政策规定》。文件的主要内容是：全省放开粮食市场，粮食部门要同农民在平等协商、自愿互利的基础上签订农商收购合同，合同上要注明国家规定的保护价；积极搞好放开棉花经营试点；加强农业生产资料的供应和价格管理；扶持粮食主产区发展经济；以超常规的速度、投入及措施，大力发展乡镇企业；改进和调整农业税办法；做好农产品收购工作；努力增加农业投入。该文件的颁布，为湖北农业和农村经济发展注入了新的活力，湖北的农业基础地位和作用得到进一步巩固和加强。

5月21日至23日　中共湖北省委、省人民政府在襄樊市召开全省乡镇企业工作会议。会议通过《关于突破性发展乡镇企业的决定》。文件指出，加快发展乡镇企业，是全省经济发展的一个战略重点和突破口，要力争"八五"后三年，全省乡镇企业年总产值翻一番，在乡镇企业的组织形式上，实行"多轮驱动，多轨运行"，乡办、村办、联户、户办和集体、个体、私营、联营、合资一起上，不限比例看发展，不限速度看效益。在发展方向上，实行股份合作制是深化乡镇企业改革的必然，力争三年内把2/3以上的乡镇企业改造成股份合作制企业。"八五"期末，全省乡镇企业已发展到150多万个，乡镇企业总产值（1990年不变价）达到2522亿元。乡镇企业已成为农村经济中的重要力量。

7月3日　中共湖北省委、省人民政府召开全省减轻农民负担工作新闻发布会。会上宣布湖北第一批取消省级国家机关有关部门涉及农民负担的20个收费项目，对国务院已明令取消的43项农村达标升级活动和37个集资、基金和收费项目，必须逐条逐项对照落实，把减轻农民负担工作落到实处。

8月10日　中共湖北省委、省人民政府召开切实做好减轻农民负担工作会议，并决定选派14个工作组到各地、市、州检查减轻农民负担政策的落实情况，组织新闻单位进行"农民负担千里行"采访报道活动。9月1日，省委领导贾志杰等听取采访组汇报，强调减轻农民负担工作要常抓不懈。10月7日，省委办公厅、省政府办公厅转发《关于开展农民负担检查和"千里行"采访活动情况的报告》。该报告认为，经过几个月的治理，涉及农民负担的大量文件得到清理，成效明显，当年全省农民资金负担总额为18亿元，人均48元，比去年下降4个百分点。存在的问题是工作不平衡，隐形负担仍呈加重趋势，减负工作缺乏治本良策。

8月16日　湖北省人民政府召开贯彻实施《中华人民共和国农业法》、《中华人民共和国农业技术推广法》新闻发布会，要求宣传两法，坚决贯彻落实两法，促进全省农业走上以法建农，依法治农的轨道。

9月13日至17日　中共湖北省委、省人民政府召开全省农村市场经济工作会议。会议指出，目前农业正处于向社会主义市场经济转轨时期，农民和农村干部对市场经济有一个实践和认识过程，还面临着分散经营与大市场脱节、农民承受能力脆弱等许多新情况和新矛盾，要用新思路、新办法解决，使农村市场经济的发展减轻阵痛，步入有序轨道。推进农村经济市场化，是20世纪90年代农村改革的目标。

10月26日至30日　中共湖北省委、省人民政府在宜昌召开第三次全省山区工作会议，确定山区开发建设的主攻方向是：继续抓紧"温饱工程"建设，在稳定粮食生产的同时，主攻多种经营、小水电建设、矿产开发、乡镇企业发展，并有大的突破。

11月2日　全省农村市场网络基本形成。《湖北日报》报道，全省以批发市场为龙头，各具特色的专业市场为骨干的农村市场网络已基本形成。截至10月底，全省各类市场已发展到4200多个，100万农民进入流通领域。1月至10月，成交额达117.8亿元。各类市场的发展，增强了农民的商品意识，促进了农村产业结构的调整。

11月28日　全省农村股份合作制发展呈现星火燎原之势。湖北省乡镇企业局介绍，截至10月底，全省实行股份合作制的乡镇企业已达1.8万家，吸纳股金22.6亿元，相当于同期各级政府对乡镇企业投入的62.8%。股份合作制的此种独特企业组织形式，改革了乡镇企业过去那种乡办乡投资、村办村投资的单一投资模式。

# 1994 年

1月10日　中共湖北省委、省人民政府发出《关于1994年农村工作的意见》的文件，指出要按照市场农业的要求配置农业资源，着眼于富民、富村、富县，全面活跃农村市场，积极发展工农贸一体化经营，推行"公司＋基地＋农户"的经营模式。

1月12日　中共湖北省委、省人民政府发出《关于组派农村小康建设工作队深入基层帮助工作的通知》，决定在县以上党政机关、部门抽出一批干部，组建农村小康建设工作队，深入基层帮助工作。主要任务是：深化党的基本路线教育；帮助制定发展规划和措施；执行党在农村的各项政策；抓好基层组织建设；尽力帮助抓好基础设施建设；建立良好的生产环境和社会秩序。随后，省直120个部委厅局和行政性公司抽调400多名干部组建120个工作队、组分赴66个县市农村帮助工作。

3月21日至24日 全省农村改革工作座谈会在武汉召开。自1988年省委确定部分县市为农村改革实验区以来，已从10个项目中取得突破，摸索出四条路子：走第一、第二、第三产业综合协调发展之路，农村劳动力转移之路，科技兴农之路和自我积累、滚动发展之路。在继续深化改革中，也存在缺乏健全的市场体系等问题。

4月20日至23日 中共湖北省委、省人民政府在京山县召开全省农村多种经营工作会议。会议强调在稳定发展粮棉油生产的同时，要把多种经营作为农业和农村经济的一大支柱，作为农村奔小康的战略重点来抓。

5月30日 省委、省人民政府发出《关于突破性发展农村多种经营的决定》，要求确保多种经营主要产品的产量、质量和效益得到提高。

6月9日至12日 全国"温饱工程"现场会议在兴山县召开。农业部对湖北省的"温饱工程"给予充分肯定。从1989年起，湖北在28个县市、685个乡镇、300余万农民中实施"温饱工程"。五年来，全省在"温饱工程"项目区内推广了粮经型、粮牧型和粮特型等5大类20多种先进种植模式，发展各类经济作物700余万亩，增产粮食87011万公斤，全省贫困人口由原来的700万人减少至近400万人。

7月3日 农村社会保障体系初步建立。湖北省民政厅介绍，湖北经过五年的艰苦努力，在原基础上，一个适应湖北实际、以救灾和农村福利院为主要内容、以农村社会养老保险相配套的农村社会保障体系已初步建立起来。通过办救灾扶贫经济实体，建立救灾扶贫储金会、储粮会，实行救灾粮收购、加工、发放"一条龙"服务，改变过去单一依赖国家救济的格局。五年来，全省创办救灾扶贫经济实体1682个，发放扶贫周转金3500万元，累计扶贫226万户，其中67万户已脱贫。同时还建立2614所农村福利院，收养院民4万余人。农村社会养老保险已在41个县市的265个乡镇启动，75万农民投保。

**12月23日** 中共湖北省委、省人民政府发出《关于加强小城镇建设的决定》（以下简称《决定》）。《决定》指出，建设小城镇是推进城乡一体化的枢纽工程，要把小城镇建成工业小区、第三产业配套发展的集中点、农副产品的集散市场、农村剩余劳动力稳定转移的阵地和当地政治、经济、文化中心，加速农业现代化进程。

# 1995年

**1月7日** 中共湖北省委、省人民政府召开全省大办农业广播电视大会，动员全省各级党政机关、各行各业和全省人民，掀起重视农业、扶持农业、大办农业、发展农业的热潮。10日，省委、省人民政府召开支持大办农业动员会，动员省直机关各部门和各单位以实际行动推进农村基层组织建设和小康建设。

**7月** 省党政领导强调，要把渔业作为湖北的优势产业来抓，争取在"九五"期间实现渔业大省强省目标。全国供销社系统首家配肥站联合体"湖北省供销农资配方供肥联合体"在武汉成立。

**8月22日至24日** 全省首次城郊农业经济工作会议在武汉召开。会议要求，郊区、郊县广大干部发挥城郊优势，抓住机遇，奋发图强，把城郊经济推向一个新的境界。

**8月24日** 湖北省人民政府召开"菜篮子工程"建设座谈会，要求进一步增强紧迫感和责任感，把"菜篮子"建成为优势产业工程，保证市场供应充足和物价平稳。

**8月25日** 全省地市州农村小康工程会议在武昌举行。会议强调，进一步组织动员干部群众，加快农村小康建设进程。9月4日，中共湖北省委、省人民政府发出《关于全面开展农村小康工程建设的通知》，指出要用奔小康统揽农村工作，确保20世纪末小康目标的全面实现。

**10月23日** 中共湖北省委六届四次全体会议通过《全省国民经济和

社会发展"九五"计划及2010年远景目标的建议》。关于农村工作，文件指出，坚持大办农业的方针，加固粮棉生产、多种经营、乡镇企业"三支台柱"，积极发展创汇农业，向深度和广度开发进军，全面发展繁荣农村经济。

11月17日　中共湖北省委、省人民政府召开全省控制物价和加强农副产品收购工作电视电话会议，会议要求全省上下进一步加大落实力度，努力实现物价控制目标，切实做好农副产品收购工作。

# 1996年

4月26日至29日　中共湖北省委、省人民政府相继在襄阳县、钟祥市召开全省建设经济强县（市）现场会，总结交流十强县（市）的经验，研究制定建设经济强县（市）的政策，动员全省各县（市）人民学习张家港，弘扬"湖北精神"，为加快县域经济发展、建设经济强县（市）而奋斗。

9月26日　经国家农业部批准，全国首家国家级水生野生动物公园在武汉市建成开放。

10月24日至26日　中共湖北省委扶贫开发工作会议在十堰市召开。会议传达贯彻中央扶贫开发工作会议精神，总结交流湖北省扶贫开发工作经验，为提前实现全省扶贫攻坚目标做出具体部署。

10月30日　《湖北农村社区合作经济组织条例》草案在省政府第二十八次常务会议上讨论并原则通过。

本年　中日合作开发江汉平原涝渍地。3月19日，经国家科委批准，湖北省江汉平原涝渍地综合开发利用中日专项技术合作项目在武汉举行签字仪式。此为当时国内最大的农业国际合作项目。1997年1月10日，正式启动"湖北省江汉平原四湖涝渍地综合开发计划"，实施期为五年。2001年7月16日，该计划通过终期评估，同年12月26日，宣告完成。该计划通过引进日本涝渍地农业综合整治方面的先进经验、技术及器材，在土地利用计划、排水计划、排水设施的设计及施工管理技术、土壤改良和施肥改善技术、作物栽培技术五个领域进行一系列的研究开发，并在荆州市岑河和潜江市高场两个示范区和农业试验站进行试验、示范和推广，形成了一整套针对性强的涝渍地综合开发技术体系，取得了20余项技术成果，已形成300万亩的成果推广带，取得了232万元的直接经济效益，推动了江汉平原农业经济的发展。

# 1997 年

1月7日　中共湖北省委、省人民政府召开省直机关动员会，传达贯彻中共中央、国务院《关于切实做好减轻农民负担的决定》。3月3日，省委、省人民政府领导分别带领10个调查组分赴全省各地、市、州和直管市、神农架林区，就春耕备耕、减轻农民负担、推进农业产业化等方面开展督办和调研活动。

4月17日　农业部在洪湖市召开全国水稻旱育秧简化技术现场会，推广洪湖市水稻旱育秧种植栽培技术。

5月1日至4日　全省推进农业产业化，建设经济强县（市）工作会议在襄阳召开。会议号召在全省上下全面实施农业产业化战略，由农业大省向经济强省跨越。

5月19日　《湖北省林业管理条例》草案在省人民政府第三十一次常务会议上讨论并原则通过。

6月25日　全省扶贫攻坚工作会议在武汉举行。省长蒋祝平在会上要求，从1997年起必须每年解决100万人口的脱贫问题，以确保提前一至两年实现扶贫攻坚计划目标。

9月22日至25日　中共湖北省委、省人民政府在黄冈市召开全省生态农业、秋播、水利建设工作会议。传达全国治理水土流失，建设生态农业会议精神，要求各地以党的"十五大"精神为动力，促进农业和农村经济再上新台阶。

9月26日　湖北省人民政府发出按保护价敞开收购议价粮的通知。

此举标志着国家粮食购销政策的重大调整。全省粮食部门承担企业亏损，认真执行国家政策，坚持按订购价收购定销粮，按保护价敞开收购议价粮，不停收、不限收、不拒收，把农民要卖的粮食全部收购起来。

9月30日　湖北金天贸工农股份有限公司在天门市成立。该公司是国家经贸委和湖北省人民政府批准的全国第一家棉花深度开发的贸工农一体化、突破棉花统购统销体制的试点企业，以基地内棉花生产为基础，以天门金田纺织工业为龙头，以基地内现有棉花收购站和金田集团在国内外的销售网络机构及国际大市场为先导，形成原料生产、产品加工、市场销售各种经营紧密结合、互为互保、利益共存、同步发展的一体化经营。

10月22日至25日　全省农业产业化暨农村政策工作会议在宜昌市召开。会议强调，认真贯彻落实党的"十五大"精神，突破性推进农业产业化，认真落实农村政策。

# 1998 年

3月12日　湖北省最大的橡胶壅水坝工程在荆州区沮漳河万城闸下游100米处建成。该坝是太湖港水库配套工程，可将沮漳河拦腰切断，使上游壅起的河水灌溉8个乡镇和太湖农场的40.53万亩农田。

5月19日　《湖北省农业机械管理条例》在省人民政府第四次常务会议上讨论并原则通过。

5月29日至31日　全省粮食流通体制改革工作会议在武汉召开。会议传达全国粮食流通体制改革工作会议精神，研究部署全省粮食流通体制改革，安排当前粮食购销工作。

7月9日　省人民政府发出紧急通知，要求各地抓紧抓好当前农业抗灾生产自救工作，确保实现本年农业丰产、农民增收、农村稳定的目标。

8月22日　中共湖北省委、省人民政府在武昌召开全省农业抗灾生产电视电话会议。号召全省人民紧急行动起来，用抗洪精神打好生产救灾硬仗，确保实现当年农业发展目标。

本年　湖北省农村电网大规模改造。中共湖北省委、省人民政府将农网改革与改造列入重要日程。

长江流域发生特大洪水，湖北军民奋力抗洪抢险。7月1日，省防汛抗旱指挥部召开第一次会议，传达国家防总关于长江、淮河防汛抗洪工作的紧急通知精神，省长蒋祝平向全省发出迎战长江大洪水的号令。中共中央总书记江泽民、国务院总理朱镕基、国务院副总理温家宝多次就湖北防汛工作作出重要指示。8月1日，嘉鱼县簰洲湾大堤骤然塌陷，威胁30多个村庄、6万多人。是夜，省委、省人民政府组织紧急大营救，共营救群众、官兵3万余人。13日至14日，中共中央总书记、国家主席江泽民亲临荆州和武汉抗洪前线，视察防汛抗洪情况，慰问抗洪一线军民。20日，全省抗洪抢险大军战地誓师大会在荆州抗洪前线召开，号召全省军民坚持拼搏，严防死守。21日，中共湖北省委、省人民政府发出《关于进一步做好当前抗洪抢险工作的紧急通知》，号召全省上下不惜一切代价，誓夺长江抗洪抢险的最后胜利。同日，武汉军民征服长江第六次洪峰。经过93天的艰苦奋斗，武汉市投入37万人，安全通过长江8次洪峰，取得了防汛抗洪的全面胜利。

# 1999 年

3月29日至31日　全省推进农业农村现代化建设工作会议在襄樊市召开。会议提出，抓住农业农村发展新阶段的历史机遇，以农民增收、农村稳定为重点，以实现农村现代化为目标，把农业产业化、乡镇企业第二次创业、小城镇建设三大战略举措扭在一起抓，促进城乡一体新发展。

4月7日至9日　全省农村精神文明建设工作会议在谷城召开。会议强调，加快文明村镇创建步伐，推进农村精神文明建设。

6月8日　省科委、省安全厅、省农科院联合创办全省第一家国外蔬菜良种引种示范园。

**8月17日至18日** 全省农业产业化重点龙头企业暨农村政策座谈会在洪湖蓝田公司召开。

**9月5日** 枣阳市杨垱镇农民首创并实践3年的"负担大包干"经验专题研讨会在北京召开。

**12月28日** 中共湖北省委、省人民政府召开专题会议，听取全省减轻农民负担工作大检查情况汇报，强调要坚决贯彻农民合理负担"一定三年不变"的政策，确保2000年各县市农民负担预算总额在1999年基础上再压减10%。

# 2000年

**2月14日** 全省农业工作会议在武昌召开。会议贯彻落实中央农村工作会议精神，围绕农业增效、农民增收、农村稳定研究农业农村经济结构战略调整。

**7月16日** 中共湖北省委、省人民政府表彰全省乡镇企业综合实力"十强村"，武汉市洪山区和平乡徐东村名列第一，成为名副其实的"荆楚第一村"。

**7月17日** 中共湖北省委、省人民政府决定在全省开展农民负担执行情况大检查，从16个省直单位抽调厅处级干部组成8个检查组分赴各地检查"三禁"（禁止乱摊派、乱收费、乱罚款）、"三停"（停止各类集资、停止出钱物达标升级、停止强制以资代劳）、"三减"（减人、减事、减支）和人均15元减负落实情况。

**8月15日** 中共湖北省委、省人民政府召开落实农村政策工作会议。部署研究解决当前农村突出问题，进一步落实有关农村政策，切实保护农民的正当利益，推动农业和农村经济持续健康发展。

**9月17日** 国家计委在武汉召开湖北等四省农村经济工作和粮食政策座谈会，对当前农村经济工作粮食收购政策、农业结构调整、减轻农民负担、农村税费改革等问题进行研究。

11月28日　全省乡镇企业高新技术成果暨人才引进洽谈会在武汉举行，全省300多家乡镇企业、1000多种产品参加展示。

# 2001 年

1月3日　省人民政府下发《关于大力发展畜牧水产业的决定》（鄂政发〔2001〕1号）（以下简称《规定》）。《决定》对"十五"期间湖北畜牧、水产业发展的目标任务、体制创新、科技创新、政策扶持等提出具体要求，强调要把湖北由畜牧、水产业资源大省变成生产大省、经济强省。

1月4日　湖北中香米业有限责任公司注册成立。该公司是由湖北农业技术推广总站、湖北省种子集团公司、湖北省龙安农业科学技术服务公司、孝感市优质农产品开发公司和中国水稻所共同投资组建的一个集"育、繁、推、产、加、销、贸、工、农"于一体，以种子、优质大米经营为主体的农业产业化龙头企业。

1月6日　省农业厅授予荆州市种子公司、襄樊市原种场等23个单位为首批"省级种子生产基地"，其科研生产涵盖水稻、棉花、油菜、玉米、小麦、蔬菜六大系列。

3月25日　浠水县成为首批国家农业部综合示范县和农科院农业科技示范县。

3月26日　中共湖北省委、省人民政府在武汉召开湖北农村税费改革试点工作会议，传达全国农业税费改革工作会议精神，部署全省农村税费改革工作。会议指出，推行农村税费改革是对农村生产关系的又一次重大调整，是继土地改革、家庭联产承包责任制之后农村的又一次重大改革，是减轻农民负担的治本之策，是实现农业增效、农民增收的重要途径。主要内容是：三取消（取消乡统筹、农村教育集资等行政事业性收费和政府性基金、集资）、两调整（调整农业税和农业特产税政策）、一改革（改革村提留征收使用办法）。在实施农村税费改革的同时，要结合机构改革精简乡镇机构和人员；改革和完善县乡财政管理体制，保证基层政权的正常运转；进一步规范农村收费管理，健全农民负担监督机制，实行"一票否决"制度，严肃查处各种违法违纪行为。

**4月3日** 省委、省人民政府就农村税费改革发表致全省农民群众公开信。同日，全省绿色食品工作会议召开。会议贯彻全省农村工作会议精神。落实省人民政府第208号令《湖北省无公害农产品管理办法》，会后开展无公害农产品管理培训。

**5月18日至19日** 湖北省农产品出口暨招商引资洽谈会，在天门市举行。此次是湖北省首次召开的大型农业招商引资洽谈会，旨在全面展示和宣传湖北省农业新技术、新成果和名特优新农产品，以及农业资源和招商引资的优惠政策、优良环境，扩大湖北省农业在国内外的影响，吸引国内外资金投资湖北省农业领域，参展产品有55类、220个品种，共有来自19个同家（地区）、国际组织和16个省市的中外客商213人，其中海外客商75人；签订农业招商引资项目68项，合同金额23.8亿元；产品销售合同协议金额6.8亿元。此举对加快湖北外向型农业发展，促进农产品出口创汇，实现农业大省向农业强省的跨越具有重大意义。

**5月26日** 省农业厅决定成立"省农业厅稳定和规范市场经济秩序工作领导小组"，贯彻落实国务院《整顿和规范市场经济秩序的决定》，进一步整顿、规范农业市场经济秩序，保证农业生产安全，保护农民利益。

**5月30日** 全省乡镇企业工作会议在武汉召开。会议要求明确主攻方向，加速"二次创业"。会上授予大冶市等8个县市"全省乡镇企业工作先进县市"称号，和平乡等10个乡镇为"十强乡镇"、徐东村等10个村为"十强村"、湖北福星科技股份有限公司等10家企业为"十强企业"，授予游安才等10名厂长（董事长、经理）"十佳企业家"称号。

**6月18日** 全省农业科学技术大会在武昌召开。会议传达贯彻全国农业科技大会精神，讨论《湖北省人民政府关于实施〈农业科技发展纲要〉的意见》，动员全省大力推进新的农业科技革命。

**7月17日** 湖北省人民政府召开全省部分市县减轻农民负担工作座谈会，指出减负是当前农民增收的首要途径。8月28日，省人民政府接着召开全省减轻农民负担工作电视电话会议,强调各地要认真落实政策,切实保护农民合法权益。9月8日,省委、省人民政府又在武昌召开全省减轻农民负担工作检查动员会,要求明察暗访实情,实实在在减轻农民负担。

8月7日　湖北省人民政府召开全省棉花工作会议,全省棉花流通体制改革实现重大突破,此次改革核心是放开棉花市场,坚决破除一切不适应放开的规定。

9月18日　全省粮食工作会议结束。省人民政府决定:稳定产区,放开销区;稳定储备,放开市场,深化粮食流通体制改革。同日,全省小城镇建设研讨会在武汉召开。会议强调,要理清思路,明确方向,提高认识,抓紧实施小城镇大战略,大力推进全省城镇化进程。

11月29日　"湖北省农村信息化科技示范体系建设"列入国家"星火计划"。湖北省成为全国首批8个"农村信息化科技行动"示范省市区之一。

# 2002 年

1月4日　湖北省国有农场农工商联合总公司撤销,设立湖北省农垦事业管理局,为省人民政府直属正厅级事业单位,原省农垦总公司及所属的经营性公司与湖北省农垦事业管理局脱钩,实行自主经营、自负盈亏,成为具有独立法人地位的经济实体。

2月26日　中共湖北省委、省人民政府下发《关于深化结构调整大力发展市场农业的意见》(鄂发〔2002〕3号),提出按照提高质量、优化布局、增进效益、协调发展的要求,瞄准生产规模化、经营企业化、产品标准化的方向,深化农业和农村经济结构调整,大力推进农业产业化经营,努力发展外向型农业,围绕优质米、生猪、水产品、食用菌、山野菜、魔芋等产品,巩固、扩大和发展出口创汇基地。

6月6日　全省农业现代化试点工作座谈会在武汉召开。会议对仙桃、襄阳、枣阳、当阳、枝江、沙洋、洪湖、武穴、大冶、沙市、东西湖、云梦、赤壁、三湖和熊口农场15个单位试点工作进行部署。

7月5日 《湖北省农村税费改革试点方案》出台。

7月12日 中共湖北省委召开全省农村基层组织建设工作电视电话会议。会议要求各级党组织和广大农村党员干部，进一步加强和改进农村基层组织建设，以扎实有效的工作，为全省农村改革发展稳定提供更加坚实有力的组织保证。

本年 稳步推进农村税费改革。4月22日，省农村税费改革领导小组召开会议，听取县、市、乡对《湖北省农村税费改革试点方案》的意见和建议。25日，省委、省人民政府召开全省农村税费改革试点工作会议，在京山县、五峰土家族自治县取得试点经验的基础上，对全省全面启动这项工作进行总体动员和周密部署。6月24日，省委、省人民政府又召开电视电话会议，对全省农村税费改革进行再动员、再部署，赤壁、潜江、荆州等地在会上交流经验。7月5日，出台《湖北省农村税费改革试点方案》，在《湖北日报》上全文刊登。8月6日、28日和9月25日，全省接连三次召开农村税费改革试点工作电视电话会议，省委书记、省税费改革领导小组组长俞正声均在会上讲话，要求全省上下严明纪律、吃透政策、破解难题、规范运作、强化监督，确保新税进村入户，顺利推进农村税费改革。12月16日至22日，国务院农村税费改革工作检查组到湖北检查农村税费改革工作，对湖北省农村税费改革工作予以充分肯定。按农经年报全口径计算，2002年全省农民实际承担税费总额为35.89亿元，与上年"政策性6项"（包括农业税、特产税、屠宰税、提留、统筹、教育集资）相比，减少25.8%，农民人均负担94.34元，比上年减少25.71元。

# 2003 年

1月6日 省委宣传部、省科技厅、卫生厅、计生委、省农科院和省农业厅联合在麻城市开展文化、科技、卫生"三下乡"示范活动。

1月30日　中共湖北省委、省人民政府下发《关于加快农业农村经济发展的决定》（鄂发〔2003〕2号），提出强化农业的战略地位，以农业农村经济战略性调整为主线，以工业化、产业化、城镇化为方向，以全面建设小康社会为目标，加快现代农业建设步伐。主要措施是：大力调整优化农业区域布局，建设优势农产品产业带；突破性发展农产品加工业，大力推进农业产业化经营；培植壮大市场主体，搞活农产品流通；高标准搞好退耕还林，优化生态环境等。

2月9日　全省农村工作会议在武汉召开。会议就农业增效、农民增收进行部署，要求深刻领会中央把解决好"三农"问题作为全党工作重中之重的指导思想。以坚定的信心和坚韧不拔的耐心，把"三农"工作推向前进。

3月24日　全省农村税费改革电视电话会议召开。会议强调，全面推进县乡机构改革、人事制度改革、财政体制改革、确保农民收入增长。

3月25日　湖北省农业厅通过媒体向全省农业生产、经营者做出十项承诺，表示一定要为全省农业、农民和农村做好服务工作。

4月17日　武穴、长阳、谷城、老河口、公安、丹江口、云梦、大冶8个县市被确立为全省农村新型合作医疗首批试点。

5月6日　全省组织收看全国农村非典防治工作电视电话会议。并召开全省电视电话会议，要求继续抓好城市非典防治工作，同时采取措施严防疫情流入农村，夺取防治非典和经济发展的双胜利。7日，省防治非典指挥部召开第三次会议，贯彻落实全国、全省农村非典防治工作电视电话会议精神，研究部署湖北省农村非典防治工作。9日，省农业厅印发《关于进一步加强农村非典型肺炎防治工作的通知》，要求切实搞好外出就业农民工和外地返乡的农民工和学生预防工作，坚持一手抓非典防治工作，一手抓农业生产。12日，省防治非典指挥部派出8个督导组分赴17个市州督导农村非典防治。

5月19日　全省农村税费改革暨农村抗灾增收工作电视电话会议召开。会议要求，正确把握形势，调整完善政策，深入推进农村税费改革试点工作，坚持严防非典和农村经济发展两手抓，把农业灾害损失降到最低程度。

6月27日　丹江口市六里坪镇在全省首次实行乡镇党代表大会常任

制试点。

8月10日 中共湖北省委、省人民政府在武昌召开全省优势农产品基地建设暨秋冬农业开发工作会议，安排部署下一阶段优势农产品的基地建设、市场主体培育、标准化生产和秋冬农业开发等工作。

9月14日 全省农村税费改革工作电视电话会议召开。会议强调，要严格执行政策，积极破解难题，加大力度，强化措施，深入推进农村税费改革。

11月4日 中共湖北省委、省人民政府下发《关于推进乡镇综合配套改革的意见（试行）》（鄂发〔2003〕17号）。文件对改革的指导思想与基本原则、机构设置、编制管理、民主政治建设等方面提出了具体要求，强调通过体制和机制创新，加强编制管理，转变政府职能，巩固农村税费改革成果，加快全省小康社会建设步伐。

11月7日 中共湖北省委、省人民政府召开全省国有农场改革发展动员会。会议明确改革思路的五条原则：市场取向原则；政企分开原则；"一剥三改"原则（剥离农场办社会职能，推进农场农业税改革、产权制度改革、机构人事分配制度改革）；"一主三化"原则（以发展民营经济为主，推进新型工业化、农业产业化和城镇化）；属地管理原则。

11月21日 中共湖北省委、省人民政府在潜江市召开全省农田水利基本建设现场会。要求全省各地迅速掀起农田水利基本建设新高潮，为农业增效、农民增收、农村发展打好基础，为推进农业和农村经济社会发展做出更大贡献。

# 2004 年

1月 中央一号文件《中共中央国务院关于促进农民增加收入若干政策的意见》下发。针对近年来全国农民人均纯收入连续增长缓慢的情况，作出部署。

1月29日 中共湖北省委、省人民政府召开农业工作会议。会议强调"三农"问题是全省工作的重中之重，要求认真务实，确保农民增收。

1月31日　中共湖北省委、省人民政府召开全省防治高致病性禽流感紧急会议，提出采取有效措施，控制疫情蔓延。常务副省长、省防治禽流感指挥部指挥长周坚卫对全省防治禽流感工作进行了具体部署。

2月12日　中共湖北省委、省人民政府下发《关于进一步加强农业和农村工作促进农民收入较快增长的意见》（鄂发〔2004〕1号），要求保护和提高粮食综合生产能力，认真执行对种粮农民的直接补贴制度，促进种粮农民增加收入；大力发展农村非农产业，推进农村工业化，放手发展民营经济，拓展农民就业增收空间；积极推进劳务经济发展，增加农民外出务工收入。

4月28日　由湖北省人民政府和武汉市人民政府主办的湖北（武汉）农博会在汉口江滩开幕，农博会以"绿色·品牌"为主题，省内外1000多家农产品加工企业生产的6000多种名、特、优、新农产品参加展览、展示。

6月13日　全省乡镇综合配套改革工作会议在武汉召开，会议要求积极稳妥推进乡镇综合配套改革。

6月14日　全省农村教育工作会议在武汉召开。会议贯彻全国农村教育工作会议精神，并强调加强农村教育工作，促进城乡协调发展。

8月10日　中共湖北省委办公厅、省人民政府办公厅下发《关于乡镇综合配套改革三个配套文件的通知》（鄂办发〔2004〕51号），要求认真贯彻落实《关于全省乡镇综合配套改革机构编制工作的实施意见》《关于全省乡镇综合配套改革的财政政策和资金筹措意见》和《关于在乡镇综合配套改革中加强乡镇领导班子和干部队伍建设的若干意见》。

8月29日　湖北省全面推进村务公开和民主管理电视电话会议在武汉召开，会议要求贯彻落实中办、国办关于健全和完善村务公开和民主管理制度的意见，进一步提高认识、强化责任。

11月7日　中共湖北省委、省人民政府召开全省依法完善农村土地二轮延包工作电视电话会议。这项工作涉及全省97个县市、980万农户。9月开始试点，2005年3月全面铺开，截至2005年底，全省已有90%以上的村组进入验收、发证阶段。

12月14日　中共湖北省委、省人民政府召开全省深化农村税费改革试点工作电视电话会议，要求建立长效机制，巩固改革成果。

# 2005 年

1月5日　中共湖北省委召开保持共产党员先进性教育活动动员会。决定从2005年7月到12月，在乡镇机关进行教育活动，2006年1月至6月在全省农村进行教育活动。

1月6日至7日　中共湖北省委、省人民政府在革命老区红安县召开全省老区建设暨扶贫开发工作会议。传达全国扶贫开发工作会议精神，总结和分析新阶段老区建设和扶贫开发面临的新形势，研究部署全省老区建设和扶贫开发工作。会议强调，做好老区建设和扶贫开发工作，一是要有真感情，二是要有真落实。

1月11日至12日　中共湖北省委在武昌召开农村工作会议，传达中央农村工作会议精神，部署2005年农业和农村工作。会议强调，各级党委、政府要全面把握农业和农村形势，保持清醒头脑，突出重点，进一步巩固和发展农村大好形势，推动全省农村各项社会事业全面进步。

1月17日　中共湖北省委、省人民政府下发《关于进一步加强农村工作，保持农业和农村发展良好势头的意见》（鄂发〔2005〕1号），提出要深化农村三项改革，切实抓好农业税免征工作，进一步完善转移支付资金管理体系、农民负担监督管理体系和农村财务管理体系，加强农村经营管理；坚定不移地推进乡镇综合配套改革，真正做到减轻农民负担；在进一步完善国有农场管理体制，社会职能剥离和职工养老保险等项改革的同时，重点实施农场农业税费改革和农场内部运行机制改革，促进农场更快更好地发展。

1月24日　湖北省决定取消农业税。在湖北省十届人大三次会议上，湖北省省长罗清泉在政府工作报告中指出2005年要牢牢把握"促进中部地区崛起"的战略机遇，加快推进农村改革与发展，并郑重宣布：在认真落实中央支持粮食生产各项政策的基础上，对全省农业税实行全免。

1月30日　中央一号文件《关于进一步加强农村工作提高农业综合

生产能力若干政策的意见》发布，指出要坚持"多予、少取、放活"的方针，稳定、完善和强化各项支农政策。要把加强农业基础设施建设，加快农业科技进步，提高农业综合生产能力，作为一项重大而紧迫的战略任务，切实抓紧抓好。

6月20日　省人民政府第24次常务会议审议并原则通过了《湖北省农作物种子监督管理有关问题暂行规定（草案）》和《湖北省粮食流通管理办法（草案）》。

7月31日　中共湖北省委、省人民政府下发《关于推进乡镇事业单位改革加快农村公益性事业发展的意见》（鄂发〔2005〕13号）。

8月11日　湖北省农业产业化龙头企业协会成立。协会由湖北天种畜牧股份有限公司、湖北福娃（原银欣）集团有限公司、湖北神丹健康食品有限公司、武汉小蜜蜂食品有限公司等企业发起，协会以"服务会员，富裕农民"为宗旨，以研究农业产业化经营基本理论、发展方向和对策措施为出发点，为会员提供产前、产中、产后全程服务，依法维护会员的正当权益。

8月25日至26日　全省农业产业化暨秋冬农业开发工作会议在武汉召开。会议要求全省各地要适应农业农村经济发展新要求，进一步加快农业增长方式转变，大力推进农业产业化经营，并举办农业产业化高层次大型专题研讨班，对新形势下推进全省农业产业化工作进行再动员、再部署。

10月10日　荆门市东宝区子陵镇子陵村举行第六届村委会换届选举，采取"一票制"方式选举产生村委会主任。此举是湖北省首次以"一票制"方式进行村级换届选举。

本年　实施"百龙带户"工程，全省各地以推动农业产业化经营组织与农户建立紧密利益联结关系为核心，以规范订单为重点，发展农村专业合作经济组织。全省各类农业产业化经营组织与农户的利益联结方式主要有三类：第一类是合同方式，第二类是利润返还方式，第三类是股份合作方式。据统计，全省参与"百龙带户"工程的龙头企业有402家，直接带动农户200万户，带动农民增收近8亿元。

# 2006 年

1月26日 中共湖北省委、省人民政府下发《关于认真做好2006年农业和农村工作，扎实推进社会主义新农村建设的意见》（鄂发〔2006〕1号），要求加强优质粮产业工程建设，培植粮食主产区整体优势；通过抓好优势农产品带建设、发展壮大龙头企业、加快发展农村劳务经济和放活农产品流通等综合措施。

2月 中央一号文件《中共中央国务院关于推进社会主义新农村建设的若干意见》发布，中共十六届五中全会提出的社会主义新农村建设的重大历史任务将迈出有力的一步。

3月3日 全省市州乡体改办主任座谈会召开。全年的乡镇配套改革将在3个方面展开：规范和完善乡镇机关改革，在全省范围内推行编制管理实名制、公开化；整合站所，加强公共服务职能，加快建立农村公益性服务"以钱养事"新机制；尽快建立事业单位人员养老保险制度。

3月14日 农业部在全省正式启动乡村清洁工程示范村建设。全省示范村扩大到50个，以"清洁水源、清洁田园、清洁家园"建设为重点，实施农业清洁生产、农村生活环境净化和农民生态文明建设三大工程。

3月18日 全省农业部门举办建设社会主义新农村专题培训班并提出，农业部门将采取十项措施来促进新农村建设，即大力发展优质粮，力争全省优质稻面积达到1800万亩，扩大300万亩；加强板块基地建设，重点建设优质水稻、优质畜禽、名特水产、优质水果四大类板块基地，对粮食、棉花、油料、畜禽、水产、蔬菜、果茶等优势产业，每一个产业集中扶持一个龙头企业；放大实施"阳光工程"，大力发展劳务经济，力争每年"阳光工程"培训40万人，新增劳动力转移80万人；实施农业科技提升行动，使全省农业实用技术入户率、到田率分别达到85%、80%；突出发展水稻机插秧，全面提升农机作业水平；推行农业标准化生产，力争新开发无公害农产品、绿色食品和有机农产品品牌260个；搞活农产品流通，支持发展农产品直销配送、冷链保鲜运输等流通方式；拓展农业功能，构建新农村循环经济和节约体系；建设10个高效生态农业示范区和50个乡村清洁工程示范村；强化生物和自然灾害防控，建立服务新农村的应急管理体系。

**3月22日** 省农办宣布，省直单位组派的58个新农村小康建设工作队，已进驻37个县市和农场的58个村。

**4月4日** 省委副书记陈训秋在省建设厅与省发改委、财政厅、农业厅等18个省直单位负责人座谈时要求，进一步整合资源，形成合力，以"百镇千村"示范工程为突破口，因地制宜推进社会主义新农村建设。"百镇千村"示范工程是省委、省人民政府确定的建设社会主义新农村的重要工程，在全省1000多个乡镇中先抓100个乡镇，26000多个村中先抓1000个村，2006年重点抓100个村，进行典型示范，典型引路，带动全省新农村建设。全省财政已安排1亿元专项资金用于实施"百镇千村"示范工程。

**4月9日** 省农业厅宣布，由该厅和武汉市政府共同建设的省内最大农业新品种、新技术展示中心启用。该中心将承担国家级、省级农业新品种、新技术展示示范，开展农业新品种新技术研发、现代农业技术培训。农业展示中心位于黄陂区。一期投资2000多万元，已形成了田成方、土肥沃、涝能排、旱能灌的格局，玉米、西瓜、花生、蔬菜等150多个新优品种正陆续破土出苗。

**4月23日至25日** 省委建设社会主义新农村专题研讨班在武汉举行。研讨班分别由俞正声、罗清泉、杨永良主持。王生铁、宋育英、周坚卫、苗圩、孙志刚、张昌尔、郑少三、刘勋发、李明波等出席。参加研讨班的省领导和各市州、省直各部门、大型厂矿企业、大专院校、驻汉金融单位负责人，研讨班围绕社会主义新农村这个主题，认真学习胡锦涛、温家宝的重要讲话和中央、省委有关文件精神。邓道坤、赵文源、王守海、朱纯宣、贾天增、纪玲芝、刘友凡、阮成发、郭生练、丁凤英、王少阶、蔡述明、郑楚光、张荣国、胡永继、周宜开、武清海、宋德福等省领导及吴家友、敬大力、魏哲、李宪生等参加研讨会。

**5月11日** 全省农村财政管理工作会议在武汉召开。会议提出要进一步推行"乡财县管"模式，推动农业税征收机构从"收入型"向监管乡村财政收支的"管理型"转变。省财政厅有关负责人介绍，原省财政厅农业税征收管理处（局）已正式更名为省农村财政管理处（局），并明确 2006 年将以推行"乡财县管"模式为突破口，重点加强乡镇财政管理，规范村级财务，化解村级债务，协助推进新型农村合作医疗试点，扩大农村公共财政范围。

6月6日至7日　全国农业政策法规工作会议在武汉举行。农业部副部长范小建做主题报告。省委副书记陈训秋、副省长刘友凡、省政协副主席胡永继、全国各省市区农业厅或农委领导、农业部有关司局领导参加会议。湖北、上海、重庆、河北、福建、黑龙江六省市介绍了经验。代表们还考察了嘉鱼县官桥八组新农村建设情况。

6月18日　省农村信用社 2500 多个营业网点实现全省联网。省农村信用社不仅具备了城市商业银行的基本功能，还可继续发挥"小额农贷、助学贷款、支农补贴"等"支农"产品特色，带领农村金融服务步入电子时代。

7月20日　中共湖北省委、省人民政府印发《湖北省"十一五"社会主义新农村建设规划实施纲要》（以下简称《纲要》）。《纲要》坚持把解决"三农"问题作为全省工作的重中之重，统筹城乡经济社会发展，实行"工业反哺农业，城市支持农村"和"多予、少取、放活"的方针，抓住国家促进中部地区崛起的战略机遇，按照"生产发展、生活富裕、乡风文明、村容整洁、管理民主"的总体要求，全面协调推进农村经济建设、政治建设、文化建设、社会建设和党的建设。

8月1日　省财政厅、省教育厅宣布，2007 年将向全省农村义务教育注入 21 亿元，启动新的经费保障机制，实现农村教育由民众办到政府办的历史性转变。此举将使全省 600 万农村中小学生 2007 年春季开学将不再缴纳学杂费，贫困学生享受免费教科书，寄宿生享有生活补助。农垦系统、林场等义务教育阶段中小学经费保障机制改革与所在地区农村同步实施。享受城市居民最低生活保障的家庭义务教育阶段学生，与当地农村中小学生同步享受"两免一补"政策；进城务工农民子女在城市义务教育阶段学校就读的，与所在城市学生享受同等政策。

8月11日　湖北省对全省乡镇"以钱养事"考核工作进行验收。全省27个考核组交叉对全省各县市区"以钱养事"新机制建立情况进行考核，结果显示，从事农村公益性服务的人数大幅度增加，服务队伍整体素质得到提高，政府加强农村公益性服务的职能得到切实履行，出现有人干事、有钱办事、有章理事的可喜局面。副省长刘友凡指出，湖北省"以钱养事"新机制已经初步建立。

8月14日　湖北省在十堰对100名农民工先进个人和劳务输出先进工作者进行表彰，鼓励他们发挥带动作用和示范效应，实现农村劳动力的有序转移和高质量就业。全省农村劳动力出村就业人数已达1000万人，其中有700万人出省就业，每人每年平均带回现金收入3300元。2006年上半年，湖北省农民人均工资性收入达到627.16元，比2005年同期增长139.46元，对农民人均纯收入增长的贡献率达到80.4%。

8月20日　省商务厅向国家商务部申报了"两湖平原农产品交易物流中心"项目，得到批准，并获得国家开发银行4.5亿元的贷款支持。荆州市"两湖平原农产品交易物流中心"建设项目日前启动。该项目总投资6.5亿元，占地909亩。

8月21日　湖北省从2006年开始实施农业板块基地建设方案，农产品商品化生产将向优质水稻、"双低"油菜、优质蔬菜、专用小麦、优质茶叶等九大优势区域集中，政府资金扶持也将向这些区域重点倾斜。全省共安排专项资金8000万元。

9月20日至21日　全省农业产业化暨秋冬农业开发、农田水利建设工作会议在宜昌召开。省委副书记杨松出席会议并讲话，副省长刘友凡主持了会议。会议强调，各地应重点推进四个方面建设：以提高农业综合生产能力为主要内容的现代农业建设，以农田水利基础设施建设为重点的抗灾能力建设，以创精品名牌为主要内容的龙头企业建设，以培育和发展农村中介组织为主要内容的现代流通体系建设。

9月29日　《湖北省农业生态环境保护条例》修订出台。

10月9日至10日　全国农田水利基本建设现场会在宜昌召开。水利部副部长翟浩辉出席并讲话，省委常委、常务副省长周坚卫致辞。湖北省、北京市、山西省交流了经验。2006年，国家将安排农村饮水、灌区节水改造、病险水库除险加固、小型农田水利等重点项目建设资金80多亿元，比上年增加10亿元。"十一五"期间，全国将解决1.6亿农村人口饮水安全问题。

10月31日至11月1日　省委书记俞正声就农村饮水安全问题深入潜江、仙桃两市农村进行专题调研。

11月1日　全省农民工工作暨农村劳务经济开发现场会在襄樊召开。省委副书记杨松出席会议并讲话。副省长刘友凡、蒋大国参加会议。杨松要求，认真总结交流农民工工作和农村劳动力培训转移的典型经验，进行再动员、再组织、再落实，推动全省劳务经济快速发展。

11月3日　首届中部省会城市农业经济协作会暨农业率先崛起论坛在武汉召开，武汉、合肥、长沙、南昌、太原、郑州六市农业部门决定，在农产品流通领域、农业企业、农业科技、农产品质量安全、农业信息、建立农业经济协作六方面开展合作。

12月1日　会议在听取省人大法制委员会副主任委员孟大礼、主任委员周治陶、副主任委员刘亚文分别做的关于《湖北省无线电管理条例（草案二审稿）》《湖北省农民负担监督管理条例（修订草案二审稿）》《湖北省行政执法条例（修订草案二审稿）》修改情况的说明后，通过了这三个法规。同日，全省实现村村通电话。省人民政府宣布：湖北省农村通信发展实现了历史性跨越，2万多个行政村全部实现了村村通电话，惠及农村人口近4000万人。

12月4日　省人民政府出台《关于解决农民工问题的实施意见》，致力于解决农民工转移就业、工资报酬、社会保障、进城落户等实际问题，提出了"十一五"期间，组织农村劳动力培训400万人以上、转移就业400万人以上，逐步完善城乡统一的劳动力市场和公平竞争的就业制度，完善保障农民工合法权益的政策体系和执法监督机制，完善惠及农民工的城乡公共服务和科学管理的体制。

12月28日　湖北省人民政府下发《关于深化国有农场改革加快国有农场发展的意见》（鄂政发〔2006〕79号）。

# 2007 年

**1月24日** 中共湖北省委、省人民政府下发《关于2007年大力发展现代农业扎实推进社会主义新农村建设的意见》（鄂发〔2007〕1号），提出构建发展现代农业的产业体系。主要措施是：实施优质粮工程，扶持20个水稻主产县市建设规模化、标准化优质稻生产基地；实施农业板块工程，加强连片开发和建设，发展"一村一品"；实施农产品加工工程，打造东西湖现代农业加工销售收入过500亿元园区；实施多功能农业工程，注重开发农业的原料供给、就业增收、生态保护、观光休闲、文化传承等多种功能。

**1月25日** 全省农村工作会议在武昌召开。俞正声强调，农村工作的核心是改善农民生产生活条件，促进农民增收。

**1月29日** 中央一号文件《关于积极发展现代农业扎实推进社会主义新农村建设的若干意见》发布。文件指出，发展现代农业是社会主义新农村建设的首要任务，要用现代物质条件装备农业，用现代科学技术改造农业，用现代产业体系提升农业，用现代经营形式推进农业，用现代发展理念引领农业，用培养新型农民发展农业，提高农业水利化、机械化和信息化水平，提高土地产出率、资源利用率和农业劳动生产率，提高农业素质、效益和竞争力。

**2月5日** 中共湖北省委、省人民政府下发《关于深化农村综合改革的意见》（鄂发〔2007〕7号）。

**2月14日** 春季学期湖北农村义务教育学杂费全免。

**4月4日** 全省农机科技入户启动仪式在团风县举行，有包括农机科技入户技术指导员、科技示范户代表在内的近400人参加了启动仪式。同时，启动仪式还吸引了湖州、三联、信诚、俊盛等十多家农机生产厂商的到来并进行产品展销。

**5月15日** 中共湖北省委、省人民政府召开全省巩固和完善农村公益性服务"以钱养事"新机制电视电话会议,要求确保落实财政"以钱养事"资金,合理确定公益性服务项目和岗位,建立规范的服务人员聘用管理制度。

**6月1日至2日** 全省现代农业发展现场会在武汉召开。会议认为,面向市场、引入工业化管理理念是现代农业的主要特征。发展现代农业,必须重点解决农民的组织化问题,实行标准化生产,积极培育龙头加工企业,着力塑造农产品品牌,加强基础设施建设和农业科技应用。会议强调,各地要以农民增收为中心,从自身优势、特点出发,主动出击,招商引资,因地制宜发展现代农业,推动全省现代农业又好又快发展。

**6月13日** 中共湖北省委办公厅、省人民政府办公厅下发《关于巩固完善农村公益性服务"以钱养事"新机制的若干意见》(鄂办发〔2007〕17号)。

**6月22日** 中共湖北省委办公厅、省人民政府办公厅下发《关于开展国有牧渔良种场税费改革的通知》(鄂办发〔2007〕19号)。

**7月25日** 国家扶贫开发工作联合调研组在听取汇报后,称赞湖北省扶贫工作六年减少320万贫困人口。

**11月19日** 中共湖北省委、省人民政府在随州市召开全省农田水利基本建设现场会,要求各地明确目标,突出重点,扎实推进农田水利基本建设,切实保证防洪安全,提高农业综合生产能力。

# 2008 年

**1月14日** 中共湖北省委、省人民政府下发《关于切实加强农业基础建设促进农村经济社会又好又快发展的意见》(鄂发〔2008〕1号),要求继续推进优势农产品板块建设,提出2008年全省新增农村户用沼气40万户,并将此继续列入省政府为民承诺办理的"十件实事"之一。

**1月16日** 全省农村工作会议在武昌举行。会议要求创新发展方式,推动农村经济又好又快发展。

1月30日　中央一号文件《关于切实加强农业基础建设进一步促进农业发展农民增收的若干意见》发布，指出要加快构建强化农业基础的长效机制；切实保障主要农产品基本供给；突出抓好农业基础设施建设；着力强化农业科技和服务体系基本支撑；逐步提高农村基本公共服务水平；稳定完善农村基本经营制度和深化农村改革；扎实推进农村基层组织建设；加强和改善党对"三农"工作的领导。

4月1日至2日　省委书记罗清泉在黄石、咸宁就发展现代农业、力促农民增收，加快社会主义新农村建设进程等进行调研。

7月10日　潜江、浠水等十县市先期开通适用的农业远程教育网。湖北农业远程教育网集培训、咨询、博客、农产品交易于一体。

10月17日　省人民政府召开专题会议，贯彻落实党的十七届三中全会精神，研究部署农业、农村发展和农民增收的重点工作。省长李鸿忠出席会议并讲话。

10月24日　省人民政府与中国农业发展银行就农业政策性金融支持湖北省新农村建设签署合作备忘录。省长李鸿忠、中国农业发展银行行长郑晖出席仪式并在备忘录上签字。

10月29日　省委、省人民政府召开贯彻十七届三中全会精神进一步推进农村改革发展座谈会，向部分市县委书记、分管农村工作负责人征求意见。

10月30日至31日　中共中央政治局常委、中央纪律检查委员会书记贺国强在省委书记罗清泉、省长李鸿忠等陪同下，深入湖北省咸宁市嘉鱼县、武汉市江夏区广泛听取干部群众对农村改革和发展的意见和建议。

11月1日　仙洪新农村建设实验区第五次全体会议召开。省委书记罗清泉、省长李鸿忠出席会议并讲话。第五届中国武汉农业博览会，在武汉国际会展中心开幕。全国政协副主席郑万通、全国政协提案委员会副主任王生铁、农业部副部长陈晓华、省长李鸿忠等出席开幕式。

12月19日至20日　中共湖北省第九届委员会第五次全体会议在武昌举行。会议认真学习贯彻了党的十七届三中全会精神和中央经济工作会议精神，审议通过了《中共湖北省委关于贯彻落实党的十七届三中全会精神加快农村改革发展的实施意见》。

## 2009 年

1月8日　农业部部长孙政才与省长李鸿忠就农业部与湖北省共建武汉城市圈现代农业综合实验区在东湖宾馆签署合作备忘录。

1月13日　省委农村工作领导小组会议在武昌召开。会议就《省委省人民政府关于认真贯彻党的十七届三中全会精神促进2009年农业稳定发展农民持续增收的意见》征求意见。

2月1日　中央一号文件《关于2009年促进农业稳定发展农民持续增收的若干意见》发布，提出加大对农业的支持保护力度；稳定发展农业生产；强化现代农业物质支撑和服务体系；稳定完善农村基本经营制度；推进城乡经济社会发展一体化。

2月9日　省委召开农村基层组织建设工作电视电话会议，学习贯彻全国农村基层组织建设工作座谈会精神，省委书记罗清泉出席会议并讲话。

2月11日　全省农村工作会议在武昌举行。会上，省人民政府命名表彰枣阳市等30个农业专业大县。

2月24日　省人民政府与中华全国供销合作总社在武昌就共同推进新农村现代流通网络工程建设签署合作备忘录。省长李鸿忠与中华全国供销合作总社理事会主任李成玉代表双方在合作备忘录上签字。

## 2010 年

1月7日　全省农村工作会议在武昌举行。省委、省人民政府通报表彰了一批农产品加工业"四个一批"工程先进县市区和先进企业并授牌。

1月31日　中央一号文件《关于加大统筹城乡发展力度进一步夯实

农业农村发展基础的若干意见》发布，对"三农"投入首次强调"总量持续增加、比例稳步提高"，这一要求不仅确保"三农"资金投入的总量，更确定了比例要稳步提高。首次提出要在3年内消除基础金融服务空白乡镇；拓展了农业发展银行支农领域，政策性资金将有更大的"三农"舞台。

6月4日　全省第十三届运动会（农民类）暨第六届农民运动会在新洲区开幕。

11月22日　湖北现代农业与新农村建设高峰论坛暨农产品加工业"产学研"合作签约仪式在武汉举行。全省农业产业化龙头企业工作会在武汉召开。

# 2011 年

1月13日　全省农业工作会议在武汉召开，省委、省人民政府明确提出，确保农业增加值增长4%以上，粮食增产2亿公斤，农民人均纯收入增长8%左右。

1月29日　中央一号文件《关于加快水利改革发展的决定》发布，是21世纪以来中央关注"三农"的第八个"一号文件"，也是中华人民共和国成立62年来中央文件首次对水利工作进行全面部署。

6月2日　省委、省政府就有关惠农政策致全省农民朋友一封信。

8月7日　首届"湖北省十大杰出农民工""湖北省优秀农民工""湖北省农民工工作先进集体"和"湖北省关爱农民工最佳用人单位"评选结果揭晓。

11月5日　第八届中国武汉农业博览会暨第十届中国（武汉）国际农业机械展览会开幕。全国政协副主席罗豪才出席了开幕典礼。

12月2日　省委、省政府在武汉隆重召开表彰大会，表彰稻花香集团销售收入突破100亿元，成为全省首家百亿"农字号"企业。

# 2012 年

2月1日　中央一号文件《关于加快推进农业科技创新持续增强农产品供给保障能力的若干意见》发布，把农业科技摆到更加突出的位置，持续加大财政用于"三农"的支出以及国家固定资产投资对农业农村的投入，持续加大农业科技投入，确保增量和比例均有提高。发挥政府在农业科技投入中的主导作用，保证财政农业科技投入增幅明显高于财政经常性收入增幅，逐步提高农业研发投入占农业增加值的比重，建立投入稳定增长的长效机制。

3月3日　省人民政府与中国农业发展银行在北京签署农业政策性金融支持新农村建设合作备忘录。

7月27日　《湖北省农村承包经营条例》由湖北省第十一届人民代表大会常务委员会通过。

9月4日　全省新农村建设暨城乡一体化试点工作会议在荆门市召开。会议强调，要坚持城乡一体化发展总要求，抓住"三化"协调发展总目标，开创全省新农村建设和城乡一体化发展新局面。

10月17日　省委、省人民政府召开省级重点农业科技产业链建设推进会。会议要求抓紧制定完善农业科技产业链发展总体规划、专项发展实施规划和14家龙头企业产业链规划，加强产业链科研平台建设，抓好品牌建设、基地建设和融资平台建设，加快推进农业科技产业链建设。

10月23日　由农民日报社主办的湖北省"三万"活动理论研讨会在北京召开，总结两轮"三万"活动成果，探索新形势下农村群众工作规律和路径。

# 2013 年

1月31日 中央一号文件《关于加快发展现代农业进一步增强农村发展活力的若干意见》发布，提出鼓励和支持农户承包的土地向专业大户、家庭农场、农民专业合作社流转。作为新型农业经营主体，"家庭农场"概念首次在中央一号文件中出现。6月24日，全省"三万"活动总结表彰电视电话会议在武汉召开。历时3个月的"万名干部进万村洁万家"活动，全省共组派11万多名干部，组成1.5万个工作组，深入全省2.6万多个村，帮助开展村庄环境整治，共购置垃圾桶323.5万个、垃圾清运车6.3万辆，兴建垃圾池47万个、垃圾中转房1.8万余个、垃圾中转站5644座、垃圾填埋场等垃圾处理设施6345处，极大地改善了农村环境卫生和村容村貌，初步建立起农村垃圾收集、清运、处理体系和长效保洁机制。

2月28日 省人民政府下发《关于印发湖北省水稻集中育秧实施方案（2013—2017年）的通知》（鄂政办发〔2013〕14号）指出，扩大双季稻是我省粮食增产的现实选择，而推行水稻集中育秧是扩大双季稻面积和水稻全程机械化生产的关键技术措施，是实现水稻规模化种植、标准化生产、社会化服务、产业化经营的重大举措，是推进设施农业和发展现代农业的重要突破口。

3月28日 历时一年多的湖北省集中连片特困地区区域发展与扶贫攻坚规划编制工作完成，本年度开始在湖北全面实施。省政府新闻办、省扶贫办、省发改委联合召开新闻发布会，正式发布湖北省四大片区的区域发展与扶贫攻坚规划。规划为33个经济相对落后的山区县市区"量身定制"发展路径，目标是到2020年全面脱贫致富奔小康。

7月22日 习近平总书记在湖北省考察。习近平总书记指出，全面建成小康社会，难点在农村。我们既要有工业化、信息化、城镇化，也要有农业现代化和新农村建设，两个方面要同步发展。要破除城乡二元结构，推进城乡发展一体化，把广大农村建设成农民幸福生活的美好家园。

**7月18日** 湖北省农村青年致富带头人协会成立大会暨第一届会员大会在武汉举行。会议表彰了首届湖北省十大农业产业化龙头企业青年创新创业领军人物和十大农民专业合作组织青年创新创业领军人物。

**10月19日** 潜江市科技局宣布，以潜江省级小龙虾农业科技产业园为主体申报的潜江国家农业科技园区，被科技部批准为国家级农业科技园区。这是全省目前唯一的单品种（小龙虾）科技园区。

**11月29日至30日** 中共中央政治局委员、国务院副总理汪洋在湖北省调研。他强调，要把学习贯彻党的十八届三中全会精神作为当前农业农村工作的头等大事，处理好顶层设计与摸着石头过河的关系，有力有序推进农村改革，加快推动农业现代化。

**12月26日** 省委召开常委会（扩大）会议，传达学习中央农村工作会议精神，研究部署湖北省贯彻落实的意见和措施。

**12月31日** 全省农村工作会议在武汉召开。会议总结去年全省"三农"工作，对全省今年和今后一个时期的"三农"工作进行了研究部署。

**本年** 湖北省粮食总产达到500.26亿斤大关，较上一年增产11.9亿斤。总产量创新中国成立以来历史第二高纪录，生产实现十连增。

# 2014 年

**1月19日** 中央一号文件《关于全面深化农村改革加快推进农业现代化的若干意见》发布，对农产品价格形成机制、土地制度、农村金融三个方面的改革做出深度规划，强调市场在农村发展中的作用。

**5月** 省委12号文件《关于创新机制扎实推进全省农村扶贫开发工作的实施意见》发布，对深化扶贫开发改革进行总部署。

**9月11日** 全省新农村建设暨城乡一体化试点工作会议在宜昌召开。省委书记李鸿忠出席会议并讲话。省长王国生主持会议。省委副书记张昌尔作工作报告。会议强调，要牢牢把握绿色决定生死、市场决定取舍、民生决定目的"三维"纲要，坚持"四化同步"发展，全面深化农村改革，推动湖北省新农村建设和城乡一体化发展再上新台阶。

10月　农业部公布2014年"中国美丽田园"名单，湖北省洪湖市洪湖生态旅游风景区渔作景观、孝感市孝南区万亩桃花景观、大悟县稻田景观、安陆市万亩银杏景观、钟祥市石牌镇荷花景观上榜。同时，保康县尧治河村、英山县乌云山村、钟祥市彭墩村，被认定为2014年"中国最美休闲乡村"。

10月29日　鄂西北林权交易中心、襄阳市农村综合产权交易中心正式运行。这是华中地区首家专门从事林地使用权交易的市场，也是湖北省成立的第二家农村综合产权交易中心。

11月1日　第十一届中国武汉农业博览会在武汉开幕。本届农博会以"品牌创新绿色生态"为主题，会期4天。共有1300家海内外企业带来12000多种产品进行展销。

# 2015年

1月8日　省委召开农村工作领导小组会议，总结2014年工作，审议省委一号文件，研究部署2015年"三农"工作。

1月15日　全省农村工作会议暨"三万"活动动员会召开。会议深入贯彻落实习近平总书记系列重要讲话和中央经济工作会议、中央农村工作会议、省委十届五次全体（扩大）会议暨全省经济工作会议精神，总结2014年全省"三农"工作，分析研究当前农业农村改革发展形势，安排部署2015年"三农"工作及第五轮"三万"活动。

2月10日　国家统计局湖北调查总队宣布，2014年湖北省农村常住居民人均可支配收入达到10849元，首次突破万元大关，比上年度增长11.9%（同口径），增速比全国平均水平快0.7个百分点。收入水平居中部第一位，比全国平均水平多360元，高3.4%。

**5月19日** 省农业厅召开全省全面推开农村土地确权登记颁证工作会议，标志着湖北省农村土地确权登记颁证工作全面展开。

**8月20日** 省委办公厅、省人民政府办公厅联合出台《关于建立精准脱贫激励机制的实施意见》。确定精准脱贫总目标，到2019年底以前，全省590万农村贫困人口全部脱贫，4821个贫困村全部出列，37个贫困县全部退出。

**11月29日** 省委召开常委（扩大）会议，传达学习中央扶贫开发工作会议精神，要求全省各级各部门以时不我待、只争朝夕的精神，抢抓机遇、迅速行动、真抓实干，把党中央关于推进精准扶贫、精准脱贫的政策措施落到实处，坚决打赢脱贫攻坚战，确保湖北省所有贫困地区和贫困人口与全省一道如期迈入全面小康社会。

**11月30日** 省委、省人民政府以电视电话会议的形式，召开全省学习贯彻中央扶贫开发工作会议精神大会，动员全省各级各部门迅速掀起学习贯彻中央扶贫开发工作会议精神的热潮，以严的精神、实的作风狠抓精准扶贫、精准脱贫各项政策措施落实，靶向施策、精准发力，坚决打赢湖北省脱贫攻坚战。

**12月1日** 省委、省人民政府在孝感市召开全省新农村建设暨城乡一体化工作会议，总结过去5年工作，安排部署下阶段工作，动员全省各地深入学习贯彻党的十八届五中全会精神，牢固树立创新、协调、绿色、开放、共享"五大发展理念"，学习借鉴孝感的典型经验，推动全省新农村建设和城乡一体化工作不断迈上新台阶、取得新成效，为湖北省率先在中部地区全面建成小康社会、加快"建成支点、走在前列"进程做出新的贡献。

**12月3日** 省委、省人民政府在黄冈召开湖北大别山革命老区扶贫开发振兴发展推进会，总结大别山实验区建设及扶贫开发工作，部署大别山革命老区振兴发展规划实施、扶贫开发和实验区建设重点工作，动员我省大别山革命老区及相关市、县，深入学习贯彻党的十八届五中全会和中央扶贫开发工作会议精神，聚焦"精准扶贫、不落一人"总目标，以"五大发展理念"引领推进"四个大别山"建设，为湖北省如期完成脱贫攻坚任务、在中部地区率先全面建成小康社会树标杆、做表率。

**12月10日** 今年是文化科技卫生"三下乡"活动20周年。中宣部等12个部委在湖北省麻城市召开全国"三下乡"活动20周年工作座谈会,总结交流"三下乡"活动经验,研究部署聚焦脱贫攻坚、惠农利农,推动"三下乡"常下乡、常在乡。

12月24日 中央农村工作会议在北京召开。会议总结"十二五"时期"三农"工作,分析当前农业农村形势,部署2016年和"十三五"时期农业农村工作。习近平总书记强调,必须坚持把解决好"三农"问题作为全党工作重中之重,牢固树立和切实贯彻创新、协调、绿色、开放、共享的发展理念,加大强农、惠农、富农力度,深入推进农村各项改革,破解"三农"难题、增强创新动力、厚植发展优势,积极推进农业现代化,扎实做好脱贫开发工作,提高社会主义新农村建设水平。

# 2016年

4月22日 全省第六轮"三万"活动现场推进会在麻城市召开。省委副书记、常务副省长王晓东出席会议并讲话,要求认真学习贯彻习近平总书记系列重要讲话精神,坚持以人民为中心的发展思想,进一步深化认识、提振精神、再鼓干劲、再强措施,聚焦精准扶贫、产业脱贫不动摇,深入推进"三万"活动,不断增强贫困群众获得感和幸福感。

8月30日 中央深改领导小组第二十七次会议审议通过了《完善农村土地所有权承包权经营权分置办法的意见》。

9月24日 习近平"三农"思想研讨会在武汉举行,研讨会围绕习近平总书记"三农"思想的科学内涵,分农业、农村、农民、城乡关系四个专题展开深入研讨。

12月19日至20日 中央农村工作会议在北京召开。会议全面贯彻落实党的十八大和十八届三中、四中、五中、六中全会以及中央经济工作会议精神,总结"十三五"开局之年"三农"工作,分析当前农业农村形势,部署2017年农业农村工作。习近平总书记指出要坚持新发展理念,把推进农业供给侧结构性改革作为农业农村工作的主线,培育农业农村发展新动能，提高农业综合效益和竞争力。强调要始终重视"三农"工作，持续强化重农强农信号；要准确把握新形势下"三农"工作方向，深入推进农业供给侧结构性改革；要在确保国家粮食安全基础上，着力优化产业产品结构；要把发展农业适度规模经营同脱贫攻坚结合起来，与推进新型城镇化相适应，使强农惠农政策照顾到大多数普通农户；要协同发挥政府和市场"两只手"的作用，更好引导农业生产、优化供给结构；要尊重基层创造，营造改革良好氛围。

# 2017 年

2月7日　全省农村工作会议暨扶贫开发工作会议召开，深入贯彻落实中央经济工作会议、中央农村工作会议、全国扶贫开发工作会议和全省经济工作会议精神，总结2016年度全省"三农"工作及扶贫开发工作，分析研究当前农业农村改革发展及扶贫开发形势，安排部署2017年度全省"三农"工作及扶贫开发工作。

7月20日　省委、省人民政府在武汉召开省"三农"工作座谈会，以习近平总书记"三农"工作重要思想为指导，就贯彻省第十一次党代会精神提出要求，就年初省委、省政府"三农"工作部署抓好落实。

7月24日　省委、省人民政府在英山县召开深度贫困地区脱贫攻坚座谈会，省委书记蒋超良出席座谈会并讲话，强调要深入学习贯彻习近平总书记扶贫开发重要战略思想，特别是在深度贫困地区脱贫攻坚座谈会上的重要讲话精神，坚决担好脱贫攻坚的政治责任，聚焦精准发力，坚决打赢深度贫困地区脱贫攻坚这场"硬仗中的硬仗"。

9月5日　湖北省人民政府召开加快推进农业科技创新与新型农业经营主体培育专题会议，省委常委、常务副省长黄楚平出席会议并讲话，要求突出主线和关键，把"三农"重点工作抓得更有特色、更有成效、更有影响。

12月7日　湖北省委书记蒋超良在武汉市黄陂区调研时强调，要深入学习贯彻党的十九大精神，以"三乡工程"为重要抓手，促进乡村振兴战略实施，着力解决城乡发展不平衡不充分的问题。今年以来，武汉市大力倡导市民下乡、能人回乡、企业兴乡，盘活了大量农村闲置资源，有力推动了以城带乡、以工促农、城乡融合发展。

12月14日　第三次全国农业普查公报陆续发布。

12月29日　中央农村工作会议12月28日至29日在北京举行。会议深入贯彻党的十九大精神、习近平新时代中国特色社会主义思想，全面分析"三农"工作面临的形势和任务，研究实施乡村振兴战略的重要政策，部署2018年和今后一个时期的农业农村工作。习近平在会上发表重要讲话，总结党的十八大以来我国"三农"事业的历史性成就和变革，深刻阐述实施乡村振兴战略的重大问题，对贯彻落实提出明确要求。李克强在讲话中对实施乡村振兴战略的重点任务做出具体部署。汪洋在会议结束时作总结讲话。

# 2018年

4月24日至28日　习近平总书记先后到宜昌、荆州、武汉等地，深入农村、企业、社区，考察长江经济带发展和经济运行情况。并指出，实施乡村振兴战略是新时代做好"三农"工作的总抓手。要聚焦产业兴旺、生态宜居、乡风文明、治理有效、生活富裕，着力推进乡村产业振兴、人才振兴、文化振兴、生态振兴、组织振兴，加快构建现代农业产业体系、生产体系、经营体系，把政府主导和农民主体有机统一起来，充分尊重农民意愿，激发农民内在活力，教育引导广大农民用自己的辛勤劳动实现乡村振兴。

5月23日　省委副书记马国强主持召开涉农部门座谈会，深入学习贯彻习近平总书记视察湖北重要讲话和省委十一届三次全体（扩大）会议精神，对其中涉及乡村振兴、作风建设等事项，分解任务，明确责任，推动落实。

5月30日 省委书记蒋超良赴汉川市、应城市，宣讲习近平总书记视察湖北重要讲话精神，调研县域经济发展。他强调，要深入学习贯彻习近平总书记视察湖北重要讲话精神，在学懂弄通做实上下功夫；全要素、全产业链、全地域谋划和发展县域经济，久久为功推动县域经济转型升级、高质量发展。

# 后 记

本书为湖北农业农村改革开放 40 年（1978—2018）丛书的总论，是整套丛书的重要组成部分，在整套丛书中具有穿针引线的统领作用。本书包括整套丛书的、总论以及湖北农业农村改革开放 40 年（1978—2018）重要文件选编、湖北农业农村改革开放 40 年（1978—2018）大事记。本书总论由宋亚平研究员主笔，重要文件选编和大事记由毛铖助理研究员、梁来成博士执笔并负责统稿，王晓磊博士、李梦竹博士、钱全博士参与资料搜集和整理。

本书的完成，受益于湖北省农业厅、湖北省发改委、湖北省统计局、湖北省档案馆、湖北省图书馆等在历史档案和资料搜集上所给予的大力支持，在此表示由衷感谢。本书能够顺利出版，得益于中国社会科学出版社的大力支持，在此向有关领导表示由衷感谢，向负责本书具体出版事宜的中国社会科学出版社王斌编审、赵丽编审表示感谢。

碍于篇幅的局限和时间紧凑，本书所涉及的重要文件、领导讲话以及大事件只是节选和选编，因而在编写过程中难以达到尽善尽美之效，也难免会有一些遗漏或不妥之处，敬请有关政府部门的领导干部以及广大读者批评指正。

2018 年 8 月 20 日